LF5

Werkstattaufträge entgegennehmen und kaufmännische Geschäftsprozesse organisieren

LS 60

1 Planung von Werkstattterminen

SITUATION *Autoland Murschall GmbH*

Immer mal wieder wird David Rose an der Kasse eingesetzt. Zu seinen Aufgaben gehören neben dem Kassieren dann auch der Empfang von Kunden, das Bedienen des Telefons und die Vergabe von Terminen für die Werkstatt. Dazu hat er auf dem Computerbildschirm eine Maske, die ihm für den Zeitraum von vier Wochen zeigt, welche Aufträge bisher angenommen wurden und welche freien Kapazitäten noch vorhanden sind. Jetzt ruft eine Kundin, Frau Brauer, an und erkundigt sich, wann sie ihren STARCAR Shining zur Inspektion vorbeibringen kann. David ruft die Werkstattauslastung der nächsten Tage und in einem zweiten Fenster die Liste mit dem üblichen Zeitbedarf für Inspektionen auf dem Bildschirm auf.

x → belegt
o → frei

Werkstattbelegungsplan 4. KW   Autoland Murschall GmbH

Datum: Mo., 17.01.

Zeit	06	07	08	09	10	11	12	13	14	15	16	17	18	19
Bühne 1	x	x	x	x	x	o	o	x	x	x	x	o	x	x
Bühne 2	x	x	x	x	x	x	x	x	x	x	o	x	x	x
Bühne 3	x	x	x	o	x	x	x	x	x	x	x	x	x	x

Datum: Di., 18.01.

Zeit	06	07	08	09	10	11	12	13	14	15	16	17	18	19
Bühne 1	x	x	x	x	x	o	x	x	x	o	x	x	x	x
Bühne 2	x	x	o	x	x	x	x	x	x	x	x	x	x	x
Bühne 3	x	x	x	x	x	x	o	x	x	x	x	x	x	x

1.1 Voraussetzungen für die Terminplanung

Eine möglichst genaue, realistische Planung ist für den reibungslosen Ablauf in einer Werkstatt unerlässlich. Nur wenn diese Planung auch weitestgehend eingehalten werden kann, ist eine zufriedenstellende **Werkstattauslastung** gewährleistet und es können Termine gehalten werden. Eine gute Auslastung der Werkstatt trägt erstens dazu bei, die in einem Autohaus anfallenden Kosten zu decken und zweitens ausreichende Erträge zu erwirtschaften. Durch eine gelungene Terminplanung lassen sich Leerlaufzeiten für die Monteure vermeiden, und die Kunden erhalten ihr Fahrzeug schnell zurück.

Bei der Planung ist es notwendig, gewisse Puffer zwischen den Terminen zu belassen, damit die Werkstatt in der Lage bleibt, auch auf plötzliche Ereignisse zu reagieren.

BEISPIEL

Ein Kunde bringt nach einem Unfall seinen Wagen ohne Termin zur Reparatur und benötigt eine schnelle Bedienung oder ein Mitarbeiter fällt wegen Krankheit aus.

Zu einer guten Planung gehört es auch, dass man dem Kunden spätestens bei der Übernahme des Fahrzeugs einen genauen Termin für die Fertigstellung nennt und ihn über den voraussichtlichen Kostenumfang informiert. Bei Fahrzeugen, an denen eine (Routine-) Inspektion durchgeführt wird oder bei denen im Rahmen der Direktannahme der Reparaturaufwand bekannt ist, bereitet die Bestimmung eines Fertigstellungstermins sicherlich keine Schwierigkeit. Anhand der Reparaturvorgaben der Hersteller und aufgrund eigener Erfahrungswerte kann der Kundendienstleiter bereits bei Eingabe der notwendigen Positionen in den Auftrag die benötigte Dauer abschätzen.

Dazu trägt sicherlich auch eine gut geführte Fahrzeug-Historie bei: Wurde das Fahrzeug hier gekauft und/oder war das Fahrzeug vorher schon einmal hier in der Werkstatt, lässt sich anhand der Einträge sehr genau erkennen, welche Arbeiten gemacht wurden, welche aufgrund von Vorgaben des Herstellers durchzuführen sind oder ob wegen des Alters oder der Fahrleistung bestimmte Arbeiten höchstwahrscheinlich anfallen werden. Auch ein Blick in das (hoffentlich vorhandene und lückenlos geführte) Serviceheft gibt Aufschluss über anfallende Arbeiten. Ist das Fahrzeug das erste Mal im Haus, benötigt der Serviceberater die Zulassungsbescheinigung Teil 1 (Fahrzeugschein). Durch die Eingabe der Schlüsselnummer in das jeweilige System können die wesentlichen Angaben eingesehen werden.

Zulassungsbescheinigung Teil 1 (Fahrzeugschein), Vorderseite

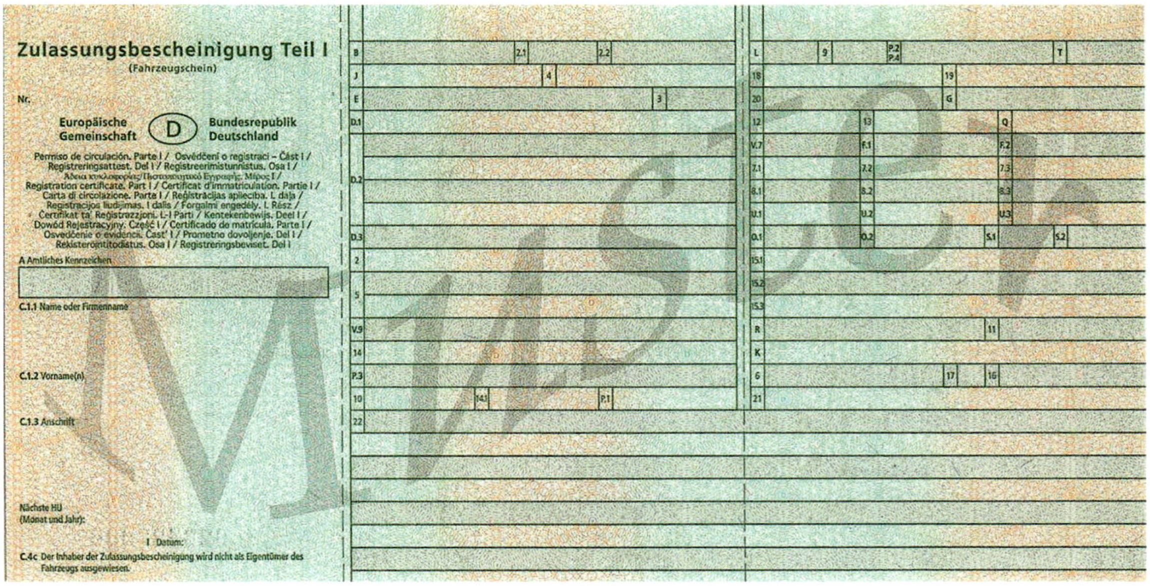

Zulassungsbescheinigung Teil I
(Fahrzeugschein)

Nr.

Europäische Gemeinschaft (D) Bundesrepublik Deutschland

Permiso de circulación. Parte I / Osvědčení o registraci – Část I / Registreringsattest. Del I / Registreerimistunnistus. Osa I / Registration certificate. Part I / Certificat d'immatriculation. Partie I / Carta di circolazione. Parte I / Reģistrācijas apliecība. I. daļa / Registracijos liudijimas. I dalis / Forgalmi engedély. I. Rész / Certifikat ta' Reġistrazzjoni. L-I Parti / Kentekenbewijs. Deel I / Dowód Rejestracyjny. Część I / Certificado de matrícula. Parte I / Osvedčenie o evidencii. Časť I / Prometno dovoljenje. Del I / Rekisteröintitodistus. Osa I / Registreringsbeviset. Del I

A Amtliches Kennzeichen

C.1.1 Name oder Firmenname

C.1.2 Vorname(n)

C.1.3 Anschrift

Nächste HU (Monat und Jahr):

I Datum:

C.4c Der Inhaber der Zulassungsbescheinigung wird nicht als Eigentümer des Fahrzeugs ausgewiesen.

B 2.1 2.2 J 4 E 3 D.1 D.2 D.3 2 5 V.9 14 P.3 10 14.1 P.1 22

L 9 P.2 P.4 T 18 19 20 G 12 13 Q V.7 F.1 F.2 7.1 7.2 7.3 8.1 8.2 8.3 U.1 U.2 U.3 O.1 O.2 S.1 S.2 15.1 15.2 15.3 R 11 K 6 17 16 21

Muster

Bildquelle: KBA

Erläuterung zu den Feldern:

Feld	Bezeichnung
B	Datum der Erstzulassung des Fahrzeugs
D.1	Marke
D.2	Typ/Variante/Version
D.3	Handelsbezeichnung(en)
E	Fahrzeug-Identifizierungsnummer (FIN-Nr.)
F.1	Technisch zulässige Gesamtmasse in kg
F.2	Im Zulassungsmitgliedstaat zulässige Gesamtmasse in kg
G	Masse des in Betrieb befindlichen Fahrzeugs in kg (Leermasse)
H	Gültigkeitsdauer
I	Datum dieser Zulassung
J	Fahrzeugklasse
K	Nummer der EG-Typgenehmigung oder ABE
L	Anzahl der Achsen
O.1	Technisch zulässige Anhängelast gebremst in kg
O.2	Technisch zulässige Anhängelast ungebremst in kg
P.1	Hubraum in cm^3
P.2/P.4	Nennleistung in KW/Nenndrehzahl b. min^{-1}
P.3	Kraftstoffart oder Energiequelle
Q	Leistungsgewicht in kW/kg (nur bei Krafträdern)
R	Farbe des Fahrzeugs
S.1	Sitzplätze einschließlich Fahrersitz
S.2	Stehplätze
T	Höchstgeschwindigkeit in km/h
U.1	Standgeräusch in dB (A)
U.2	Drehzahl in min^{-1} zu U.1
U.3	Fahrgeräusch in dB (A)
V.7	CO_2 (in g/km) kombinierter Wert
V.9	Für die EG-Typgenehmigung maßgebliche Schadstoffklasse

Feld	Bezeichnung
2	Hersteller-Kurzbezeichnung
2.1	Code zu (2)
2.2	Code zu D.2 mit Prüfziffer
3	Prüfziffer zur Fahrzeug-Identifizierungsnummer
4	Art des Aufbaus
5	Bezeichnung der Fahrzeugklasse und des Aufbaus
6	Datum zu K
7	Technisch zulässige maximale Achslast/Masse je Achsgruppe in kg (7.1) Achse 1 bis (7.3) Achse 3
8	Zulässige maximale Achslast in Zulassungsstaat in kg (8.1) Achse 1 bis (8.3) Achse 3
9	Anzahl der Antriebsachsen
10	Code zu P.3
11	Code zu R
12	Rauminhalt des Tanks bei Tankfz in m^3
13	Stützlast in kg
14	Bezeichnung der nationalen Emissionsklasse
14.1	Code zu V.9 oder (14)
15	Bereifung auf Achse 1 (15.1) bis Achse 3 (15.3)
16	Nummer der Zulassungsbescheinigung Teil II
17	Merkmal zur Betriebserlaubnis
18	Länge in mm
19	Breite in mm
20	Höhe in mm
21	Sonstige Vermerke (z. B. Mietwagen)
22	Bemerkungen und Ausnahmen

Quelle: nach KBA

Im Gegensatz zu den früher verwendeten Fahrzeugscheinen ist in der Zulassungsbescheinigung Teil 1 nur eine Reifengröße aufgeführt (Ziffer 15.1–3). Es können aber auch andere Reifengrößen verwendet werden. Diese lassen sich der sogenannten ***CoC*** entnehmen, die beim Kauf eines Fahrzeugs mit den anderen Dokumenten übergeben werden sollte. Um Unstimmigkeiten, z. B. bei einer behördlichen Fahrzeugkontrolle, zu vermeiden, sollten diese CoC im Auto mitgeführt werden.

CoC = Certificate of Conformity; das Dokument bezeugt, dass ein Fahrzeug internationalen Normen genügt, und erleichtert die Zulassung der Ware im Ausland.

Sollte sich während der Durchführung der Reparatur/Inspektion herausstellen, dass über diesen vereinbarten Umfang hinaus weitere Arbeiten notwendig sind und der genannte Kostenrahmen dadurch überschritten wird, ist eine Zustimmung des Kunden zur Auftragserweiterung erforderlich. Das „Okay“ des Kunden für diese Arbeiten muss dann zum Beispiel telefonisch eingeholt werden. Eine Überschreitung des vorgegebenen Kostenrahmens um bis zu 15 % gilt als akzeptabel und kann vom Kunden in aller Regel nicht beanstandet werden.

Schwieriger wird es mit der Angabe eines Fertigstellungstermins, wenn Fremdleistungen vergeben werden müssen. Um die benötigte Zeit für die Reparatur zu bestimmen, muss der Mitarbeiter natürlich auch wissen,

- inwieweit Arbeiten im Autohaus selbst durchgeführt werden können oder als Fremdleistung vergeben werden oder
- ob es bestimmte Anforderungen an die Personen gibt, die diese Arbeiten durchführen dürfen.

So verfügen manche Werkstätten nicht über eigene Lackiermöglichkeiten. Häufig müssen auch gewisse Karosseriearbeiten (z. B. Spur vermessen) extern vergeben werden.

Und auch für andere Tätigkeiten muss man Besonderheiten beachten:

- HU und AU sowie Eintragungen in die Zulassungsbescheinigungen dürfen nur durch die Mitarbeiter der Prüforganisationen vorgenommen werden (TÜV, Dekra, GTÜ, KÜS etc.); dann ist es wichtig zu wissen, ob die Prüforganisation zu bestimmten Zeiten in der Woche im Hause ist oder ob das Fahrzeug dort vorgeführt werden muss.
- Arbeiten an pyrotechnischen Rückhaltesystemen (Airbags, Gurtstraffer) dürfen nur von sachkundigen Personen ausgeführt werden, die entweder vom Automobilhersteller oder einem entsprechenden Institut geschult worden sind. Dabei muss ein Nachweis über die durchgeführte Schulung im Betrieb vorliegen und der zuständigen Behörde auf Verlangen vorgezeigt werden. Der Handel mit gebrauchten Airbags, z. B. im Zuge der Autoverwertung, ist nicht erlaubt. Airbags aus Altfahrzeugen sind ausschließlich von dafür berechtigten Personen zu vernichten (Fachkundenachweis P1).
- Gutachten im Rahmen eines Versicherungsfalls müssen von einem Sachverständigen erstellt werden. Sachverständige sind Personen mit entsprechenden persönlichen und fachlichen Voraussetzungen sowie mit Fachkenntnis und Sachkunde sowie Berufserfahrung. Im Allgemeinen bedeutet das, dass der Sachverständige über eine abgeschlossene Qualifizierung als Meister, als staatlich anerkannter Techniker oder eine Hochschulausbildung als Ingenieur verfügt. Dazu muss man allerdings wissen, dass die Bezeichnung „Sachverständiger“ nicht geschützt ist, sodass Geschädigte bei der Beauftragung zusätzlich noch auf die

Zugehörigkeit zu einem Berufsverband (z. B. Bundesverband Deutscher Sachverständiger und Fachgutachter e. V.) oder eine Zertifizierung nach DIN EN ISO 17024 achten sollten.

- Spezielle Arbeiten, z. B. an der Elektrik oder den Sicherheitssystemen, erfordern fachkundiges Personal, wohingegen viele andere Arbeiten auch von angelernten Mitarbeitern durchgeführt werden können.
- Das Gleiche gilt für den Umgang mit Elektromotoren oder Hybridantrieben. Für die Arbeiten an den sogenannten Hochvolt-Systemen benötigen die Mitarbeiter eine zusätzliche Qualifikation. Dabei werden sie zu Fachkundigen für Arbeiten an ***HV***-eigensicheren Systemen qualifiziert. Diese können dann die elektrischen Gefährdungen des Hochvolt-Systems beurteilen und die für das HV-System notwendigen Schutzmaßnahmen festlegen. Sie sind in der Lage, die Spannungsfreiheit am Fahrzeug herzustellen und für die Dauer der Arbeiten sicherzustellen (andere Arbeiten an diesen Fahrzeugen dürfen auch von Mitarbeitern ohne diese Befähigung durchgeführt werden).
- Die Abnahme einer Reparatur und die Probefahrt müssen durch einen Meister erfolgen.

HV
Hochvolt

Die Durchführung der Hauptuntersuchung (HU) ist eine gute Gelegenheit, die Kunden mit ihrem Fahrzeug in das Autohaus zu holen:

- Der Kunde kennt die Gegebenheiten im Autohaus und kann sein Fahrzeug dort, wenn er nicht warten will, morgens abstellen und später wieder abholen. Gegen eine geringe Gebühr kann man ihm bei Bedarf eine Ersatzmobilität anbieten. Das wiederum bietet die Möglichkeit, ihn mit anderen, neuen, interessanten Fahrzeugen bekannt zu machen, die bei ihm jetzt oder später einen Kaufwunsch auslösen.
- Besonders bequem kann man es dem Kunden auch mit einem Hol- und Bringservice machen.
- Man kann die Durchführung der HU auch mit dem Service verbinden, das Fahrzeug vorher durchzuchecken, sodass bei der Untersuchung selbst keine Mängel auftreten und die Prüfplakette erteilt wird.
- Oder man bietet an, die aufgefallenen Mängel direkt im Autohaus zu beseitigen, sodass eine Wiedervorführung entfällt oder direkt am selben Tag vorgenommen werden kann.
- Im Rahmen der Annahme des Fahrzeugs im Beisein des Kunden kann dieser auch auf weitere Mängel hingewiesen werden, die zwar vielleicht in dem Moment nicht prüfungsrelevant sind, die aber doch in absehbarer Zeit behoben werden müssten. Auf diesen Weg kann es gelingen, zusätzliche Aufträge zu generieren.

Taxis und Mietwagen müssen jedes Jahr zur HU.

In Deutschland wurde die Pflicht zur Hauptuntersuchung im Jahr 1951 eingeführt, um sicherzustellen, dass kein verkehrsuntaugliches Fahrzeug auf den Straßen unterwegs ist. Heutzutage müssen alle Neuwagen nach drei Jahren, danach alle zwei Jahre, bei einer der zugelassen Prüforganisationen vorgeführt werden, sodass Jahr für Jahr für fast die Hälfte aller Fahrzeuge der Prüftermin ansteht. Die Fälligkeit der Prüfung kann man dem Fahrzeugschein oder der Zulassungsbescheinigung Teil I entnehmen, vor allem aber auch der farbigen Plakette auf dem hinteren Kennzeichen: Die Zahl in der Mitte zeigt das Jahr – etwa 2021 – der nächsten HU an, die oberste Ziffer im äußeren Kreis den Monat.

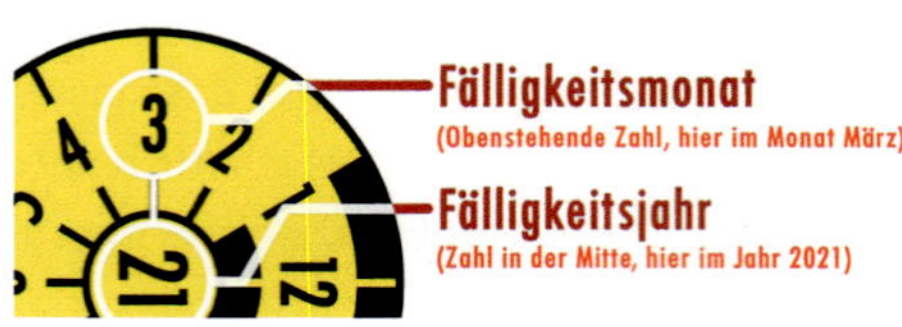

Braun RAL 8005	1998	2004	2010	2016
Rosa RAL 3015	1999	2005	2011	2017
Grün RAL 6018	2000	2006	2012	2018
Orange RAL 2000	2001	2007	2013	2019
Blau RAL 5015	2002	2008	2014	2020
Gelb RAL 1012	2003	2009	2015	2021

Durch die Verpflichtung, regelmäßig eine HU vornehmen zu lassen, sind in Deutschland Unfälle durch technische Defekte sehr selten. Mehr als 60 % aller geprüften Fahrzeuge bestehen die Prüfung ohne Mängel und erhalten, wie auch die Fahrzeuge mit geringen Mängeln, die Prüfplakette. Etwa 25 % aller Fahrzeuge fallen bei der Prüfung durch, können aber meist nach Beseitigung der Mängel wieder vorgeführt werden.

TÜV-Report 2015

Rund **8,5 Millionen** Fahrzeuge wurden von Juli 2013 bis Juni 2014 auf Mängel überprüft.

Mängel in allen Altersklassen

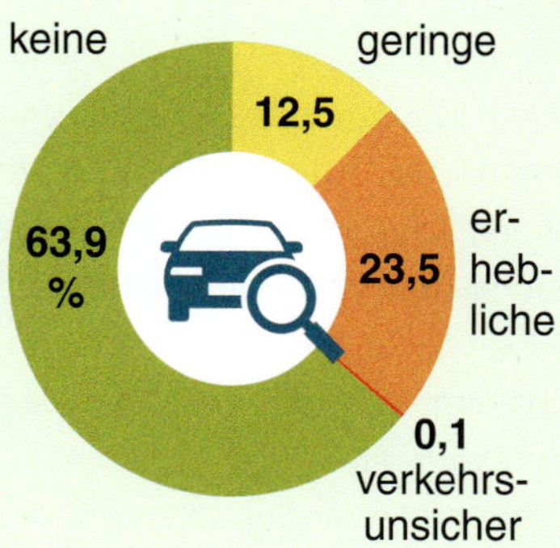

Die besten und schlechtesten Modelle nach Altersklassen

Zwei bis drei Jahre

Platz 1	Mercedes SLK
2	Audi A6
3	Mercedes GLK
4	Porsche 911
5	BMW Z4
...	
125	Ford Ka
126	Citroën Berlingo
127	Fiat Panda
128	Alfa Romeo Mito
129	Dacia Logan

Vier bis fünf Jahre

Platz 1	Mazda 3
2	Porsche 911
3	Toyota IQ
3	Toyota Avensis
3	VW Polo
...	
121	Hyundai Tucson
122	Chevrolet Matiz
123	Renault Kangoo
124	Dacia Logan
125	Fiat Doblo

Sechs bis sieben Jahre

Platz 1	Porsche 911
2	Mazda 2
3	VW Golf Plus
4	Toyota Auris
5	Mercedes C-Klasse
5	Toyota Corolla Verso
...	
107	Citroën C4
108	Fiat Doblo
109	Renault Kangoo
110	Dacia Logan
111	Renault Laguna

dpa•21836 Quelle: TÜV

Für die Prüfung wird die Zulassungsbescheinigung Teil I (Fahrzeugschein) benötigt, bei Anbauteilen die entsprechenden Prüfzeugnisse. Bei der Prüfung werden etwa 160 Punkte gecheckt:

- Bremsanlage: Wirkung, Pedalweg, Dichtigkeit, Bremsleitungen und -schläuche, Bremstrommeln, Bremsscheiben, Bremsbeläge
- Lenkanlage: Leichtgängigkeit, Spiel und Funktion, Schub- und Spurstangengelenke, Lenkungsdämpfer, Lenkhilfe, Lenkgetriebe
- Sichtverhältnisse: Risse oder Steinschlagschäden in der Frontscheibe, Rückspiegel, Scheibenwischer, Scheibenwaschanlage
- Lichttechnische Einrichtungen/elektrische Anlage: Scheinwerfer, Abblendlicht, Fernlicht, Brems-, Schluss-, Parkleuchten, Rückstrahler, reflektierende Warnmarkierungen
- Achsen/Räder/Reifen/Aufhängung: Schäden an Reifen oder Felgen, Federn, Stabilisatoren, Profiltiefe
- Fahrgestell/Rahmen/Aufbau: Bruch, Riss, Korrosion an tragenden Teilen, Unterfahrschutz, Stoßdämpfer, Radlager, Achskörper
- Sonstige Ausstattungen: Sicherheitsgurte, Rückhaltesysteme, Gurtstraffer, Airbags, Überrollschutz, Lenkradschloss, Wegfahrsperre, Hupe, Fahrerassistenzsysteme
- Umweltbelastungen: Abgas- und Geräuschverhalten der Auspuffanlage, Verluste von Öl oder Hydraulikflüssigkeit
- Fahrzeugidentifizierung: Vergleich der Fahrzeug-Identifizierungsnummer (bis zum Jahr 1981 Fahrgestellnummer) am Fahrzeug mit den Originalpapieren, Kennzeichen, Fahrzeugdokumenten

Seit dem 1. Juli 2015 werden die elektronischen Systeme eines Fahrzeugs mit dem sogenannten HU-Adapter geprüft. Das mobile Prüfgerät wird an die On-Board-Diagnose-Schnittstelle (OBD) des Fahrzeugs angeschlossen. Mit einem Laptop oder Tablet kann der Prüfer dann die individuellen Fahrzeugdaten mit den Angaben abgleichen, die in einer zentralen Datenbank hinterlegt sind:

- Prüfung auf Ausführung und Einbau: Ermittlung, ob serienmäßige sowie sicherheits- und umweltrelevante Systeme noch unverändert vorhanden sind
- Funktionsprüfung: Untersuchung von beispielsweise Antiblockiersystem, Elektronischem Stabilitätsprogramm und Geschwindigkeitsregelanlagen
- Wirkungsprüfung: Überprüfung der Wirkung der Bremsanlage anhand von vorgegebenen Sollwerten mit Kontrolle der Bremskraftverteilung. Dabei wird die am Rad gemessene Bremskraft mit dem Druck im hydraulischen System in Bezug gesetzt. Mithilfe des HU-Adapters können die Werte des Bremsdrucksensors im ESP ausgelesen werden. Das Programm vergleicht anschließend die tatsächlichen Werte mit den vom Fahrzeughersteller für das entsprechende Modell vorgegebenen Daten.

Der HU-Adapter dient allein zur Überprüfung der Systeme, um mögliche Mängel festzustellen oder auszuschließen. Es werden keine in den Fahrzeugsteuergeräten gespeicherten Fehler gelöscht oder Software-Veränderungen vorgenommen.

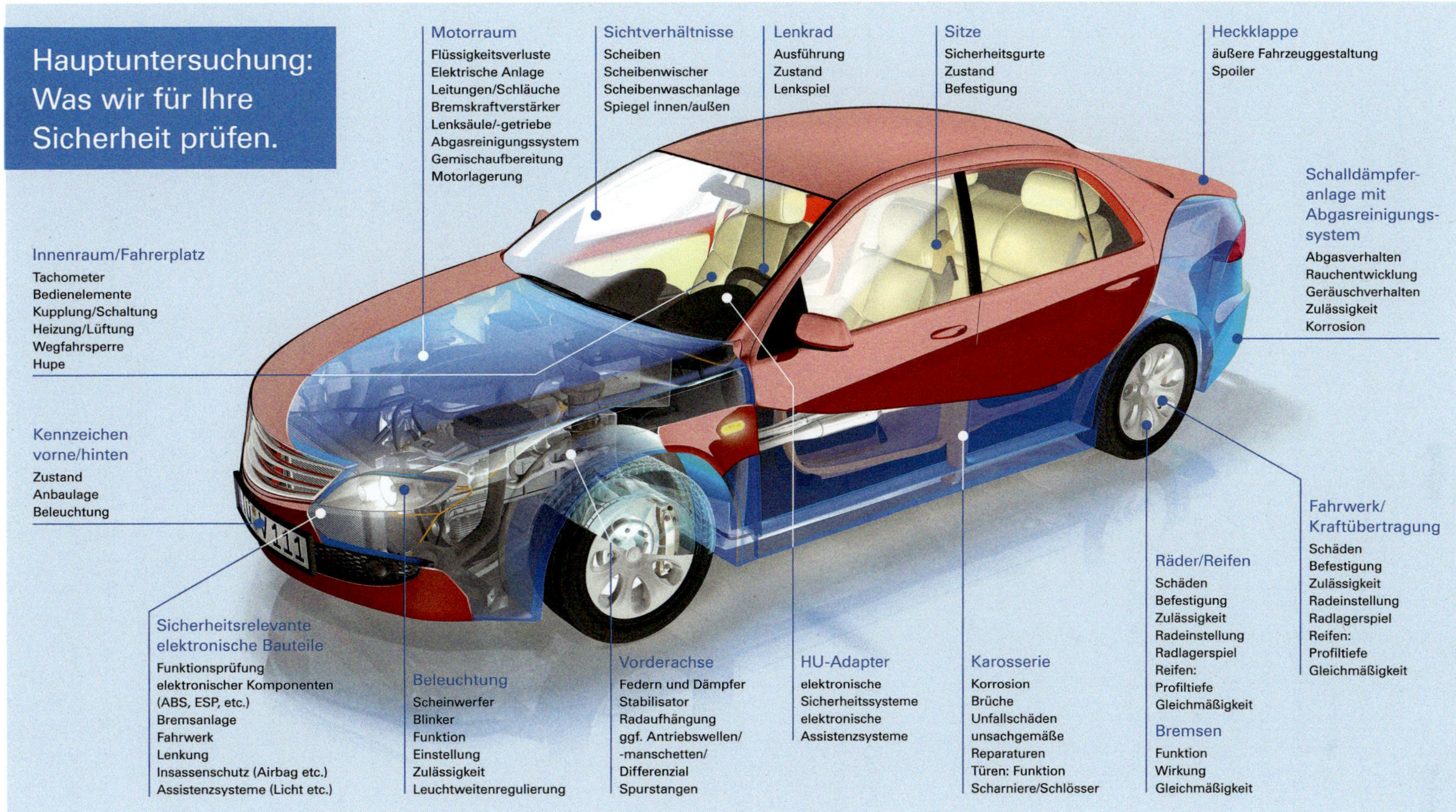
Hauptuntersuchung: Was wir für Ihre Sicherheit prüfen.
Innenraum/Fahrerplatz
Tachometer
Bedienelemente
Kupplung/Schaltung
Heizung/Lüftung
Wegfahrsperre
Hupe
Kennzeichen vorne/hinten
Zustand
Anbaulage
Beleuchtung
Motorraum
Flüssigkeitsverluste
Elektrische Anlage
Leitungen/Schläuche
Bremskraftverstärker
Lenksäule/-getriebe
Abgasreinigungssystem
Gemischaufbereitung
Motorlagerung
Sichtverhältnisse
Scheiben
Scheibenwischer
Scheibenwaschanlage
Spiegel innen/außen
Lenkrad
Ausführung
Zustand
Lenkspiel
Sitze
Sicherheitsgurte
Zustand
Befestigung
Heckklappe
äußere Fahrzeuggestaltung
Spoiler
Schalldämpferanlage mit Abgasreinigungssystem
Abgasverhalten
Rauchentwicklung
Geräuschverhalten
Zulässigkeit
Korrosion
Fahrwerk/Kraftübertragung
Schäden
Befestigung
Zulässigkeit
Radeinstellung
Radlagerspiel
Reifen:
Profiltiefe
Gleichmäßigkeit
Räder/Reifen
Schäden
Befestigung
Zulässigkeit
Radeinstellung
Radlagerspiel
Reifen:
Profiltiefe
Gleichmäßigkeit
Bremsen
Funktion
Wirkung
Gleichmäßigkeit
Sicherheitsrelevante elektronische Bauteile
Funktionsprüfung
elektronischer Komponenten
(ABS, ESP, etc.)
Bremsanlage
Fahrwerk
Lenkung
Insassenschutz (Airbag etc.)
Assistenzsysteme (Licht etc.)
Beleuchtung
Scheinwerfer
Blinker
Funktion
Einstellung
Zulässigkeit
Leuchtweitenregulierung
Vorderachse
Federn und Dämpfer
Stabilisator
Radaufhängung
ggf. Antriebswellen/
-manschetten/
Differenzial
Spurstangen
HU-Adapter
elektronische
Sicherheitssysteme
elektronische
Assistenzsysteme
Karosserie
Korrosion
Brüche
Unfallschäden
unsachgemäße
Reparaturen
Türen: Funktion
Scharniere/Schlösser

1.2 Kostenvoranschlag

Direktannahme (Dialogannahme)
Serviceberater ermittelt im Beisein des Kunden den notwendigen Reparaturumfang

Kostenvoranschlag
Aufstellung der erwartbaren Kosten z. B. einer Reparatur

Mittlerweile arbeiten wohl alle Autohäuser nach dem Prinzip der ***Direktannahme*** (auch ***Dialogannahme*** genannt). Dabei schaut sich der Serviceberater noch im Beisein des Kunden das Fahrzeug auf einer Hebebühne an, um den notwendigen Reparaturumfang zu klären. Es kann sein, dass der Serviceberater dabei noch weitere Mängel am Fahrzeug feststellt, wodurch es zu einer Erweiterung des ursprünglichen Auftrags kommt. Dies führt zu einer besseren Auslastung der Werkstatt, einem zusätzlichen Umsatz und folglich auch einem höheren Ertrag. Da die Auftragserweiterung im Beisein des Kunden erfolgt, entfallen zeitaufwändige nachträgliche Rücksprachen mit dem Kunden, und der Kunde erlebt die Kompetenz seines Autohauses live mit. Erstellt die Werkstatt im Auftrag des Kunden einen ***Kostenvoranschlag***, so darf der darin genannte Gesamtbetrag bei Ausführung der Arbeiten um höchstens 15 % überschritten werden (dieser Prozentsatz ist kein gesetzlich festgelegter Wert, Gerichte beziffern die unwesentliche Überschreitung eines Kostenvoranschlags mit 10–20 %). Dem Kunden ist die Überschreitung der veranschlagten Kosten um mehr als 15 % rechtzeitig anzuzeigen; dieser ist zur Kündigung des Vertrags berechtigt, muss aber die bis dahin geleisteten Arbeiten bezahlen.

Die obigen Aussagen beziehen sich auf einen unverbindlichen Kostenvoranschlag. Obwohl ein Kostenvoranschlag im Allgemeinen als unverbindlich angesehen wird, empfiehlt der Zentralverband Deutsches Kraftfahrzeuggewerbe (ZDK), diesen in jedem einzelnen Fall als „unverbindlich" zu bezeichnen oder bei den Preisen die Angaben „ca.", „ungefähr" oder „Abrechnung nach tatsächlichem Zeitaufwand und Materialverbrauch" zu verwenden. Der Betrag eines verbindlichen Kostenvoranschlags darf nicht überschritten werden.

Ein Kostenvoranschlag kann, wenn es individuell mit dem Kunden vereinbart wurde, kostenpflichtig sein. Üblicherweise werden die Kosten dann bei tatsächlicher Reparaturerteilung verrechnet. Eine Aufnahme der Vergütungspflicht in die AGB reicht nicht, da diese Regelung als „überraschende Klausel" und damit als ungültig ausgelegt werden könnte.

Eine interessante Entwicklung ist in den meisten Werkstätten in England zu beobachten, vereinzelt gibt es sie auch schon in Deutschland, z. B. bei einem Smart-Händler in Bonn: Kunden, die nicht auf die Dialogannahme warten wollen, bekommen einen Link zugeschickt. Hinter diesem Link versteckt sich ein Video, das der Serviceberater aufgenommen hat: Dort ist zu sehen, wie er um das Fahrzeug geht und die Mängel beschreibt, die er entdeckt, wie er das Fahrzeug auf die Hebebühne fährt und sich auch von unten den Zustand anschaut; Schäden etc. werden in Großaufnahme gezeigt. In der E-Mail mit dem Link ist auch eine Kostenaufstellung enthalten. Ist der Kunde mit der Durchführung der gezeigten Reparaturen zu den veranschlagten Kosten einverstanden, bestätigt er das per Mausklick, die Werkstatt erhält damit die Freigabe für den Auftrag. Für den Kunden entfällt damit die Zeit, die er sonst im Autohaus verbringen würde: Er wirft einfach seinen Schlüssel und die FIN in den Briefkasten des Autohauses oder lässt das Auto gar durch den Hol- und Bringdienst überführen, sodass er noch nicht einmal die Fahrt zum Autohaus selbst antreten muss.

2 Systemtechniken des Fahrzeugs

LS 61

Moderne Personenkraftfahrzeuge, Nutzfahrzeuge sowie Motorräder verwenden zahlreiche Systemtechnologien der Hydraulik, der Pneumatik, der Elektrik und Elektronik, die an Schnittstellen miteinander verknüpft sind.

C-EPS (Column Electric Power Steering) = Bauform des elektromechanischen Lenksystemens

eBKV = elektromechanischer Bremskraftverstärker

ESC (Electronic Stability Control) = Elektronische Stabilitätskontrolle

ABS = Antiblockiersystem

Aus modernen Kraftfahrzeugen sind die jeweiligen Systemtechnologien daher nicht mehr wegzudenken. Bis zu 180 elektronische Steuergeräte sind je nach Ausstattungsgrad via ***CAN***-Datenbus miteinander verbunden und tauschen über Datenprotokolle ständig die unterschiedlichsten Informationen zum sicheren Betrieb des Fahrzeugs aus. Hydraulikzylinder bewegen Cabrioverdecke, pneumatische Stellelemente steuern Turbolader, Mikroprozessoren greifen blitzschnell in die Fahrwerke ein und die Bordelektrik sorgt für die geregelte Spannungsversorgung der Automobile.

CAN (Controller Area Network) Der CAN-Datenbus übernimmt die Vernetzung der elektronischen Baugruppen in einem Fahrzeug.

2.1 Mechanische Systeme (Motor – Getriebe – Fahrwerk)

2.1.1 Motor

Das ***Viertaktprinzip*** des Ottomotors und des Dieselmotors unserer aktuellen Automobile ist von der mechanischen Konzeption nahezu identisch. Grundsätzlich wird ein brennbares Kraftstoff-Luft-Gemisch im Brennraum des Zylinders zur Verbrennung gebracht.

Dadurch wirkt eine Verbrennungskraft auf die Kolben im Zylinder. Die senkrecht auf- und abwärtsgehende Bewegung des Kolbens ist die Folge. Durch mechanische Übertragung mittels Pleuelstange auf die Kurbelwelle entsteht die benötigte Drehbewegung. Die Kurbelwelle muss so konstruiert sein, dass eine gleichmäßige Drehbewegung über den gesamten Drehzahlbereich gewährleistet ist. Diese gleichförmige Drehung der Kurbelwelle spürt der Fahrer als Laufruhe des Verbrennungsmotors.

Viertaktprinzip Verbrennungsmotoren arbeiten in einem sich wiederholenden Zyklus, der aus den folgenden Arbeitsschritten besteht:
1. Ansaugen
2. Verdichten
3. Arbeiten (hier wird die Leistung erbracht)
4. Ausstoßen

(siehe auch Grafik auf der nächsten Seite)

Die Anzahl der Umdrehungen der Kurbelwelle kann auf dem Drehzahlmesser des Kombiinstruments als Motordrehzahlrehzahl abgelesen werden. Je mehr Zylinder ein Viertaktmotor hat, desto laufruhiger gibt der Motor sein Drehmoment und seine Leistung an die Antriebsräder ab.

Die Abläufe in einem Zylinder (Viertaktverfahren).

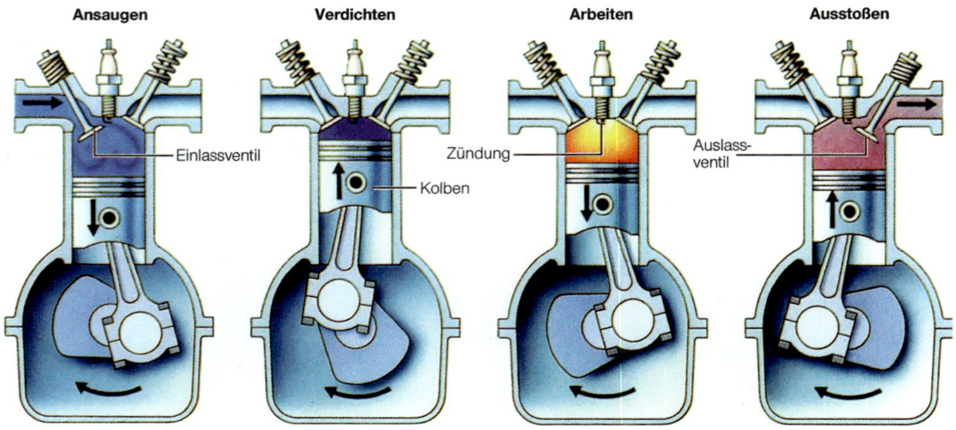

Damit sich die Kolben nicht an der Zylinderwand festfressen, benötigt der Motor ein Schmiermittel. Überall, wo metallischer Kontakt zwischen sich bewegenden Teilen im Motor auftreten kann (z. B. Scherkräfte im Nockenwellenbereich), soll **Öl** dies verhindern. Das Öl muss hierbei hohe Anforderungen erfüllen, wenn man bedenkt, dass sich die Teile im Brennraum schnell bewegen und eine sehr hohe Temperatur vorherrscht, es aber auch der Kühlung dienen muss.

Diese Anforderungen werden durch den Zusatz von Additiven erfüllt. Additive sind chemische Zusatzstoffe, die die Schmier- und Kühleigenschaften des Öls über einen langen Zeitraum aufrechterhalten sollen. Sie binden Stoffe, die durch die Verbrennung oder von außen in das Öl gelangen. Diese Stoffe sind z. B. Wasser, Schmutz und durch die Verbrennung entstandene Säuren.

Die ***Viskosität*** kennzeichnet die Zähflüssigkeit bzw. Zähigkeit einer Flüssigkeit oder eines Gases. Mit steigender Viskosität steigt auch die Dickflüssigkeit.

Für Motoren werden ausschließlich Mehrbereichsöle verwendet (Kennzeichnung z. B. „5W-40"). Sie sind bei Kälte dick- und bei Wärme dünnflüssig. Moderne (vollsynthetische) Öle entstehen in einem speziellen Verfahren, bei dem die Molekülketten des Mineralöls optimal zusammengesetzt werden. Sie haben in allen Bereichen eine geringe Zähflüssigkeit ***(Viskosität),*** ohne den Schmierfilm zu gefährden. Vorteile sind eine geringe innere Reibung, ein günstiger Verbrauch und etwas mehr Leistung im Vergleich zu herkömmlichen mineralischen Ölen. Grobe Schmutzpartikel werden durch den Ölfilter aus dem Öl gefiltert.

Die Mehrbereichsöle, die im Zubehörhandel oder im Baumarkt angeboten werden, weisen meist eine Bezeichnung nach der ***SAE***-Klassifikation auf, z. B. SAE 5W-40. Die Kennzeichnung 5W weist auf die Eigenschaft im Winter hin, auch bis –35° noch ausreichend flüssig zu sein. Es gibt folgende SAE-Viskositäts-Klassen:

SAE
Society of Automotive Engineers

SAE-Viskositäts-Klasse	Geeignet für Einsätze bis
0 W	–40 °C
5 W	–35 °C
10 W	–30 °C
15 W	–25 °C
20 W	–20 °C
25 W	–15 °C

Die 40 steht hingegen für die Viskosität, also wie dünn- bzw. dickflüssig das Öl bei hohen Motortemperaturen ist. Hier gibt es die Klassen 16, 20, 30, 40, 50, 60: je höher die Zahl, desto dickflüssiger und desto eher ist das Öl für hohe Temperaturen geeignet.

Die Autohersteller geben immer öfter eigene **Qualitätsvorgaben (Spezifikationen)** als geeignet für ihre Motoren an. Grundsätzlich ist Motorenöl unterschiedlicher Spezifikationen miteinander mischbar, sodass beim Nachfüllen keine Bedenken bestehen müssen. Allerdings leiden die Eigenschaften des Motoröls durch Mischen mit Öl einer anderen Spezifikation. Die gängigste Einordnung (Klassifikation) für moderne Motorenöle ist die ***ACEA***-Klassifikation.

ACEA
Association des Constructeurs Européens d'Automobiles = Vereinigung der europäischen Kraftfahrzeughersteller

ACEA-Klassifikation für A (Benzinmotoren) und B (Dieselmotoren)	
A1/B1	einfaches Leichtlauf-Motoröl, abgesenkte *HTHS*-Viskosität
A2/B2	Standard-Motoröle
A3/B3	Premium-Motoröle – besonders scherstabil, für verlängerte Ölwechsel-Intervalle geeignet
A4/B4	wie A3/B3 aber auch für moderne Dieselmotoren geeignet
A5/B5	Premium-Leichtlauföle; ähnlich A3/B4 – jedoch wie A1/B1 abgesenkte *HTHS*-Viskosität für verlängerte Intervalle

HTHS
(High Temperature High Shear)
Anhand von Grenzwerten wird gekennzeichnet, dass ein Öl nicht zu flüssig wird, wenn es steigenden Temperaturen und Scherkräften ausgesetzt ist.

Beispiele für typische Instandhaltungs- und Servicearbeiten am Motor
• regelmäßige Kontrolle und Austausch der Füllstände (Motoröl, Kühlflüssigkeit)
• Kontrolle von Dichtungen, z. B. Zylinderkopf, Ölwanne
• Kontrolle und Austausch der Zündkerzen
• regelmäßiger Austausch des Kraftstofffilters

2.1.2 Getriebe

2.1.2.1 Schaltgetriebe

Der Verbrennungsmotor liefert nur in einem begrenzten Drehzahlbereich eine hohe Leistung sowie ein großes Drehmoment. Damit allein lässt sich der alltägliche Fahrbetrieb nicht be-

Durch Zahnräder wird die Kraft des Motors auf die Antriebsachsen und somit die Räder übertragen. Durch das Treten der Kupplung erfolgt eine Trennung zwischen Schaltgetriebe und Motor.

schreiten; das Ergebnis wären Fahrzeuge, die nicht allzu schnell wären und durch ständig durchdrehende Räder auffallen würden. Um die Motorleistung und das Motordrehmoment den gewünschten Fahrleistungen anzupassen, kommen fein abgestufte Getriebe zum Einsatz.

Ein Getriebe besteht aus vielen unterschiedlichen Zahnrädern, die in gewünschter Kombination ineinandergreifen. Für jeden Gang greifen mindestens zwei Zahnräder mit Synchronisationen ineinander. Die ***Synchronisation*** gewährleistet einen geräusch- und verschleißarmen Schaltvorgang. Je nach Leistungswunsch erfolgt durch die Synchronisation der Gleichlauf der beiden schrägverzahnten Zahnräder. Der Schaltvorgang wird mithilfe des Schalthebels durchgeführt. Aufgrund der mechanischen Reibung der Zahnräder müssen diese Reibpartner mittels Getriebeöl geschmiert werden.

synchron
Gleichlauf

Man kann das Prinzip sehr gut mit dem von einem Fahrrad mit Gangschaltung vergleichen: Wird vorne (an der Kurbel) das kleine Zahnrad gewählt und hinten das große, tritt es sich sehr leicht, was z. B. das Bergauffahren erleichtert. Auf ebener Strecke muss der Radfahrer allerdings viel häufiger treten (mehr Umdrehungen schaffen). Dort wählt er eher vorne das mittlere oder das große Zahnrad und hinten ein mittleres, um zügig voranzukommen, aber nicht so viele Umdrehungen leisten zu müssen (zu „schwer" zu treten).

Für den gesetzlich vorgeschriebenen Rückwärtsgang kommt zur Leistungsänderung auch eine Drehrichtungsumkehr hinzu. Am Schalthebel befindet sich eine Rückwärtsgangsperre, um zu verhindern, dass ungewollt der Rückwärtsgang während der Fahrt des Automobils eingelegt wird. Zur Steigerung des Fahrkomforts werden bei Mittel- und Oberklassefahrzeugen schrägverzahnte Rückwärtsgangzahnräder verbaut. Dadurch kommt es nicht zum „Rückwärtsgangheulen". Bei günstigeren Fahrzeugen ist dieses Heulen aufgrund geradeverzahnter Zahnräder hingegen deutlich zu hören.

2.1.2.2 Automatikgetriebe

Vollautomatische Getriebe erleichtern dem Fahrer die Schaltarbeit und damit die Konzentration auf das Verkehrsgeschehen. Bei bestellten Neufahrzeugen tendieren die Kunden mittlerweile immer öfter zu automatischen Getrieben. Obwohl bei automatischen Getrieben das Einlegen des jeweiligen Gangs selbsttätig erfolgt, gibt es an diesen Getrieben einen Wählhebel für den Fahrer.

Vorauswahl
Die traditionellen Wahlbereiche sind P für Parken, R für Rückwärtsfahrt, N für Neutral (Leerlauf) und D für Drive (Normalfahrt) sowie evtl. S für Sport (sportliche Fahrweise).

Der Zweck des elektrischen Wahlhebels ist die gewünschte ***Vorauswahl*** *für die zu schaltenden Gänge sowie die Neutralposition oder die Parkposition.*

Ein automatisches Getriebe besteht aus einem hydrodynamischen Drehmomentwandler, aus einer elektronischen Steuerungseinrichtung sowie einer Kombination aus Kupplungen, Zahnradgetrieben und Freiläufen. Der Drehmomentwandler wandelt beim Anfahrvorgang die erhöhte Motordrehzahl in ein erhöhtes Drehmoment um. Drehzahl und Drehmoment werden dann auf die Antriebswellen und weiter auf die Fahrzeugräder übertragen. Heutzutage üblich ist eine 8- oder 9-Stufen-Automatik. Zudem wird auch eine ***Hydraulik*** benutzt, um die Gangstufen schnell und komfortabel zu wechseln. In automatischen Getrieben werden diese Vorgänge mit einer aufwendigen Mechatronik gekoppelt. Dadurch ist es möglich, dass sich die Schaltvorgänge dem Fahrverhalten des Fahrers automatisch anpassen.

Hydraulik
Verwendung von Flüssigkeit zur Kraft- und Energieübertragung

BEISPIEL

Bei „sportlichen" Fahrern realisiert das Automatikgetriebe einen gezielten Schaltvorgang erst bei höheren Motordrehzahlen; der „wirtschaftlich-ökonomische" Autofahrer erhält einen sanften und frühzeitigen Gangwechsel.

Alle automatischen Getriebe besitzen einen sogenannten „Kick Down". Durch kräftiges Durchdrücken des Gaspedals schaltet das automatische Getriebe einen Gang zurück und erlaubt dadurch stärkere Beschleunigungsvorgänge, z. B. um auf die Autobahn aufzufahren oder um zügig zu überholen.

In einigen Modellen werden die Vorteile von Schalt- und Automatikgetriebe eingesetzt: die ***Halbautomatik*** oder das ***Automatische Kupplungssystem (AKS).***

Halbautomatik
Der Gangwechsel wird vom Fahrer manuell eingeleitet, die Kupplung automatisch betätigt.

AKS
(Automatisches Kupplungssystem; engl. ACS = Automatic Clutch System)
Beim AKS übernimmt eine elektronisch gesteuerte Kupplung die Kupplungsarbeit.

Das Öffnen und Schließen der Kupplung (Ein- und Auskuppeln) wird von Aktoren ausgelöst und von Sensoren überwacht. Dieser Vorgang dauert deutlich weniger als eine Sekunde, eine Zeit, die ein Fahrer manuell nicht umsetzen könnte. Ein Kupplungspedal ist daher nicht notwendig. Das Gaspedal muss beim Schalten nicht zurückgenommen werden, da die Einspritzmenge über das Steuergerät automatisch angepasst wird.

BEISPIEL

Die Halbautomatik bedient mit großer Bandbreite den bescheidenen bis supersportlichen Fahrer und findet sich z. B. im Renault Twingo, Smart ForTwo, der Mercedes-Benz A-Klasse, dem Porsche 911 oder dem Lamborghini Gallardo wieder.

2.1.2.3 Automatisierte Schaltgetriebe

Voll automatisierte Schaltgetriebe im Pkw zeichnen sich durch eine wesentlich kompaktere Bauform gegenüber dem modernen automatischen Getriebe aus. Gleichzeitig können automatisierte Getriebe kostengünstiger gebaut und bei geringeren Reibungsverlusten betrieben werden. Dadurch werden der Kraftstoffverbrauch des Motors sowie die produzierten Abgasbestandteile reduziert.

Bei einem Doppelkupplungsgetriebe werden zwei Gänge parallel geschaltet und der Schaltvorgang durch das schnelle Öffnen und Schließen der Kupplungen 1 und 2 vollzogen.

Das Doppelkupplungsgetriebe besteht grundsätzlich aus zwei Teilgetrieben mit je einer eigenen Kupplung. Das Teilgetriebe 1 realisiert die Gänge 1/3/5/7/R und das Teilgetriebe 2 die

Gänge 2/4/6. Jeder nachfolgende Gang liegt damit auf einem anderen Teilgetriebe. Während der Beschleunigungsphase im aktuellen Gang, z. B. im Teilgetriebe 1, erfolgt das Schalten des höheren Gangs im Teilgetriebe 2. Beim anschließenden Gangwechsel erfolgen das schnelle Öffnen der Kupplung 1 und das Schließen der Kupplung 2.

Damit werden ohne Unterbrechung der Zugkräfte die erzeugten Antriebskräfte auf den Antriebsstrang übertragen und der nächst höhere Gang bereits eingelegt.

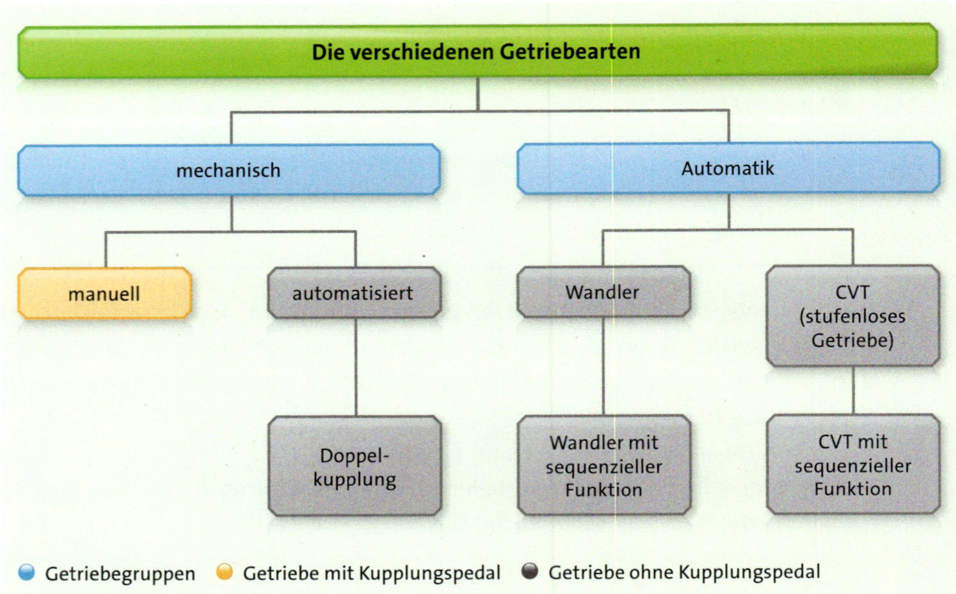

Quelle: nach TCS

2.1.2.4 Kupplung

Um im Stand den Motor starten zu können, muss eine manuelle Trennung zwischen Motor und Antriebsachse vorhanden sein. Wäre diese Trennung nicht vorhanden, würde jede Drehung des Motors auf die Räder übertragen und ein Stillstand des Fahrzeugs nur durch Abschalten des Motors möglich. Um diesen unangenehmen Zustand zu vermeiden, existiert die Kupplung. Durch Betätigen des Kupplungspedals wird eine Trennung zwischen Motor und Getriebe vollzogen.

Kupplungsscheibe und -druckplatte

Das Prinzip der Kupplung wird im Folgenden an einer Einscheibenkupplung erklärt und kann dann auf Fahrzeugkupplungen übertragen werden. Eine Einscheibenkupplung besteht aus zwei Platten. Die eine Platte ist mit dem Motor und die andere Platte ist mit dem Getriebe verbunden. Bei Stillstand des Verbrennungsmotors und getretener Kupplung dreht sich die Scheibe auf der Motorseite und die Scheibe auf der Getriebeseite steht still.

Beim Loslassen des Kupplungspedals werden die Kupplungsscheiben langsam zusammengepresst und beide Scheiben laufen nach einem Schleifvorgang mit der gleichen (synchronen) Drehzahl. Die Kraft, die benötigt wird, um die Scheiben aneinander zu pressen, wird durch Federn aufgebracht. Diese erzeugen den Widerstand, den man als Fahrer spürt, wenn man die Kupplung loslässt.

In Fahrzeugen werden keine Einscheibenkupplungen eingesetzt, sondern Kupplungen mit mehreren Scheiben. Diese Scheiben können besser als Bleche bezeichnet werden, da durch die größere Anzahl die Dicke der Scheiben stark reduziert werden kann. Die Wirkung der Kupplung lässt nach, wenn die Beläge verschlissen sind und keine ausreichende Haftung mehr erreicht wird.

2.1.2.5 Differenzial

Das Differenzial ist ein Getriebe, das die Drehzahlunterschiede auf die angetriebenen Räder ausgleicht. Dies ist bei Kurvenfahrten wichtig, da die kurvenäußeren Räder einen größeren Weg zurücklegen müssen als die kurveninneren. Für den Fall, dass ein angetriebenes Rad auf griffigem und das andere auf rutschigem Untergrund steht, sind manche Fahrzeuge (z. B. Geländewagen) mit einem Sperrdifferenzial ausgestattet. Das Sperrdifferenzial verbindet das Rad auf dem griffigen Untergrund mit dem Rad auf dem rutschigen Untergrund und setzt somit das Fahrzeug in Bewegung. Differenziale benötigen spezielle Hypoidöle, um das Kegelrad und das Tellerrad sicher zu schmieren.

Beispiele für typische Instandhaltungs- und Servicearbeiten am Getriebe
• Kontrolle des Getriebeölstands
• Kontrolle des Druckpunkts der Kupplung
• Kontrolle von Dichtungen und des Schaltgestänges

2.1.3 Fahrwerk

Das Fahrwerk ist die Verbindung zur Straße: Die Leistung des Motors wird über das Fahrwerk auf die Räder übertragen; der Zustand der Fahrbahn wirkt sich über das Fahrwerk wiederum auf die Karosserie und den Fahrgastraum aus.

2.1.3.1 Räder und Reifen

Die Räder bzw. Reifen müssen zwei Aufgaben übernehmen: Zum einen müssen sie die Antriebskräfte auf die Straße übertragen und in Bewegung umsetzen, zum anderen die entstehenden Seitenkräfte aufnehmen. Seitenkräfte entstehen z. B. durch Seitenwind und bei Kurvenfahrten. Wie bringt man jedoch einen Reifen dazu, ein hohes Motordrehmoment und eine große Motorleistung auf die glatten Fahrbahnen zu übertragen? Die Lösung liegt im Aufbau des Reifens und der verwendeten Gummimischung.

Der Reifen soll am Asphalt „kleben", eine Eigenschaft, die im Rennsport durch eine Erhöhung der Reifentemperatur genutzt wird. Da der Verschleiß im Motorsport keine so wichtige Rolle spielt, wird die Gummimischung der Reifen so gewählt, dass diese bei entsprechender Temperatur sehr stark am Asphalt kleben. Dieser Klebeeffekt lässt sich bei Reifen für den Alltagsgebrauch jedoch nicht umsetzen, der anfallende Reifenwechsel alle 300 km wäre zu teuer und zu aufwendig.

Eine weitere Anforderung an einen Reifen ist die Allwettertauglichkeit: Ob Sonne oder Regen, ob Asphalt oder Kopfsteinpflaster, der Reifen muss in allen Situationen ausreichend Haftung aufbringen. Die Rillen im Reifen, das sogenannte Profil, verbessern die Haftungseigenschaften für den Einsatz bei Regen.

Das Wasser auf der Straße darf den Kontakt zwischen Reifen und Fahrbahn nicht unterbinden, es muss also abgeleitet werden. Würde dies nicht geschehen, würde das Fahrzeug auf einer Wasserschicht fahren und jegliche Lenkbewegung wäre sinnlos. Dieses Aufschwimmen der Reifen, das bei starken Regenfällen auch bei Reifen mit Profil vorkommen kann, bezeichnet man als **Aquaplaning.**

Wie entsteht Aquaplaning?

angepasste Geschwindigkeit*	**riskante Geschwindigkeit***	**gefährliche Geschwindigkeit***
Das Wasser wird abgeleitet, der Reifen behält den vollen Kontakt zur Fahrbahnoberfläche.	Das Wasser staut sich und bildet einen Keil vor dem Reifen. Die Haftung nimmt ab.	Der Wasserkeil schiebt sich unter den Reifen und lässt ihn aufschwimmen. Aquaplaning!

** bezogen auf Wasserhöhe und Profiltiefe*

Bei einem ***Niederquerschnittsreifen*** beträgt das Verhältnis von Reifenhöhe zur Reifenbreite weniger als 80 % von der Reifenbreite.

Zum Teil tragen die Reifen auch zur Federung des Fahrzeugs bei. Je nach Luftdruck und Reifenquerschnitt kann dies variieren. Generell gilt: Je flacher der Reifen ***(Niederquerschnitt),*** desto geringer der Federungseffekt.

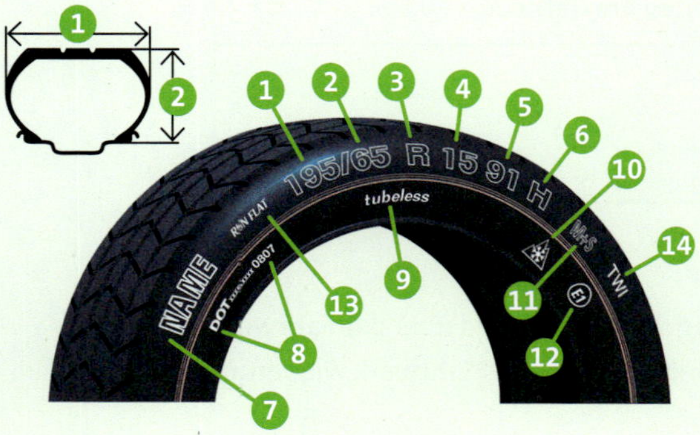

1 Reifenbreite in mm
2 Verhältnis Reifenhöhe zu Reifenbreite in Prozent. Serie 65 heißt 65 % von 195 mm. Bei den 80er-Reifen (z. B. 155 R 13) fehlt oft die Angabe der Serie.
3 Bauart des Reifens; R steht für Radialreifen.
4 Felgendurchmesser in Zoll
5 Tragfähigkeitsindex; z. B. 91 = 615 kg
6 Index des Reifens für die eingetragene Höchstgeschwindigkeit des Fahrzeuges
7 Hersteller und Profilbezeichnung
8 DOT (Department of Transportation): Kennzeichen nach US-Vorschrift; diese Nummer ist wichtig, da sie das Herstellungsdatum nennt. Die DOT-Nummer ist vierstellig, z. B. 0807: der Reifen wurde in der achten Woche 2007 hergestellt. Die Zahlen und Buchstaben zwischen DOT und Datum kann der Reifenhersteller decodieren. Sie stehen für Hersteller, Reifengröße und fabrikinterne Bezeichnung.
9 tubeless = schlauchlos, tube type = mit Schlauch
10 Schneeflockensymbol signalisiert Wintertauglichkeit
11 M + S (Mud + Snow) steht für Matsch + Schnee. M + S sind immer Winter- oder Ganzjahresreifen
12 ECE-Prüfzeichen für Europa-Norm (z. B. 1 ist die Landesbezeichnung für Deutschland)
13 Run Flat (Bezeichnung für Reifen mit Notlaufeigenschaft)
14 TWI (Tread Wear Indicator): Abnützungsanzeiger

Quelle: TCS

Geschwindigkeitssymbole			
Q	bis 160 km/h	V	V bis 240 km/h
S	bis 180 km/h	W	W bis 270 km/h
T	bis 190 km/h	ZR	ZR über 240 km/h
H	bis 210 km/h		

In modernen Fahrzeugen kommen sehr häufig Run-Flat Reifen als Ersatz für das ehemalige Ersatzrad oder für das geschwindigkeitsreduzierte Notrad zum Einsatz. Run-Flat Reifen sind flankenverstärkte Reifen, die ohne Reifendruck sicherheitsrelevante Notlaufeigenschaften aufweisen und eine Weiterfahrt mit verringerter Geschwindigkeit ermöglichen.

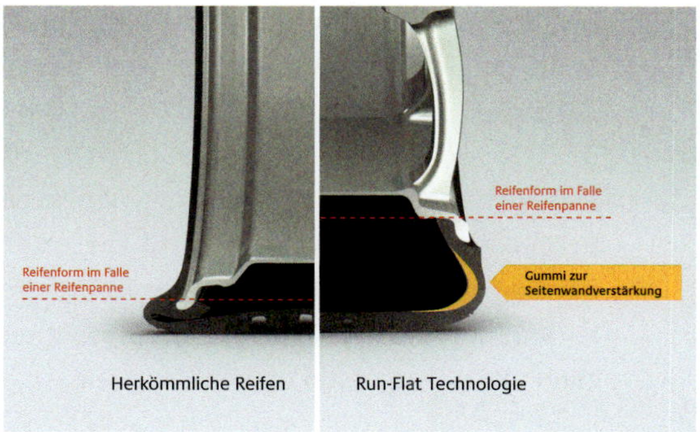

Erfinder der Run-Flat-Technologie ist Bridgestone. Sie wurde 1987 erstmalig in einem Serienfahrzeug eingesetzt (Porsche 959) und wird seitdem kontinuierlich weiterentwickelt.

Quelle: Bridgestone NV/SA

Reifennotlaufsysteme müssen je Rad ein Reifendruckkontrollsystem (RDKS) zwecks ständiger Überwachung des aktuellen Reifendruckes aufweisen. In Neufahrzeugen müssen seit dem 01. November 2014 per Gesetz verbindlich Reifendruckkontrollsysteme verbaut werden. Bei einem Reifenwechsel, beispielsweise von Winterreifen auf Sommerreifen, oder einer Reifendruckkorrektur, muss ein Reset am Fahrzeug durchgeführt werden.

2.1.3.2 Achse und Radaufhängung

Die Achse bzw. Radaufhängung verbindet die Räder mit der Karosserie. Sie soll eine stabile Verbindung herstellen, muss aber auch Lenkbewegung und Federung ermöglichen. Die Radaufhängung existiert in drei Bauformen: als **Starrachse,** als **Verbundlenkerachse** und als **Einzelradaufhängung.**

Starrachse

Die Starrachse bildet eine feste Verbindung beider Räder durch eine Achse. Jede Bewegung des einen Rades wirkt sich auch auf das andere Rad aus. Dies ist vergleichbar mit einer langen Stange, die in der Mitte fixiert ist: Wird das eine Ende nach oben gedrückt, bewegt sich das andere Ende nach unten.

Die Fahrphysik verlangt jedoch nach einer unabhängigen Reaktion der beiden Enden. Wird die durch Reifen übertragbare Leistung durch Kräfte quer zur Fahrtrichtung auf einer Seite reduziert, z. B. bei einer Kurvenfahrt, überträgt die Starrachse einen Teil der Kraft auf das andere Rad der Achse und reduziert dadurch auch dort die übertragbare Leistung.

Eine Starrachse eignet sich also nicht für kritische Fahrsituationen. Sie ist aber leicht zu konstruieren und belastbar. Diese Eigenschaften sind vorteilhaft für den Einsatz in schweren Nutzfahrzeugen, die große Lasten transportieren müssen und nicht auf sehr hohe Geschwindigkeiten ausgelegt sind.

BEISPIEL

Starachsen kommen in Geländewagen und Nutzfahrzeugen zum Einsatz.

Verbundlenkerachse

Die Verbundlenkerachse ist eine Weiterentwicklung der Starrachse. Die einfache Konstruktion der Starrachse, verbunden mit der Eigenschaft, die Räder teilweise unabhängig voneinander reagieren zu lassen, bietet ein breites Anwendungsspektrum.

Die Verbundlenkerachse ist eine Starrachse mit einem angefügten Hebel, der eine beschränkte Bewegung zulässt. Am Ende des Hebels befindet sich im rechten Winkel ein kleinerer Hebel, an dem das Rad befestigt wird. Diese Konstruktion lässt Bewegungen zu; so werden die Bewegungen des einen Hebels nicht auf die andere Seite übertragen. Eingesetzt wird die Verbundlenkerachse in kleineren Fahrzeugen, die nicht allzu hohe Geschwindigkeiten erreichen und preisgünstig sein sollen (Klein- und Mittelklassewagen).

BEISPIEL

Verbundlenkerachsen kommen im VW Golf und Peugeot 208 zum Einsatz.

Einzelradaufhängung

Die höchste Entwicklungsstufe der Verbindung zwischen Rad und Fahrzeug stellt die Einzelradaufhängung dar: Jedes Rad ist unabhängig befestigt und übt keine Einflüsse auf das andere Rad der Achse aus. Die Einzelradaufhängung muss aber an Ort und Stelle die auftretende Last aufnehmen und kann diese nicht über eine feste Achse verteilen.

Raumlenker Hinterachse

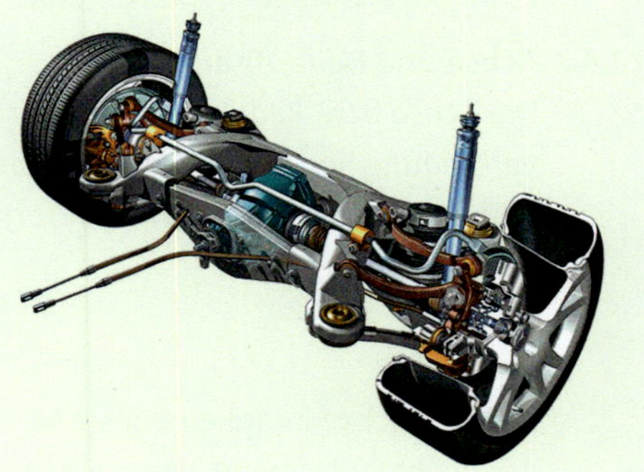

Um die Last aufzunehmen und eine optimale Stellung des Rades zur Straße zu garantieren, werden bis zu fünf „Lenker“ eingesetzt. Als Lenker bezeichnet man die Verbindungsstreben zwischen Rad und Karosserie, da sie je nach äußerer Krafteinwirkung dieser entgegen lenken. Bei jeder Fahrsituation soll das Rad ideal zur Straße stehen. Somit müssen die fünf Lenker so angebracht sein, dass das Fahrzeug richtungsstabil und sicher auf der Fahrbahn rollt.

BEISPIEL

Eine Einzelradaufhängung kommt beim Ford Maverick sowie Fahrzeugen von BMW, Audi und Mercedes-Benz zum Einsatz.

2.1.3.3 Feder-Dämpfer-System

Die Abstimmung des Feder-Dämpfer-Systems entscheidet über den Fahrkomfort eines Fahrzeugs. Eine weiche Federung ermöglicht ein sanftes Dahingleiten auch bei schlechtem Straßenzustand. Im Fahrzeugbau werden unterschiedliche Arten von Federn eingesetzt: zum einen Blattfedern und weit häufiger Spiralfedern (Schraubenfedern). Blattfedern sieht man häufig an den Hinterachsen von Lastkraftwagen. Dort werden Platten des federnden Stahls übereinandergeschichtet und bilden gemeinsam die Feder. Die Spiralfeder, die heute in fast jedem Fahrzeug zu finden ist, ist eine Weiterentwicklung der Drehstabfeder. Eine Drehstabfeder ist ein langer metallischer Stab, der verdreht werden kann und sich bei Entlastung wieder zurückdreht. Da diese Art von Feder viel Platz benötigt, wurde dieser lange Stab zu einer Spirale aufgewickelt und entspricht der heute bekannten Spiralfeder.

Der **Schwingungsdämpfer (Stoßdämpfer)** besteht aus einem Zylinder und einem Kolben. Der Kolben ist mit Öl gefüllt und zwischen Kolben und Zylinder bestehen kleine Verbindungsbohrungen.

Ohne Federung würde die Karosserie jede Unebenheit auf den Fahrer übertragen. Schnellere und längere Autofahrten sowie Fahrten durch Gelände würden zur Qual für die Insassen und zu starken Rückenleiden führen, ganz zu schweigen vom Fahrzeugverschleiß.

Durch den Einbau einer Federung bleiben die Insassen und das Material von größeren Schwingungen verschont, aber es ergibt sich ein anderes Problem: Das Auto beginnt nach der ersten Fahrbahnunebenheit zu schwingen und fährt nicht sicher und richtungsstabil auf der Straße. Diesen Federungseffekt sollen die Schwingungsdämpfer einschränken und möglichst unterdrücken.

> ***BEISPIEL***
>
> *Fährt ein Auto über ein Schlagloch, wird zuerst das Rad durch die Feder in das Loch hineingedrückt und behält dadurch den Kontakt zur Fahrbahn. Wenn das Rad zurückfedert, wird die Stärke der Schwingung durch den Dämpfer unterdrückt bzw. abgefangen.*

Das, was für Schlaglöcher gilt, trifft auch auf andere Fahrsituationen zu. Während der Kurvenfahrt neigt sich das Fahrzeug zur Kurvenaußenseite und nur durch die Federung behalten die Räder Kontakt zur Straße. Der Dämpfer beruhigt danach die Schwingungen des Rades und/oder der Karosserie. Der physikalischen Wirkung nach müsste die Feder „Stoßdämpfer" (der Stoß durch die Fahrbahnunebenheit wird durch Einfederung abgefangen) und der Dämpfer „Schwingungsdämpfer" genannt werden. Für den Dämpfer hat sich jedoch – fälschlicherweise – der Name „Stoßdämpfer" durchgesetzt.

Alle Komponenten des Fahrwerks müssen optimal aufeinander abgestimmt sein, um sichere Fahreigenschaften in allen Situationen zu gewährleisten.

Radstand

Bezeichnet den Abstand zwischen der Vorder- und Hinterachse. Ein großer Radstand ermöglicht einen großen Kofferraum, mehr Ladefläche und mehr Komfort. Ein kurzer Radstand erhöht die Agilität beim Befahren von Kurven.

Spurweite

Bezeichnet den Abstand zwischen der Reifenmitte von linkem und rechtem Rad. Eine größere Spurweite reduziert die Seitenneigung und ermöglicht eine höhere Kurvengeschwindigkeit.

Spur

Bezeichnet die Schrägstellung des Rades zur Fahrtrichtung. In den meisten Fällen wird eine positive Spur (Neigung zur Fahrzeugmitte) eingestellt: Beide Räder einer Achse laufen leicht nach innen. Dadurch wird ein besserer Geradeauslauf und ein sofortiges Ansprechen auf Lenkbewegungen erreicht. Der Nachteil dieser Eigenschaften ist ein höherer Rollwiderstand der Reifen.

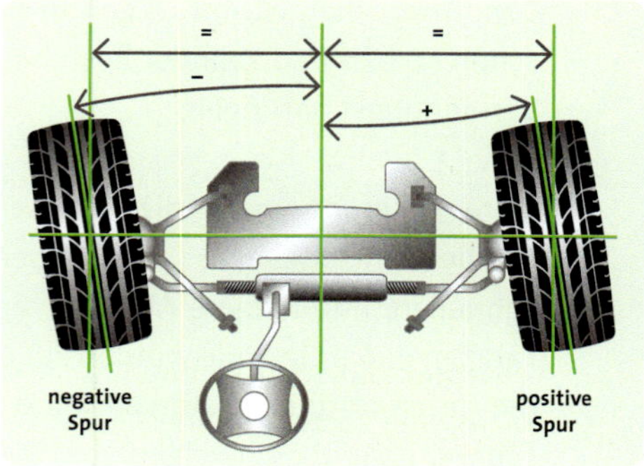

Sturz

Stellung der Räder zur Fahrbahn. Ein positiver Sturz, nach innen zur Fahrzeugmitte geneigt, ergibt zusammen mit der Spur einen Schräglauf und damit einen guten Geradeauslauf.

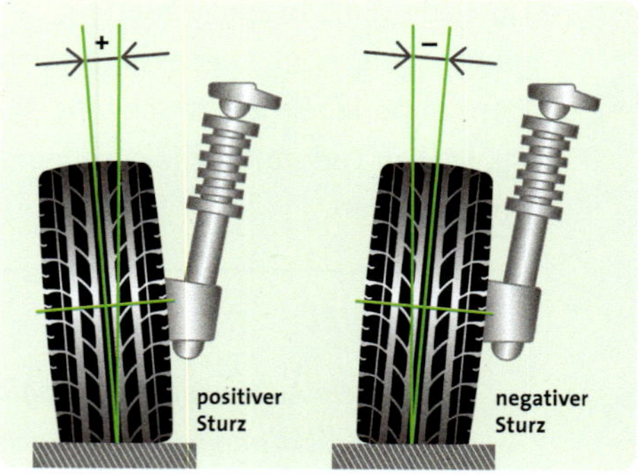

Beispiele für typische Instandhaltungs- und Servicearbeiten am Fahrwerk
• Kontrolle der Feder-Dämpfer-Funktion
• Überprüfung auf möglichen Federbruch
• Überprüfung auf Reifen- und Felgenschaden
• regelmäßige Kontrolle des Luftdrucks
• Kontrolle des Reserverads auf Luftdruck und allgemeinen Zustand

2.2 Hydraulische Systeme

Schon bei den vorherigen Ausführungen zu den Getrieben klang an, dass Hydrauliköl eingesetzt wird, um beim Automatikgetriebe die Kupplungen voneinander zu trennen bzw. zusammenzupressen. Hydraulik kommt auch bei der Servolenkung vor, die sich im Prinzip heute in jedem Pkw befindet. Die Servolenkung ist eine Lenkhilfe für den Fahrer, indem die vom Fahrer aufgebrachte Kraft zum Lenken durch ein Hydrauliksystem (Hydraulik-Pumpe, -Steuerung, -Motor) oder einen Elektromotor verstärkt wird. Ebenso benötigen elektrisch öffnende Cabrioverdecke oder Heckklappen hydraulische Systeme. Schnelle Bremssysteme sind im Pkw ohne eine feinfühlige Hydraulik nicht denkbar.

2.2.1 Bremse

Die Bremse ist das wichtigste Sicherheitselement des Autos. Sie muss in jeder Situation volle Leistung bringen und so viele Reserven bereithalten, dass das Auto jederzeit zum Stillstand kommt. Um eine größtmögliche Sicherheit zu gewährleisten, wird vom Pedal über den Bremskraftverstärker und den Hauptbremszylinder in zwei Bremskreisen der Bremsdruck zu den Radbremsen geleitet. Fällt ein Bremskreis aus, verbleibt der andere Bremskreis, um den Wagen zum Stillstand zu bringen. Nach dem Druck auf das Bremspedal leitet die Bremsflüssigkeit den Bremsdruck zu den Radbremsen. Im Fahrzeugbau werden **Trommel-** und **Scheibenbremsen** verbaut.

Die **Trommelbremse** kommt unter anderem bei preisgünstigen bzw. leistungsschwachen Autos an den hinteren Rädern zum Einsatz, da sich bei dieser Bauform die Feststellbremse („Handbremse" oder „Fußfeststellbremse") leicht integrieren lässt. Die Trommelbremse ist schwerer als eine vergleichbare Scheibenbremse, hat aber einen sehr guten Wirkungsgrad. Trommelbremsen sehen aus wie Töpfe, die von innen an die Räder geschraubt wurden. Gegen den rotierenden Topf werden von innen die Bremsbeläge gepresst. Hier wird auch die Grenze dieser Bremse deutlich: Die entstehende Wärme kann nicht entweichen und überhitzte Bremsen verlieren schlagartig an Wirkung.

Innenbelüftete Keramikbremsscheibe mit Lochung

Die **Scheibenbremse** ist aufwendiger konstruiert und lässt sich feinfühliger dosieren. Da zwischen 60–80 % der Bremsleistung über die Vorderräder bereitgestellt werden muss, kommt die Scheibenbremse dort zum Einsatz. Bei den Scheibenbremsen sind **Stahlscheiben** an den Rädern befestigt, gegen die von außen die Bremsbeläge gedrückt werden. Da bis auf die Anpressfläche der Bremsbeläge die Bremsscheibe vom Fahrtwind umströmt wird, kann die Wärme besser abgeleitet werden. Durch entsprechende Vorkehrungen an der Karosserie kann der Luftstrom zur Bremse erheblich erhöht werden. Die Verlässlichkeit einer Bremsscheibe kann erhöht werden, indem sie gelocht oder gerillt wird. Zwischen den beiden Scheibenbremsflächen befindet sich fächerförmige Hohlräume.

Bei dieser Bauart spricht man von **innenbelüfteten Scheibenbremsen.** Im Rennsport und vereinzelt bei schnellen Sportwagen werden auch **Carbon-** und **Keramikbremsscheiben** eingesetzt, da diese weit höhere Bremsleistungen erzielen. Die maximale Bremswirkung erzielen sie jedoch erst bei hohen Temperaturen.

2.2.2 Bremsflüssigkeit

Wie bereits beschrieben, leitet die Bremsflüssigkeit den Bremsdruck zu den Radbremsen weiter. Dies erfolgt über Bremsleitungen und Bremsschläuche. Die Bremsflüssigkeit übernimmt somit die Funktion eines Übertragungsmediums. Die Bremsflüssigkeit muss daher auch bei starker Erwärmung druckstabil bleiben. Bremsflüssigkeit hat jedoch einen Schwachpunkt: Sie nimmt über die Bremsschläuche unerwünschtes Wasser auf. Dieses wasseranziehende Verhalten der Bremsflüssigkeit wird als hygroskopisch bezeichnet. Eine Verbindung mit Wasser führt bei der Bremsflüssigkeit zu einem gefährlichen Verlust ihrer spezifischen Eigenschaften. In einer Extremsituation, etwa bei längerer Bergabfahrt oder mehrmaligem Bremsen auf der Autobahn, „kocht" der Wasseranteil in der Bremsflüssigkeit und bildet Dampfblasen. Die gefährliche Dampfblasenbildung führt zu einer Verringerung oder zum Totalverlust der Bremswirkung. Deshalb ist es wichtig die Bremsflüssigkeit in zweijährigen Wechselintervallen zu ersetzen. In der Werkstatt kommen ***DOT*** 3 (Siedepunkt = 205 Grad Celsius), DOT 4 (Siedepunkt = 230 Grad Celsius) oder DOT 5.1 (Siedepunkt = 260 Grad Celsius) zur Anwendung.

DOT steht für Department of Transportation (= amerikanisches Verkehrsministerium).

2.3 Pneumatische Systeme

Während bei hydraulischen Systemen eine spezielle Flüssigkeit zum Einsatz kommt, verwenden pneumatische Systeme geregelte Druckluft. Sie wird in Fahrwerksystemen angewendet, um das Fahrzeug an die Beladung und das Gelände anzupassen, also um beispielsweise bei Geländefahrten die Bodenfreiheit des Fahrzeugs zu erhöhen, sodass es nicht aufsetzt und sich der Böschungswinkel erhöht. Bei Nutzfahrzeugen werden die Bremsen mit Druckluft betrieben. Ein Kompressor füllt einen Vorratsluftbehälter mit Druckluft, die dann im Bremssystem verwendet wird.

2.4 Elektrische Systeme

Jedes Fahrzeug verfügt über eine Starterbatterie, um die für den Zündvorgang notwendige Energie bereitzustellen oder um bei abgestelltem Motor (zumindest für eine begrenzte Zeit) genügend Energie für das Licht oder das Radio zur Verfügung zu stellen. Durch den Generator wird die Starterbatterie bei laufendem Motor ständig aufgeladen, sodass z. B. für den neuen Startvorgang wieder die komplette Batterieleistung vorhanden ist.

Zum Auslösen der Verbrennung im Zylinder eines Benzinmotors wird ebenfalls Strom benötigt. Fließt durch die Zündkerze Strom, springt ein elektrischer Funke zwischen Mittelelektrode und Masseelektrode über und entzündet das Kraftstoff-Luft-Gemisch. Auch der Dieselmotor benötigt für den sicheren Startvorgang ausreichend elektrischen Strom für die Glühkerzen im Motorzylinder. Um den elektrischen Strom für das gesamte Bordnetz bereitzustellen, besitzt jedes Fahrzeug einen Generator.

2.4.1 Licht

Der sichtbarste Stromverbraucher ist sicherlich das Licht der Hauptscheinwerfer. Es hilft dem Fahrer zu sehen und von anderen gesehen zu werden. Bei Tageslicht werden ebenfalls Beleuchtungssysteme eingesetzt, um optische Signale zu geben. Die Anzahl der Blinkleuchten stieg in den letzten Jahren aufgrund gesetzlicher Regelungen immer mehr an (Kotflügel, Außenspiegelspiegel etc.).

Die Qualität der Lichttechnik wird ständig weiterentwickelt und die Lichtausbeute stetig verbessert. Zum Einsatz kommen heute Projektionssysteme, die mit einer Linse arbeiten, LED-Scheinwerfer, aufwendiges Laserlicht oder Xenon-Scheinwerfer.

Bei einem ***Xenon-Scheinwerfer*** wird eine Gasentladungslampe genutzt, die mit Xenongas gefüllt ist. Dabei wird mithilfe eines Hochspannungsimpulses ein Lichtbogen erzeugt.

Halogenlampen sind die heutzutage am weitesten verbreitete Form, die in Scheinwerfern im Kfz-Bereich zum Einsatz kommen. Die heute noch gängigen Modelle, wie z. B. H4, fanden zu Beginn der 1960er Jahre in Oberklassenmodellen Einzug ins Automobil. Halogenlampen funktionieren im Prinzip wie herkömmliche Glühbirnen: Es erhitzt sich ein Glühfaden aus Wolfram durch Stromfluss bis zur Weißglut und erzeugt so Licht. Die Besonderheit der Halogenlampe ist ihr kleiner Quarzkolben, der nur wenig Wärme an die Umgebung abgibt. Durch diesen kann die Halogenlampe um einige Hundert Grad höher erhitzt werden als eine normale Glühbirne, was den Wirkungsgrad, also die Helligkeit, beträchtlich erhöht.

Damit die höhere Temperatur nicht zu einer kürzeren Lebensdauer führt, befindet sich im Glaskolben Halogen-Gas. Dieses Gas sorgt dafür, dass der dünne Glühdraht nicht so schnell verbraucht wird. Daher leuchtet sie heller und besitzt eine längere Lebensdauer als die klassische Glühbirne. Damit der Lichtstrahl gebündelt wird und der Gegenverkehr nicht geblendet wird ist die Halogenlampe vor einem Reflektor angeordnet. Die Lichtverteilung kann mit einer Kombination eines Parabolspiegels mit einem passend geriffelten Scheinwerferglas (Streuscheibe) gestaltet werden. Heutzutage üblich ist aber die Verwendung von Freiformreflektoren. Damit lässt sich eine asymmetrische Ausleuchtung ohne die sonst nötige Streuscheibe verwirklichen und es können Klarglasscheinwerfer verwendet werden. Dadurch wird auch gleichzeitig die nutzbare Lichtintensität erhöht. Keinesfalls darf beim Einbau oder Austausch der Lampen der Glaskolben mit der Haut in Berührung kommen.

Über die Haut können Verunreinigungen auf den empfindlichen Quarzkolben gelangen, die sich einbrennen. Dadurch kann die Leuchtkraft beeinträchtigt werden.

Eine Weiterentwicklung der Halogenlampen stellen **Xenonlampen** dar, sie wurden ab den 1990er Jahren ebenfalls zuerst in Oberklassenmodellen eingebaut (z. B. 7er BMW). Dabei handelt es sich um eine Gasentladungslampe. Xenon-Gasentladungslampen bestehen aus einem dickwandigen, mit Xenon gefüllten Quarzglaskolben, in dem zwei massive Wolfram-Elektroden eingeschmolzen sind, zwischen denen ein Abstand von wenigen Millimetern bleibt. Sobald die Lampe eingeschaltet wird, bildet sich zwischen den Elektroden ein Lichtbogen. Die Haltbarkeit von Xenonlampen ist viermal so hoch wie bei Halogenlampen, das Licht wirkt kälter (blau), ist aber wesentlich heller als konventionelles Halogenlicht.

Gasentladungslampe

Aus dem gleichen Grund gilt dies auch für LED-Scheinwerfer.

Aufgrund des Kaltlichtverhaltens (Schnee würde auf den Scheinwerfern ungenügend schmelzen) der Xenon-Scheinwerfer muss bei diesem Scheinwerfersystem eine Hochdruck-Scheinwerferreinigungsanlage vorhanden sein.

Allen Protesten zum Trotz gibt es keinen wissenschaftlichen Grund, warum Xenonlicht blenden sollte. Es ist wohl eher ein optisches (subjektives) Problem, das dazu führt, dass Autofahrer sich vom bläulichen Licht der Xenonscheinwerfer geblendet fühlen.

Immer weitere Verbreitung finden **Leuchtdioden (LEDs).** Sie kamen zuerst als Rückleuchten auf den Markt. Relativ neu ist die Verwendung im Fahrzeug als Abblendlicht im Scheinwerfer (zuerst 2004 im Audi A8). Der erste komplette Frontscheinwerfer mit Abblendlicht, Standlicht und Fernlicht aus Leuchtdioden kam 2008 im Audi R8 auf den Markt. Seitdem ersetzen sie aber mehr und mehr andere Scheinwerfer, weil sie heller, langlebiger und deutlich effizienter sind und entsprechend auch weniger Wärmestrahlung aussenden. So finden die LEDs seit 2015 auch Einsatz in der Kompaktklasse (z. B. Opel Astra K).

Die absolut neueste Entwicklung in dem Bereich ist der Einsatz von **Laserlicht.** Beispielsweise nutzt BMW diese Technik seit 2014 im i8. Hierbei wird mit Laserdioden ein blauer Laserstrahl erzeugt, der durch eine Leuchtstoff-Schicht in weißes Licht umgewandelt wird.

Durch den Gesetzgeber vorgeschrieben, gehört zu jedem Scheinwerfer eine **Leuchtweitenregulierung.** Während in Fahrzeugen mit Halogenscheinwerfern die Leuchtweite entsprechend der Beladung des Autos manuell reguliert werden kann, geschieht dies bei Xenonscheinwerfern automatisch. Sensoren an den Achsen des Fahrzeugs messen die Stellung der Karosserie und regulieren die Einstellung der Scheinwerfer. Auch dadurch ist eine Blendung ausgeschlossen.

2.4.2 Scheibenwischer

Ein weiterer Stromverbraucher sind die Scheibenwischer. Relativ einfach aufgebaut, ist ihre Technik unspektakulär. Über ein Gestänge wird die Drehbewegung eines Elektromotors in eine Wischbewegung umgewandelt.

Hinzugekommen sind die regelbare **Intervallschaltung** und als neue Entwicklung der **Regensensor.** Die Intervallschaltung ermöglicht ein zeitlich versetztes Wischen und eignet sich für den Einsatz bei schwachem Regenfall. Der Regensensor hingegen misst die Menge der Tropfen auf der Optik des Regen-Licht-Sensors und steuert den Einsatz der Wischerblätter. Der Fahrer wird entlastet und sieht immer durch eine freie Windschutzscheibe. Unterstützt wird der Scheibenwischer durch eine **Scheibenwaschanlage,** mit der Wasser auf die Scheiben gesprüht werden kann. Hier verbirgt sich ein weiterer Stromverbraucher, denn eine Elektropumpe sorgt für den Wasserdruck und teilweise werden die Spritzdüsen beheizt, sodass sie im Winter nicht zufrieren können.

2.4.3 Heizung

Damit der Innenraum des Fahrzeugs im Winter beheizt werden kann, ist das Fahrzeug mit einer Heizung ausgestattet. Das erwärmte Kühlwasser wird mittels einer zusätzlichen Kühlmittelschleife genutzt, um die Luft zu erwärmen, die dann in den Innenraum geleitet wird. Hierzu wird ein Gebläse benötigt, das mit Strom betrieben wird. Bei modernen Dieselmotoren kommen elektrische Zuheizer zum schnellen Aufwärmen des Fahrzeuginnenraums zum Einsatz.

2.4.4 Klimaanlage

Klimasysteme sind vielfach in der Serienausstattung eines Fahrzeugs enthalten und somit Standard geworden. Die elektronische Klimaregelung produziert kühle Luft bei hohen Außentemperaturen und warme, trockene Luft im Winter. Die trockene Warmluft reduziert das Beschlagen der Scheiben und erwärmt den Innenraum schneller als eine herkömmliche Heizung.

Die Klimaanlage ist ein stärkerer Treibstoffverbraucher als das Gebläse einer Heizung, da der notwendige Kompressor über den Keilriemen des Motors angetrieben wird. Ihr Stromverbrauch ist dagegen gering, da Strom nur beim Zuschalten des Klimakompressors benötigt wird.

2.4.5 Hi-Fi- und Navigationsgeräte

Zur Unterhaltung und Information der Fahrzeuginsassen gibt es mittlerweile eine Vielzahl von elektronischen Geräten. Moderne Autoradios sind keine einfachen Radioempfangsteile mit CD-Spieler und Freisprechanlage, sondern hochmoderne Multimedia-Stationen, die je nach Budget ausgestattet und erweitert werden können.

> ***BEISPIEL***
>
> *CD-, MP3- und DVD-Player, Navi, Monitore in den Kopfstützen für Passagiere im Fond, digitaler Fernsehempfang (DVB-T), digitales Radio (DAB), WLAN, AUX-Anschluss*

Jedes dieser Geräte wird elektrisch betrieben, was den Stromverbrauch schnell in die Höhe treibt.

2.5 Elektronische Systeme

Elektronische und elektrische Systeme bilden häufig eine Einheit. Dabei steht bei den elektronischen Systemen der steuernde (informationsverarbeitende) Aspekt im Vordergrund. Somit kommt es hier zu entsprechenden Überschneidungen. Wie bereits zuvor erwähnt, kommen elektronische Systeme im Auto in vielfältiger Weise vor, wie z. B.:

- als Kombisysteme/-instrumente zur Anzeige der Daten im Auto
- im Rahmen der Motorsteuerung mit Ansteuerung der Zündanlage oder des Einspritzsystems
- bei aktiven Sicherheitssystemen wie dem ABS oder dem ESP

aktive Sicherheitssysteme ☞ LF 6, Kap. 5.4.1

passive Sicherheitssysteme ☞ LF 6, Kap. 5.4.2

Komfortsysteme ☞ LF 6, Kap. 5.3

- bei passiven Sicherheitssystemen wie dem Airbag (Elektronik erkennt Kollision und löst den Airbag aus)
- bei vielen weiteren Komfort- und Fahrerassistenzsystemen
- als Alarmanlage
- bei Navigationssystemen und Multimediageräten

Ein grundlegende Unterscheidung kann dabei z. B. erfolgen in

- Kommunikationssysteme,
- Komfortsysteme,
- Antriebssysteme und
- Sicherheitssysteme.

Beispiel für elektrische/elektronische Systemtechniken in modernen Fahrzeugen

Leider ist die Fahrzeugelektronik/-elektrik auch recht häufig der Grund für Probleme, wie die Pannenstatistik des ADAC zeigt.

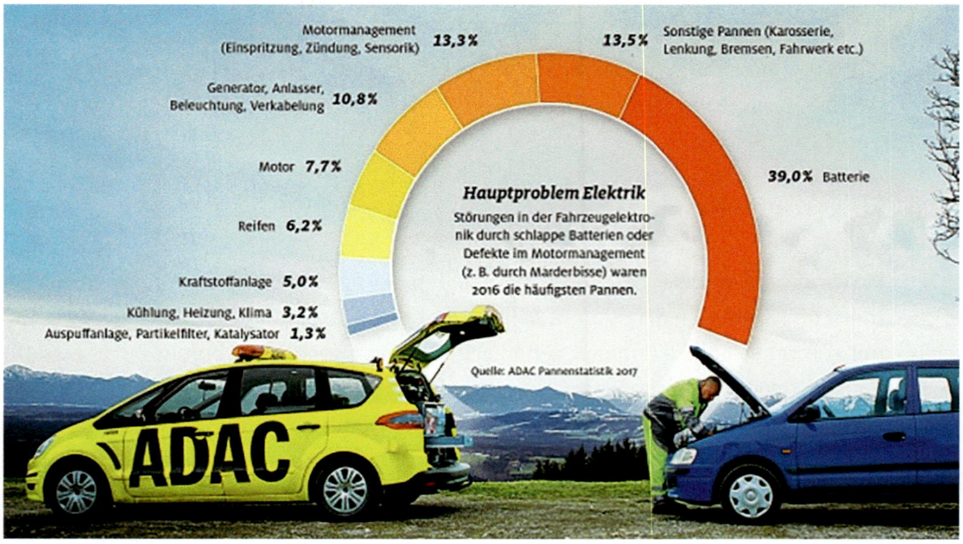

Beispiele für typische Instandhaltungs- und Servicearbeiten an der Elektrik und der Elektronik
• Kontrolle der Batteriekontakte auf Festigkeit und regelmäßiges Einfetten der Polkappen
• Kontrolle der Batteriekontakte auf Festigkeit und regelmäßiges Einfetten der Polkappen
• regelmäßige Überprüfung aller Beleuchtungskörper
• evtl. Überprüfung des Flüssigkeitsstandes und der Leistungsfähigkeit der Batterie
• Keilriemenkontrolle des Generators auf Spannung und Zustand
• Abfrage von Fehlercodes durch Diagnosecomputer

2.6 Pyrotechnische Systeme

Zu guter Letzt wären noch pyrotechnische Systeme zu nennen. Sie kommen zum Einsatz als Auslöser von **Airbags** und **Gurtstraffern.** Mittlerweile gehört der Airbag zur gängigen Serienausstattung in nahezu allen Neufahrzeugen. Neben den Frontairbags für Fahrer, Beifahrer und Fondpassagiere gibt es häufig noch Seiten- und Kopfairbags sowie neuerdings Knieairbags. Obwohl sich das System zum Aufprallschutz oftmals schon bewährt hat, ist der Airbag in Deutschland keine Pflicht.

Um im Zusammenwirken mit dem Sicherheitsgurt eine noch höhere Sicherheit zu erzielen, wird er um den Gurtstraffer ergänzt. Auch hier kommen kleine Treibsätze (in einigen Modellen Federn) zum Einsatz, die im Falle eines heftigen Aufpralls den Gurt straffen, bevor der Passagier selbst in den Gurt fällt. Dies ist zum Beispiel sinnvoll, wenn der Sicherheitsgurt nur locker über einer dicken Daunenjacke liegt und nicht richtig gestrafft wurde. Der Passagier wird dadurch weniger herumgeschleudert und wieder abgebremst, sodass es zu einem geringeren Verletzungsrisiko kommt.

2.7 Konnektivität

Unter Konnektivität versteht man die Anschluss- oder Verbindungsfähigkeit eines Fahrzeugs. Es verfügt also über einen Internetzugang (und meist WLAN), sodass das Fahrzeug die Internetverbindung mit anderen Geräten teilen kann. So könnte z. B. das Smartphone des Fahrers mit dem Infotainment-System im Auto verbunden werden. Möglich wäre, dass das Display des Navis dann als Touchscreen für die Bedienung des Smartphones genutzt wird. Oder die Oberfläche des Smartphones wird auf die Windschutzscheibe projiziert und die Dienste können dann sprachgesteuert werden.

Weitere Angebote könnten Wartungsinformationen der Hersteller, ortsbasierte Empfehlungen (etwa für Tankstellen, Restaurants, usw.), dynamische Stauprognosen oder Musikstreaming sein. Zeigt ein Sensor im Fahrzeug z. B. ein Problem mit der Kühlertemperatur an, schlägt das System eine passende Vertragswerkstatt an, meldet die zeitgenaue Ankunft des Fahrzeugs mit FIN (Fahrzeug-Identifizierungs-Nummer) im Autohaus an, und bestellt zur Überbrückung der Wartezeit das Lieblingsgetränk des Fahrers, das ihm dann im Autohaus serviert wird. Und Versicherungen könnten Daten über das Fahrverhalten nutzen, um die Versicherungseinstufung vorzunehmen.

Nach einer Studie von McKinsey ist es für die Automobilhersteller besonders in drei Bereichen wichtig, die Kontrolle über die Fahrzeugdaten zu bewahren:

- **HMI (Human-Machine Interface)**
  Die integrierte Bedienung der Dienste und Apps im Auto ist ein Alleinstellungsmerkmal der Automobilhersteller. Neue Technologien wie beispielsweise Projektionen auf Windschutzscheiben, die diese Vernetzung intuitiv, komfortabel und sicher gestalten, bieten Herstellern die Möglichkeit, ihre Wettbewerbsfähigkeit in diesem Bereich zu behaupten.

- **Echtzeit-Fahrzeugdaten**
  Anonymisierte Daten zum Zustand und zur Nutzung des Fahrzeugs sind Grundlage für Versicherungs- und Wartungsleistungen, aber auch vieler anderer Dienste. Insbesondere vor dem Hintergrund, dass sich viele Kunden um die Datensicherheit sorgen, ist dies ein entscheidender Kontrollpunkt.

- **Geoinformationen in Echtzeit**
  Aktuelle Daten zur Verkehrslage, Warnung vor Glatteis und ortsspezifische Dienste können nur über Echtzeit-Geoinformationen angeboten werden. Gemeinsam mit Sensordaten im Fahrzeug bilden diese die Voraussetzung für autonomes Fahren. Vernetzte Autos, die in den nächsten Jahren auf den Markt kommen, ebnen damit den Weg zum fahrerlosen Fahrzeug.

Quelle: Pressemitteilung von McKinsey & Company, 29. September 2014:
Internet im Auto wird Marktgewichte in der Industrie massiv verändern;
www.mckinsey.de/internet-im-auto-wird-marktgewichte-der-industrie-massiv-veraendern, Stand: Juli 2017

3 Annahme und Abwicklung eines Auftrags

LS 62

SITUATION *Autoland Murschall GmbH*

David Rose hat soeben Herrn Friedrich, einem Kunden, die Reparaturrechnung überreicht. Gerade als er dem Kunden die einzelnen Rechnungspositionen erklären will, äußert sich Herr Friedrich ziemlich ärgerlich: „Also diese hohen Stundensätze, das hat mir ja Ihr Geschäftsführer letztens mal eingehend erklärt, das konnte ich dann einigermaßen nachvollziehen. Aber was ist das denn nun schon wieder: Mehrwertsteuer auf Altteil? Das ist doch wohl ein Irrtum, oder?“

Grundsätzlich sollte dem Kunden bei Abholung seines reparierten Fahrzeugs gleich auch die Rechnung ausgehändigt und erläutert werden. So verhindern Sie den Eindruck, dass Reparaturen unnötig durchgeführt oder Teile unnötig ausgetauscht wurden. Bei umfangreicheren Arbeiten ist es sinnvoll, dass der Werkstattmeister oder Serviceberater selbst die Rechnung erklärt – unter Umständen sogar direkt am Fahrzeug.

Zum einen fühlt sich der Kunde so kompetent betreut. Zum anderen fällt es ihm nach Kenntnis der Notwendigkeit und des Nutzens der durchgeführten Arbeiten leichter, den oft nicht unerheblichen Rechnungsbetrag zu akzeptieren. Gleichzeitig kann der Kunde auf weitere Mängel bzw. bald fällige Arbeiten hingewiesen werden, etwa auf Bremsbeläge, die nur noch ca. 5 000 km halten.

Damit die Rechnung bereits bei Abholung des Fahrzeugs vorliegt, legt der Serviceberater direkt bei der Annahme den Auftrag an. Dazu benötigt er die Kundendaten und Angaben zum Fahrzeug (z. B. Erstzulassung, Fahrgestell-Nummer, Laufleistung). Handelt es sich um einen Stammkunden, kann ein Großteil dieser Daten über das Kennzeichen direkt eingelesen

AUTOLAND GMBH MURSCHALL

Autoland Murschall GmbH
Plittersdorfer Str. 48
53173 Bonn
Tel.: 0228/90035379-0
Fax: 0228/90035379-1
Mail: info@autoland.bonn.de
www.autoland-gmbh-bonn.de

Autoland Murschall GmbH · Plittersdorfer Str. 48 · 53173 Bonn

Carsten Friedrich
Nassestr. 15
50145 Köln

Bitte bei Zahlungen und Schriftverkehr angeben

Kunden-Nr. 060266
Rechnungs-Nr. 4137
Datum 06.02.20XZ
Lieferdatum

Betreff

Rechnung: STARCAR Shining, Baujahr 04/20XV, km-Stand 64.710

Pos.	Teile-Nr.	Bezeichnung	Menge	Einzelpreis	Gesamtpreis
1		Radaufhängung hinten rechts	1	625,00	625,00
2		Austausch Radaufhängung	24	8,50	204,00
3		Rechte Seitentür hinten	1	545,00	545,00
4		Lackierung Tür (Fremdleistung)	1	160,00	160,00
5		Einbau Tür	6	7,50	45,00
6		Stoßfänger hinten	1	269,00	269,00
7		Aus- und Einbau Stoßfänger hinten	8	8,50	68,00
=	Nettorechnungsbetrag				1.916,00
+	sonstige Leistungen				
+	Entsorgungskosten				
=	Zwischensumme				1.916,00
+	MwSt. 19 %				364,04
+	MwSt. auf Altteilwert				
=	**Gesamtbetrag**				**2.280,04**

Zahlbar netto Kasse nach Erhalt der Rechnung.

Bankverbindungen
Deutsche Bank AG, Bonn
[BLZ 420 762 36] 178 604 423
Sparkasse Bonn
[BLZ 420 500 01] 103 016 400

Es gelten ausschließlich die vom Zentralverband Deutsches Kraftfahrzeuggewerbe (ZDK) empfohlenen Allgemeinen Geschäftsbedingungen.

Rechtsform Gesellschaft mit beschränkter Haftung (GmbH) Sitz: Bonn
Handelsregister Amtsgericht Bonn HRB 40085/315
Gesellschafter Otto Murschall, Bruno Osterwelle, Hanna Roskamp, Peter Trittauf
Geschäftsführer Niklas Nolte
Bankverbindungen *Sparkasse KoelnBonn* KTO 120 777 701 BLZ 370 501 98 IBAN: DE33 3705 0198 0120 7777 01 SWIFT-BIC: COLS DE33
Postbank KTO 1500 75-575 BLZ 360 100 43 IBAN: DE18 3601 0043 0150 0755 75 SWIFT-BIC: PBNK DEFF
Finanzamt Bonn – Außenstadt Bachstr. 36 | 53115 Bonn
Steuernummer 154/0575/675
Betriebsnummer für die Sozialversicherung 75 105 505
Umsatzsteuer ID-Nr. DE 74500 7485

werden; ansonsten können diese der Zulassungsbescheinigung Teil 1, bei älteren Fahrzeugen dem Kfz-Schein, entnommen werden.

Dann listet der Serviceberater die durchzuführenden Arbeiten auf, vermerkt den Abholtermin und lässt sich schließlich den Auftrag vom Kunden unterschreiben, der damit auch die für das Autohaus geltenden Reparaturbedingungen anerkennt. Einen Durchschlag dieses Auftrags erhält das Teilelager, damit die benötigten Ersatzteile (bei einer Inspektion z. B. Ölfilter, Zündkerzen) bereitgelegt werden können, ein weiterer Durchschlag geht an den Werkstattleiter, der für diesen Auftrag einen Monteur einteilt.

Dieser erkennt aufgrund des Auftragsscheins, welche Arbeiten durchzuführen sind, und holt sich damit an der Teileausgabe die bereitgelegten Ersatzteile. Sind Teile nicht am Lager, können diese in der Regel innerhalb weniger Stunden über firmeninterne Vertriebszentren oder Großhändler beschafft werden.

Achtung:
Der im Kostenvoranschlag genannte Gesamtbetrag darf um höchstens 15 % überschritten werden.

Nach Beendigung der Arbeiten bestätigt der Monteur die durchgeführten Tätigkeiten und gibt eventuell notwendige Zusatzarbeiten an, die ab einem gewissen Umfang jedoch vom Werkstattmeister oder Serviceleiter genehmigt werden müssen, der unter Umständen erst noch die Freigabe durch den Kunden einholen muss. Der Werkstattleiter ergänzt den noch offenen Auftrag um die möglichen Zusatzarbeiten und vermerkt zusätzlich bald fällige Arbeiten und/oder den Zustand wichtiger Baugruppen, z. B.: „Die Vorderreifen weisen nur noch eine Profiltiefe von 2,2 mm auf und sollten bald ersetzt werden." Dann schließt er den Auftrag, sodass an der Kasse die Rechnung ausgedruckt und dem Kunden bei Abholung des Fahrzeugs erläutert werden kann.

Sollten Mängel festgestellt werden, die so gravierend sind, dass das Fahrzeug als nicht mehr verkehrssicher anzusehen ist, muss das Autohaus den Kunden zwingend darauf hinweisen. Allerdings hat ein Mitarbeiter eines Autohauses kein Recht, dem Kunden die Herausgabe des Fahrzeugs zu verweigern. In diesem Fall muss das Autohaus sich aber schriftlich vom Kunden bestätigen lassen, dass er auf die mangelnde Verkehrstauglichkeit hingewiesen wurde und auf eigenes Risiko das Fahrzeug weiter nutzen will. Fallen die Mängel im Rahmen einer TÜV-Vorführung auf, darf der TÜV als die vom Staat beauftragte Institution den Kunden daran hindern, das Fahrzeug noch im Straßenverkehr zu bewegen, und kann das Fahrzeug vorübergehend stilllegen.

3.1 Arten von Ersatzteilen

Bei den für die Reparaturarbeiten benötigten Ersatzteilen unterscheidet man drei Arten:

Arten	Erklärung
Originalersatzteile	Teile, die auch für die Erstausrüstung des Fahrzeugs verwendet werden und mit dem Logo des Fahrzeugherstellers oder des Teileproduzenten kenntlich gemacht sind.
Qualitativ gleichwertige Ersatzteile	Sie sind bau- und funktionsgleich mit Originalersatzteilen und entsprechen in jeglicher Hinsicht deren Qualität. Sie können auch von Teileherstellern stammen, die nicht die Erstausrüster der Fahrzeugmarke sind.
Qualitativ unterschiedliche Ersatzteile	Sie weisen eine auf das Fahrzeugalter ausgerichtete Qualität auf und lassen sich in drei Gruppen einteilen: • Speziell für die Fahrzeugmarke entwickelte, zeitwertgerechte Ersatzteile. • **Austauschteile** = durch Aufbereitung durch den Hersteller in den Neuzustand versetzte Teile; diese entsprechen also der Qualität der Neuteile. • **Gebrauchtteile** = nicht weiter bearbeitete Teile (keine verbindlichen Qualitätsstandards), die aus anderen Fahrzeugen (etwa Unfallwagen) ausgebaut wurden. Als mögliche Lieferanten kommen Automobilhersteller, Kfz-Zulieferer, Verwertungsbetriebe und Schrotthändler infrage.

Austauschteile müssen der Qualität von Neuteilen entsprechen

Als **Austauschteile** bieten sich Motoren, Zylinderköpfe, Getriebe, elektronische Steuergeräte, Lichtmaschinen, Kühler u. Ä. an, die durch fachmännische Bearbeitung so instand gesetzt worden sein müssen, dass sie dem Neuzustand entsprechen. Auf diese Teile muss auch die übliche Gewährleistung von zwei Jahren gegeben werden, die jedoch, da es sich um gebrauchte Teile handelt, auf ein Jahr reduziert werden kann. Dies muss entsprechend in den AGB aufgeführt sein.

Wichtig: Herkunft, Alter und verbleibende Laufzeit der Teile sollten bekannt sein.

AGB ☞ Band 1, LF 3, S. 213 f.

Die Austauschteile durchlaufen einen durch die Prozessdefinition der APRA (Automotive Parts Remanufacturers Association, dem weltweiten Verband der Autoteileaufbereiter) festgelegten Aufbereitungsprozess. Die defekten und verschlissenen Baugruppen werden gegen neue, hochwertigere Bauteile ausgetauscht. Die neuen Bauteile weisen dadurch eine gleichwertige oder sogar höhere Verschleißfestigkeit auf als die Originalteile.

Die Aufarbeitung erfolgt in folgenden Schritten:

1. Demontage aller Einzelteile
2. Vorreinigung aller Bauteile
3. Prüfung der Beschädigungen
4. gründliche Reinigung aller Bauteile
5. Identifizierung der zerstörten Bauteile
6. Montage der Ersatzteile
7. Funktionstest auf einem speziellen Teststand/-gerät
8. Vorbereitung aller begleitenden Unterlagen

Im Vergleich zu Originalteilen lassen sich – ohne Einbußen bei der Qualität – bis zu 60 % der Kosten sparen.

Als **Gebrauchtteile** eignen sich Karosserieteile wie Kotflügel, Türen, Motorhauben, Heckklappen, Felgen, dazu Fenster und Windschutzscheiben, Scheinwerfer und Heckleuchten sowie Teile der Innenausstattung. Hinzu kommen alle Arten von Kunststoffteilen wie Stoßfänger und Kühlergitter, bei denen sogar kleinere Löcher und Kratzer heutzutage problemlos (und kostengünstig) beseitigt werden können.

Auf keinen Fall sollte man solche Teile wiederverwenden, die der Sicherheit dienen, wie Bremsen, Airbags, Gurte etc. Für die Gewährleistung gilt das zu Austauschteilen Gesagte.

Werden Gebrauchtteile im Zuge einer Reparatur eingebaut, gilt grundsätzlich eine Gewährleistung von zwei Jahren. Diese kann auch nicht durch AGB, sondern nur und ausdrücklich auf den Einzelfall bezogen auf ein Jahr verkürzt werden.

3.2 Besteuerung von Altteilen

Im Allgemeinen ist es so, dass beim Einbau eines Austauschteils das Altteil (z. B. das Getriebe) aus dem Kundenfahrzeug in den **Wiederverwertungskreislauf** übernommen wird. Es wird fachgerecht aufbereitet und damit selbst zu einem Austauschteil. Das heißt, der Kunde „verkauft" sein altes Getriebe sozusagen an das Autohaus. Für diesen Verkauf muss Umsatzsteuer abgeführt werden. Da ein Privatkunde grundsätzlich keine Umsatzsteuer an den Staat entrichtet, wird diese zum Bestandteil der Rechnung.

Altteilesteuer
☞ § 10 UStG, R 153 (3)

Nach § 10 UStG, R 153 (3) wird für das Austauschverfahren in der Kraftfahrzeugwirtschaft eine sogenannte Altteilesteuer auf Umsätze von Tauschlieferungen erhoben.

Würde der Kunde das alte Getriebe behalten, müsste er für das in seinen Wagen eingebaute Austauschteil einen höheren Betrag zahlen, was einen höheren Umsatzsteuerbetrag nach sich zöge. Bei einem Tausch der Teile wird der Wert des eingebauten Ersatzteils mit dem Wert des ausgebauten Altteils verrechnet. Die Differenz zwischen dem höheren Betrag (bei Selbstbehalt des Altteils) und dem bei Abgabe des Altteils zu zahlenden Betrag wird dabei immer mit 10 % des Wertes des Austauschteils angesetzt. Als Mehrwertsteuer auf Altteil ergibt sich folglich 19 % von 10 % des Ersatzteils. Das heißt, dass ein Austauschteil mit insgesamt 20,9 % versteuert wird (19 % + 1,9 %). Daher erscheinen auf einigen Rechnungsformularen Positionen mit 20,9 % Mehrwertsteuer.

Häufiger anzutreffen ist jedoch der gesonderte Ausweis der Position „MwSt auf Altteil".

AUTOLAND GMBH MURSCHALL

Autoland Murschall GmbH
Plittersdorfer Str. 48
53173 Bonn
Tel.: 0228 90035379-0
Fax: 0228 90035379-1
Mail: info@autoland.bonn.de
www.autoland-gmbh-bonn.de
Umsatzsteuer IdNr.
DE 74500 7485
Steuernummer
154/0575/675

Autoland Murschall GmbH · Plittersdorfer Str. 48 · 53173 Bonn

Franz Fischer
Rosenweg 9
53229 Bonn

Betreff

Rechnung

Bitte bei Zahlungen und Schriftverkehr angeben

Kunden-Nr.
D-3562

Rechnungs-Nr.
6318

Datum
11.03.20XX

Pos.	Teile-Nr.	Bezeichnung	Menge	Einzelpreis	Gesamtpreis
1		Aus- u. Einbau eines AT-Motors, Arbeitsleistung	Festpreis	150,00 €	150,00 €
2		Austauschmotor	1	1.350,00 €	1.350,00 €

	= Nettopreis	**1.500,00 €**
Bankverbindungen Deutsche Bank AG, Bonn [BLZ 370 762 36] 178 604 423 Sparkasse Bonn [BLZ 350 100 00] 103 016 400 **Zahlbar netto Kasse nach Erhalt der Rechnung.**	+ sonstige Leistungen	
	+ Entsorgungskosten	
	= Zwischensumme	1.500,00 €
	+ 19 % MwSt	285,00 €
	+ 19 % MwSt auf Altteilwert (= 10 % des AT-Teils)	25,65 €
Bei Rückfragen zuständig: Hr. Schmitz	**= Gesamtbetrag**	**1.810,65 €**

Es gelten ausschließlich die vom Zentralverband Deutsches Kraftfahrzeuggewerbe (ZDK) empfohlenen Allgemeinen Geschäftsbedingungen.

Kfz-Reparaturbedingungen (ZDK)
☞ S. 87

***BEISPIEL** Berechnung der MwSt*

Verkauf eines überarbeiteten Austauschmotors für 1.350,00 € (ohne Einbau)
Wert des Altteils: 10 % von 1.350,00 € = 135,00 €
Mehrwertsteuer auf Altteil: 19 % von 135,00 € = 25,65 €

Rechnung:	*Austauschteil*	*1.350,00 €*
	MwSt (19 %)	*256,50 €*
	MwSt auf Altteil (19 % von 135,00 €)	*25,65 €*
	Gesamtbetrag	*1.632,15 €*

LS 63

4 Arten von Aufträgen

Etwa 20 % seines Umsatzes und 25–30 % seiner Deckungsbeiträge erwirtschaftet ein Autohaus mit der Werkstatt. Mit 67,5 Mio. Wartungs- und Reparaturaufträgen wurden dabei im Jahre 2015 30,3 Mrd. € umgesetzt.

Von dem Betrag von 30,3 Mrd. € entfallen 10,5 Mrd. € auf Löhne und 19,8 Mrd. € auf Pkw-Komponenten. Der Markt für Pkw-Komponenten umfasst vier Teilmärkte:
- Ersatz- und Verschleißteile (z. B. Bremsbeläge, Beleuchtung, Karosserie, Glas, Elektrik, Ölfilter; 12,5 Mrd. €)
- Zubehör (z. B. mobile Navigationsgeräte, Dachträger, Kindersitze, Tuningartikel; 2,5 Mrd. €)
- Reifen (2,8 Mrd. €)
- Autochemie (z. B. Autoreparaturlack, Motoröl, Pflegemittel und Zusätze; 2,1 Mrd. €)

Umsatz Kfz-Gewerbe

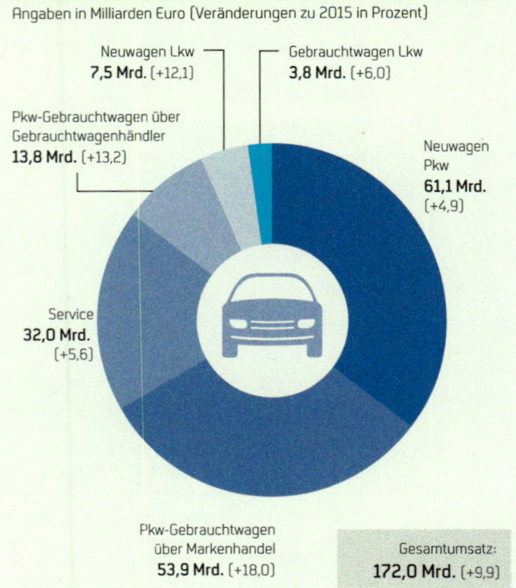

Quelle: ZDK, Stand: Februar 2017

Die Aufträge lassen sich dabei in die folgenden Kategorien unterteilen:
- Wartung und Inspektion
- Reparaturen
- Unfallgeschäft
- Arbeiten im Rahmen von Rückrufen, Garantie- und Gewährleistungsarbeiten
- Wiederherstellen der Betriebs- und Verkehrssicherheit
- Reifen- und Räderwechsel bzw. -einlagerung
- zeitwertgerechte Reparaturen

Bei einigen der oben genannten Kategorien (z. B. dem Wartungs- und Reparaturgeschäft) ist der Erlös der Marken-Werkstätten seit Jahren rückläufig. Gründe dafür sind:
- längere Wartungsintervalle und geringere Reparaturanfälligkeit der Fahrzeuge
- intensiverer Wettbewerb bei einfachen Verschleißreparaturen
- Rückgang von Garantie- und Kulanzarbeiten an fehlerhaften Neufahrzeugen
- zunehmender Anteil an preisbewussten Kunden, die über das Internet oder Vergleichsportale verschiedene Angebote einholen und ihr Fahrzeug nicht mehr unbedingt bei einem Vertragshändler reparieren oder warten lassen

Dazu haben in den letzten Jahren sicherlich auch verschiedenste Urteile geführt, die klargestellt haben, inwieweit ein Neuwagenverkäufer beispielsweise die Gewährleistung oder die Garantie davon abhängig machen kann, dass ein Kunde die fälligen Wartungen und Inspektionen bei einem Vertragshändler durchgeführt hat. Grundlage für diese Entscheidungen sind die allgemeinen und branchenspezifischen Regeln, die für die Kfz-Branche gelten:

1. Gruppenfreistellungsverordnung (EU) Nr. 330/2010 für vertikale Vereinbarungen („Vertikal-GVO"; Leitlinien für vertikale Beschränkungen)
2. Kfz-Guppenfreistellungsverordnung (EU) Nr. 461/2010 („Aftermarket-GVO"; Leitlinien für den Verkauf und die Instandsetzung von Kraftfahrzeugen und den Vertrieb von Kraftfahrzeugersatzteilen)

Dabei stellen die neuen Leitlinien klar, dass ein Fahrzeughersteller Gewährleistungs- und Neuwagengarantieansprüche weder von der Reparatur oder Wartung eines Fahrzeugs in seinem Händlernetz noch von der Verwendung von Ersatzteilen seiner eigenen Marke abhängig machen darf. Der Betrieb, der die Reparatur oder Wartung durchführt, muss „lediglich" die Qualitätsstandards und die Vorgaben des Herstellers erfüllen.

Demgegenüber kann der Hersteller aber vorschreiben, dass alle im Rahmen von Gewährleistungsansprüchen, Rückrufaktionen sowie kostenlosen Wartungs- und Garantiearbeiten durchzuführenden Arbeiten unter Verwendung von Original-Ersatzteilen in einer Vertragswerkstatt vorgenommen werden müssen. Ebenso verhält es sich bei bei Anschlussgarantien, und auch bei Leasing- oder Finanzierungsverträgen kann es diese Vorgabe geben.

4.1 Zeitwertgerechte Reparaturen

Die Verwendung von Austausch- und Gebrauchtteilen stößt zurzeit noch an ihre Grenzen, da zum einen die Teileverfügbarkeit nicht gewährleistet ist und sich zum anderen hohe Vorhalte- und Transportkosten ergeben können. Die Bereitschaft zur Verwendung von solchen Teilen scheint aber gegeben, da Autoverwerter pro Jahr gebrauchte Ersatzteile in Wert von 350 Mio. € auf den Markt bringen. Davon profitieren allerdings nicht die Werkstätten, da der überwiegende Teil davon an „Heimwerker" und Bastler geht.

Viele Hersteller haben jedoch die Möglichkeiten des Einsatzes von günstigeren Ersatzteilen erkannt und bieten bereits eine sogenannte ***zweite Teileschiene*** an. Dabei handelt es sich um qualitativ gleichwertige Ersatzteile, deren Preis um ca. 30 % unter dem der Originalersatzteile liegt und ebenfalls preissensible Kunden mit älteren Fahrzeugen länger an ihre Autohäuser binden soll. Die folgende Tabelle gibt einen Überblick über die Maßnahmen verschiedener Hersteller.

zweite Teileschiene
Ersatzteile, die mit den Originalersatzteilen qualitativ gleichwertig, dabei jedoch preisgünstiger sind

Teilevertrieb in Deutschland

Marke	Anzahl der Teilelager	Häufigkeit der Belieferung	Zweite Teileschiene	Aufbereitete Gebrauchtteile	Programme zur Rückgewinnung älterer Fahrzeuge
Audi	7 VZ*	2 × täglich	Nein	Nein	Komplettpreisangebote
BMW	12 VZ	4 × täglich	Nein	über 3 600 Teilenummern in 160 Produktgruppen	verschiedene Aktionen, z. B. Werterhaltservice
Citroen/ Peugeot	3 Lager	über Nacht	unter dem Markennamen „Euro Repar Car Service"; eigenes Werkstattnetz	Ja	Service-Bonusheft; „Euro Repar Car Service"-Teile- und Werkstattnetz
Fiat	2 Lager	über Nacht	Nein	Ja	„Ich bin ein Original"-Kampagne
Ford	1 VZ	täglich	„Motorcraft"-Teile für schnellgängige Verschleißreparaturen und Ford BlueService	in geringem Umfang	„Motorcraft", „Ford BlueService"
Honda	3 VZ	täglich	Ja	Anlasser, Lichtmaschinen	Erinnerungsschreiben bei fälligem Werkstattkontakt
Hyundai	1 Lager	über Nacht	Ja, Garantie 1 Jahr	Ja	saisonale Angebote; zweite Teileschiene
Jaguar	3 Lager	täglich	Nein	in geringem Umfang	reduzierte Ersatzteile, reduzierte Stundenverrechnungssätze
Nissan	1 Lager (Amsterdam)	täglich	Nein	Ja	Verlängerung der Mobilitätsgarantie mit jeder Wartung
Opel	3 Lager	2 × täglich	Nein	2 300 Teile aus 28 Produktgruppen; aktiver Verkauf von Austauschteilen	zeitwertgerechte Angebote für ältere Fahrzeuge; Originalteile inkl. Einbau zum Komplettpreis; Anschlussgarantie (für Fahrzeuge, die älter als drei Jahre sind)
Renault	1 Lager	täglich	Programm „Motrio" für die gängigsten Wartungs- und Verschleißarbeiten	Ja	„Motrio"; saisonale Kampagnen; spezielle Angebote für ältere Fahrzeuge

Seit 2015 ist Euro Repar Car Service unabhängig und markenungebunden.

Marke	Anzahl der Teilelager	Häufigkeit der Belieferung	Zweite Teileschiene	Aufbereitete Gebrauchtteile	Programme zur Rückgewinnung älterer Fahrzeuge
VW	7 VZ	2 × täglich	Austauschprogramm mit 14 900 Original-Austauschteilen in 60 Produktgruppen	Ja	Service-Offensive; Komplettpreisangebote für ältere Fahrzeuge
Volvo	7 Lager	2 × täglich	Nein	Nein	Volvo 6+-Service; Verlängerung der Mobilitätsgarantie

* VZ = Vertriebszentrum

Quelle: nach Autohaus 17/2010, S. 98 ff. (mit Aktualisierungen Stand 2017)

So bietet Ford in Deutschland zeitwertgerechte Reparaturen in Form eines „Blauen Pakets" an. Das Paketangebot „Ford BlueService" gilt für ab fünf Jahre alte Fahrzeuge. Konkret enthält das Paket diese Einzelelemente:

- europaweite Mobilitätsgarantie nach jeder Inspektion
- abgesenkte Ersatzteilpreise für Fahrzeuge ab fünf Jahren
- Werkstattersatzwagen
- einheitliches Servicetelefon

Das Serviceangebot mit dem Zeitwertgerechte-Reparatur-Element gibt es bereits in einigen anderen europäischen Ländern. Seit 2014 wird „Ford BlueService" auch in Deutschland angeboten.

Aber es gibt auch freie Werkstätten, die sich auf die Reparatur von Fahrzeugen spezialisiert haben und von vornherein auf zeitwertgerechte Reparaturmöglichkeiten aufmerksam machen, z. B. 1 A Auto Service, ad Auto-Dienst und Clever Driver.

Zeitwertgerechte Reparatur

Vielleicht kennen Sie das: Sie haben ein Auto, das in die Jahre gekommen ist, das gute Dienste tut – ja, das Ihnen ans Herz gewachsen ist. Muss dieses „gute Stück" nun wegen einer Reparatur oder eines Unfallschadens in die Werkstatt, gibt es oft eine böse Überraschung, wenn die Kosten über dem Zeitwert des Fahrzeuges liegen.
Hier helfen wir mit einer zeitwertgerechten Reparatur und retten so manches Auto vor dem frühen Weg zum „Autofriedhof". Bei der zeitwertgerechten Reparatur nutzen wir alle Möglichkeiten zu retten, was zu retten ist und bieten Ihnen günstige Austauschteile.
Auch die Wartung führen wir, wenn Sie es wünschen, zeitwertgerecht durch. Gibt es doch einige Checks, die Ihr Auto vielleicht nicht so nötig braucht.
Nur bei einem Punkt machen wir keine Kompromisse: Bei der Sicherheit.
Damit Sie und Ihr Auto noch lange Freude miteinander haben.

Quelle: www.autohaus-waldow.de/zeitwertgerechte-Reparatur.60084.html?shl=1, Internetseite von Autohaus Waldow (Rheinbach); entnommen am 03.04.2017

Wird nun im Rahmen einer zeitwertgerechten Reparatur oder eines **Smart-Repair-Angebots** mit Austausch- oder Gebrauchtteilen gearbeitet, so ergeben sich für alle Beteiligten folgende Vorteile:

- Der Kunde bekommt in einer Fachwerkstatt eine Reparatur mit Teilen, die dem Zeitwert und der vermuteten Lebensdauer seines Autos entsprechen. Da keine Originalersatzteile verwendet werden, sind die Kosten für Werkstatt und Kunden geringer.
- Die Werkstatt erhält Aufträge, die ihr sonst entgehen könnten, weil Kunden manche Schäden (z. B. Beulen, Kratzer) gar nicht mehr zur Reparatur geben, sondern selbst reparieren, fachlich vorgebildete Freunde oder Bekannte um Hilfe bitten oder die Arbeiten gar in einer „Hinterhofwerkstatt" schwarz (also an der Steuer vorbei) durchführen lassen.
- Sollte es sich um einen über die Versicherung abzuwickelnden Schaden handeln, sinken auch deren Kosten mit der Folge, dass auf Dauer die Versicherungsprämien verringert werden könnten. Seriöse Schätzungen gehen in Deutschland von einer Senkung der Schadenskosten um 10 % aus.
- Die Schwarzarbeit wird eingedämmt; dadurch erhält der Staat mehr Steuereinnahmen.
- Die Allgemeinheit profitiert davon, dass nur Fahrzeuge am Straßenverkehr teilnehmen, die ordnungsgemäß repariert sind.
- Die Umwelt wird entlastet, weil weniger Rohstoffe für neue Teile verbraucht werden und weniger Müll anfällt.

4.2 Ergänzende Serviceleistungen

Neben den Reparaturaufträgen, den zeitwertgerechten Reparaturen für ältere Fahrzeuge und dem Unfallgeschäft, auf das im Kapitel 5 ausführlich eingegangen wird, gibt es noch weitere Dienstleistungsangebote, die ein Autohaus seinen Kunden offerieren kann. Diese Angebote binden „alte" Kunden an das Autohaus, ziehen neue Kunden an, führen zu einer besseren Auslastung der Werkstattkapazität, zu einem erhöhten Umsatz und somit zu einem höheren Gewinn. Einige dieser Serviceangebote seien hier beispielhaft aufgeführt.

Inspektionen

Bei den Wartungsintervallen gibt es von Hersteller zu Hersteller große Unterschiede, sie reichen von 15 000 km bis zu 30 000 km.

Die Unterschiede sind zum Teil durch die Verwendung qualitativ hochwertiger Komponenten zu erklären, die langlebiger sind und deshalb nicht so häufig überprüft oder getauscht werden müssen. Dies betrifft unter anderem Bremsbeläge, Zündkerzen und Motoröle. Viele Premiumhersteller verbauen zudem Sensoren, die wichtige Bestandteile des Fahrzeugs ständig überwachen und anhand der ermittelten Daten den idealen Zeitpunkt für die Inspektion des Autos bestimmen. Daher können die Abstände zwischen den einzelnen Serviceintervallen oftmals großzügiger gewählt werden. Bei Fahrzeugen mit einfacheren Komponenten muss man unter Umständen mit sehr viel kürzeren Inspektionsintervallen rechnen. Somit steht entweder nach 15 000 km bzw. spätestens nach einem Jahr oder nach 30 000 km bzw. spätestens nach zwei Jahren die Fahrt in die Werkstatt an.

Bei der Inspektion werden bestimmte Teile am Auto überprüft und gegebenenfalls instand gesetzt. Die kleine Inspektion beinhaltet nur kleinere Wartungsarbeiten. Hierzu gehören etwa die Überprüfung von Ölstand und Luftfilter oder die Kontrolle des Kühlerwassers. Die große Inspektion schließt eine Vielzahl von Maßnahmen ein und dient dazu, Mängel am Auto frühzeitig zu erkennen sowie Folgeschäden und hohe Reparaturkosten zu vermeiden. Dabei werden alle wichtigen Bestandteile des Kraftfahrzeugs auf ihre Mängelfreiheit und Funktionsfähigkeit überprüft. Dazu gehören insbesondere die Kontrolle der sicherheitsrelevanten Komponenten, die Überprüfung des Motors sowie Zahnriemen, Zündkerzen, Lichtmaschine, Lenkung, Getriebe und Elektrik.

Im Allgemeinen enthält die große Inspektion folgende Punkte:

Große Inspektion – durchzuführende Arbeiten	**i. O.**	**nicht i. O.**	**erledigt**
Motor und Abgassystem			
Motor auf Öl-Lecks kontrollieren			
Abgasanlage und Schellen untersuchen			
Kühler checken			
Zündkerzen überprüfen, ggf. wechseln			
Kraftstoffleitungen und Tank (Rost/Lecks) begutachten			
Kühlmittel wechseln			
Funktion der Lichtmaschine überprüfen			
Konzentration des Frostschutzmittels messen			
bei Dieselmotoren (falls nötig): Kraftstofffilter entwässern			
Getriebe und Achsenantrieb			
Ölpegel des Schalt- und Hinterachsengetriebes prüfen			
Kupplung samt Bremsflüssigkeit, Anschlüssen, Schläuchen und Leitungen prüfen			
Keilriemenspannung und Keilriemenrippen checken			
ggf. Flüssigkeit des automatischen Getriebes kontrollieren			
Vorderachse und Lenkung			
Spurstange nachstellen			
Befestigung und Staubkappen prüfen			
Vorderradlager überprüfen			
Drehmoment überprüfen und ggf. korrigieren			
Hydrauliköl nachfüllen			
Inspektion von Hydraulikpumpe, Lenkgetriebe und Servolenkung			
Faltenbälge der Stoßdämpfer auf Brüchigkeit testen			

Große Inspektion – durchzuführende Arbeiten	i. O.	nicht i. O.	erledigt
Karosserie, Elektrik und Ausstattung			
Sicherheitsgurte und Airbags prüfen			
Unterbodenschutz und Rost-Inhibitor* der Hohlraumversiegelung kontrollieren			
Mikrofilter der Heiz- und Klimaanlage wechseln			
alle Scharniere mit Mehrzweckfett schmieren			
alle Scheinwerfer, Leuchten, Blinker und die Schlussleuchten prüfen			
Bremsen, Reifen und Räder			
Reifen ausführlich checken und reinigen			
Profiltiefe aller Reifen prüfen			
Räder neu besatteln und mit vorgegebenem Drehmoment montieren			
Dicke der Bremsbeläge inkl. Handbremse untersuchen			
Oberflächenzustand der Bremsscheiben prüfen			

* Inhibitor = Hemmstoff von lat. inhibere: anhalten, unterbinden hemmen

Der die Inspektion durchführende Mechatroniker prüft die einzelnen Punkte, bestätigt entweder die Funktionsfähigkeit in der Spalte „i. O." oder setzt bei „nicht i. O." das Häkchen, um nach der Fehlerbehebung dann bei „erledigt" sein Kürzel einzutragen.

Für die Dauer der Inspektion steht dem Kunden im Allgemeinen kein kostenloses Ersatzfahrzeug zu. Sollte der Kunde keinen kostenpflichtigen Werkstattersatzwagen wünschen, bieten viele Autohäuser stattdessen einen Hol- und Bringservice, ein Leihfahrrad oder ein ÖPNV-Ticket an.

Natürlich sollte bei der Auftragserteilung die Unterschrift des Kunden erfolgen, um spätere Unklarheiten über den Umfang des Auftrags zu vermeiden. Ihm sollten auch die ungefähren Kosten der Inspektion und ein Fertigstellungstermin genannt werden. Sollte es im Zuge der Inspektion zu notwendigen Arbeiten kommen, die durch die Vereinbarung nicht abgedeckt sind, muss man den Kunden anrufen und um die „Freigabe" bitten. Ohne eine entsprechende Genehmigung braucht der Kunde die zusätzlichen Arbeiten nicht zu bezahlen. Dem Autohaus bleibt in dem Fall nur die Möglichkeit, die über die Inspektion hinausgehenden verbauten Teile wieder auszubauen und den ursprünglichen Zustand wiederherzustellen.

***BEISPIEL** Autoland Murschall GmbH*

Der Kunde Xaver Mittermeier hat sein Fahrzeug zur Inspektion gebracht. Bei der Dialogannahme hat der Serviceberater Herrn Mittermeier auf die abgenutzten Bremsbeläge aufmerksam gemacht und auf den Auftrag geschrieben. Beim Einbau wurde ein feiner Riss in der Bremsscheibe bemerkt, die der Mechatroniker daraufhin ersetzte. Herr Mittermeier vermutet hier ein voreiliges Austauschen der Bremsscheibe, um den Rechnungsbetrag in die Höhe zu schrauben, und verweigert die Zahlung, da er diese Arbeit nicht in Auftrag gegeben hat. Da der Kunde keine Zustimmung zu der Auftragserweiterung gegeben hat, kann die Autoland Murschall GmbH nicht auf Bezahlung der Bremsscheibe und der damit verbundenen Arbeitszeit bestehen. Sie könnte lediglich die alte Bremsscheibe wieder einbauen und den Kunden schriftlich auf die defekte Bremsscheibe und das damit einhergehende Sicherheitsrisiko hinweisen.

Für die Durchführung von Wartungsarbeiten ist zwar nicht immer der Besuch einer Vertragswerkstatt erforderlich. Ein Autohaus kann jedoch bereits den Verkauf zum Aufbau einer vertrauensvollen Kundenbeziehung nutzen und auf die Tatsache hinweisen, dass es als Vertragswerkstatt über die entsprechende Erfahrung und das notwendige Know-how über die Modelleigenheiten verfügt, um dem Kunden einen optimalen Wartungsservice bieten zu können. So kann es sich von vornherein einen Vorteil erarbeiten und auch später als „Vollanbieter" dem Kunden ins Gedächtnis rufen.

Serviceleistung	Zeitpunkt	Durchzuführende Arbeiten (Beispiele)
kleine Inspektion	nach jeweils 12 Monaten bzw. 15 000 km	allgemeine Durchsicht (Rost, Undichtigkeiten), Funktionsprüfung von Licht, Bremsen, Lenkung, Rädern, Scheibenwischern u. -waschanlage, Öl-, Ölfilterwechsel; Prüfung, ob Fahrzeug unter Rückruf fällt
große Inspektion	nach jeweils 24 Monaten bzw. 30 000 km	zusätzlich zu oben: Zündkerzenwechsel bei Benzinmotoren, Luftfilterwechsel, weitergehende Wartungsarbeiten an Motor und Getriebe; unter Umständen Zahnriemenwechsel

Service-Pakete

Um seine Kunden über einen noch längeren Zeitraum an sich zu binden, bieten viele Autohäuser mittlerweile Service-Pakete sowohl für Neuwagen als auch für (junge) Gebrauchtwagen, meist verbunden mit einer Anschlussgarantie, an. Der Kunde „kauft" im Voraus für die nächsten drei oder vier Jahre die notwendigen Reparaturen und erhält dafür einen großzügigen Rabatt auf die sonst anfallenden Einzelpreise. Das Autohaus erhält also vorab eine monatliche Rate über den entsprechenden Vertragszeitraum. Der Kunde bringt sein Fahrzeug auf jeden Fall in seine Vertragswerkstatt und wandert nicht in eine freie Werkstatt oder eine Werkstattkette ab.

Spezielle Check-Aktionen

- **Urlaubs-Check:** Sichtprüfung von Motor, Keilriemen und Bremsen; Nachfüllen der Reifen und der Waschanlage; Überprüfung der Kühl- und Bremsflüssigkeit; Kontrolle, ob Pannenwerkzeug (Wagenheber, Ersatzrad bzw. Reifen-Kit, evtl. Abschleppseil und Starthilfekabel, Reservekanister) und Ersatzteile (Birnen, Sicherungen) vorhanden sind
- **Winter-Check:** wie Urlaubsscheck, dazu Frostschutz in der Wischanlage und im Kühler, Scheibenwischerblätter
- **Klimaanlagen-Check:** Austausch des Filters und der Kühlflüssigkeit
- **Lichttest:** Überprüfung der Funktionsfähigkeit und der korrekten Einstellung der Beleuchtung

Wie wichtig z. B. ein regelmäßiger Licht-Test ist, zeigt die folgende Tabelle:

Licht-Test Mängelquote Pkw

Jahr	in Ordnung	fehlerhaft
2015	67,80 %	32,20 %
2014	67,10 %	32,90 %
2013	64,80 %	35,20 %
2012	65,70 %	34,30 %
2011	65,80 %	34,20 %
2010	64,30 %	35,70 %
2009	62,94 %	37,06 %
2008	63,97 %	36,03 %

Quelle: nach ZDK, Stand 2017

Abnahme der Hauptuntersuchung (TÜV-Abnahme)

Die amtliche Fahrzeugüberwachung ist in Deutschland durch die Straßenverkehrszulassungsordnung (StVZO) geregelt. Danach müssen neue Pkw nach drei Jahren, dann alle zwei Jahre, Taxen und Mietwagen jährlich, dem TÜV zur Hauptuntersuchung (die mittlerweile die Abgasuntersuchung beinhaltet) vorgeführt werden. Dabei wird ***TÜV*** üblicherweise als Sammelbezeichnung verwendet für alle Organisationen, die in Deutschland die Zulassung zur Kfz-Überwachung haben. Die bekanntesten Prüforganisationen sind TÜV, ***DEKRA***, ***GTÜ*** und ***KÜS***.

TÜV
Technischer Überwachungsverein

DEKRA
Deutscher Kraftfahrzeug-Überwachungsverein

GTÜ
Gesellschaft für Technische Überwachung mbH

KÜS
Kraftfahrzeug-Überwachungsorganisation freiberuflicher Kfz-Sachverständiger e.V.

Durch das Angebot, die Hauptuntersuchung direkt im Autohaus durchführen zu lassen, spart der Kunde unter Umständen Zeit und Geld, da er bei Beanstandungen sein Fahrzeug nicht erst in die Werkstatt zurückbringen und zur erneuten Überprüfung wiederum zum TÜV bringen muss.

Für das Autohaus besteht der Vorteil darin, dass es sich hier im Rahmen der TÜV-Vorbereitung oder der Beseitigung der festgestellten Mängel Zusatzaufträge sichern kann. Die Hauptuntersuchung ist dabei so organisiert, dass an festgelegten Tagen Prüfer einer Organisation direkt ins Autohaus kommen und vor Ort das Fahrzeug abnehmen, oder dass die Werkstatt nach einer entsprechenden Durchsicht und Beseitigung eventueller Mängel das Fahrzeug zu einer Prüforganisation bringt.

Einlagerung von Reifen

Immer mehr Fahrzeughalter wechseln jeweils im Herbst auf Winterreifen, um zum Frühjahr hin wieder auf Sommerreifen umzusteigen. Viele Fahrer verfügen aber nicht über eine Garage oder einen Lagerraum, um den jeweils nicht im Gebrauch befindlichen Rädersatz zu lagern. Und eine größere Anzahl von Fahrzeughaltern würde den Reifenwechsel so oder so nicht selbst vornehmen, sondern damit in eine Werkstatt fahren. Das Angebot eines „Reifen-Hotels" führt dazu, dass die Kunden zweimal pro Jahr ins Autohaus kommen, für die Einlagerung und Montage der Räder bezahlen und dabei auf abgefahrene Reifen, defekte Felgen, abgenutzte Bremsbeläge und -scheiben und weitere Mängel hingewiesen werden können.

Aufbereitung von Fahrzeugen

Innen- und Außenreinigung des Fahrzeugs, Politur des Lacks, Reinigung der Polster und des Fahrzeughimmels, Pflege der Chromteile, u. U. Motorwäsche. Untersuchungen verschiedener Fachzeitschriften haben ergeben, dass eine solche Aufbereitung eines Fahrzeugs vor einem Verkauf einen um bis zu 1.000,00 € höheren Verkaufspreis ergeben hat – ein gutes Argument für das Autohaus, eine solche Dienstleistung anzubieten.

Fachbetrieb für historische Fahrzeuge

Ein weiteres Standbein kann sich ein Autohaus mit der Zertifizierung als Fachbetrieb für historische Fahrzeuge aufbauen. Voraussetzung für die Beantragung des Zusatzzeichens „Fachbetrieb für historische Fahrzeuge" zum blau-weißen Schild „Meisterbetrieb der Kfz-Innung" ist natürlich der Nachweis über die entsprechende Kompetenz im Autohaus. Eigentümer historischer Fahrzeuge finden einerseits nicht „an jeder Straßenecke" einen geeigneten Fachbetrieb, andererseits ist ihnen ihr Hobby viel Geld wert, sodass sich über diesen Weg eine zahlungskräftige und -willige Kundschaft aufbauen lässt.

Altfahrzeugentsorgung

Jeder Halter eines Fahrzeugs muss seit dem Jahr 2007 das Fahrzeug am Ende der Nutzungsdauer kostenlos an den Hersteller oder Importeur zurückgeben können. Dieser hat dafür zu sorgen, dass das Altfahrzeug einer anerkannten Annahmestelle oder einem Verwertungsbetrieb zugeführt wird. Ein Autohaus kann sich bei der zuständigen Kfz-Innung als Annahmestelle registrieren lassen.

Da die meisten Personen, die ein Altauto abgeben wollen, sich wiederum ein neues Fahrzeug zulegen, bedeutet das für das Autohaus die Chance, mit dem Kunden ins Gespräch zu kommen. Dabei geht es nicht nur um den Verkauf eines Neu- oder Gebrauchtwagens, sondern auch um die dauerhafte Gewinnung eines Kunden für den Servicebereich. Darüber hinaus profiliert sich das Autohaus durch die sachgerechte Entsorgung als kompetenter Begleiter durch die gesamte Haltedauer eines Fahrzeugs.

Sobald ein Fahrzeug *nicht mehr angemeldet* (und damit versichert) ist, darf es nicht mehr im öffentlichen Verkehrsraum verbleiben. Es muss auf einem privaten Grundstück abgestellt werden.

Verwertungsnachweis
Nachweis, dass ein Altfahrzeug fachgerecht entsorgt wird

Wird ein Fahrzeug vom Halter für mehr als 18 Monate ***abgemeldet,*** verlangt das Straßenverkehrsamt einen Verwertungsnachweis oder eine Verbleibserklärung. Den ***Verwertungsnachweis*** bekommt der Halter, wenn er das Fahrzeug bei einer anerkannten Annahmestelle oder einem Verwertungsbetrieb abgibt. Durch die fachgerechte Entsorgung dort ist gewährleistet, dass ein Altfahrzeug trockengelegt wird, ohne dass von Ölen und Kühl- oder Bremsflüssigkeiten eine Gefährdung für die Umwelt ausgeht. Danach wird das Fahrzeug demontiert, wobei brauchbare Teile weitergenutzt werden (Stichwort: zeitwertgerechte Reparaturen) und der Rest soweit möglich dem Recycling zugeführt wird.

☐ Passer für EDV — Seite ① von ② — **Verwertungsnachweis (VN) nach § 15 FZV**

Zutreffendes bitte ankreuzen ☒ oder ausfüllen.

Verwertungsnachweis

Blatt 1:
Diese Ausfertigung (rosa) ist für den Fahrzeughalter / -eigentümer bestimmt.

Auszufüllen vom Demontagebetrieb
Datum — lfd. Nr.
Kfz-Kennzeichen — Betriebsnummer[1]) (max. 11 Zeichen)

1 Angaben zum Fahrzeughalter / -eigentümer — **Auszufüllen v. Annahmestelle / Rücknahmestelle bzw. Demontagebetrieb**

1.1 Name, Vorname / Firma / Körperschaft — Geburtsdatum
1.2 Straße — Hausnr.
1.3 PLZ — Ort
1.4 Staatsangehörigkeit — ☐ Angaben zum Fahrzeughalter/-eigentümer ganz oder teilweise nicht verfügbar

2 Angaben zum Fahrzeug — **Auszufüllen v. Annahmestelle / Rücknahmestelle bzw. Demontagebetrieb**

2.1 Fahrzeugklasse — Fahrzeugmarke — Fahrzeugmodell
2.2 Fahrzeug-Identifizierungsnummer — letztes amtliches Kennzeichen
2.3 Tag der ersten Zulassung — Fahrzeugleergewicht gemäß § 2 Nr. 23 Altfahrzeug-Verordnung … kg — Unterscheidungszeichen [2])
2.4 ☐ Angaben zum Fahrzeug ganz oder teilweise nicht verfügbar

3 Angaben zur Annahme- / Rücknahmestelle — **Auszufüllen von Annahmestelle / Rücknahmestelle**

Angaben entfallen, wenn das Fahrzeug unmittelbar bei einem Demontagebetrieb abgegeben wird.

3.1 Name
3.2 Straße — Hausnr.
3.3 PLZ — Ort
3.4 Telefon — Telefax
3.5 Anerkannt von: Name
3.6 Straße — Hausnr.
3.7 PLZ — Ort
3.8 Telefon — Telefax
3.9 Datum der letztmaligen Bescheinigung — Ablaufdatum der Bescheinigung
3.10 Zeigt die Annahmestelle / Rücknahmestelle der Zulassungsbehörde an, dass das Fahrzeug außer Betrieb gesetzt und verwertet wird?
☐ ja ☐ nein
Erfolgt die Anzeige durch die Annahmestelle / Rücknahmestelle, verpflichtet sich der Unterzeichner, dies innerhalb einer Woche durchzuführen und den Verwertungsnachweis nach Bestätigung durch die Zulassungsbehörde unverzüglich dem Fahrzeughalter / -eigentümer zu übersenden.

Wenn handschriftlich ausgefüllt wird, neben Ziffern bitte nur Großbuchstaben verwenden!

/67 74-0, Fax 0 35 91/67 74-20 …lare.org, www.formulare.org

Quelle: Bundesministerium für Verkehr und digitale Infrastruktur (BMVI)

Mit der ***Verbleibserklärung*** bestätigt der Halter, dass er das Altfahrzeug ordnungsgemäß, vor allem also auch umweltgerecht, lagert, sodass davon keine Gefährdung ausgeht. Mögliche Gründe für eine Lagerung wären z. B., dass der Halter darauf spekuliert, das Fahrzeug später als Oldtimer mit Wertsteigerung veräußern zu können, oder dass ein Familienmitglied das Fahrzeug zu einem späteren Zeitpunkt weiternutzt. War das Fahrzeug allerdings länger als sieben Jahre abgemeldet, braucht der Fahrzeughalter zur Wiederzulassung ein Einzelgutachten.

Verbleibserklärung
Der Fahrzeughalter bestätigt, dass er sein Altfahrzeug ordnungsgemäß und umweltgerecht lagert

4.3 Schiedsstelle

Trotz größter Sorgfalt bei der Durchführung von Werkstattaufträgen kann es zu Differenzen mit dem Auftraggeber bezüglich der Qualität der durchgeführten (oder eben auch nicht durchgeführten) Reparaturen kommen. Grundsätzlich sollten die zuständigen Mitarbeiter hierbei erst einmal Gesprächsbereitschaft und größtmögliches Entgegenkommen zeigen. Lassen sich die Differenzen nicht beilegen, muss aber nicht direkt der Gang zum Rechtsanwalt gewählt werden.

Aufgaben einer Schiedsstelle
Die Schiedsstelle ist eine neutrale Kommission für den Verbraucherschutz. Sie regelt Beschwerden im Vorverfahren ohne gerichtliche Auseinandersetzung.
Dadurch schafft sie es, Meinungsverschiedenheiten zwischen Autokunden und Kfz-Meisterbetrieben schnell, unbürokratisch, mit hohem Sachverstand und für den Verbraucher kostenlos aus der Welt zu schaffen.
Die Schiedsstellen in Deutschland lösen Konflikte, die sich aus dem Service oder aus dem Gebrauchtwagenkauf ergeben. Sie befassen sich nicht mit Streitigkeiten, die bei Gericht anhängig sind.

Servicekunden, die mit einem durchgeführten Reparaturauftrag nicht zufrieden sind, z. B. in Bezug auf:

- die Notwendigkeit von Reparaturen,
- die ordnungsgemäße Durchführung von Werkstattleistungen,
- die Angemessenheit von Reparaturen,
- die Angemessenheit von gestellten Rechnungen,
- Streitigkeiten aus Kaufverträgen über gebrauchte Fahrzeuge (mit dem zulässigen Gesamtgewicht von nicht mehr als 3,5 Tonnen) zwischen Käufer und dem Kfz-Betrieb als Händler oder
- Streitigkeiten bezüglich Mängeln an Fahrzeugen, haben die Möglichkeit, sich an die Schiedsstelle zu wenden, wenn der Betrieb Mitglied der Kfz-Innung ist. Dies ist erkennbar an dem weiß-blauen Meisterschild „Meisterbetrieb der Kfz-Innung“, dem Basisschild „Mitgliedsbetrieb der Kfz-Innung“ oder „Autohandel mit Qualität und Sicherheit“.

Streitigkeiten über den Kaufpreis von Gebrauchtwagen sind vom Schlichtungsverfahren ausgeschlossen.

Statistiken 2016

Insgesamt 10 537 Schiedsanträge wurden 2016 bei den bundesweit 100 Schiedsstellen eingereicht. Damit ist im Vergleich zu 2015 die Zahl um 6 % zurückgegangen.

- im Vorverfahren gelöste Konflikte: 88,6 %
- im Schiedsverfahren gelöste Konflikte: 11,4 %
- im Vergleich endeten: 46,3 %
- Kommission entschied für Antragsteller: 15,4 %
- Kommission entschied gegen Antragsteller: 20,2 %

Quelle: nach www.kfz-schiedsstelle.de

Sollte es nicht im Vorfeld bereits zu einer Einigung zwischen dem Kunden und dem Betrieb kommen, wird der Fall vor der Schiedskommission verhandelt, der ein zum Richteramt befähigter Jurist vorsteht.

Die Vorteile für den Kunden:

- Das Verfahren ist kostenfrei.
- Das Problem kann schnell gelöst werden.
- Die Schiedskommission ist neutral.
- Sollte dem Kunden das Ergebnis des Schiedsverfahrens nicht zusagen, kann er noch den ordentlichen gerichtlichen Weg wählen. Der Kfz-Betrieb hingegen ist an das Urteil der Schiedsstelle gebunden.

Die erste Schiedsstelle im Kfz-Gewerbe wurde 1970, im Kfz-Handel 1972 gegründet. Laut einer Untersuchung der DAT kennen aber nur 45 % der Autofahrer die Schiedsstelle im Kfz-Gewerbe.

Quelle: nach DAT-Report, S. 74

4.4 Gewährleistungs- und Garantieaufträge, Kulanz und Rückrufe

***SITUATION** Autoland Murschall GmbH*

Zum wiederholten Male erscheint Herr Fischer, langjähriger Kunde bei der Autoland Murschall GmbH, bei David Rose an der Servicetheke und verlangt, den Chef zu sprechen.
„Jetzt habe ich gestern mein Navi zum vierten Mal in zu Ihnen gebracht. Zuerst hieß es: 'Wir haben das Gerät durchgesehen und die Software neu aufgespielt, jetzt werden Sie keine Probleme mehr damit haben.' Denkste! Und nachdem mir endlich ein neues Navi eingebaut wurde, passiert das Gleiche: Nach dem dritten Suchvorgang hängt sich das blöde Ding wieder auf. Wissen Sie, was mich allein die Fahrerei zu Ihnen jedes Mal kostet? Ganz zu schweigen von den Verspätungen, die ich mir bei meinen beruflichen Fahrten einhandle, weil das Navi nicht funktioniert. Das lass ich mir nicht weiter gefallen!“
Wie auf Kommando erscheint da Herr Nolte und erlöst David von dem aufgebrachten Kunden. „Es tut mir sehr leid, dass Sie solche Unannehmlichkeiten mit Ihrem Navi haben. Kommen Sie doch erst einmal in mein Büro und lassen Sie uns überlegen, wie wir das Problem lösen können. Ich hole direkt mal unseren Serviceleiter, Herrn Schmitz, dazu und lasse uns einen Kaffee bringen.“

Gewährleistung nach BGB

Das BGB sieht vor, dass für fehlerhafte Produkte in den ersten zwei Jahren nach Übergabe des Artikels die ***Gewährleistung*** gilt. Ein Käufer kann demnach die Nacherfüllung verlangen, wenn der Fehler schon bei Übergabe des Produkts bestanden hat. Die **Nacherfüllung** kann entweder in einer Neulieferung bestehen oder in einer Reparatur des Mangels (der sogenannten **Nachbesserung**). Ist nach zwei solcher Nachbesserungsversuche der Mangel noch nicht behoben, ergeben sich weitere Rechte des Käufers, die bis zum Rücktritt vom Kaufvertrag gehen können und zur Rückgabe der gegenseitig geleisteten Leistungen führen. Erschwerend für den Käufer kommt hinzu, dass nach sechs Monaten die ***Beweislastumkehr*** gilt, d. h. dass der Kunde nach Ablauf eines halben Jahres in der Pflicht ist, dem Autohaus zu beweisen, dass der Mangel bereits bei Übergabe vorlag.

Gewährleistung
Der Verkäufer steht dafür ein, dass die verkaufte Sache frei von Sach- und Rechtsmängeln ist.

Nach einer Entscheidung des Europäischen Gerichtshofs aus dem Jahr 2008 muss die **Neulieferung** (gewöhnlich auch vereinfachend **Umtausch** genannt) defekter Waren für den Verbraucher kostenlos sein. Also muss der Händler beispielsweise die Transportkosten tragen und er darf vom Käufer keine Entschädigung für die bisherige Nutzung des Gerätes verlangen. Dadurch soll der Käufer vor möglichen finanziellen Belastungen geschützt werden, die ihn unter Umständen von der Geltendmachung seiner Ansprüche abhalten könnten. Der Verkäufer hat, anders als der Käufer, seine vertraglichen Verpflichtungen nicht erfüllt, demzufolge muss er die Kosten für den Umtausch tragen.

Beweislastumkehr
Innerhalb der ersten sechs Monate muss der Verkäufer beweisen, dass er die Sache dem Kunden ohne Mangel übergeben hat.

Tritt ein Käufer vom Vertrag zurück, ohne dass ein Ersatz geliefert wird, könnte er zur Zahlung einer Entschädigung für die zeitweilige Nutzung des Gegenstandes verpflichtet werden. Auf die besondere Regelung hinsichtlich einer solchen ***Nutzungsentschädigung*** für den Gebrauch eines Artikels wird in LF 6 am Beispiel des Neufahrzeughandels eingegangen.

Nutzungsentschädigung
Wenn ein Kunde im Rahmen der Gewährleistung ein Neufahrzeug zurückgibt, muss er für die gefahrenen Kilometer eine Entschädigung an das Autohaus zahlen.

Garantie

Beim Kauf eines Artikels geben viele Hersteller auf ihre Produkte eine Garantie. Bei einer ***Garantie*** handelt es sich um eine freiwillige vertragliche Dienstleistung eines Herstellers gegenüber seinem Kunden, bei nicht selbst verursachten Schäden für die Reparatur eines Produktes einzustehen.

Garantie
freiwillige vertragliche Dienstleistung eines Herstellers gegenüber seinem Kunden in einem bestimmten Schadensfall

Anders als bei der gesetzlich vorgeschriebenen Gewährleistung muss der Fehler im Garantiefall nicht bereits bei Übergabe bestanden haben. Und es gibt keine Beweislastumkehr, d. h. der Kunde muss auch nach Ablauf von sechs Monaten nicht beweisen, dass der Fehler schon bei der Übergabe vorlag. Die Art der Mängelbeseitigung bleibt ganz dem Hersteller überlassen, sodass der Käufer in den meisten Fällen keinen Anspruch auf Neulieferung oder Minderung des Kaufpreises hat. Beschädigte Ersatzteile können demnach auch repariert statt ausgetauscht werden.

> i *Die Garantie umfasst die in den Garantiebedingungen aufgeführten Schadensfälle innerhalb des festgelegten Zeitraums. Wichtig ist es dafür, den Kaufbeleg, aus dem das Erwerbsdatum hervorgeht, aufzuheben.*

Kulanz
freiwillige Leistung des Händlers im Falle eines Schadens

Kulanz

Neben der gesetzlich vorgeschriebenen Gewährleistung und der vertraglich geregelten Garantie gibt es im Falle eines Schadens noch die Möglichkeit, dass der Händler ***Kulanz*** gibt. Die Kulanz ist also eine freiwillige Leistung des Händlers, um einem Kunden, der z. B. mit seinem erworbenen Produkt so gerade aus der Gewährleistungs- oder Garantiezeit herausgerutscht ist, entgegenzukommen und ihm das Gefühl zu geben, dass dem Händler eine gute Kundenbeziehung wichtig ist.

Gewährt ein Händler Kulanz, holt er sich die Kosten für das Reparieren oder Austauschen in der Regel beim Hersteller zurück. Motive für solch ein kundenfreundliches Entgegenkommen könnte auch sein, dass es sich um einen langjährigen Kunden handelt oder dass es bei diesem Produkt eine bemerkenswerte Häufung bestimmter Schäden gibt, sodass man auch einen Produktionsfehler des Herstellers vermuten könnte.

Produkthaftung

Liegt ein Produktionsfehler tatsächlich vor und ein Käufer erleidet dadurch einen Schaden, so kann er vom Hersteller des Produkts Schadenersatz verlangen. Den Hersteller jedes Produkts trifft die Verpflichtung, dieses fehlerfrei auf den Markt zu bringen. Bei Zuwiderhandlung kommt eine Haftung des Herstellers nach dem **Produkthaftungsgesetz (ProdHaftG)** für Folgeschäden in Frage, die aus der Benutzung seiner fehlerhaften Produkte entstehen.

> **i** ***Produkthaftungsgesetz*** *(ProdHaftG)*
>
> *Dieses Gesetz regelt, dass der Produkthersteller unabhängig von seinem eigenen Verschulden für die Schäden verantwortlich ist, die durch sein fehlerhaftes Produkt an anderen Sachen oder Personen verursacht werden. Dies muss man als Verbraucher allerdings nachweisen.*
> *Bei der gesetzlichen Produkthaftung handelt es sich um eine Gefährdungshaftung. Dabei ist nicht das Verschulden des Herstellers relevant, welcher ein gefährliches Produkt in Umlauf bringt. Die gefährliche Handlung, aus der sich die Haftung des Herstellers ableitet, ergibt sich durch das Inverkehrbringen des Produkts und der sich daraus ergebenden Gefahr für bestimmte Rechtsgüter. Es liegt ein Unterfall der Verkehrssicherungspflichtverletzung vor.*

> **i** *Folgende Voraussetzungen sind für einen Anspruch nach dem ProdHaftG erforderlich:*
>
> - *Das Produkt muss einen Fehler aufweisen. Produkt im Sinne des § 2 ProdHaftG ist jede bewegliche Sache, auch wenn sie Teil einer anderen Sache ist, sowie Elektrizität. Seit dem 1. Dezember 2000 fallen unter den Produktbegriff zudem landwirtschaftliche Erzeugnisse sowie Jagderzeugnisse. Ein Fehler liegt vor, wenn die unter Berücksichtigung aller Umstände berechtigten Sicherheitserwartungen des Verbrauchers nicht erfüllt werden. Sicherheitserwartungen können sich aus der Darbietung, dem üblicherweise zu erwartenden Gebrauch und/oder dem Zeitpunkt der Inverkehrbringung ergeben.*

- *Das Produkthaftungsgesetz sieht die Gefährdungshaftung nur für die Verletzung von bestimmten Rechtsgütern vor, nämlich für Leben und Gesundheit und für das Eigentum. Beim Eigentum muss eine andere Sache als das fehlerhafte Produkt selbst beschädigt worden sein.*
- *Im Falle einer Sachbeschädigung muss die Sache zugleich für den privaten Gebrauch gemacht und auch bestimmungsgemäß eingesetzt worden sein. Das Vermögen als solches ist nicht geschützt.*
- *Der Schaden muss auf den Produktfehler zurückzuführen sein.*

Anspruchsberechtigt ist sowohl der unmittelbar als auch der mittelbar Geschädigte.

Nach § 1 ProdHaftG haftet der Hersteller. Dieser Begriff wird in § 4 konkretisiert. Es haften alternativ:

- der tatsächliche Hersteller des Endprodukts;
- der Zulieferer eines Teilprodukts, sofern dieses tatsächlich fehlerhaft war;
- der Importeur eines Produkts von außerhalb der EU;
- der Händler, soweit er auf dem Produkt seinen Namen, sein Warenzeichen oder ein anderes unterscheidungskräftiges Kennzeichen angebracht hat;
- der Lieferant, wenn der Hersteller des Produkts nicht festgestellt werden kann. Dies gilt nicht, wenn der Lieferant innerhalb eines Monats den Namen seines Vorlieferanten oder Herstellers mitteilt.

Alle aufgeführten Personen haften, sodass sich der Geschädigte beispielsweise den Finanzkräftigsten herausgreifen kann.

Nach § 1 Abs. 2 und 3 ProdHaftG ist die Haftung ausgeschlossen, wenn:

- der Hersteller das Produkt nicht in den Verkehr gebracht hat (Beispiel: das Produkt wurde ihm gestohlen).
- der Fehler nach dem Inverkehrbringen des Produkts entstanden ist (Beispiel: eine Reparatur wurde unsachgemäß ausgeführt).
- das Produkt nur für den privaten Eigenbedarf gefertigt wurde.
- der Fehler auf der Berücksichtigung von zwingendem Recht beruht.
- der Fehler nach dem Stand von Wissenschaft und Technik zur Zeit des Inverkehrbringens nicht erkannt werden konnte.
- das Teilprodukt eines Zulieferers für sich fehlerfrei war und der Fehler erst durch die Herstellung des Endprodukts entstanden ist.
- das Produkt bestimmungswidrig gebraucht wurde.

BEISPIEL

Wird ein Schraubenzieher als Waffe verwandt, so ist dies nicht dem Hersteller anzulasten, weil dieser nicht damit rechnen muss, dass der von ihm hergestellte Schraubenzieher für eine Körperverletzung missbraucht werde.
Dagegen muss ein Hersteller damit rechnen, dass Kopfhörer mit zu großer Lautstärke betrieben werden, weshalb er entweder Vorkehrungen treffen muss, die ein Überschreiten einer noch hinnehmbaren Lautstärke verhindern, oder darauf hinzuweisen hat, dass bei zu hoher Lautstärke Gehörschäden drohen.
Dagegen wäre es wohl – zumindest nach deutschem Recht – einem Hersteller nicht mehr zuzumuten, auf Pappbecher, in die heißer Kaffee eingefüllt wird, einen Hinweis aufzudrucken, dass er heiß sei und beim Verschütten zur Verbrühung führen kann oder dass man in einer Waschmaschine keine lebenden Tiere säubert. (In den USA wurde einer Frau ein horrendes Schmerzensgeld zugesprochen, die sich einen im Schnellrestaurant erworbenen Pappbecher mit Kaffee beim Autofahren über die Beine goss – der Verkäufer habe auf die Verbrühungsgefahr hinweisen müssen.)

Der Geschädigte ist für den Fehler, den Schaden und den ursächlichen Zusammenhang zwischen beiden beweispflichtig (§ 1 Abs. 4 ProdHaftG). Der Hersteller seinerseits muss Umstände nachweisen, die ihn entlasten können. Für beide gilt, dass etwas dann bewiesen ist, wenn die überwiegende Wahrscheinlichkeit dafür spricht.

Die Verjährungsfrist beträgt drei Jahre (§ 12 ProdHaftG). Sie beginnt, wenn der Geschädigte von dem Schaden, dem Fehler und dem Ersatzpflichtigen Kenntnis erlangt oder hätte erlangen müssen. Sind seit dem Inverkehrbringen des Produkts mehr als zehn Jahre vergangen, können keine Ansprüche aus der Produkthaftung mehr geltend gemacht werden (§ 13 ProdHaftG). Personenschäden sind vom Hersteller bis zu einer Höhe von 85 Mio. € zu ersetzen. Seit 2002 ist es auch möglich, Schmerzensgeldansprüche in die Produkthaftung einzubeziehen.

Sachschäden müssen nur ersetzt werden, soweit andere Sachen als das Produkt selbst beschädigt wurden. Die Haftung wird weiter auf Sachen beschränkt, die für den Privatgebrauch bestimmt sind und auch hauptsächlich für private Zwecke verwendet wurden. Der Geschädigte muss sich zudem mit 500,00 € selbst an der Beseitigung des Sachschadens beteiligen. Bei der Haftung für Sachschäden indes gibt es keine Obergrenze.

Rückrufe

Unter anderem, um nicht der Produkthaftung bezichtigt werden zu können, hat in den letzten Jahren die Zahl der Rückrufe von Kfz-Herstellern stark zugenommen.

Rückrufaktion

Wenn mehrere Autos des gleichen Typs einer Produktionsreihe ein größeres technisches Problem haben und damit ein hohes Sicherheitsrisiko im Verkehr darstellen, werden alle Autos dieser Produktionsreihe vom Hersteller zur Überprüfung und nötigenfalls Reparatur in die Werkstatt zurückgeholt.

Das ***Kraftfahrt-Bundesamt*** verzeichnete allein im Zeitraum von 2010 bis 2015 fast eine Verdoppelung der Rückrufe, bis zum Jahr 2001 waren es noch jährlich weniger als 100.

Kraftfahrt-Bundesamt (KBA)
Seine Hauptaufgabe ist die Überwachung der Sicherheit im Straßenverkehr (www.kba.de).

Es gibt kaum einen Hersteller, der in den vergangenen Jahren nicht Fahrzeuge in die Werkstätten zurückordern musste; betroffen waren dabei Kraftfahrzeuge aller Preissegmente. Besonders bekannt sind die Rückrufe zweier deutscher Autohersteller zu Beginn dieses Jahrtausends (siehe Beispiele auf der nächsten Seite) und der Fall Toyota im Jahr 2010.

Grundsätzlich kann man zwei Arten von **Rückrufen** unterscheiden: freiwillige und vom Kraftfahrtbundesamt überwachte Rückrufaktionen. Die **freiwillige Rückrufaktion** liegt allein in der Hand des Herstellers und wird bei nicht so gravierenden Fehlern gestartet: Etwa wenn der Motor nicht die volle Leistung bringt, weil die Steuerung der Drosselklappe versagt, eine Software für die elektronische Kraftstoffpumpe neu aufgespielt werden muss oder weil eine Kontrollleuchte der Motorelektronik nicht angeschlossen ist. Oftmals erfährt der Fahrer eines betroffenen Fahrzeugs gar nichts davon, da die Mängelbeseitigung während der regulären Inspektion durchgeführt wird. Auf der Rechnung taucht dann z. B. die Position „Kundendienstaktion" auf. Oftmals werden auf diese Weise unauffällig Produktnachbesserungen durchgeführt.

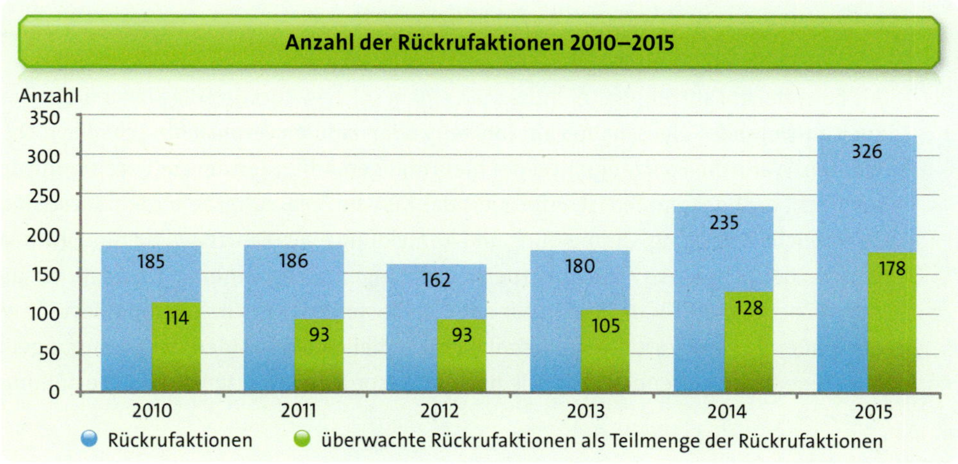

Quelle: nach Pressemitteilung des KBA Nr. 12/2016, S. 2

Handelt es sich allerdings um einen Fehler, der die Verkehrssicherheit des Fahrzeugs beeinträchtigen könnte (wie nachfolgend bei den Beispielen Mercedes A-Klasse, Audi TT und Toyota), liegt es in der Verantwortung des Herstellers, eine Rückrufaktion zu starten. Falls es dabei Probleme gibt, ist das KBA befugt, eine Rückrufaktion zu veranlassen bzw. zu überwachen. Dem Hersteller werden dazu die Adressen der Fahrzeughalter, die der Hersteller nicht über seine angeschlossenen Händler ermitteln konnte (beispielsweise, weil das Fahrzeug zwischenzeitlich weiterverkauft wurde), vom KBA aus dem Zentralen Fahrzeugregister (ZFZR) zur Verfügung gestellt.

BEISPIEL

Die A-Klasse von Mercedes bestand den sogenannten „Elchtest" nicht, d. h. der Wagen kippte schon bei geringen Geschwindigkeiten beim Fahren einer Kurvenkombination zur Seite, sodass die Fahrzeuge mit einem Electronic Stabillty Program (ESP) nachgerüstet wurden. Und der erste Audi TT zeigte ein so gefährliches und tückisches Fahrverhalten bei schnelleren Kurvenfahrten, dass der Hersteller eine „sichere" Umrüstung anbot – eine Heckspoilerlippe, die den Abtrieb des Wagens erhöht und ihn dadurch „auf die Straße drückt". Leider verursachte dieses Bauteil einen neuerlichen Rückruf, da diese Spoilerlippe nicht wie üblich geschraubt wurde, sondern geklebt. Der Kleber hielt aber nicht, sodass die Audi TT ihre Spoilerlippen reihenweise bei der Fahrt verloren. Weiter sollte ein ESP dem Audi TT zu einem sicheren Fahrverhalten verhelfen. Laut Audi war eine Nachrüstung der Audi TT der „ersten" Serie auf ESP nicht möglich. Audi dementierte lange die Probleme, rüstete dann aber die zweite TT-Generation serienmäßig mit ESP und weniger schickem Spoiler aus. Bei Fahrzeugen von Toyota kam es im Jahre 2010 in den USA zu Fällen, bei denen sich das Fahrzeug selbständig in Bewegung gesetzt bzw. beschleunigt haben soll. Dies führte zum Rückruf von mehreren hunderttausend Fahrzeugen und zu einem großen Imageverlust des japanischen Herstellers, obwohl die Vorwürfe nach einer genauen Untersuchung revidiert werden mussten.

Als betroffener Fahrzeughalter muss man einem solchen Rückruf Folge leisten, da sonst eventuell auftretende Folgeschäden am Fahrzeug oder dadurch verursachte Schäden nicht ersetzt werden. Wenn ein Fahrzeughalter der mehrmaligen Aufforderung zur Beseitigung des Mangels nicht nachgekommen ist, informiert das KBA die Zulassungsbehörden. Diese sind für die behördliche Zulassung, Ummeldung und Abmeldung eines Fahrzeugs zuständig. Im Jahr 2015 wurden beispielsweise 7 528 Außerbetriebsetzungen vorgenommen. Ein Anspruch auf Übernahme der Kosten für die Reparatur oder ein kostenloses Ersatzfahrzeug besteht während der Dauer der Reparatur in der Regel nicht. Lediglich im Rahmen der Sachmangelhaftung oder einer noch geltenden Garantie besteht Anspruch auf kostenlose Nacherfüllung.

Auf der Internetseite des KBA lässt sich auch für jeden Fahrzeugtyp abfragen, ob aktuell ein Rückruf vorliegt:

Beispiel aus der Rückrufdatenbank des Kraftfahrt-Bundesamtes:
KBA-Referenznummer: 5063
Hersteller/Marke: VW
Verkaufsbezeichnung: GOLF, BEETLE, JETTA, PASSAT
Betroffene Baugruppe: Kraftstoffsystem
Baujahr von: 2014
Baujahr bis: 2014
Veröffentlichungsdatum: 16.02.2015
Hotline: 0800 7762332
Beschreibung: Durch undichten Verschlussstopfen der Kraftstoffleitung im Motorraum kann austretender Kraftstoff zum Fahrzeugbrand führen.

Quelle: www.kba-online.de/gpsg/jsp/gpsgAuskunft.jsp

Welche Gründe führen zu der stetig steigenden Zahl an Rückrufen?

- Die Produktionszeiträume werden immer kürzer.
- Der Kostendruck wird immer größer.
- Die Einsatzbedingungen beim Kunden sind viel komplexer, als es die Testreihen und Testfahrten der Hersteller simulieren können.
- Das Qualitätsmanagement ist nicht ausreichend.
- Die Bereitschaft der Hersteller wächst, lieber einen Rückruf zu starten, als sich nach dem Produkthaftungsgesetz strafbar zu machen.

Neben den genannten Rückrufgründen gibt es noch eine weitere Möglichkeit: Längst haben die Konzerne erkannt, dass man einen Rückruf sehr gut als **Marketinginstrument** nutzen kann. Bevor in der Öffentlichkeit ein Fehler angeprangert wird, gehen die Hersteller lieber selbst in die Offensive. Kulante Nachbesserungen sollen Vertrauen erzeugen und auch die Botschaft vermitteln, dass man als Kunde sein Fahrzeug regelmäßig von Vertragswerkstätten warten lassen sollte, um stets ein verkehrssicheres Fahrzeug zu haben.

Demgegenüber stehen die immensen Kosten solcher Aktionen. Denn letztendlich finanziert der Kunde indirekt diese Nacharbeiten über den Kaufpreis, da jeder Hersteller mittlerweile den Posten „Rückstellungen für Produktrisiken“ in seine Verkaufspreiskalkulation einbezogen haben dürfte.

LS 64
LS 65
LS 66

5 Ein spezieller Auftrag im Autohaus: Die Unfallreparatur

SITUATION *Autoland Murschall GmbH*

Das Telefon an der Informationstheke klingelt.

David Rose: „Autoland Murschall GmbH, mein Name ist David Rose. Wie kann ich Ihnen behilflich sein?"

Kunde: „Ja, hallo, äh, Müller hier. Ich steh´ hier an der B9 und hatte gerade einen Unfall. Vorne ist alles kaputt und ich kann nicht mehr weiterfahren."

David Rose: „Das tut mir leid, Herr Müller. Ich hoffe, Sie sind nicht verletzt."

Herr Müller: „Nein, nein, soweit ist´s ok. Aber was mache ich denn jetzt?"

David Rose: „Ich kann Ihnen sofort unseren Abschleppwagen schicken, der Sie mit Ihrem Auto hierher bringt. Wo genau auf der B9 stehen Sie denn?"

Jedes Jahr ereignen sich in Deutschland Millionen von Verkehrsunfällen, von denen im Jahr 2016 ca. 2,6 Mio. polizeilich erfasst wurden. Sie erbrachten einen Schadenumfang für das Kfz-Gewerbe von mehr als 22,7 Mrd. €. Zwar lag der Umsatz damit um einiges geringer als der Neuwagenumsatz: Bei jährlich etwa 3,4 Mio. in Deutschland verkauften Neuwagen ergab sich ein Umsatz von ca. 99,4 Mrd. €. Berücksichtigt man jedoch, dass der Nettoertrag im Neuwagengeschäft durchschnittlich 1,4 % beträgt (also 1,39 Mrd. €), im Werkstattbereich aber durchschnittlich bei 23 % liegt, was allein durch die Unfallschäden 2016 einen Ertrag von rein rechnerisch über 5 Mrd. € ergab, wird die Bedeutung dieses Geschäftsbereichs deutlich.

Quelle: nach KBA, GDV, jährlichem Branchenvergleich des ZDK (2017) und DAT-Report 2017, S. 77

Gesamtumsatz in der Automobilbranche im Jahr 2016 in den Teilmärkten

	Umsatz in Mrd. €	Veränderung zum Vorjahr in %
Wartung	13,7	+ 15,1
Reparatur	8,8	+ 7,3
NW	99,4	+ 8,4
GW	84,6	+ 8,6

Allerdings gehen den Autohäusern und Vertragswerkstätten erhebliche Einnahmen verloren, da knapp die Hälfte (lt. DAT-Report 2017 46 %) des Unfallreparaturgeschäfts an freie Reparaturbetriebe vergeben wird. Das liegt zum einen an der aktiven Schadensteuerung der Versicherungsunternehmen und der Tatsache, dass für die Fahrzeughalter nach einem Unfall die Versicherung ihr erster Ansprechpartner ist. Zum Teil liegt es vermutlich jedoch auch an dem mangelnden aktiven Unfallschadenmanagement vieler Autohäuser. Nur wenn das Autohaus jeden Kundenkontakt dafür nutzt, seine Kompetenz im Rahmen des Unfallreparaturgeschäfts unter Beweis zu stellen, kann es sich entsprechend im Markt positionieren.

5.1 Unfallabwicklung

Die Unfallabwicklung im Kfz-Betrieb gehört zu den Eckpfeilern des Kundendienstes und stellt eine Chance für den Kfz-Betrieb dar:

- Er kann einen Komplettservice rund ums Auto anbieten und sich so gegenüber seinen Kunden als kompetenter Partner profilieren.
- Die Werkstatt kann aktiv Zusatzgeschäfte generieren, indem sie den Kunden beispielsweise auf dringend notwendige Reparaturen oder verschlissene Teile aufmerksam macht.
- Die Erträge in der Werkstatt steigen ebenso wie die aus dem Teileverkauf.
- Das Autohaus kann vielfach dem Kunden auch ein neues Fahrzeug anbieten.
- Der Kunde wird so stärker ans Unternehmen gebunden.

Je nach Betriebsgröße und -organisation wird die verwaltungstechnische Abwicklung eines Unfalls zur Aufgabe des Automobilkaufmanns / der Automobilkauffrau.

Das Serviceangebot eines Autohauses mit einer Werkstatt beinhaltet meist neben der Instandsetzung auch die komplette Abwicklung vom Abschleppdienst über Mietwagen, Kfz-Gutachten bis zur Rechnungsabwicklung mit dem Versicherer (**Full-Service-Unfallabwicklung**).

Ablauf einer Full-Service-Unfallabwicklung

- *Nachdem das verunfallte Fahrzeug in der Werkstatt eingetroffen ist, gilt es zunächst, den Fahrer zu beruhigen und alle notwendigen Informationen zum* ***Unfallhergang*** *zu erfragen. Der Unfallhergang ist wichtig für die Klärung der Schuldfrage, nach der sich die Schadenregulierung bestimmt.*
- *Wenn der Kunde sich mit den notwendigen Formalitäten nicht selbst auseinandersetzen will, beauftragt er – falls erforderlich – den Kfz-Betrieb, einen* ***Sachverständigen*** *zu bestellen.*
- *Der Kunde beauftragt die Werkstatt, das* ***Auto instand zu setzen****.*
- *Des Weiteren unterzeichnet er meist bereits jetzt die* ***Reparaturkostenübernahmebestätigung/Sicherungsabtretung****. Sobald die Schuldfrage geklärt ist und die Versicherung sich bereit erklärt hat, die anfallenden Kosten zu übernehmen, bestellt der Kfz-Betrieb den Gutachter.*
- *Sollte die Werkstatt im Laufe der Instandsetzung notwendige Abweichungen vom Gutachten erkennen, so bietet sich eine Nachbesichtigung des Sachverständigen und damit eine* ***Erlaubnis auf Reparaturerweiterung*** *an, damit der Kfz-Betrieb später bei der Rechnungslegung nicht einen Teil der Kosten dem Kunden direkt in Rechnung stellen muss, falls die Versicherung sich weigert zu zahlen. Der Sachverständige schickt dann innerhalb von zwei Tagen das Gutachten an den Kfz-Betrieb, der dieses zusammen mit der Reparaturkostenübernahmebestätigung an die Versicherung weiterleitet.*
- *Nach Abschluss der Reparatur wird eine Rechnung erstellt.* ***Adressat der Rechnung ist der Auftraggeber****, also der Kunde. Dieser erhält auch die Originalrechnung, die Versicherung eine Kopie. Dies ist vor allem bei Firmenwagen in Bezug auf den Vorsteuerabzug wichtig.*

- *Damit der Sachbearbeiter der Versicherung weiß, was der Betrieb von der Versicherung konkret verlangt, muss dieser seine Forderungen im Einzelnen in einem kurzen Begleitschreiben auflisten. Aus diesem Schreiben muss auch hervorgehen, ob der **Schadenstifter vorsteuerabzugsberechtigt** ist. Wenn ja, so gilt eine Besonderheit: Die Versicherung zahlt nur den Nettobetrag. Die Umsatzsteuer darauf muss der Unfallverursacher selbst entrichten. Er kann diese als Vorsteuer mit seiner eigenen Umsatzsteuerzahllast verrechnen.*
- *Wenn bei der Instandsetzung keine **verdeckten Schäden** zutage getreten sind, wird die Rechnung weitestgehend mit dem Gutachten übereinstimmen. Sollte der Rechnungsbetrag den im Gutachten veranschlagten Betrag erheblich (d. h. um mehr als 10 %) übersteigen, wird die leistungspflichtige Versicherung eine Rechnungsprüfung durchführen. Kann der Reparaturbetrieb nachweisen, dass die Abweichungen im Sinne einer fachmännisch einwandfreien Reparatur notwendig waren, bezahlt die Versicherung diesen höheren Betrag. Andernfalls muss sich der Reparaturbetrieb einen entsprechenden Abzug gefallen lassen.*
- *Die **Bezahlung der Rechnung obliegt dem Kunden**, wenn die auch von der Versicherung unterschriebene Reparaturkostenübernahmebestätigung oder eine mündliche Zusicherung jetzt (noch) nicht vorliegt. Falls weder der Kunde noch die Versicherung zahlen wollen, wird der Reparaturbetrieb das Auto einbehalten, sofern ihm der Kunde nicht persönlich bekannt ist.*

5.2 Rechtsdienstleistungsgesetz

Eine ***Rechtsberatung*** darf nur von Rechtsanwälten durchgeführt werden

RDG
Rechtsdienstleistungsgesetz

In Deutschland darf eine ***Rechtsberatung*** im engeren Sinne nur von Rechtsanwälten erteilt werden. Kundengespräche im Rahmen der Unfallabwicklung bergen die Gefahr, mit dieser Vorschrift in Konflikt zu geraten. Das ***Rechtsdienstleistungsgesetz (RDG)*** hat im Jahr 2008 das bis dahin geltende Rechtsberatungsgesetz abgelöst und ein wenig mehr Rechtssicherheit in diesem Bereich geschaffen. Der Gesetzgeber hat klargestellt, dass ein Autohaus bei allen Angelegenheiten „beraten" darf, die mit der Mobilhaltung des Unfallbeteiligten zu tun haben und im eigentlichen Sinn das Betätigungsfeld eines Autohauses betreffen.

Grenzen der Rechtsberatung für einen Kfz-Betrieb

Wenn sich ein Kfz-Betrieb die Reparaturkostenübernahmebestätigung vom Kunden unterschreiben lässt und sich damit die Bezahlung seiner Reparaturleistungen sichert, so verfolgt der Betrieb damit seine eigenen Interessen und verstößt deshalb nicht gegen das Rechtsdienstleistungsgesetz. Anders sähe es dagegen aus, wenn dieser Betrieb gegenüber der Versicherung den Nutzungsausfall, die Wertminderung oder gar das Schmerzensgeld für den Geschädigten geltend machen würde. Bei Letzterem ist der Verstoß gegen das RDG offensichtlich: Ein Kfz-Betrieb hat keinen wirtschaftlichen Vorteil davon, wenn der Kunde Nutzungsausfall oder Wertminderung anerkannt bekommt.

Den meisten Kunden wäre es wohl am liebsten, wenn der ihnen vertraute Kfz-Betrieb nicht nur die Unfallschäden beseitigen, sondern auch alle damit verbundenen Formalitäten für ihn erledigen würde – allein schon deshalb, weil die meisten Kunden sich mit dem Versicherungswesen nicht auskennen. Solch einer kundennahen Schadenabwicklung stand zunächst das Rechtsberatungsgesetz entgegen, da die Mitarbeiter des Autohauses streng genommen den Kunden nicht auf seine Rechte aufmerksam machen durften, z. B. einen Mietwagen für die Dauer der Reparatur in Anspruch zu nehmen. Durch die Lockerung dieser Vorschriften hatte beispielsweise die Bundesrechtsanwaltskammer zunehmende unqualifizierte Rechtsberatung befürchtet. Der Ratsuchende werde nicht mehr vor „Quacksalbern" geschützt und die Befugnis zur Rechtsberatung sei nicht mehr an eine Ausgangsqualifikation geknüpft, sodass praktisch jedermann – unabhängig von seiner Vorbildung – im Rahmen einer Rechtsberatung tätig werden könne. Für Ratsuchende werde es damit schwieriger als bisher zu erkennen, welcher Fachmann tatsächlich Fachmann für welche Fragen sei. Schließlich fand man mit dem Rechtsdienstleistungsgesetz (RDG) eine Regelung, die dem Kundenwunsch nach mehr Service in Versicherungsfragen näher kommt.

5.3 Ergänzende Serviceleistungen im Rahmen der Unfallabwicklung

Bestimmte beratende Serviceleistungen darf der Kfz-Betrieb im Rahmen der Unfallabwicklung für den Kunden übernehmen, ohne gegen das RDG zu verstoßen. Die wichtigsten davon sind im Folgenden erläutert.

Beauftragung eines Sachverständigen

Ein Kfz-Betrieb kann eigenständig einen Sachverständigen auswählen und beauftragen. Allerdings hat der Kunde die Pflicht, selbst mit dem Sachverständigen einen Vertrag abzuschließen. Der Sachverständige ist seinerseits verpflichtet, sich selbst um die Zahlung seiner Vergütung zu kümmern. Ein Autohaus ist nicht berechtigt, das Sachverständigenhonorar gegenüber der Versicherung geltend zu machen. Genauso wenig ist es einem Autohaus gestattet, dem Kunden einen bestimmten Sachverständigen zu empfehlen, der ein Gutachten im Interesse einer reibungslosen Unfallschadenregulierung erstellen würde.

Die Werkstatt oder das Autohaus darf das Sachverständigengutachten für den Kunden an die Versicherung senden, wenn sie lediglich als Bote im Auftrag des Kunden tätig wird. Es ist also unbedenklich, wenn der Kfz-Betrieb das Gutachten zusammen mit der Reparaturkostenübernahmebestätigung an die Versicherung sendet. Allerdings: Die Werkstatt darf zusammen mit dem Gutachten keine Zahlungsaufforderung an die Versicherung senden.

Dem Geschädigten muss immer deutlich vor Augen geführt werden, dass er sich selbst um die Regulierung des Schadens und um die Durchsetzung seiner Schadensersatzansprüche kümmern muss und nicht die Werkstatt damit beauftragen darf.

Mietwagen

In puncto Mietwagen ist zu berücksichtigen, dass der Geschädigte diesen selbst anmieten und einen entsprechenden Vertrag unterzeichnen muss. Kein Problem entsteht jedoch dann, wenn die Werkstatt selbst ein Mietwagen-Unternehmen betreibt und der Vertrag zwischen dem Geschädigten und diesem Betrieb zustande kommt. Ebenso ist es unbedenklich, wenn eine Fahrzeugreservierung unverbindlich bei einer anderen Vermietungsgesellschaft offeriert wird. Allerdings muss auch hier der Geschädigte direkt mit diesem Unternehmen den Vertrag abschließen. Wird ein drittes Mietwagen-Unternehmen eingeschaltet, darf die Werkstatt die Mietwagenkosten nicht gegenüber der Versicherung geltend machen.

RKÜ
Reparaturkostenübernahmebestätigung

Reparaturkostenübernahmebestätigung (RKÜ)

Ein Kfz-Betrieb hat grundsätzlich nur gegenüber dem Auftraggeber einen Anspruch auf Bezahlung der Reparaturrechnung. Da aber gerade bei Reparaturen meist sehr hohe Beträge anfallen, will kein Kunde gerne in Vorlage treten – manche könnten es auch nur mithilfe eines Bankkredits. Um dies zu vermeiden, gibt es die ***Reparaturkostenübernahmebestätigung (RKÜ).*** Die RKÜ ist eine Zahlungsanweisung an die Versicherung, damit diese die Reparaturkosten für den Kunden übernimmt und direkt an den Kfz-Betrieb zahlt. Zweckmäßigerweise wird das Formular gleich bei Anlieferung des Unfallwagens ausgefüllt und vom Kunden unterschrieben. Das Autohaus reicht die RKÜ bei der Versicherung ein, die den Vorgang aufnimmt und das Formular vervollständigt an das Autohaus zurückschickt. Durch Gegenzeichnen des Formulars bestätigt die Versicherung, dass sie die Rechnung begleichen wird. Für das Autohaus bildet dies die Absicherung, dass es nach Abschluss der Arbeiten sein Geld bekommt – was zumindest bei einem neuen Kunden nicht unbedeutend ist.

i ***So wird die RKÜ ausgefüllt:***

Nachdem die Daten des Kfz-Betriebes und des Halters des geschädigten Fahrzeugs in Teil A des Formulars eingetragen worden sind, wird die Reparaturkostenübernahmebestätigung vom Geschädigten unterschrieben und an die Versicherung geschickt (Durchschlag verbleibt im Autohaus). Im Falle eines Haftpflichtschadens sind in Teil A auch die Daten des Unfallgegners einzutragen. Sind dem Geschädigten nur Name und Anschrift des Unfallgegners bekannt, nicht aber die Versicherung, so hat der Unfallbearbeiter im Kfz-Betrieb die Möglichkeit, über Melderegister der Versicherungen zu erfahren, bei welcher Versicherung der Unfallgegner wie (Haftpflicht, Kasko usw.) versichert ist.
Die Versicherung füllt Teil B des Formulars aus, unterschreibt und schickt eine Ausfertigung an den Kfz-Betrieb zurück. Spätestens jetzt erfährt der Kfz-Betrieb die Schadennummer, deren Angabe die Unfallabwicklung beschleunigt. Es kommt vor, dass eine Versicherung diese Bestätigung nicht zurückschickt, sondern die Reparaturkostenübernahme mündlich zusagt.

Reparaturauftrag

Die Reparaturkostenübernahmebestätigung ersetzt nicht den Reparaturauftrag an die Werkstatt. Den muss der Kunde wie bei jeder anderen Reparatur separat erteilen.

Schadenanzeige bei der Versicherung

Des Weiteren ersetzt die RKÜ nicht die Schadenanzeige bei der Versicherung. Der Geschädigte ist verpflichtet, den Schaden unverzüglich selbst beim leistungsverpflichteten Versicherer anzuzeigen.

Sicherungsabtretung

Da die RKÜ lediglich eine Zahlungsanweisung darstellt, das Autohaus also bei Nichtbegleichung der Reparaturrechnung durch den Kunden weder gegen die Versicherung noch gegen den Unfallverursacher vorgehen kann, sind die meisten Werkstätten dazu übergegangen, zusätzlich eine sogenannte Sicherungsabtretung unterzeichnen zu lassen. Mit dieser tritt der Unfallgeschädigte seine Schadensersatzansprüche gegen den Fahrer, den Halter und den Haftpflichtversicherer des unfallverursachenden Fahrzeugs unwiderruflich an den Reparaturbetrieb ab. Der Reparaturbetrieb ist berechtigt, diese Sicherungsabtretung gegenüber den Anspruchsgegnern offenzulegen und die abgetretenen Ansprüche im eigenen Namen geltend zu machen.

Zumeist sind Sicherungsabtretung und RKÜ in einem Formular zusammengefasst.

Abtretung/Zahlungsanweisung/RKÜ u. a.

Verfahren

Das Formular ist vom Halter des beschädigten Fahrzeuges zu unterschreiben. Als Anlage ist eine Reparaturkalkulation/Gutachten, ggf. ein Mietvertrag bzw. eine Abschlepprechnung oder Kaufvertrag beizufügen. Dieses Formular ersetzt nicht die Schadenanzeige des Geschädigten/Versicherungsnehmers an den Versicherer.

A Erklärung des Halters des beschädigten Fahrzeugs zum Schaden vom:

Name und Anschrift des Halters des beschädigten Fahrzeugs

____

____

____

Name und Anschrift des Versicherungsnehmers (Unfallgegner) (nur auszufüllen im Haftpflichtschadenfall)

____

____

____

versichert bei:

____

amtliches Kennzeichen:

____

Teilkasko ☐ ja ☐ nein

Vollkasko ☐ ja ☐ nein

Versicherungsschein-Nr./Schaden-Nr.:

____

Angaben des beschädigten Fahrzeugs

Hersteller und Typ

____

amtliches Kennzeichen: __________

Name und Anschrift des Versicherers:

____

Telefon: __________

Ein Sachverständiger wurde beauftragt. ☐ ja ☐ nein

Der Geschädigte versichert, die Schadenregulierung selbst durchzusetzen und beim leistungsverpflichteten Versicherer den Schaden zu melden. Der Geschädigte wird die Reparaturkosten gegenüber dem Reparaturbetrieb selbst ausgleichen, soweit eine Zahlung durch den Versicherer an den Reparaturbetrieb nicht oder nicht in voller Höhe der Reparaturkosten erfolgt. Dies gilt auch für den Betrag der gesetzlichen Mehrwertsteuer im Falle der Vorsteuerabzugsberechtigung des Geschädigten.

Vorsteuerabzugsberechtigt: ☐ ja ☐ nein

B Abtretung (erfüllungshalber)

Aus Anlass des oben bezeichneten Schadenereignisses habe ich zur Beseitigung der Unfallschäden an meinem Kraftfahrzeug den o. g. Kraftfahrzeugreparaturbetrieb beauftragt. Ich trete hiermit meine Schadenersatzansprüche gegen den Fahrer, den Halter und den Haftpflichtversicherer des unfallbeteiligten Fahrzeugs aus dem genannten Unfall erfüllungshalber in Höhe

☐ der Reparaturkosten
☐ der Mietwagenkosten
☐ der Abschleppkosten
☐ des Kaufpreises einschl. Nebenkosten

einschließlich der gesetzlichen Mehrwertsteuer unwiderruflich an den Reparaturbetrieb ab. Der Reparaturbetrieb ist berechtigt, diese Abtretung den Anspruchsgegnern offen zu legen und die erfüllungshalber abgetretenen Ansprüche gegenüber den Anspruchsgegnern im eigenen Namen geltend zu machen. Durch diese Abtretung werden die Ansprüche des Reparaturbetriebes aus dem Reparaturvertrag gegen mich nicht berührt. Er kann die Ansprüche gegen mich geltend machen, wenn und soweit der regulierungspflichtige Versicherer keine Zahlung oder lediglich eine Teilzahlung leistet.

C Zahlungsanweisung (§ 783 BGB)

Der Geschädigte/Versicherungsnehmer weist den Versicherer unwiderruflich an, die Reparaturkosten direkt an den Reparaturbetrieb zu zahlen. Zahlungen werden auf die Ansprüche des Geschädigten/Versicherungsnehmers angerechnet.

Der Geschädigte/ Versicherungsnehmer weist den Versicherer – soweit zahlungsverpflichtet – unwiderruflich an, neben den vorgenannten Reparaturkosten auch

☐ Mietwagenkosten
☐ Abschleppkosten
☐ merkantile Wertminderung
☐ den Kaufpreis einschl. Nebenkosten

an das Autohaus zu zahlen. Die Abtretung unter B wird durch den Kfz-Reparaturbetrieb angenommen

______________________ Datum und Unterschrift des Geschädigten/VN (zu A, B und C)

______________________ Unterschrift Kfz-Reparaturbetrieb

D Reparaturkostenübernahmebestätigung des Versicherers zur Schadennummer

1. Der Versicherungsnehmer haftet ☐ zu 100 % ☐ zu ____ % ☐ Haftungsfrage ist noch nicht geklärt
2. Der Versicherer erteilt Reparaturfreigabe bis zu einem Betrag von € ______________________.
3. Bemerkungen: ______________________
4. Bestätigung

Haftpflichtschaden ☐
Im Rahmen der vorgenannten Haftungsquote zahlt der Versicherer auf die Schadenersatzansprüche des Geschädigten bis zu dem vorgenannten Betrag nach ordnungsgemäßer Durchführung der Reparatur und Vorlage der Rechnung bei der Versicherung direkt an den Kfz-Reparaturbetrieb.

Kaskoschaden ☐
Im Rahmen der vorgenannten Haftungsquoten zahlt der Versicherer auf die Schadensersatzansprüche des Geschädigten bis zu dem vorgenannten Betrag abzüglich einer Selbstbeteiligung in Höhe von ________ € nach ordnungsgemäßer Durchführung der Reparatur und Vorlage der Rechnung bei der Versicherung direkt an den Kfz-Reparaturbetrieb.

______________________ Datum und Stempel der Versicherung

______________________ Unterschrift des Versicherungsbevollmächtigten

Quelle: nach Zentralverband Deutsches Kraftfahrzeuggewerbe (ZDK), Bonn

5.4 Schadenklassifizierung

Haftpflichtschaden

Ein Haftpflichtschaden liegt vor, wenn den Geschädigten keine Schuld am Unfall trifft. Die Haftpflichtversicherung des schuldigen Unfallgegners tritt hier für die Schadenregulierung ein. Bei einem Haftpflichtschaden hat der Geschädigte für die Dauer der Reparatur Anspruch auf einen Mietwagen oder Nutzungsausfall, freie Wahl des Gutachters sowie je nach Unfallart und Fahrzeugalter Anspruch auf Wertminderung (aber auch Werterhöhung ist möglich).
Weil ein Schadenersatz bewirken muss, dass ein Geschädigter so gestellt wird, als wenn nichts passiert wäre, wird bei Haftpflichtschäden großzügiger repariert als im Kaskofall.

Kaskoschaden

Die **Vollkaskoversicherung** springt bei Eigenverschulden eines Unfallteilnehmers ein.

Die klassische Abwicklung auf Kaskobasis beinhaltet:

- instandsetzungsfähige Blechteile werden repariert anstatt erneuert,
- Wertminderung kommt nicht in Betracht (wohl aber Werterhöhung),
- kein Nutzungsausfall bzw. Mietwagen,
- der Versicherer bestimmt den Sachverständigen.

Gerade bei der Wahl des Sachverständigen reagieren viele Autoversicherer sensibel, wenn man sie bei der Bestellung des Gutachters übergeht: Die meisten Versicherer haben für diesen Zweck hauseigene Sachverständige.

Über die eigene Kaskoversicherung muss ein Geschädigter einen Unfall auch dann abwickeln, wenn er sich selbst zwar keine Schuld am Unfall vorwerfen lassen muss, aber beim Unfallgegner das Versicherungsverhältnis ***„krank“*** ist. „Krank“ heißt in diesem Zusammenhang, dass die Versicherungsprämien nicht vollständig gezahlt wurden. Ein internes Abkommen unter den Versicherern sorgt dafür, dass der Geschädigte dadurch keine Nachteile hat:

- Der Unfallschaden wird repariert und abgewickelt wie beim Haftpflichtschaden, jedoch vom Kaskoversicherer bezahlt.
- Die normalerweise leistungspflichtige Haftpflichtversicherung bezahlt die Selbstbeteiligung des Geschädigten sowie den Nutzungsausfall und ggf. die Wertminderung.
- Der Schadenfreiheitsrabatt des Geschädigten wird nicht zurückgestuft.

krankes Versicherungsverhältnis
Die Versicherungsprämien des Unfallverursachers sind nicht vollständig gezahlt. Der Geschädigte muss den Unfall über die eigene Kaskoversicherung abwickeln.

Die **Teilkaskoversicherung** übernimmt z. B. Glasschäden, Brand- und Explosionsschäden sowie Schäden, die durch Diebstahl oder durch Unfälle mit ***Haarwild*** entstehen. Der Versicherungsnehmer wird in der Schadenfreiheitsklasse nicht zurückgestuft, da er für das Schadenereignis nicht verantwortlich gemacht werden kann. Allerdings entstehen gerade die Unfälle mit Haarwild hauptsächlich durch unangepasstes Fahrverhalten, vor allem in der Dämmerung: Jahr für Jahr ereignen sich in Deutschland ca. 240 000 Unfälle mit einem Schadenvolumen von ca. 500 Mio. €.

Zum ***Haarwild*** gehören u. a. Reh, Hirsch, Fuchs, Luchs, Wildschwein sowie Seehund und Fischotter.

Einige Versicherungen sind in den letzten Jahren dazu übergegangen, Entschädigungen nicht nur bei Unfällen mit Haarwild, sondern bei „Wildtieren aller Art" oder sogar „Tieren aller Art" zu leisten. Weicht ein Autofahrer aus, um den Zusammenstoß mit einem Tier zu verhindern, und kommt dabei von der Fahrbahn ab, leistet die Teilkasko üblicherweise nicht mehr, sodass u. U. anzuraten ist, lieber den Zusammenstoß in Kauf zu nehmen. Allerdings ist unbedingt zu beachten: Schon ein 20 kg schweres Reh hat bei Tempo 100 des Fahrzeugs ein Aufschlaggewicht von einer Tonne, ein Wildschwein schon bei Tempo 50 von zwei Tonnen.
Darum ist gerade in entsprechend gekennzeichneten Gebieten in der Dämmerung angepasstes und vorausschauendes Fahren so wichtig. Kommt es dennoch zu einem Unfall, sollte sofort die Polizei verständigt werden, die den zuständigen Förster informiert. Am Unfallort wird dem Fahrer dann eine sogenannte Wildschadenbescheinigung ausgefüllt, die gegenüber der Versicherung als Nachweis gilt, dass es sich tatsächlich um einen Wildunfall gehandelt hat.

Verkehrsopferhilfe

Leider gibt es auch Unfälle, bei denen

- der Unfallverursacher nicht versichert war oder
- der Verursacher nicht ermittelt werden kann oder
- der Unfall vorsätzlich herbeigeführt wurde oder
- die eigentlich zuständige Haftpflichtversicherung insolvent ist.

Verkehrsopferhilfe (VOH) hilft Verkehrsopfern in der Funktion eines Garantiefonds

Bei solchen Unfällen – sofern sie sich in Deutschland ereignet haben – kann der Geschädigte sich an die ***Verkehrsopferhilfe (VOH)*** wenden, die bis zur Höhe der gesetzlichen Mindestdeckungssumme zahlt. Die VOH, gegründet 1963, ist eine Einrichtung der deutschen Autohaftpflichtversicherer und hilft Verkehrsopfern in der Funktion eines Garantiefonds in den oben genannten Fällen. Allerdings gibt es bei Fahrerflucht einige Einschränkungen:

- Die VOH übernimmt nur die Fahrzeugschäden und Folgekosten (wie Mietwagen, Abschleppen), wenn gleichzeitig ein beträchtlicher Personenschaden entstanden ist.
- Bei Sachschäden, die erstattet werden, liegt die Selbstbeteiligung bei 500,00 €.
- Schmerzensgeld wird nur in besonders schweren Fällen zugestanden.

Durch diese besonderen Regelungen bei Fahrerflucht soll eine missbräuchliche Inanspruchnahme des Fonds unterbunden werden.

Darüber hinaus hilft die Verkehrsopferhilfe bei der Abwicklung von Auslandsunfällen und dient als Entschädigungsstelle. Voraussetzung ist, dass der ausländische Versicherer innerhalb von drei Monaten nicht angemessen auf den Entschädigungsantrag des Geschädigten reagiert hat. Art und Umfang des Schadenersatzes richten sich aber in der Regel nach dem Recht des Landes, in dem der Unfall stattgefunden hat.

Differenzentschädigung

Die Differenzentschädigung als Schadenregulierung kommt in Betracht, wenn zum einen eine Gefährdungshaftung vorliegt und zum anderen der Hauptschuldige vollkaskoversichert ist.

> i *Jeder Autofahrer muss die Gefährdungshaftung gegen sich gelten lassen, wenn sein Verhalten im Straßenverkehr zumindest leicht fahrlässig war. Die Rechtsprechung hat diesen Begriff geprägt und trägt damit dem Umstand Rechnung, dass das Fahren eines Autos eine grundsätzlich gefährliche und gefährdende Angelegenheit ist. Die Versicherer messen der Gefährdungshaftung im Allgemeinen eine Mitschuld von ca. 30 % des Schadens bei. Setzt sich z. B. der Schaden des Hauptunfallschuldigen aus Reparaturkosten, Abschleppkosten, Nutzungsausfall und ggf. Wertminderung zusammen, kann dieser von seinem Unfallgegner die Erstattung von 30 % des Schadens verlangen, wenn dieser die Gefährdungshaftung gegen sich gelten lassen muss.*
>
> *Ist der Hauptunfallschuldige allerdings kaskoversichert, wird er seinem Unfallgegner bzw. dessen Haftpflichtversicherer die Differenzentschädigung als Schadenregulierung vorschlagen. Das bedeutet, dass der Hauptschuldige seine Kaskoversicherung nur für die Reparaturkosten und Abschleppkosten in Anspruch nimmt, die diese voll bezahlt. Dafür verlangt er, dass die gegnerische Haftpflichtversicherung seine Selbstbeteiligung, die Wertminderung und den Nutzungsausfall voll ersetzt. Der materielle Schaden des Hauptschuldigen beschränkt sich damit auf den reduzierten Schadenfreiheitsrabatt. Hätte der Hauptschuldige 100 % der Schuld zugesprochen bekommen, dann hätte er nicht die Haftpflichtversicherung des Unfallgegners in Anspruch nehmen können und seine Kaskoversicherung hätte weder Nutzungsausfall noch Mietwagen bezahlt.*
>
> *Unfallgegner die Erstattung von 30 % des Schadens verlangen, wenn dieser die Gefährdungshaftung gegen sich gelten lassen muss.*

5.5 Schadenregulierung

Sachverständiger/Gutachter

Liegt der Schadenwert erkennbar unter 750,00 €, darf die Werkstatt auch ohne Gutachten reparieren; ihr eigener Kostenvoranschlag, illustriert mit Fotos vom Schaden, genügt hier völlig. Einen Kostenvoranschlag kann die Werkstatt selbst erstellen, ohne dafür einen Gutachter hinzuziehen zu müssen. Ist für einen Laien aber nicht erkennbar, dass es sich um einen solchen ***Bagatellschaden*** handelt, darf der Unfallgeschädigte auf jeden Fall einen Gutachter hinzuziehen, ohne dass er befürchten muss, dass die gegnerische Versicherung die Kosten für das Gutachten nicht übernimmt.

Bagatellschaden
Schaden mit geringem Wert

Die hier genannten Beträge von 750,00 € bzw. 1.500,00 € sind nicht gesetzlich festgelegt, werden aber von vielen Versicherungen zugrunde gelegt.

Achtung: „Sachverständiger" ist in Deutschland keine geschützte Berufsbezeichnung.

Bei Schäden über 750,00 € hängt es von der leistungsverpflichteten Versicherung ab, ob ein Gutachter eingeschaltet wird oder nicht. Ist der Reparaturbetrieb der Versicherung als absolut kompetent und korrekt bekannt, begnügt sie sich in Einzelfällen auch bei höheren Schäden mit einem Kostenvoranschlag mit Fotos.

Bei Schäden über 1.500,00 € fordern die Versicherer in der Regel obligatorisch einen Sachverständigen an. Bei der Wahl des Sachverständigen ist Vorsicht geboten, denn „Sachverständiger" ist in Deutschland keine geschützte Berufsbezeichnung. Jeder, der glaubt, über ausreichend Sachverstand zu verfügen, darf sich Sachverständiger nennen.

i ***Qualitätsmerkmale für Sachverständige***

- *Angehörigkeit in einem der Sachverständigenverbände, z. B. BVSK, BVK, BVS; die Organisation bürgt für den Sachverständigen mit ihrem Ruf*
- *öffentlich bestellter und vereidigter Sachverständiger*
- *Vereidigung bei der IHK, bei der HWK, vor Gericht, vor einer Landes- oder Bezirksregierung oder bei einer Ingenieurkammer*
- *freiberuflicher Sachverständiger, der über entsprechende Fachkenntnis verfügt, aber keiner Organisation angehört*
- *Anerkennung des Sachverständigen durch die Kfz-Versicherung*

Die Praxis zeigt, dass es für den Gutachter hilfreich ist, wenn er den Schaden in der Werkstatt im Beisein des Meisters aufnehmen kann, denn oft benötigt er für sein Gutachten eine Hebebühne.

Gutachten

Jedes Gutachten besteht aus der Fahrzeugbeschreibung, die zur Ermittlung des Wiederbeschaffungswerts dient, der allgemeinen Schadensbeschreibung, der Kalkulation der Instandsetzungskosten und der Reparaturdauer sowie der Nennung des Restwerts bei einem wirtschaftlichen Totalschaden.

Bei der Ermittlung des Arbeitspreises ist der Stundenverrechnungssatz des Reparaturbetriebes maßgebend. Als Preise für die benötigten Ersatzteile werden ebenfalls die vom Reparaturbetrieb genannten Preise zugrunde gelegt. Die Auswertung der Schadenaufnahme geschieht heute über eine Software am Computer, die auf eine Datenbank zurückgreift, die alle Arbeitswert- und Ersatzteilpositionen aller Hersteller gespeichert hat. So ist gewährleistet, dass schon nach relativ kurzer Zeit eine sehr exakte Bewertung in Form eines Computerausdrucks vorliegt.

Zusammenfassung des Gutachtens

Reparaturkosten ohne MwSt.	**4.716,64 €**
Mehrwertsteuer 19 %	896,16 €
Reparaturkosten (inkl. MwSt.)	**5.612,80 €**
Wiederbeschaffungswert (inkl. MwSt.)	23.500,00 €
Restwert (inkl. MwSt.)	18.080,00 €
Wertminderung (steuerneutral)	1.000,00 €
Reparaturdauer	**ca. 3–4 Tage**

Wiederbeschaffungswert

Der Wiederbeschaffungswert ist der Wertmaßstab für die Abwicklung aller Haftpflichtschäden und wenn die Teil- oder Vollkaskoversicherung in Anspruch genommen werden soll. Als Wiederbeschaffungswert bezeichnet man den Betrag, den ein Autobesitzer aufbringen müsste, wenn er ein gleichwertiges anderes Auto bei einem örtlichen Kfz-Händler kaufen würde.

Das heißt, im Wiederbeschaffungswert ist nicht nur das regionale, sondern auch das lokale Preisniveau berücksichtigt. Der Wiederbeschaffungswert wird ermittelt, um festzustellen, ob ein verunfalltes Fahrzeug noch reparaturwürdig ist. Reparaturwürdig ist ein Fahrzeug immer dann, wenn die kalkulierten Reparaturkosten den Wiederbeschaffungswert plus die eventuell anfallende Wertminderung (im Haftpflichtfall) nicht übersteigen.

Wertminderung

Mit der ***merkantilen*** Wertminderung erhält ein Geschädigter den Betrag, der ihm bei einem Verkauf seines Fahrzeugs voraussichtlich verloren ginge, weil er sein Auto jetzt nicht mehr als „unfallfrei" verkaufen könnte, obwohl die Schäden am Fahrzeug aus technischer Sicht vollständig und ohne nachteilige Folgen beseitigt worden sind. Eine Wertminderung kommt nur bei Haftpflichtschäden in Frage. Wie hoch der Gutachter sie im Schadensfall ansetzt, hängt von der Schadenshöhe sowie dem Alter und dem Allgemeinzustand des Fahrzeugs ab. Bei Fahrzeugen, die älter als vier Jahre sind, kam lange Zeit keine Wertminderung in Betracht.

merkantil kaufmännisch / den Handel betreffend

Neuerdings lässt sich aber beobachten, dass auch bei älteren Fahrzeugen ein Anspruch auf Wertminderung anerkannt wird, was sich mit der wesentlich höheren Lebensdauer und Laufleistung heutiger Fahrzeuge begründen lässt. Die Wertminderung liegt bei etwa 10 % der Reparaturkosten; bei sehr jungen Fahrzeugen zum Teil darüber, wobei teilweise auch noch Formeln eingesetzt werden, die Alter, Laufleistung, Vorschäden, aktuelle Schäden, Wiederbeschaffungswert usw. berücksichtigen (z. B. von Ruhkopf/Sahm). Letztendlich entscheidet jedoch der Gutachter anhand der tatsächlichen lokalen Marktgegebenheiten über die Höhe der Wertminderung.

Die Wertminderung nach Ruhkopf/Sahm ergibt sich aus dem Verhältnis von Reparaturkosten und Wiederbeschaffungswert.

Werterhöhung

Während ein noch relativ neues Auto durch einen Unfall einen wirtschaftlichen Minderwert erleidet, kommt ein relativ altes Fahrzeug unter Umständen durch eine Unfallreparatur in den Genuss einer Werterhöhung. Da dies den Geschädigten besserstellt, muss er sich einen „Abzug neu für alt" gefallen lassen. Auf eine mögliche Werterhöhung wird sowohl im Haftpflicht- als auch im Kaskofall geprüft.

Totalschaden

Übersteigen die Reparaturkosten den Wiederbeschaffungswert (evtl. plus Wertminderung), liegt ein **wirtschaftlicher Totalschaden** vor und das Auto gilt als nicht mehr reparaturwürdig. Die Schadenshöhe ermittelt sich dann aus dem **Wiederbeschaffungswert abzüglich Restwert**. Der Restwert ist der Wert, den ein Fahrzeug im Unfallzustand noch hat. Dieser wird üblicherweise vom Gutachter ermittelt, indem er das verunfallte Fahrzeug Verwertungsbetrieben anbietet, die auf entsprechende Fahrzeuge spezialisiert sind, oder indem er das Angebot auf speziell darauf ausgerichteten Seiten im Internet einstellt. Zur Ermittlung eines realistischen Restwertbetrags müssen mindestens drei Angebote zum Ankauf des Unfallfahrzeugs herangezogen werden.

i *Bei der Regulierung von Totalschäden hat der Versicherer ein Interesse daran, dass der Gutachter einen möglichst hohen Restwert ansetzt, denn dann fällt die Versicherungsleistung geringer aus. Der Kunde dagegen ist an einem niedrigen Restwert interessiert, um möglichst hohen Schadenersatz und die Chance auf einen Übererlös bei der Verwertung des Unfallwagens zu erhalten. Der Bundesgerichtshof hat in einem solchen Streitfall entschieden, dass als Restwert nicht der vom Sachverständigen ermittelte Betrag herangezogen wird, wenn die Haftpflichtversicherung des Unfallgegners Angebote vorweisen kann, die einen höheren Restwert und kostenlose Abholung sowie Barzahlung vorsehen (Urteil BGH vom 01. 06. 2010, AZ VI ZR 316/09).*

Integritätsinteresse
Liegen die Reparaturkosten um nicht mehr als 30 % über dem Wiederbeschaffungswert, kann der Geschädigte sein Fahrzeug reparieren lassen und es weiter nutzen.

Übersteigen die Reparaturkosten gemäß Gutachten den Wiederbeschaffungswert des Fahrzeugs um nicht mehr als 30 % und möchte der Fahrer sein Auto weiternutzen, so darf der Fahrer das Fahrzeug in der Werkstatt reparieren lassen. Der Geschädigte bekommt durch diese Regelung die Möglichkeit, sein gewohntes Fahrzeug weiterzufahren. Man spricht hierbei vom sogenannten ***Integritätsinteresse*** des Geschädigten. Voraussetzung ist dabei, dass das Fahrzeug tatsächlich mindestens weitere sechs Monate vom Fahrzeughalter gefahren wird. Außerdem muss es nach den Vorgaben des Gutachters repariert werden. Eine „Billigreparatur" oder gar eine fiktive Abrechnung ist nicht zulässig. Das Autohaus muss den Fahrzeughalter auf diese Sechsmonatspflicht hinweisen.

Für Old- und Youngtimer gilt nicht die starre 130-%-Grenze. Hier ist im Einzelfall zu entscheiden. Dies gilt auch bei einer nur geringfügigen Überschreitung der 130 % bei einem „Allerweltsfahrzeug".

Wiederbeschaffungsdauer

Wer als Geschädigter einen Totalschaden erleidet, muss Gelegenheit erhalten, sich ein anderes Fahrzeug zu suchen. Die Zeit, bis er das neue Auto hat, nennt man Wiederbeschaffungszeit oder -dauer. In dieser Wiederbeschaffungszeit kann der Geschädigte einen Mietwagen beanspruchen oder Nutzungsausfall geltend machen, beides aber für höchstens 14 Wochentage.

fiktive Abrechnung ☞ S. 80

Mietwagen/Nutzungsausfall

Ein Autofahrer hat bei einem unverschuldeten Unfall für die Zeit, in der er sein Auto nicht benutzen kann, Anspruch auf einen Mietwagen. Nun argumentieren die Versicherungen zu Recht, dass derjenige, der statt des eigenen Autos ein Mietfahrzeug nutzt, an seinem eigenen Wagen so lange keinen Verschleiß hat. Deshalb bekommt der Geschädigte, der sich einen gleichwertigen Mietwagen nimmt, die Kosten von der Versicherung nicht voll ersetzt. Eine Beteiligung an den Mietwagenkosten kann jedoch vermieden werden, wenn der Geschädigte sich ein Fahrzeug mietet, das eine Klasse tiefer eingestuft ist. Beim Verzicht auf einen Mietwagen wird der Geschädigte für den Nutzungsausfall mit einem Pauschalbetrag entschädigt, der sich nach dem Wert des beschädigten Fahrzeugs richtet und aus verschiedenen Tabellen entnommen werden kann.

i ***Ermittlung der Nutzungsausfallentschädigung***

Am bekanntesten ist die Tabelle nach Sanden/Danner/Küppersbusch (mittlerweile in „EurotaxSchwacke" aufgegangen), an die sich viele Versicherungen halten. Die Höhe liegt zurzeit zwischen 27,00 € und 99,00 € pro Tag.

Der Entschädigungsbetrag richtet sich nach der Fahrzeugkategorie des verunfallten Fahrzeuges und ist abhängig von Fahrzeugtyp, Leistung, Ausstattung etc. Die häufig gefahrenen Kompaktwagen mit einem Alter von sechs bis zehn Jahren etwa (also z. B. Focus, Astra, Golf IV) sind in Gruppe C zu finden, ein neuer A4 beispielsweise in H. Die meisten gängigen Fahrzeuge sind einer dieser Gruppen zugeordnet.

Hinweis: Die hier dargestellte Tabelle stellt lediglich einen Auszug dar.

Nutzungsausfall für Autos

Gruppe	Tagesgeld	Fahrzeugbeispiele
A	23,00 €	C1 1.0 Advance, Smart fortwo coupé pure, Citroen Saxo 1.0, Fiat Cinquecento, Ford Ka (37 kW), Renault Twingo
B	29,00 €	Fiat Panda 1.2 4x4, Opel Corsa 1.0 12 V, Ford Fiesta, Mazda 121 LX, Opel Corsa, Peugeot 106, Renault Clio, VW Polo
C	35,00 €	Ford Fiesta 1.3 Ghia, Renault Twingo 1.5 dCi Expression, Ford Focus, Opel Astra, Peugeot 306, VW Golf (74 kW)
D	38,00 €	Ford Fusion 1.4, VW Polo 1.4 TDI, Renault Megane Coupe, Toyota Corolla 2.0, VW Golf Variant (74 kW)

Nutzungsausfall für Autos

Gruppe	Tagesgeld	Fahrzeugbeispiele
E	43,00 €	Volvo C30 1.8, Toyota Yaris, Audi A3, BMW 316i, Mazda 626, Opel Vectra, Peugeot 406, Renault Laguna 2.0 RT, Toyota Carina 1.8, VW Golf Variant TDI, VW Passat Variant CL
F	50,00 €	Skoda Octavia, Golf 1.9 TDI GT, Audi A4 1.8 T, BMW 318, Z3 Roadster 2.0, Honda Accord, Mercedes C 180, Renault Espace 2.0 16 V, Saab 900 2.3 S, VW Sharan
G	59,00 €	Peugeot 407 SW Hdi 170 Bi-Turbo Sport, Ford Megane 1.9 dCi, Audi A6 1.9 TDI, BMW 323, Mazda 626 V6, Mercedes C 230, Volvo 850
H	65,00 €	Audi A4 Avant 2.0 TDI DPF quattro, Mercedes C 220 CDI, BMW 318 Touring, Mercedes C 280, E 200 T, Volvo 850 TDI
J	79,00 €	Mercedes E 280, BMW 525i, Audi S6, BMW 540i, Mercedes S 280, Porsche Boxster, Saab 9000, Volvo C70 T 5
K	119,00 €	BMW X5, Volvo S80 V8 AWD, Audi A8, BMW 740, Jaguar XJR, Mercedes E 420, S 320, Porsche 911
L	175,00 €	Mercedes SL 600 Automatik, BMW 750, Porsche 911 Carrera

Bei Fahrzeugen, die keiner Gruppe zugeordnet werden können, erfolgt die Einstufung in vergleichbare Kategorien durch den Sachverständigen. Einschränkungen bei der Höhe der Ersatzleistung gibt es bei älteren Fahrzeugen. Bei älteren Modellen muss nach der Rechtsprechung des BGH ein Abzug von einer bzw. sogar von zwei Klassen vorgenommen werden – ab einem Alter von 5 Jahren wird das Modell eine Klasse tiefer, ab 10 Jahren zwei Klassen tiefer eingestuft.

Schadenminderungspflicht soll verhindern, dass der gegnerischen Versicherungsgesellschaft unnötige Kosten entstehen

Der Geschädigte hat bei der Frage, ob er sich einen Ersatzwagen stellen lässt oder den Nutzungsausfall in Anspruch nimmt, eine ***Schadenminderungspflicht***. Das bedeutet, dass die Versicherung z. B. die Kosten für einen Ersatzwagen nicht übernehmen muss, wenn der Geschädigte für die Dauer der veranschlagten Reparaturzeit von sechs Tagen mit dem Ersatzwagen nur 30 km gefahren ist und die Höhe des Nutzungsausfalls allemal ausgereicht hätte, um für die wenigen Fahrten auf öffentliche Verkehrsmittel oder ein Taxi umzusteigen. Oder wenn der Geschädigte ohne Probleme auf einen sowieso vorhandenen Zweitwagen zugreifen kann. Die Schadenminderungspflicht sorgt somit dafür, dass keine unnötigen Kosten für die gegnerische Haftpflichtversicherung erzeugt werden. In ländlichen Gebieten könnte aber auch ein Mietwagen zugestanden werden, wenn das Nahverkehrsnetz und die Versorgung mit Taxis nicht gegeben sind.

Abwicklung auf Gutachterbasis / Fiktive Abrechnung

Ein Schadenersatzanspruch eines Geschädigten ist nicht daran gebunden, dass ein verunfalltes Fahrzeug auch tatsächlich repariert wird. Der Geschädigte entscheidet selbst, ob und wie er sein beschädigtes Auto reparieren lässt. Deshalb hat er gerade im Haftpflichtfall die Möglichkeit, auf der Grundlage des Gutachtens mit der gegnerischen Versicherung abzurechnen. Ob bei fiktiver Abrechnung Anspruch auf Bezahlung der Mietwagenkosten oder des Nutzungsausfalls besteht, ist umstritten. In Fällen, in denen z. B. ein Fahrzeug nicht fahrbereit ist und unrepariert veräußert wird, steht dem Geschädigten sicherlich der Mietwagen oder der Nutzungsausfall für die Dauer der Ersatzbeschaffung zu (zumindest bis zu der im Gutachten genannten Reparaturdauer). Ansonsten verlangen Versicherungen teilweise Nachweise über eine tatsächlich durchgeführte Reparatur, bevor sie die Kosten für Mietwagen oder den Nutzungsausfall übernehmen. Darüber hinaus kann sich der geschädigte Autofahrer die vom Gutachter ermittelte Wertminderung und natürlich die Abschlepp- und Gutachterkosten erstatten lassen. Im Fall, dass der Geschädigte sein Fahrzeug nicht reparieren lässt, wird lediglich der Nettowert der veranschlagten Reparaturkosten erstattet, da ja auch tatsächlich keine Mehrwertsteuer angefallen ist.

Bei den veranschlagten Reparaturkosten können die üblichen Stundenverrechnungssätze einer markengebundenen Fachwerkstatt zugrunde gelegt werden. Weist die Haftpflichtversicherung des Schädigers den Geschädigten jedoch auf eine „mühelos und ohne Weiteres zugängliche freie Fachwerkstatt" mit günstigeren Verrechnungssätzen hin, die eine fachgerechte und qualitativ hochwertige Reparatur gewährleisten kann, darf die Versicherung bei der fiktiven Abrechnung diese günstigeren Verrechnungssätze ansetzen (Urteil des BGH vom 23.2.2010, AZ VI ZR 91/09). Dies gilt aber nur für Fahrzeuge, die älter als drei Jahre sind und auch bisher nicht ausschließlich durch markengebundene Fachwerkstätten betreut wurden. Dem Geschädigten wird also ebenso wie bei der Nutzung eines Mietwagens oder der Verwertung des Restwerts eine Schadenminderungspflicht auferlegt.

Obwohl die Anspruchsgrundlage im Kaskofall anders aussieht, kann auch derjenige mit seiner Versicherung auf Gutachterbasis abrechnen, der den Unfall verschuldet hat. Allerdings stehen ihm nur die laut Gutachten voraussichtlich anfallenden Nettokosten abzüglich der etwaigen Selbstbeteiligung zu.

Die Mehrwertsteuerproblematik bei der Unfallschadenabrechnung nach § 249 BGB

Art und Umfang des Schadensersatzes ☞ § 249 BGB

Zum 01.08.2002 hat der Gesetzgeber § 249 (2) BGB dahingehend ergänzt, dass die Mehrwertsteuer nur noch zu erstatten ist, wenn sie bei der Wiederherstellung des beschädigten Fahrzeugs durch Reparatur oder Ersatzbeschaffung auch tatsächlich angefallen ist.

> **i** *§ 249 (2) BGB*
>
> *"[...]. Bei der Beschädigung einer Sache schließt der nach Satz 1 erforderliche Geldbetrag die Umsatzsteuer nur mit ein, wenn und soweit sie tatsächlich angefallen ist."*

Für die Schadenabrechnung gilt grundsätzlich: Die Umsatzsteuer ist nur in der Höhe zu ersetzen, in der sie tatsächlich angefallen ist.

Im Rahmen der Wiederherstellung wird die Ersatzbeschaffung von der Rechtsprechung der Instandsetzung gleichgestellt. Deshalb kann sich der geschädigte Autofahrer auch dazu entschließen, sein Fahrzeug nicht instand setzen zu lassen, sondern stattdessen ein Ersatzfahrzeug zu beschaffen. Dann erhält er zuerst nur die Nettoreparaturkosten erstattet. Legt er anschließend den Kaufvertrag für das Ersatzfahrzeug vor, erhält er zusätzlich auch den Mehrwertsteuerbetrag, der bei dieser Ersatzbeschaffung angefallen ist; maximal jedoch bis zur Höhe der in dem Reparaturgutachten angegebenen Mehrwertsteuer.

Differenzbesteuerung ☞Band 2, LF 7, S. 230 ff.

Kauft sich der Geschädigte ein differenzbesteuertes Ersatzfahrzeug, bei dem die Mehrwertsteuer nicht ausgewiesen ist, wird die darin enthaltene Mehrwertsteuer geschätzt. Bezogen auf den Verkaufspreis des Gebrauchtfahrzeuges wird üblicherweise ein Mehrwertsteueranteil von 2 % angenommen. Da bei der Ersatzbeschaffung nur dieser geringe Mehrwertsteueranteil tatsächlich angefallen ist, kann auch nur dieser Betrag nachträglich auf die Mehrwertsteuer, die im Gutachten ausgewiesen wurde, angerechnet und zurückverlangt werden.

Zur Erklärung sei hier beispielhaft ein typisches Gebrauchtwagengeschäft aufgeführt: Bei einem EK von 8.000,00 € und einem VK von 9.250,00 € ergibt sich beispielsweise ein Bruttoertrag von 1.250,00 €, die darin enthaltene USt. beträgt dann (bei Differenzbesteuerung) 199,58 €; bezogen auf den VK sind das 2,16 %. Die 2 % stellen also eine Art Durchschnittswert für gebrauchte, differenzbesteuerte Fahrzeuge dar.

Liegt ein wirtschaftlicher Totalschaden vor, kann der Geschädigte Reparaturkosten bis zu einer Obergrenze von 130 % des Wiederbeschaffungswertes geltend machen, allerdings nur, wenn er das Fahrzeug tatsächlich auch instand setzen lässt und noch mindestens sechs Monate nutzt. Bei der fiktiven Abrechnung kann er seinen Schadenersatzanspruch jedoch nur in Höhe des Netto-Wiederbeschaffungswerts abzüglich des Restwerts geltend machen; der Umsatzsteueranteil des Wiederbeschaffungswertes wird von der Versicherung nicht ausgezahlt. Wie viel Prozent Umsatzsteuer die Versicherung einbehalten darf, hängt davon ab, wie alt das Auto ist bzw. wo das entsprechende Ersatzfahrzeug überwiegend gehandelt wird.

BEISPIEL

Handelt es sich bei dem verunfallten Auto um ein neues Modell, das noch als NW oder aber überwiegend als regelbesteuerter GW (Ankauf von einem Unternehmen) beim Händler gekauft werden kann, so darf die Versicherung bei der fiktiven Abrechnung 19 % USt. einbehalten.

Handelt es sich beim verunfallten Fahrzeug um ein älteres Modell, das beim Händler überwiegend als differenzbesteuertes Fahrzeug (Ankauf von privat) erhältlich ist, so darf die Versicherung nur 2 % des Wiederbeschaffungswerts einbehalten.

Handelt es sich beim verunfallten Fahrzeug um ein so altes Modell, dass es eigentlich nur noch auf dem Privatmarkt gehandelt wird, so darf die Versicherung vom Wiederbeschaffungswert bei der fiktiven Abrechnung nichts einbehalten.

6 Inhalte von Verträgen und Reparaturbedingungen

LS 67

6.1 Vertragsarten im Autohaus

***SITUATION** Autoland Murschall GmbH*

David Rose soll dem Serviceberater über die Schulter schauen und ihn bei den Routinetätigkeiten entlasten. Herr Ramires ist gerade mit Frau Walde im Gespräch, einer Kundin, die ihren Wagen zur Inspektion gebracht hatte. Die Inspektion ergab, dass die Profiltiefe der Vorderreifen nur noch 2 mm und die der Hinterreifen 3 mm beträgt. Auf Empfehlung von Herrn Ramires bestellt Frau Walde vier neue Reifen und macht für übermorgen einen Termin zum Reifenwechsel aus. Nachdem die Kundin gegangen ist, wundert sich David: „Sie haben Frau Walde ja gar nicht unterschreiben lassen. Wenn sie es sich jetzt anders überlegt, muss sie die Reifen ja gar nicht kaufen."

Wie in jedem Unternehmen, so wird auch in einem Autohaus Tag für Tag eine Vielzahl von Verträgen abgeschlossen – und dabei handelt es sich längst nicht immer um Kaufverträge. So werden z. B. Inspektionen durchgeführt, Ersatzwagen herausgegeben, Reifen eingelagert, Mitarbeiter eingestellt.

Auch im täglichen Leben haben Sie es – oft unbemerkt – mit Verträgen zu tun. Für die Anmietung einer Wohnung schließen Sie einen Mietvertrag ab, wenn Sie mit der Bahn zur Schule oder zur Arbeitsstätte fahren, sich an einem Automaten einen Kaffee oder eine Cola ziehen, mittags eine Kleinigkeit essen gehen oder nach der Arbeit ins Fitnessstudio: hinter all diesen Vorgängen steht ein Vertrag.

Für die meisten Verträge ist **keine besondere Form** vorgeschrieben, sodass grundsätzlich auch mündlich abgeschlossene Verträge Gültigkeit besitzen. Nur in wenigen Fällen, etwa bei Arbeits- und Ausbildungsverträgen sowie bei Bürgschaftsverträgen von Nichtkaufleuten, ist die Schriftform vorgeschrieben; bei Kaufverträgen von Grundstücken oder Häusern zum besseren Schutz der Beteiligten sogar ein ***notarieller Vertrag.***

Nicht jeder Vertrag wird schriftlich geschlossen.

notarieller Vertrag Vertrag, der von einem Notar beurkundet ist

Alle Verträge haben eines gemeinsam: Sie kommen durch übereinstimmende Willenserklärungen (Antrag und Annahme) zustande. Die Rechte des einen Vertragspartners sind dabei jedes Mal die Pflichten des anderen und umgekehrt.

Willenserklärungen ☞ Band 1, LF 3, S. 181

In der nachfolgenden Tabelle finden Sie eine Übersicht über die wichtigsten Vertragsarten mit den jeweiligen Vertragspartnern sowie den wesentlichen Vertragsinhalten.

Vertragsarten

Vertragsart	Vertragspartner	Inhalt
Dienstvertrag	• Dienstberechtigter • Dienstverpflichteter	Leistung von Diensten gegen Entgelt
Kaufvertrag	• Verkäufer • Käufer	Veräußerung von Sachen oder Rechten gegen Entgelt
Leihvertrag	• Verleiher • Entleiher	Überlassung von Sachen zum Gebrauch ohne Entgelt und Rückgabe derselben Sache
Mietvertrag	• Vermieter • Mieter	Überlassung von Sachen zum Gebrauch gegen Entgelt und Rückgabe derselben Sache
Werkvertrag	• Auftraggeber • Unternehmer	Herstellung eines Werkes bzw. Veränderung einer Sache, wobei der Unternehmer den Erfolg des Werkes garantiert

Die gesetzlichen Grundlagen für alle in der Übersicht genannten Vertragsarten finden Sie im Bürgerlichen Gesetzbuch (BGB). Im Folgenden finden Sie die entsprechenden Paragraphen ausschnittweise im Wortlaut.

Auszüge aus dem BGB zum Vertragsrecht

§ 611 [Dienstvertrag]

(1) Durch den Dienstvertrag wird derjenige, welcher Dienste zusagt, zur Leistung der versprochenen Dienste, der andere Teil zur Gewährung der vereinbarten Vergütung verpflichtet.
(2) Gegenstand des Dienstvertrags können Dienste jeder Art sein.

§ 433 [Kaufvertrag]

(1) Durch den Kaufvertrag wird der Verkäufer einer Sache verpflichtet, dem Käufer die Sache zu übergeben und das Eigentum an der Sache zu verschaffen. Der Verkäufer hat dem Käufer die Sache frei von Sach- und Rechtsmängeln zu verschaffen.
(2) Der Käufer ist verpflichtet, dem Verkäufer den vereinbarten Kaufpreis zu zahlen und die gekaufte Sache abzunehmen.

§ 651 [Kaufrecht]

Auf einen Vertrag, der die Lieferung herzustellender oder zu erzeugender beweglicher Sachen zum Gegenstand hat, finden die Vorschriften über den Kauf Anwendung. [...]

§ 598 [Leihvertrag]

Durch den Leihvertrag wird der Verleiher einer Sache verpflichtet, dem Entleiher den Gebrauch der Sache unentgeltlich zu gestatten.

§ 535 [Mietvertrag]

(1) Durch den Mietvertrag wird der Vermieter verpflichtet, dem Mieter den Gebrauch der Mietsache während der Mietzeit zu gewähren. [...]
(2) Der Mieter ist verpflichtet, dem Vermieter die vereinbarte Miete zu entrichten.

> ***§ 631 [Werkvertrag]***
> *(1) Durch den Werkvertrag wird der Unternehmer zur Herstellung des versprochenen Werkes, der Besteller zur Entrichtung der vereinbarten Vergütung verpflichtet.*
> *(2) Gegenstand des Werkvertrags kann sowohl die Herstellung oder Veränderung einer Sache als auch ein anderer durch Arbeit oder Dienstleistung herbeizuführender Erfolg sein.*
> *[...]*

Reparatur- und Wartungsaufträge, wie sie in der Werkstatt eines Autohauses vorkommen, gehören zu den Werkverträgen; bei Mängeln werden die Werkverträge im Wesentlichen wie Kaufverträge behandelt, sodass im Prinzip die gleichen Gewährleistungsansprüche gelten: Ein Sachmangel des Werkes liegt vor, wenn

- es nicht die zwischen Auftraggeber und Unternehmer vereinbarte Beschaffenheit hat,
- es sich nicht für die vorausgesetzte Verwendung eignet,
- es sich nicht für die gewöhnliche Verwendung eignet und nicht eine Beschaffenheit aufweist, die bei Werken der gleichen Art üblich ist und die der Besteller nach der Art des Werkes erwarten kann, oder
- ein anderes als das bestellte Werk oder das Werk in zu geringer Menge hergestellt worden ist.

Der Auftraggeber kann Nacherfüllung (= Beseitigung des Mangels oder Neuherstellung des Werkes) verlangen. Allerdings kann der Unternehmer hier, anders als im Kaufrecht, selbst wählen, ob er den Mangel beseitigt oder ob er das Werk neu herstellt. Und er kann die Nacherfüllung verweigern, wenn diese mit unverhältnismäßigen Kosten verbunden ist.

Hat der Auftraggeber dem Unternehmer eine angemessene Frist zur Nacherfüllung gesetzt, dieser aber nicht innerhalb dieser Frist nacherfüllt, kann er den Mangel selbst beseitigen lassen und dies dem Unternehmer in Rechnung stellen. Eine Fristsetzung ist jedoch entbehrlich, wenn der Unternehmer die Erfüllung verweigert, das Leistungsinteresse des Bestellers bei einem Fixgeschäft wegfällt oder besondere Umstände vorliegen, die bei Interessenabwägung die sofortige Selbstvornahme rechtfertigen. Eine Nachfristsetzung kann auch entfallen, wenn die Nacherfüllung fehlgeschlagen ist. Der Besteller kann den Mangel jedoch dann nicht selbst beseitigen, wenn der Unternehmer die Nacherfüllung verweigert hat, weil sie mit unverhältnismäßigen Kosten verbunden ist.

Kommt der Unternehmer der Nacherfüllung nicht nach oder scheitert diese, kann der Auftraggeber vom Werkvertrag zurücktreten oder den vereinbarten Preis mindern. Für das Recht auf Schadenersatz und den Ersatz vergeblichen Aufwendungen gelten ebenfalls die gleichen Voraussetzungen wie beim Kaufvertrag. Die Gewährleistungsfrist beträgt in der Regel 2 Jahre ab Übergabe des Werkes, bei Bauwerken beträgt die Gewährleistungsfrist 5 Jahre.

Was bedeutet nun bei einem Werkvertrag „herbeizuführender Erfolg" (§ 631 BGB)? Und wie kann man ihn gegen einen Dienstvertrag abgrenzen?

Betrachten wir zunächst ein typisches Beispiel für einen **Dienstvertrag:** Ein Schüler nimmt Nachhilfeunterricht. Hier ist unschwer zu erkennen, dass es sich lediglich um einen Dienstvertrag handeln kann. Der Nachhilfelehrer übt mit dem Schüler während der vereinbarten Zeit; einen etwaigen Erfolg aber, z. B. die Verbesserung einer Note oder das Bestehen einer Prüfung, wird er im Regelfall nicht garantieren.

Ganz anders sieht die Lage natürlich bei typischen Handwerksverträgen und eben auch im Autohaus aus: Gebe ich mein Fahrzeug zur Behebung eines Fehlers in einer Werkstatt ab, nehme ich keinen Einfluss darauf, wie viele Mechatroniker wie lange an dem Fahrzeug herumschrauben. Entscheidend ist, dass der Fehler behoben wurde und das Fahrzeug im fahrbereiten und sicheren Zustand ist **(Werkvertrag)**.

Dass es sich bei einem Werkvertrag nicht zwingend um eine handwerkliche Tätigkeit handeln muss, verdeutlicht das folgende Beispiel:

BEISPIEL

In vielen Supermärkten lässt sich mittlerweile beobachten, dass das Bestücken der Regale „outgesourct" wurde, d. h., ein externer Dienstleister kümmert sich um das Einräumen der Ware. Hier ist es zweifelsfrei ein Werkvertrag, der die Dienste des externen Anbieters regelt. Denn erst mit dem Einräumen aller Waren hat er seine Pflichten erfüllt; er wird im Regelfall nicht nur eine gewisse Arbeitszeit damit verbringen müssen, Ware einzuräumen. Er hat seinen Job erst erledigt, wenn die komplette Ware verräumt ist.

6.2 Allgemeine Geschäftsbedingungen für Reparaturen sowie Datenschutz

AGB
Allgemeine Geschäftsbedingungen finden Sie häufig auf der Rückseite eines Auftrags oder als deutlich sichtbaren Aushang im Autohaus.

Für die Ausführung von Inspektionen und Reparaturarbeiten an Fahrzeugen gelten die ***Allgemeinen Geschäftsbedingungen (AGB)*** des Autohauses, die dem Kunden zur Kenntnis gelangen müssen. Meist sind sie auf der Rückseite des Auftrags abgedruckt. Alternativ dazu können sie auch deutlich sichtbar für den Kunden in den Räumen des Autohauses ausgehängt oder bereitgelegt werden. Grundsätzlich kann jede Werkstatt und jedes Autohaus eigene AGB erstellen. Dabei sind die gesetzlichen Vorgaben einzuhalten, d. h. die AGB dürfen keine Regelungen enthalten, die den Kunden schlechter stellen, als es das Bürgerliche Gesetzbuch (BGB) vorsieht. Vielfach orientieren sich die AGB dabei an den vom **ZDK (Zentralverband Deutsches Kraftfahrzeuggewerbe e. V.)** herausgegebenen Bedingungen. Mit der Unterschrift unter dem Auftrag akzeptiert der Kunde gleichzeitig die AGB.

Kfz-Reparaturbedingungen

Bedingungen für die Ausführung von Arbeiten an Kraftfahrzeugen, Anhängern, Aggregaten und deren Teilen und für Kostenvoranschläge

Unverbindliche Empfehlung des Zentralverbandes Deutsches Kraftfahrzeuggewerbe e.V. (ZDK) · Stand: 12/2016

I. Auftragserteilung

1. Im Auftragsschein oder in einem Bestätigungsschreiben sind die zu erbringenden Leistungen zu bezeichnen und der voraussichtliche oder verbindliche Fertigstellungstermin anzugeben.
2. Der Auftraggeber erhält eine Durchschrift des Auftragsscheins.
3. Der Auftrag ermächtigt den Auftragnehmer, Unteraufträge zu erteilen und Probefahrten sowie Überführungsfahrten durchzuführen.
4. Übertragungen von Rechten und Pflichten des Auftraggebers aus dem Auftrag bedürfen der schriftlichen Zustimmung des Auftragnehmers.

II. Preisangaben im Auftragsschein; Kostenvoranschlag

1. Auf Verlangen des Auftraggebers vermerkt der Auftragnehmer im Auftragsschein auch die Preise, die bei der Durchführung des Auftrags voraussichtlich zum Ansatz kommen.
   Preisangaben im Auftragsschein können auch durch Verweisung auf die in Frage kommenden Positionen der beim Auftragnehmer ausliegenden Preis- und Arbeitswertkataloge erfolgen.
2. Wünscht der Auftraggeber eine verbindliche Preisangabe, so bedarf es eines schriftlichen Kostenvoranschlages; in diesem sind die Arbeiten und Ersatzteile jeweils im Einzelnen aufzuführen und mit dem jeweiligen Preis zu versehen. Der Auftragnehmer ist an diesen Kostenvoranschlag bis zum Ablauf von 3 Wochen nach seiner Abgabe gebunden.
   Die zur Abgabe eines Kostenvoranschlags erbrachten Leistungen können dem Auftraggeber berechnet werden, wenn dies im Einzelfall vereinbart ist.
   Wird aufgrund des Kostenvoranschlages ein Auftrag erteilt, so werden etwaige Kosten für den Kostenvoranschlag mit der Auftragsrechnung verrechnet und der Gesamtpreis darf bei der Berechnung des Auftrags nur mit Zustimmung des Auftraggebers überschritten werden.
3. Wenn im Auftragsschein Preisangaben enthalten sind, muss ebenso wie beim Kostenvoranschlag die Umsatzsteuer angegeben werden.

III. Fertigstellung

1. Der Auftragnehmer ist verpflichtet, einen schriftlich als verbindlich bezeichneten Fertigstellungstermin einzuhalten. Ändert oder erweitert sich der Arbeitsumfang gegenüber dem ursprünglichen Auftrag, und tritt dadurch eine Verzögerung ein, dann hat der Auftragnehmer unverzüglich unter Angabe der Gründe einen neuen Fertigstellungstermin zu nennen.
2. Hält der Auftragnehmer bei Aufträgen, welche die Instandsetzung eines Kraftfahrzeuges zum Gegenstand haben, einen schriftlich verbindlich zugesagten Fertigstellungstermin länger als 24 Stunden schuldhaft nicht ein, so hat der Auftragnehmer nach seiner Wahl dem Auftraggeber ein möglichst gleichwertiges Ersatzfahrzeug nach den jeweils hierfür gültigen Bedingungen des Auftragnehmers kostenlos zur Verfügung zu stellen oder 80 % der Kosten für eine tatsächliche Inanspruchnahme eines möglichst gleichwertigen Mietfahrzeuges zu erstatten. Der Auftraggeber hat das Ersatz- oder Mietfahrzeug nach Meldung der Fertigstellung des Auftragsgegenstandes unverzüglich zurückzugeben; weitergehender Verzugsschadensersatz ist ausgeschlossen. Der Auftragnehmer ist auch für die während des Verzugs durch Zufall eintretende Unmöglichkeit der Leistung verantwortlich, es sei denn, dass der Schaden auch bei rechtzeitiger Leistung eingetreten wäre.
   Bei gewerblich genutzten Fahrzeugen kann der Auftragnehmer statt der Zurverfügungstellung eines Ersatzfahrzeugs oder der Übernahme von Mietwagenkosten den durch die verzögerte Fertigstellung entstandenen Verdienstausfall ersetzen.
3. Die Haftungsausschlüsse in Ziffer 2 gelten nicht für Schäden, die auf einer grob fahrlässigen oder vorsätzlichen Verletzung von Pflichten des Auftragnehmers, seines gesetzlichen Vertreters oder seines Erfüllungsgehilfen beruhen sowie bei Verletzung von Leben, Körper oder Gesundheit.
4. Wenn der Auftragnehmer den Fertigstellungstermin infolge höherer Gewalt oder Betriebsstörungen ohne eigenes Verschulden nicht einhalten kann, besteht auf Grund hierdurch bedingter Verzögerungen keine Verpflichtung zum Schadensersatz, insbesondere auch nicht zur Stellung eines Ersatzfahrzeuges oder zur Erstattung von Kosten für die tatsächliche Inanspruchnahme eines Mietfahrzeuges. Der Auftragnehmer ist jedoch verpflichtet, den Auftraggeber über die Verzögerungen zu unterrichten, soweit dies möglich und zumutbar ist.

IV. Abnahme

1. Die Abnahme des Auftragsgegenstandes durch den Auftraggeber erfolgt im Betrieb des Auftragnehmers, soweit nichts anderes vereinbart ist.
2. Der Auftraggeber ist verpflichtet, den Auftragsgegenstand innerhalb von 1 Woche ab Zugang der Fertigstellungsanzeige und Aushändigung oder Übersendung der Rechnung abzuholen.
   Im Falle der Nichtabnahme kann der Auftragnehmer von seinen gesetzlichen Rechten Gebrauch machen.
   Bei Reparaturarbeiten, die innerhalb eines Arbeitstages ausgeführt werden, verkürzt sich die Frist auf 2 Arbeitstage.
3. Bei Abnahmeverzug kann der Auftragnehmer die ortsübliche Aufbewahrungsgebühr berechnen. Der Auftragsgegenstand kann nach Ermessen des Auftragnehmers auch anderweitig aufbewahrt werden. Kosten und Gefahren der Aufbewahrung gehen zu Lasten des Auftraggebers.

V. Berechnung des Auftrages

1. In der Rechnung sind Preise oder Preisfaktoren für jede technisch in sich abgeschlossene Arbeitsleistung sowie für verwendete Ersatzteile und Materialien jeweils gesondert auszuweisen. Wünscht der Auftraggeber Abholung oder Zustellung des Auftragsgegenstandes, erfolgen diese auf seine Rechnung und Gefahr. Die Haftung bei Verschulden bleibt unberührt.
2. Wird der Auftrag aufgrund eines verbindlichen Kostenvoranschlages ausgeführt, so genügt eine Bezugnahme auf den Kostenvoranschlag, wobei lediglich zusätzliche Arbeiten besonders aufzuführen sind.
3. Die Berechnung des Tauschpreises im Tauschverfahren setzt voraus, dass das ausgebaute Aggregat oder Teil dem Lieferumfang des Ersatzaggregats oder -teils entspricht und dass es keinen Schaden aufweist, der die Wiederaufbereitung unmöglich macht.
4. Die Umsatzsteuer geht zu Lasten des Auftraggebers.
5. Eine etwaige Berichtigung der Rechnung muss seitens des Auftragnehmers, ebenso wie eine Beanstandung seitens des Auftraggebers, spätestens 6 Wochen nach Zugang der Rechnung erfolgen.

VI. Zahlung

1. Der Rechnungsbetrag und Preise für Nebenleistungen sind bei Abnahme des Auftragsgegenstandes und Aushändigung oder Übersendung der Rechnung zur Zahlung in bar fällig, spätestens jedoch innerhalb 1 Woche nach Meldung der Fertigstellung und Aushändigung oder Übersendung der Rechnung.
2. Gegen Ansprüche des Auftragnehmers kann der Auftraggeber nur dann aufrechnen, wenn die Gegenforderung des Auftraggebers unbestritten ist oder ein rechtskräftiger Titel vorliegt. Hiervon ausgenommen sind Gegenforderungen des Auftraggebers aus demselben Auftrag. Ein Zurückbehaltungsrecht kann er nur geltend machen, soweit es auf Ansprüchen aus demselben Vertragsverhältnis beruht.

   Der Auftragnehmer ist berechtigt, bei Auftragserteilung eine angemessene Vorauszahlung zu verlangen.

VII. Erweitertes Pfandrecht

Dem Auftragnehmer steht wegen seiner Forderung aus dem Auftrag ein vertragliches Pfandrecht an den aufgrund des Auftrages in seinen Besitz gelangten Gegenständen zu.
Das vertragliche Pfandrecht kann auch wegen Forderungen aus früher durchgeführten Arbeiten, Ersatzteillieferungen und sonstigen Leistungen geltend gemacht werden, soweit sie mit dem Auftragsgegenstand in Zusammenhang stehen. Für sonstige Ansprüche aus der Geschäftsverbindung gilt das vertragliche Pfandrecht nur, soweit diese unbestritten sind oder ein rechtskräftiger Titel vorliegt und der Auftragsgegenstand dem Auftraggeber gehört.

VIII. Haftung für Sachmängel

1. Ansprüche des Auftraggebers wegen Sachmängeln verjähren in einem Jahr ab Abnahme des Auftragsgegenstandes. Nimmt der Auftraggeber den Auftragsgegenstand trotz Kenntnis eines Mangels ab, stehen ihm Sachmängelansprüche nur zu, wenn er sich diese bei Abnahme vorbehält.
2. Ist Gegenstand des Auftrags die Lieferung herzustellender oder zu erzeugender beweglicher Sachen und ist der Auftraggeber eine juristische Person des öffentlichen Rechts, ein öffentlich-rechtliches Sondervermögen oder ein Unternehmer, der bei Abschluss des Vertrages in Ausübung seiner gewerblichen oder selbständigen beruflichen Tätigkeit handelt, verjähren Ansprüche des Auftraggebers wegen Sachmängeln in einem Jahr ab Ablieferung. Für andere Auftraggeber (Verbraucher) gelten in diesem Fall die gesetzlichen Bestimmungen.
3. Die Verjährungsverkürzungen in Ziffer 1, Satz 1 und Ziffer 2, Satz 1 gelten nicht für Schäden, die auf einer grob fahrlässigen oder vorsätzlichen Verletzung von Pflichten des Auftragnehmers, seines gesetzlichen Vertreters oder seines Erfüllungsgehilfen beruhen sowie bei Verletzung von Leben, Körper oder Gesundheit.
4. Hat der Auftragnehmer nach den gesetzlichen Bestimmungen für einen Schaden aufzukommen, der leicht fahrlässig verursacht wurde, so haftet der Auftragnehmer beschränkt:
   Die Haftung besteht nur bei Verletzung vertragswesentlicher Pflichten, etwa solcher, die der Auftrag dem Auftragnehmer nach seinem Inhalt und Zweck gerade auferlegen will oder deren Erfüllung die ordnungsgemäße Durchführung des Auftrags überhaupt erst ermöglicht und auf deren Einhaltung der Auftraggeber regelmäßig vertraut und vertrauen darf. Diese Haftung ist auf den bei Vertragsabschluss vorhersehbaren typischen Schaden begrenzt.
   Ausgeschlossen ist die persönliche Haftung der gesetzlichen Vertreter, Erfüllungsgehilfen und Betriebsangehörigen des Auftragnehmers für von ihnen durch leichte Fahrlässigkeit verursachte Schäden.
   Für die vorgenannte Haftungsbeschränkung und den vorgenannten Haftungsausschluss gilt Ziffer 3 dieses Abschnitts entsprechend.
5. Unabhängig von einem Verschulden des Auftragnehmers bleibt eine etwaige Haftung des Auftragnehmers bei arglistigem Verschweigen des Mangels, aus der Übernahme einer Garantie oder eines Beschaffungsrisikos und nach dem Produkthaftungsgesetz unberührt.
6. Soll eine Mängelbeseitigung durchgeführt werden, gilt folgendes:

a) Ansprüche wegen Sachmängeln hat der Auftraggeber beim Auftragnehmer geltend zu machen; bei mündlichen Anzeigen händigt der Auftragnehmer dem Auftraggeber eine schriftliche Bestätigung über den Eingang der Anzeige aus.

b) Wird der Auftragsgegenstand wegen eines Sachmangels betriebsunfähig, kann sich der Auftraggeber mit vorheriger Zustimmung des Auftragnehmers an einen anderen Kfz-Meisterbetrieb wenden. In diesem Fall hat der Auftraggeber in den Auftragsschein aufnehmen zu lassen, dass es sich um die Durchführung einer Mängelbeseitigung des Auftragnehmers handelt und dass diesem ausgebaute Teile während einer angemessenen Frist zur Verfügung zu halten sind. Der Auftragnehmer ist zur Erstattung der dem Auftraggeber nachweislich entstandenen Reparaturkosten verpflichtet.

c) Im Falle der Nachbesserung kann der Auftraggeber für die zur Mängelbeseitigung eingebauten Teile bis zum Ablauf der Verjährungsfrist des Auftraggegenstandes Sachmängelansprüche aufgrund des Auftrags geltend machen.
Ersetzte Teile werden Eigentum des Auftragnehmers.

IX. Haftung für sonstige Schäden

1. Die Haftung für den Verlust von Geld und Wertsachen jeglicher Art, die nicht ausdrücklich in Verwahrung genommen sind, ist ausgeschlossen.
2. Sonstige Ansprüche des Auftraggebers, die nicht in Abschnitt VIII. „Haftung für Sachmängel“ geregelt sind, verjähren in der regelmäßigen Verjährungsfrist.
3. Für Schadensersatzansprüche gegen den Auftragnehmer gelten die Regelungen in Abschnitt VIII. „Haftung für Sachmängel“, Ziffer 4 und 5 entsprechend.

X. Eigentumsvorbehalt

Soweit eingebaute Zubehör-, Ersatzteile und Aggregate nicht wesentliche Bestandteile des Auftragsgegenstandes geworden sind, behält sich der Auftragnehmer das Eigentum daran bis zur vollständigen unanfechtbaren Bezahlung vor.

XI. Gerichtsstand

Für sämtliche gegenwärtigen und zukünftigen Ansprüche aus der Geschäftsverbindung mit Kaufleuten einschließlich Wechsel- und Scheckforderungen ist ausschließlicher Gerichtsstand der Sitz des Auftragnehmers. Der gleiche Gerichtsstand gilt, wenn der Auftraggeber keinen allgemeinen Gerichtsstand im Inland hat, nach Vertragsabschluss seinen Wohnsitz oder gewöhnlichen Aufenthaltsort aus dem Inland verlegt oder sein Wohnsitz oder gewöhnlicher Aufenthaltsort zum Zeitpunkt der Klageerhebung nicht bekannt ist.

XII. Außergerichtliche Streitbeilegung

1. Kfz-Schiedsstellen

a) Ist der Betrieb Mitglied der örtlich zuständigen Innung des Kraftfahrzeughandwerks kann der Auftraggeber bei Streitigkeiten aus diesem Auftrag (mit Ausnahme von Nutzfahrzeugen mit einem Gesamtgewicht von mehr als 3,5 t) oder – mit dessen Einverständnis – der Auftragnehmer die für den Auftragnehmer zuständige Kfz-Schiedsstelle anrufen. Die Anrufung muss unverzüglich nach Kenntnis des Streitpunktes durch Einreichung eines Schriftsatzes (Anrufungsschrift) bei der Schiedsstelle erfolgen.

b) Durch die Entscheidung der Kfz-Schiedsstelle wird der Rechtsweg nicht ausgeschlossen.

c) Durch die Anrufung der Kfz-Schiedsstelle ist die Verjährung für die Dauer des Verfahrens gehemmt.

d) Das Verfahren vor der Kfz-Schiedsstelle richtet sich nach deren Geschäfts- und Verfahrensordnung, die den Parteien auf Verlangen von der Kfz-Schiedsstelle ausgehändigt wird.

e) Die Anrufung der Kfz-Schiedsstelle ist ausgeschlossen, wenn bereits der Rechtsweg beschritten ist. Wird der Rechtsweg während eines Schiedsstellenverfahrens beschritten, stellt die Kfz-Schiedsstelle ihre Tätigkeit ein.

f) Für die Inanspruchnahme der Kfz-Schiedsstelle werden Kosten nicht erhoben.

2. Hinweis gemäß § 36 Verbraucherstreitbeilegungsgesetz (VSBG)

Der Auftragnehmer wird nicht an einem Streitbeilegungsverfahren vor einer Verbraucherschlichtungsstelle im Sinne des VSBG teilnehmen und ist hierzu auch nicht verpflichtet.

Quelle: Zentralverband Deutsches Kraftfahrzeuggewerbe (ZDK), Bonn

Darüber hinaus sollte auf jedem Auftrag (und jedem Kaufvertrag) ein Abschnitt zum Datenschutz enthalten sein, in dem der Kunde über den Umgang des Autohauses mit seinen personenbezogenen Daten informiert wird. Diese **Datenschutzerklärungen** (auch Datenschutzhinweise genannt) sind dabei von Datenschutz-Einwilligungen zu unterscheiden.

Bei einer **Datenschutz-Einwilligung** holt sich das Autohaus die Zustimmung des Kunden ein, die Daten z. B. zu nutzen, um ihn telefonisch zu kontaktieren oder ihm Werbung zuzusenden. Nur mit der Zustimmung des Kunden (dokumentiert durch die Unterschrift unter diesem Abschnitt) darf das Autohaus in der Folge in der vereinbarten Form Kontakt zum Kunden aufnehmen.

Beispiel für eine Datenschutz-Einwilligung (Auszug)

Es ist für uns eine Selbstverständlichkeit, dass wir verantwortungsvoll mit Ihren persönlichen Daten umgehen. Sofern wir personenbezogene Daten von Ihnen erhalten, verarbeiten und nutzen wir diese unter Beachtung der geltenden nationalen und europäischen Datenschutzvorschriften. Detaillierte Informationen finden Sie in unserer Datenschutzerklärung.

Einwilligung

Ich bin damit einverstanden, dass das Unternehmen Autoland Murschall GmbH und daran angeschlossene Unternehmen, insbesondere die STARCAR AG Deutschland, meine E-Mail-Adresse auch für die Zusendung von Newslettern und für Eigenwerbung nutzen. Eine Auflistung der Unternehmen finden Sie hier: www.starcar-deutschland.de. Falls ich meine persönliche Telefonnummer genannt habe, dürfen mir auch telefonisch Angebote unterbreitet werden. Zu den beworbenen Produkten gehören beispielsweise Neuerscheinungen, Finanzierungs- und Leasingangebote, Service-Aktionen, unternehmensbezogene Services, etwa Marktforschung, die die Autoland Murschall GmbH und die STARCAR AG teilweise in Kooperation mit Dritten durchführen. Falls ich meine Daten im Rahmen einer dieser Aktionen zur Verfügung stelle, dürfen diese Daten an die Kooperationspartner dieser Aktion übermittelt werden. Die Kooperationspartner dürfen meine Daten zur Bewerbung ihrer Produkte verwenden.

Je nachdem, welche Dienste ich nutze, erfasst die Autoland Murschall GmbH unterschiedliche Informationen. Diese Informationen nutzt die Autoland Murschall GmbH, um mir Informationsmaterial und weitere Angebote zu unterbreiten. Ich bin damit einverstanden, dass die Autoland Murschall GmbH diese Daten nutzt, um mir gezielt Angebote zu unterbreiten.

____________________ ____________________

Ort, Datum Unterschrift

Recht auf Widerruf

Sie können diese Einwilligung jederzeit für die Zukunft widerrufen. Schicken Sie dazu eine E-Mail mit Ihrem Widerruf formlos an info@autoland.murschall.de oder rufen Sie an unter 0228 90035379-0.

Ich bin über meine Möglichkeiten zum Widerruf aufgeklärt worden.

____________________ ____________________

Ort, Datum Unterschrift

Unmittelbar nachdem das Fahrzeug nach der Reparatur zur Abholung freigegeben wurde, sollte die dazugehörige Rechnung erstellt werden. Einerseits ist es einfacher und überzeugender, wenn man dem Kunden die in Rechnung gestellten Positionen gleich genau erläutern kann. Andererseits kann der Kunde die Rechnung sofort begleichen. So wird eine zeitaufwendige Überwachung der Zahlungseingänge und – unter Umständen – ein Mahnverfahren von vornherein vermieden.

7 Abwicklung des Zahlungsvorgangs

SITUATION *Autoland Murschall GmbH*

David Rose war zwar schon häufiger für die Infotheke und die Kasse eingeteilt, hat aber bisher nur unter Aufsicht agiert. Nun soll er sich alles genau anschauen, um in Zukunft dort auch eigenverantwortlich arbeiten zu können. Ihm fällt auf, dass Frau Zanoglu das von Kunden erhaltene Bargeld erst einmal auf die Kasse legt, dann den Kassenbon und das eventuelle Rückgeld an den Kunden übergibt, um dann noch einmal das erhaltene Geld in die Hand zu nehmen und einzuräumen. Er nimmt sich vor, seine Kollegin bei passender Gelegenheit danach zu fragen, warum sie das so umständlich macht, obwohl schon weitere Kunden an der Kasse anstehen.

Auf das Führen eines ***Kassenbuches*** und die verschiedenen Möglichkeiten der bargeldlosen Bezahlung wurde in Lernfeld 1 schon ausführlich eingegangen.

Kassenbuch
☞ Band 1, LF 2, S. 124 ff.

Bargeld ist aber immer noch das meistgenutzte Zahlungsmittel. Deshalb ist es wichtig, sich über den Umgang mit Bargeld an der Kasse Gedanken zu machen. Beim Kassiervorgang ist es wichtig, die Geldscheine, die man vom Kunden erhält, nicht direkt in die Kasse einzuräumen, sondern so lange separat liegen zu lassen, bis das Rückgeld ausgegeben wurde. Nur so ist sichergestellt, dass dem Kunden im Falle einer Beanstandung die Richtigkeit der Höhe des Rückgeldes belegt werden kann und kein Irrtum darüber herrscht, wie viel Geld der Kunde denn nun tatsächlich überreicht hat.

bargeldloser Zahlungsverkehr
☞ Band 1, LF 3, S. 246 und LF 4, S. 327 ff.

Gerade wenn schon mehrere Kunden an der Kasse warten, ist es natürlich ärgerlich, wenn der Bezahlvorgang längere Zeit in Anspruch nimmt. Kann man aber deshalb die Annahme von vielen Münzen verweigern und vom Kunden möglichst passende Scheine und Münzen verlangen? Und was ist, wenn bereits die erste Kundin den Kauf eines Eiskratzers von 79 Cent mit einem 200-€-Schein bezahlen will?

Bei Münzgeld verhält es sich so, dass ein Geschäft mehr als 50 Münzen nicht annehmen muss. Kunden können darauf hingewiesen werden, dass sie ihr Münzgeld üblicherweise bei ihrem Kreditinstitut in ein Zählgerät einwerfen und sich den Betrag auf ihrem Konto gutschreiben lassen können. Zumindest in den Filialen der Deutschen Bundesbank ist dieser Service auch kostenfrei. Und auch einen großen Schein muss man nicht annehmen, wenn dadurch die Gefahr besteht, dass für die nachfolgenden Kunden nicht mehr ausreichend Wechselgeld zur Verfügung steht.

Ausländische Währungen müssen natürlich nicht angenommen werden, aber was ist, wenn ein Kunde mit alten DM-Scheinen bezahlen will? Laut Angaben des Bankenverbandes aus dem Jahr 2016 sind noch DM-Scheine und -Münzen im Gesamtwert von 12,76 Mrd. D-Mark (das entspricht 6,53 Mrd. €) im Umlauf. Auch die müssen selbstverständlich nicht akzeptiert werden. Jeder, der noch im Besitz von D-Mark ist, kann diese kostenfrei bei jeder Filiale der

Deutschen Bundesbank in Euro umtauschen. (Das gilt übrigens nicht für alte DDR-Banknoten und -Münzen.) Und auch bei seiner Bank kann jeder Kunde zumindest die DM-Scheine noch einreichen, Münzen werden in den Geschäftsbanken jedoch üblicherweise nicht angenommen. Auf diesem Weg werden Jahr für Jahr etwa 100 Mio. D-Mark in Euro umgetauscht.

Leider kommt es auch immer wieder vor, dass gefälschte Banknoten in Umlauf gebracht werden. In Deutschland wurden im Jahr 2015 fast 100 000 falsche Scheine im Nennwert von 4,4 Mio. € entdeckt. 49 % der Scheine waren 50-€-Scheine, 40 % 20-€-Scheine. Insgesamt wurden in Europa annähernd 900 000 Fälschungen im Wert von 39 Mio. € gefunden. Nach Angaben der Bundesbank fallen nur etwa 10–15 % der Fälschungen an den Ladenkassen auf. Der große Rest wird erst beim Einzahlen bei den Banken bemerkt. Und das bedeutet, dass der Handel auf dem Schaden sitzenbleibt, denn für das Falschgeld gibt es keinen Ersatz. Auch wenn das statistische Risiko also sehr gering ist (auf 10 000 Einwohner kommen gerade einmal 12 Blüten) stellt sich die Frage, wie sich nun ein Autohaus vor der Annahme von Falschgeld schützen kann.

Zum einen gibt es Prüfgeräte, mit deren Hilfe das Kassenpersonal erkennt, ob es sich um sogenannte Blüten handelt. Dazu gehört zum Beispiel ein Falschgeld-Prüfstift, der durch Auftragen einer speziellen Tinte innerhalb von zwei Sekunden deutlich macht, ob es sich vermutlich um eine Fälschung handelt: Auf den echten Geldscheinen verblasst die Tinte und verschwindet nach kurzer Zeit komplett, auf Fälschungen hinterlässt die Tinte einen dunklen Fleck. Des Weiteren gibt es kompakte Geräte, in die die Geldscheine eingezogen und innerhalb von einer halben Sekunde hinsichtlich der sieben Merkmale einer möglichen Fälschung kontrolliert werden.

Außerdem gibt es den „Fühlen-Sehen-Kippen"-Test. Dazu muss man wissen, dass jede Banknote über sieben Sicherheitsmerkmale verfügt, von denen vier ohne weitere Hilfsmittel überprüft werden können:

- Oben in der Mitte sind die Kürzel BCE ECB EZB EKT EKB als Relief spürbar (= fühlen).
- Links in der Mitte erscheint beim Halten gegen Licht ein Wasserzeichen und quer durch den Schein in der Mitte gibt es einen Sicherheitsfaden, der im Gegenlicht als dunkler Strich zu sehen ist (= sehen).
- Beim Hologramm auf der rechten Seite wandern beim Schräghalten Regenbogenfarben durch den Streifen (= kippen).

Die weiteren drei Merkmale sind mithilfe einer Lupe bzw. Infrarot- oder UV-Licht zu sehen:

- An verschiedenen Stellen befindet sich eine Mikroschrift, die durch die Lupe gestochen scharf zu erkennen ist.
- Unter Infrarotlicht ist im rechten Drittel ein Teil des Schein-Motivs zu erkennen, während der Rest des Motivs nur ganz blass zu sehen ist.
- Unter UV-Licht leuchten die Europafahne oben links gelblich-grün und die Sterne der Fahne orange; im Mittelteil leuchten kleine Kreise rot.

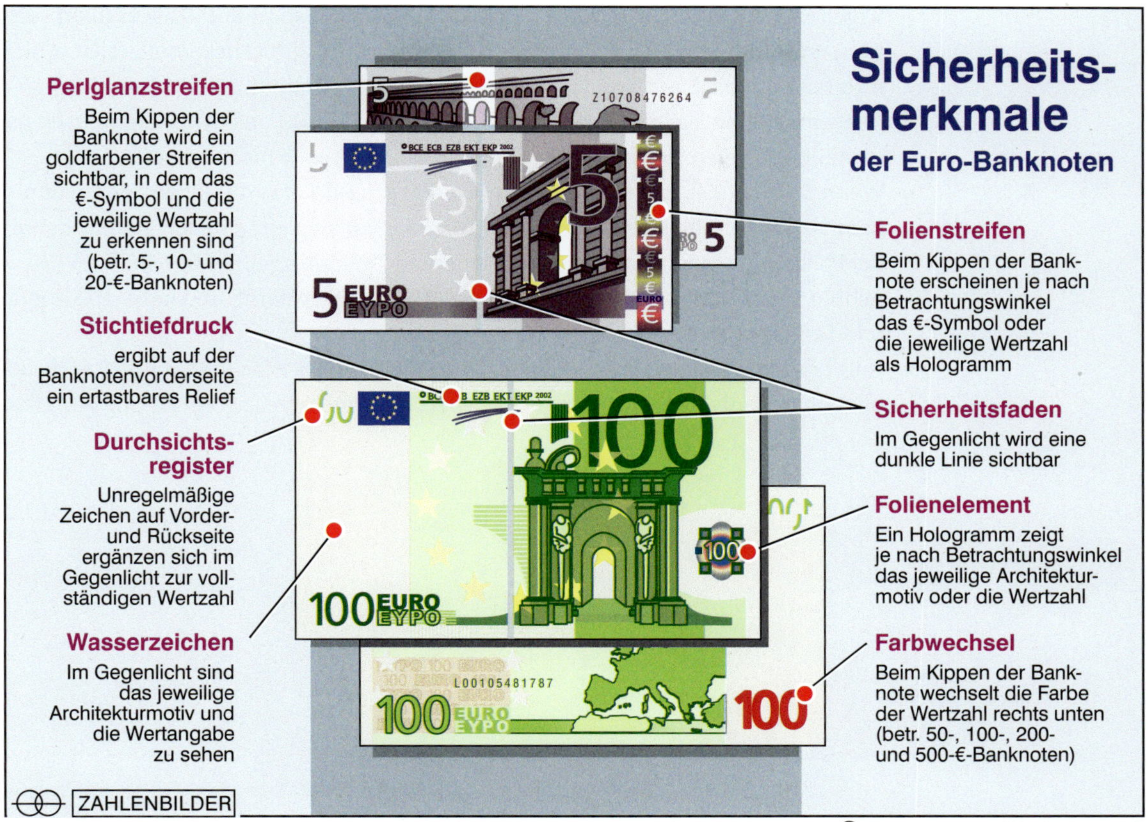

Und was ist zu tun, wenn an der Kasse Falschgeld auftaucht? Grundsätzlich gilt, dass die Scheine der Polizei zu übergeben sind. Wird Falschgeld entdeckt, aber trotzdem weitergegeben, muss mit empfindlichen Strafen gerechnet werden. Strafbar macht man sich auch, wenn man die Blüte an den Kunden zurückgibt. Bei Herstellung und Verbreitung von falschen Scheinen und Münzen sind Strafen bis zu 100.000,00 € möglich.

Ein Informationsblatt der Polizei gibt die folgenden Tipps:

Quelle: nach www.polizei-beratung.de/themen-und-tipps/betrug/falschgeld/

- Wenn Sie feststellen, dass Sie Falschgeld erhalten haben, behalten Sie es ein.
- Geben Sie das Falschgeld also nicht an den Einreicher zurück. Geben Sie es auch nicht an andere Personen weiter. Sonst gehen Sie das Risiko ein, wegen Falschgeldverbreitung belangt zu werden.
- Übergeben Sie das Geld nur der Polizei.
- Allerdings hat Ihre eigene Sicherheit immer Vorrang! Das heißt, dass Sie nur wie beschrieben vorgehen, wenn Sie nicht bedroht werden.
- Stecken Sie das Falschgeld in einen Briefumschlag oder eine Papiertüte.
- Achten Sie darauf, dass das Falschgeld von so wenigen Personen wie möglich angefasst wird.

- Sagen Sie dem Kunden, dass mit dem Geld etwas nicht stimmt und Sie es überprüfen müssen. Informieren Sie ihn darüber, dass er sein Geld zurückbekommt, falls Sie sich irren. Bitten Sie ihn dazu um Namen, Adresse und Bankverbindung.
- Benachrichtigen Sie immer die Polizei über den Notruf 110 und den Sicherheitsdienst (falls vorhanden). Teilen Sie das dem Kunden mit und bitten Sie ihn zu warten.
- Wenn Sie nicht die Polizei rufen können: Prägen Sie sich das Aussehen des Kunden, von dem Sie das Falschgeld erhalten haben, und das von Begleitpersonen gut ein, damit Sie der Polizei eine möglichst genaue Personenbeschreibung geben können.
- Achten Sie darauf, in welche Richtung die Person sich entfernt, und notieren Sie ggf. Typ und Kennzeichen des Fahrzeugs.
- Falls bei Ihnen Überwachungskameras installiert sind, achten Sie darauf, dass die Aufzeichnungen des entsprechenden Tages gesichert und der Polizei zur Verfügung gestellt werden.

8 Buchung von Werkstattrechnungen

LS 68

SITUATION *Autoland Murschall GmbH*

Bei seinem ersten Einsatz in der Buchhaltung hat David Rose gelernt, dass jede Eingangsrechnung einen Kontierungsstempel erhält, auf dem das Buchungsdatum, die betroffenen Konten und der Sachbearbeiter vermerkt sind.

Soll	€	an	Haben	€
		an		
		an		
Gebucht:				

Nun soll er auch die Buchung der Ausgangsrechnungen kennen lernen. Frau Hoffmann erklärt ihm dazu die verschiedenen Auftragsarten bei Kundenrechnungen und welche Konten dadurch jeweils berührt werden.

Hinweis:
Für das neue Geschäftsjahr hat die Autoland Murschall GmbH ihren Kontenplan überarbeitet (siehe S. 306). Es gibt nun bei „12 Bank" zwei Konten: „1201 Sparkasse Köln-Bonn" und „1202 Postbank". Die bisherigen Konten 3039, 7039 und 8039, in denen Überführung und Zulassung gemeinsam erfasst wurden, wurden in jeweils getrennte Konten „XX30 Überführung" und „X200 Zulassungspauschale" aufgeteilt.

8.1 Werkstattaufträge

Die Aufträge im Werkstattbereich werden danach unterschieden, wer die Kosten für diese Reparaturen zu tragen hat: Neben den Wartungs- und Reparaturaufträgen von Kunden gibt es auch noch die Arbeiten im Rahmen von Gewährleistung/Rückruf, Garantie-, Kulanz- und internen Aufträgen sowie Arbeiten, die von Dritten (z. B. eine externe Lackiererei) ausgeführt werden.

Arbeiten im Rahmen von Rückrufen werden wie Gewährleistungsaufträge gebucht.

Auftragsart	wann und wofür
Kundenauftrag	Inspektionen, Reparaturen
Gewährleistungsauftrag/ Rückruf	Arbeiten, die im Rahmen der Gewährleistung ausgeführt werden und die sich das Autohaus vom Hersteller erstatten lässt
Garantieauftrag	Auftrag, der durch die vom Hersteller zugesagte oder vom Kunden zusätzlich erworbene Garantie gedeckt ist
Kulanzauftrag	Reparaturarbeit, die durch das Entgegenkommen des Händlers abgedeckt wird; häufig kann der Händler seinerseits einen Kulanzantrag an den Hersteller stellen, der je nach Alter und Laufleistung des Fahrzeugs einen Teil des Rechnungsbetrags übernimmt (die Prozentsätze für die Beteiligung des Herstellers können entsprechenden Listen entnommen werden)
Interner Auftrag	Einbau von Zubehör in NW oder GW, Übergabeinspektion
Unterauftrag/Fremdauftrag	Übertragung von Lackierarbeiten an Fachwerkstatt

***BEISPIEL** Buchung einer Reparatur*

Der Kunde zahlt seine Reparaturrechnung bar:
Kasse wird auf der Sollseite gebucht.
Die Werkstatt hat einen Erlös erzielt:
Auf der Habenseite ergibt sich ein Erlös.
Wie bei jedem Verkauf muss noch die Umsatzsteuer vereinnahmt werden, sodass sich als genereller Buchungssatz ergibt:
Kasse
an Erlöse
an USt.
Bezahlt der Kunde nicht sofort bar, sondern später per Banküberweisung, wird statt des Kontos Kasse das Konto Forderungen verwendet.

Zur besseren Unterscheidung, aus welcher Werkstattleistung sich der Erlös zusammensetzt, wird die Habenbuchung unterteilt in Erlöse Lohn, Erlöse E-Teile, Erlöse Schmierstoffe usw.

Siehe dazu Kontenklasse 8.

Somit ist der Buchungssatz ähnlich aufgebaut wie die Reparaturrechnung, in der auch Ersatzteile, Reifen, Schmierstoffe, Arbeitswerte, Fremdarbeiten etc. getrennt aufgeführt sind.

Betreff

Rechnung

Pos.	Teile-Nr.	Bezeichnung	Menge	Einzelpreis	Gesamtpreis
1	120	Inspektion	15 AW	7,50 €	112,50 €
2	3450	Leichtlauföl „Forever“	4,5 l	21,00 €	94,50 €
3	3489	Ölfilter 3-AZ	1	16,79 €	16,79 €
4	58721	Glühlampe H 7 Longlife	1	18,99 €	18,99 €
5	25632	Scheibenwischer Viessflex	2	8,75 €	17,50 €
6	638926	Kotflügel vorne rechts	1	469,39 €	469,39 €
7	130	Aus- u. Einbau Pos. 6	6 AW	7,50 €	45,00 €
8	Fremd-leistung	Lackieren von Pos. 6	1	250,00 €	250,00 €

Bitte bei Zahlungen und Schriftverkehr angeben

Kunden-Nr.
B-4137

Rechnungs-Nr.
7528

Datum
18.06.20XX

Tritt nun nicht ein Kunde als Auftraggeber auf, sondern beispielsweise die NW-Abteilung, die an einem verkauften Fahrzeug eine Übergabeinspektion durchführen lässt, so ändert sich im Prinzip jeweils nur die Sollseite der Buchung: Statt „Kasse“ oder „Forderung“ wird im Soll die auftraggebende Kostenstelle gebucht, z. B. „NW“. Und um am Ende des Jahres nachvollziehen zu können, wodurch die Erlöse der Werkstatt entstanden sind (Kundenaufträge, Gewährleistungsarbeiten oder aufgrund von internen Aufträgen aus anderen Abteilungen usw.), werden die einzelnen Erlöskonten um einen passenden Zusatz erweitert: „Erlöse Lohn intern“, „Erlöse Lohn Garantie“ etc.

8.2 Kundenauftrag

BEISPIEL *Buchung eines Kundenauftrags*

Ein Kunde zahlt bar: Reparatur an seinem Fahrzeug (Lohn 80,00 €, E-Teile 200,00 € (VAK 120,00 €), Getriebeöl 20,00 €, Lackierarbeiten (Fremdauftrag) 200,00 €)

Buchungen:

Soll	€	an	Haben	€
1000 Kasse	595,00	an	8600 Lohnerlöse Instands.	80,00
		an	8300 Erlöse Pkw TuZ	200,00
		an	8340 Erlöse Pkw Schmierstoffe	20,00
		an	8420 Erlöse Fremdl. Pkw	200,00
		an	1776 Umsatzsteuer 19 %	95,00

Materialentnahme aus dem Lager:

Soll	€	an	Haben	€
7300 VAK Pkw TuZ	120,00	an	3300 WE Pkw TuZ	120,00

8.3 Gewährleistungs-/Rückruf- und Garantieauftrag

BEISPIEL *Buchung des Gewährleistungsauftrags*

Die Kosten der Gewährleistungsarbeiten belaufen sich auf 500,00 €: Lohn 320,00 €, Materialanteil 180,00 € (VAK 130,00 €); H/I erstattet nur 90 % des Betrags.

Bei Antragstellung:

Soll	€	an	Haben	€
1407 Forderungen Gewährl.	500,00	an	8622 Lohnerlöse Gewährl.	320,00
		an	8307 Erlöse Pkw TuZ Gewährl.	180,00

Materialentnahme aus dem Lager:

Soll	€	an	Haben	€
7307 VAK Pkw TuZ Gewährl.	130,00	an	3307 Erlöse Pkw TuZ Gewährl.	130,00

Bei der Rückvergütung durch H/I (AH erhält nur 450,00 € erstattet):

Soll	€	an	Haben	€
1201 Sparkasse KölnBonn	450,00	an	1407 Forderungen Gewährl.	500,00
5999 Int. Verrechnungskonto	50,00	an		

Um die Kosten erstattet zu bekommen, stellt das Autohaus beim Hersteller bzw. Importeur (H/I) einen Gewährleistungsantrag. Zum Teil werden die Kosten lediglich anteilig vom H/I übernommen. Die Differenz muss dann das Autohaus selbst tragen (= interner Aufwand). Analog werden Arbeiten im Rahmen einer Garantie (Kontonummer XX05) gebucht.

8.4 Eigene Garantie und Kulanz

Bei Kulanz und internen Aufträgen wird nur der Einstandspreis „in Rechnung" gestellt; Mehrwertsteuer fällt nicht an, da ja nicht wirklich eine Rechnung geschrieben und eine Zahlung vorgenommen wird.

Für die weitere Trennung von internen Aufwänden werden neben „5005 Interner Aufwand Werkstattleistung/Instandsetzungsarbeiten" die folgenden Konten genutzt: „5003 Eigene Kulanz", „5004 Übergabedurchsicht/Fertigmachen", „5006 Nacharbeiten".

BEISPIEL *Buchung dieses Auftrags*

Ein Kunde erhält nach 5 000 km den ersten Kundendienst an seinem Neufahrzeug kostenlos: Lohnkosten 46,00 €, Teile 38,00 €.

Buchungen:

Soll	€	an	Haben	€
5005 Interner Aufwand Werkstattl./Instands.	84,00	an	8609 Lohnerlöse Instandsetzung intern	46,00
		an	8309 Erlöse Pkw TuZ intern	38,00

Materialentnahme aus dem Lager:

Soll	€	an	Haben	€
7309 VAK Pkw TuZ intern	38,00	an	3309 WE Pkw TuZ intern	38,00

8.5 Interner Auftrag

interner Auftrag
Auftrag einer Abteilung eines Autohauses an eine andere Abteilung

Unter einem ***internen Auftrag*** versteht man zum Beispiel das Aufbereiten von Gebrauchtfahrzeugen, die Reparatur an eigenen Fahrzeugen, das Entwachsen von Vorführwagen, die Inspektionen an Gebrauchtfahrzeugen, das „Finish" von Neufahrzeugen usw.
Die auftraggebende **Kostenstelle** wird mit den Kosten belastet, der Werkstatt wird die erbrachte Leistung als Erlös gutgeschrieben. Die Angabe der Umsatzsteuer entfällt.

BEISPIEL *Buchung des internen Auftrags*

Einbau eines Autoradios als kostenlose Zugabe zu einem Neufahrzeug: Lohnkosten 78,00 €, Radio 520,00 €

Buchungen:

Soll	€	an	Haben	€
5005 Interner Aufwand Werkstattl./Instands.	598,00	an	8609 Lohnerlöse Instands. intern	78,00
		an	8309 Erlöse Pkw TuZ intern	520,00

Materialentnahme aus dem Lager:

Soll	€	an	Haben	€
7309 VAK Pkw TuZ intern	520,00	an	3309 WE Pkw TuZ intern	520,00

8.6 Leerlaufzeiten

Trotz aller Bemühungen wird es einer Werkstatt wohl nie gelingen, die Monteure ununterbrochen produktiv arbeiten zu lassen, d. h. es wird immer gewisse ***Leerlaufzeiten***, Wartezeiten oder Aufräum- und Reinigungszeiten geben, die keinem Kunden oder einer anderen Abteilung in Rechnung gestellt werden können. Um auch diese am Ende eines Quartals oder eines Jahres vollständig erfasst zu haben (z. B. auch, um daraus gewisse Rückschlüsse für Verbesserungsmöglichkeiten im Werkstattablauf abzuleiten), werden die Leerlaufzeiten genauso erfasst wie andere Aufträge. Dazu bieten sich die Konten für „Internen Aufwand" in der Kontenklasse 5 an, in der es z. B. das Konto 5013 „Instandhaltung eigenes Inventar" gibt. Weitere Unterkonten kann jedes Autohaus nach den eigenen Bedürfnissen erstellen.

Leerlaufzeiten
Arbeitszeiten, in denen keine produktiven Leistungen erbracht werden

Um eine bessere Auslastung bzw. Verteilung aller anfallenden Reparatur- und Wartungsarbeiten zu gewährleisten, wäre z. B. eine Planung der Arbeiten auf der Basis der von den Kunden bevorzugten Wochentage für den Werkstattbesuch wünschenswert. Allerdings bieten auch hier vorhandene Daten nur ansatzweise eine Grundlage.

Bevorzugte Wochentage für Reparatur und Wartung 2015

Wochentag	bevorzugt von
Montag	3 %
Dienstag	4 %
Mittwoch	3 %
Donnerstag	2 %
Freitag	3 %
Samstag	2 %
Kein bestimmter	81 %
Keine Angaben	1 %

Quelle: nach DAT-Report 2016, S. 75

LS 69

9 Umweltgerechte Entsorgung im Autohaus

Die Entsorgung von abgelaufenen ***Medikamenten*** ist in Deutschland regional unterschiedlich geregelt. Zum Teil können sie in den Restmüll gegeben werden, zum Teil müssen sie bei der Schadstoffsammelstelle oder den Recyclinghöfen abgegeben werden. Apotheken nehmen sie häufig auf freiwilliger Basis entgegen.

SITUATION *Autoland Murschall GmbH*

David ist es von zuhause gewohnt, direkt nach der Nutzung Abfälle zu trennen, sodass sie in die richtige Tonne kommen. Flaschen werden für den Glascontainer in einer Kiste in der Garage gesammelt, für Batterien und Weinkorken gibt es im Hause Rose kleine Boxen, sodass sie bei Bedarf, eventuell zusammen mit Elektroschrott, Gegenständen aus Eisen, abgelaufenen ***Medikamenten*** *und CDs, zum Betriebshof der Stadt gebracht werden können. Und auch wenn das Schleppen von Wasserkästen nach dem Einkauf nicht gerade seine Lieblingsbeschäftigung ist, weiß er, warum seine Eltern Getränke soweit wie möglich nur in Mehrwegflaschen kaufen. Und so ist es für David auch keine Überraschung, dass es neben diesen für alle Haushalte möglichen Formen des Recyclings im Autohaus noch weitere Vorschriften gibt, die im Bezug auf Abfälle einzuhalten sind.*

Aus der Verantwortung jedes Einzelnen für den Erhalt der Umwelt, aber natürlich auch aus der Verantwortung für die Gesundheit und Unversehrtheit der Mitarbeiter, erwächst für jedes Autohaus die Verpflichtung, Abfälle, so weit es möglich ist, zu vermeiden und entstandene Abfälle umweltgerecht zu entsorgen. Gesetzliche Grundlage für diese Verpflichtung ist das Abfallrecht, das in Deutschland vor allem durch das ***Kreislaufwirtschaftsgesetz*** (KrWG) und eine Vielzahl von Rechtsverordnungen geregelt ist. Dabei geht es um die Behandlung, den Transport und die Entsorgung von Produkten und unter Umständen um die Nachweisführung über den Verbleib von Produkten, für die aufgrund der von ihnen ausgehenden Gefahren besondere Regeln gelten.

Kreislaufwirtschaftsgesetz Förderung der Kreislaufwirtschaft zur Förderung der Verwertung von Abfällen und zur Schonung der natürlichen Ressourcen

Wie der Name Kreislaufwirtschaftsgesetz schon ausdrückt, geht es bei diesem Gesetz darum, Produkte und Stoffe so einzusetzen, dass sie nach ihrem Gebrauch wieder in den Produktionskreislauf übernommen werden können. Durch dieses Recycling werden die natürlichen Ressourcen geschont und Abfallberge vermindert. Mittelbar dient es somit dem Schutz von Mensch und Umwelt und der Erhaltung unseres Planeten für nachkommende Generationen. Die verschiedenfarbigen Tonnen sind allgemein bekannt (die Farbzuordnung kann aber von Region zu Region variieren):

- blau: Papier und Pappe
- gelb (oder grün): Verpackungen aus Metall, Kunststoff, Verbundstoff und Naturmaterialien
- braun (oder grün): kompostierbare Küchenabfälle, Speisereste, Garten- und Grünabfälle
- grau/schwarz: Restmüll

Außerdem gibt es Papiercontainer (für größere Mengen an Papier, Pappe und Kartonagen) und Glascontainer, die an öffentlich zugänglichen Plätzen stehen (häufig zusammen mit Altkleidercontainern). In einigen Kommunen gibt es für Glas auch grüne Körbe, die wie die Abfalltonnen in einem gewissen Rhythmus abgeholt werden. In vielen Einzelhandelsgeschäften gibt es Sammelbehälter für Batterien und die Betriebshöfe oder Wertstoffhöfe der Kommunen bieten darüber hinaus die Möglichkeit, sowohl größere Mengen der recyclingfähigen Materialien als auch aussortierte Elektrogeräte, CDs, Korken, Metall, Farbreste und abgelaufene Medikamente abzugeben.

Grundlage für die Trennung des Haus- und Gewerbemülls in die verschiedenartigen Stoffgruppen ist die Verpackungsverordnung. Mit der Einführung der ***Verpackungsverordnung*** im Jahre 1991 sollten zuallererst die Deponien und Müllverbrennungsanlagen um die Umverpackungen entlastet und eine Trendwende in der Wegwerfgesellschaft erreicht werden. Die deutsche Wirtschaft wurde mit der Verpackungsverordnung verpflichtet, Verpackungen nach Gebrauch zurückzunehmen und bei deren Entsorgung mitzuwirken, sodass nicht mehr alleine die Kommunen für die Abfallentsorgung zuständig waren. Hersteller und Vertreiber waren nunmehr mit verantwortlich für die Reduzierung der Verpackungsmüllberge.

Verpackungsverordnung (VerpackV): Hersteller und Händler müssen die Verkaufs-, Transport-, Um-, Getränke- und Mehrwegverpackungen zurücknehmen oder sich an einem System beteiligen, das diese Verpackungsarten einsammelt. So entstand das Duale System Deutschland, auch bekannt als „Der Grüne Punkt".

Auf der Grundlage dieser Verordnung wurde in Deutschland ein flächendeckendes Sammel- und Entsorgungssystem, das Duale System Deutschland („Der Grüne Punkt"), eingerichtet. Mittlerweile gibt es neben dem Grünen Punkt acht weitere zertifizierte Sammelsysteme, z. B. Interseroh, Zentek und Veolia.

Für ein Autohaus sind darüber hinaus noch weitere Vorschriften zu beachten, etwa:

- Altfahrzeugverordnung
- Altölverordnung
- Batteriegesetz
- Elektro- und Elektronikgerätegesetz

Alle diese Gesetze beinhalten im Prinzip eine Rücknahmeverpflichtung seitens der Hersteller, die über die Händler abgewickelt wird. Das bedeutet, dass ein Kunde immer dann, wenn er ein neues Produkt kauft, das alte Produkt bei diesem Händler abgeben kann oder der Händler den Kunden an eine Annahmestelle in zumutbarer Entfernung verweisen darf.

***BEISPIEL** Autoland Murschall GmbH*

Ein Kunde kauft bei der Autoland Murschall GmbH 5 l Motoröl, um den fälligen Ölwechsel bei seinem Fahrzeug selbst vorzunehmen. Nach dem durchgeführten Wechsel kann er das Altöl gegen Vorlage des Kaufbelegs bei der Autoland Murschall GmbH abgeben.

Altölverordnung

§ 8 Altölannahmestelle bei Abgabe an Endverbraucher

(1) Wer gewerbsmäßig Verbrennungsmotoren- oder Getriebeöl an Endverbraucher abgibt, hat vor einer Abgabe eine Annahmestelle nach Absatz 1a für solche gebrauchten Öle einzurichten oder eine solche durch entsprechende vertragliche Vereinbarung nachzuweisen. Bei der Abgabe an private Endverbraucher ist durch leicht erkennbare und lesbare Schrifttafeln am Ort des Verkaufs auf die Annahmestelle nach Absatz 1a hinzuweisen.
(1a) Die Annahmestelle muss gebrauchte Verbrennungsmotoren- oder Getriebeöle bis zur Menge der im Einzelfall abgegebenen Verbrennungsmotoren- und Getriebeöle kostenlos annehmen. Sie muss über eine Einrichtung verfügen, die es ermöglicht, den Ölwechsel fachgerecht durchzuführen.
(2) Befindet sich die Annahmestelle nicht am Verkaufsort, so muss sie in einem solchen räumlichen Zusammenhang zum Verkaufsort stehen, dass ihre Inanspruchnahme für den Käufer zumutbar ist.
(3) Die Absätze 1 bis 2 gelten sinngemäß auch für Ölfilter und beim Ölwechsel regelmäßig anfallende ölhaltige Abfälle.

Batteriegesetz

§ 5 Rücknahmepflichten der Hersteller
Die Hersteller sind verpflichtet, die von den Vertreibern... zurückgenommenen Altbatterien und die von öffentlich-rechtlichen Entsorgungsträgern ... erfassten Geräte-Altbatterien unentgeltlich zurückzunehmen und ... zu verwerten. Nicht verwertbare Altbatterien sind nach § 14 zu beseitigen.
Absatz 1 gilt auch für Altbatterien, die bei der Behandlung von Altgeräten nach den Vorschriften des Elektro- und Elektronikgerätegesetzes und bei der Behandlung von Altfahrzeugen nach den Vorschriften der Altfahrzeug-Verordnung anfallen.

§ 6 Gemeinsames Rücknahmesystem für Geräte-Altbatterien
(1) Die Hersteller von Gerätebatterien stellen die Erfüllung ihrer Pflichten aus § 5 dadurch sicher, dass sie ein gemeinsames, nicht gewinnorientiertes und flächendeckend tätiges Rücknahmesystem für Geräte-Altbatterien (Gemeinsames Rücknahmesystem) einrichten und sich an diesem beteiligen.

Elektro- und Elektronikgerätegesetz

§ 17 Rücknahmepflicht der Vertreiber
(1) Vertreiber mit einer Verkaufsfläche für Elektro- und Elektronikgeräte von mindestens 400 Quadratmetern sind verpflichtet,
1. bei der Abgabe eines neuen Elektro- oder Elektronikgerätes an einen Endnutzer ein Altgerät des Endnutzers der gleichen Geräteart, das im Wesentlichen die gleichen Funktionen wie das neue Gerät erfüllt, am Ort der Abgabe oder in unmittelbarer Nähe hierzu unentgeltlich zurückzunehmen, und
2. Altgeräte, die in keiner äußeren Abmessung größer als 25 Zentimeter sind, in haushaltsüblichen Mengen entweder im Einzelhandelsgeschäft oder in unmittelbarer Nähe hierzu unentgeltlich zurückzunehmen; die Rücknahme darf nicht an den Kauf eines Elektro- oder Elektronikgerätes geknüpft werden.
Ort der Abgabe im Sinne von Satz 1 Nummer 1 ist auch der private Haushalt, sofern dort durch Auslieferung die Abgabe erfolgt. Der Endnutzer hat dem Vertreiber beim Abschluss des Kaufvertrages für das neue Elektro- und Elektronikgerät seine Absicht mitzuteilen, bei der Auslieferung des neuen Geräts ein Altgerät zurückzugeben.
(2) Bei einem Vertrieb unter Verwendung von Fernkommunikationsmitteln gelten als Verkaufsfläche im Sinne von Absatz 1 alle Lager- und Versandflächen für Elektro- und Elektronikgeräte. Die Rücknahme im Fall eines solchen Vertriebs ist durch geeignete Rückgabemöglichkeiten in zumutbarer Entfernung zum jeweiligen Endnutzer zu gewährleisten.
(3) Unbeschadet der Pflichten aus den Absätzen 1 und 2 dürfen Vertreiber Altgeräte freiwillig unentgeltlich zurücknehmen.

Altfahrzeug-Verordnung
§ 3 Rücknahmepflichten
Hersteller von Fahrzeugen sind verpflichtet, alle Altfahrzeuge ihrer Marke vom Letzthalter zurückzunehmen. Die Hersteller von Fahrzeugen müssen die in Satz 1 bezeichneten Altfahrzeuge ab Überlassung an eine anerkannte Rücknahmestelle oder einen von einem Hersteller hierzu bestimmten anerkannten Demontagebetrieb unentgeltlich zurücknehmen.
(4) Absatz 1 Satz 2 gilt nicht, wenn
1. das Altfahrzeug nicht innerhalb der Europäischen Union zugelassen ist oder zuletzt zugelassen war,
2. das Altfahrzeug innerhalb der Europäischen Union vor der Stilllegung weniger als einen Monat zugelassen war,
3. das Altfahrzeug wesentliche Bauteile oder Komponenten, insbesondere Antrieb, Karosserie, Fahrwerk, Katalysator oder elektronische Steuergeräte für Fahrzeugfunktionen, nicht mehr enthält, (...)

Altfahrzeug-Verordnung

Kauft eine Kunde einen Neuwagen, so kommt es häufig vor, dass er gleichzeitig sein altes Fahrzeug beim Händler abgibt. Ist das abgegebene Fahrzeug noch in einem guten Zustand, so wird der Händler es aufbereiten und wiederverkaufen. In diesem Fall wird der Händler das alte Fahrzeug des Kunden wahrscheinlich in Zahlung genommen haben. Mitunter steht aber auch eine Altautoverwertung an, wenn es sich um ein sehr altes Fahrzeug handelt.

Wichtig ist die Abgrenzung von Gebrauchtwagen und Altfahrzeug.

Durch die Altfahrzeug-Verordnung werden auch die Altfahrzeuge in die Kreislaufwirtschaft der Entsorger mit einbezogen. Dabei sieht die Selbstverpflichtungsregelung der Automobilwirtschaft seit 2007 vor, dass Automobilhersteller als auch Importeure alle Altfahrzeuge ihrer Marke kostenlos vom letzten Halter zurücknehmen müssen. Von der kostenlosen Rücknahme ausgenommen sind u. a. Altfahrzeuge, bei denen wesentliche Bauteile oder Komponenten oder elektronische Steuergeräte entnommen wurden und die nicht mindestens einen Monat vor der endgültigen Stilllegung in der Europäischen Union zugelassen waren.

Die Stilllegung eines Fahrzeuges nach den Bestimmungen der Straßenverkehrs-Zulassungs-Ordnung (StVZO) kann nun nur noch erfolgen, wenn der Letztbesitzer der Zulassungsstelle einen Verwertungsnachweis bzw. eine Verbleibserklärung vorlegen kann.

Die Ausstellung eines ***Verwertungsnachweises*** kann nur ein anerkannter Verwertungsbetrieb übernehmen. Dieser kann jedoch eine Altautoannahmestelle mit der Aushändigung des Verwertungsnachweises beauftragen, sodass der Kunde direkt bei Abgabe seines Altfahrzeuges einen Nachweis erhalten kann. Damit ein Autohaus Altautoannahmestelle werden kann, muss zunächst ein Antrag bei der zuständigen Innung gestellt werden. Diese prüft dann, ob dem Antrag entsprochen werden kann (Bedingungen sind z. B. Zuverlässigkeit des Unternehmens, geeignete Gestaltung des Annahme-Bereitstellungsplatzes, ordentliche Dokumentation der Annahme von Altautos, Besuch der entsprechenden Seminare). Das Vorgehen bei der Anerkennung und Überprüfung ist bundeseinheitlich abgestimmt. Wichtig dabei ist, dass die Annahmestelle die Altfahrzeuge nur annehmen darf. Nach der Annahme müssen die Fahrzeuge einem zertifizierten Demontagebetrieb zugeführt werden.

Verwertungsnachweis
☞ S. 56

Grundsätzlich muss von jedem Hersteller sichergestellt werden, dass die Entfernung zur nächsten Altauto-Rücknahmestelle für einen Fahrzeughalter maximal 50 Kilometer beträgt. Wo sich die nächste Rücknahmestelle befindet, kann z. B. bei den jeweiligen (Marken-)Händlern in Erfahrung gebracht werden. Entsprechende Rücknahmestellen und anerkannte Demontagebetriebe sind häufig Teil eines Rücknahmenetzes des jeweiligen Herstellers. Selbstverständlich kann das Altfahrzeug auch bei anderen anerkannten Stellen bzw. Betrieben abgegeben werden. Angefragt werden sollte vorab allerdings, ob ein Altfahrzeug der gefahrenen Marke auch angenommen wird. Außerdem kann evtl. in diesem Fall ein Entgelt anfallen.

i *Jeder Kfz-Halter/Eigentümer ist nach den Regelungen der Altfahrzeug-Verordnung dazu verpflichtet, sein Fahrzeug einem anerkannten Betrieben zu überlassen. Hält er sich nicht daran und überlässt das Fahrzeug einem nicht autorisierten Betrieb, so ist dies eine Ordnungswidrigkeit, die mit einem Bußgeld von bis zu 50.000,00 € geahndet werden kann.*

Gut eine halbe Million Altfahrzeuge fallen jährlich in Deutschland zur Verwertung an. Während sich einige Verwerter auf den Ausbau und die Bereitstellung gebrauchter Ersatzteile spezialisiert haben und auch das Metall (ca. 75 % des Fahrzeuggewichts) generell kostenneutral verwertet werden kann, bereitet die Entsorgung des Kunststoffs (10–15 % Anteil) Probleme: 80 bis 85 % wären wiederverwertbar, wenn man die verschiedenen Kunststoffe sortenrein trennen könnte.

Doch selbst die Wiederverwertung eines reinen Kunststoffs ist nicht problemlos, da das recycelte Material meist nicht mehr den Anforderungen an den in Neuteilen benutzten Stoffen entspricht. Die Hersteller arbeiten jedoch an Konzepten, die Sortierung und die Wiederverwertung oder den Abbau der verbauten Materialien zu optimieren.

Verfahrensschema zur umweltgerechten Entsorgung von Altautos

↓

Annahme des Altautos und Eingangskontrolle

↓

Zwischenlagerung auf einem geeigneten Platz

↓

Trockenlegung (Entnahme von Kraftstoff, Öl, Wasser usw.)

↓

Demontage von Komponenten zur Wiederverwertung (Entnahme von Motor, Getriebe, Lichtmaschine usw.)

↓

Demontage von Komponenten zur Verwertung (Entnahme von Kunststoffteilen, Glas, Kat usw.)

↓

Zerkleinerung der Altkarosse im Schredder (Trennung in Eisenschrott (verwertbar), Nicht-Eisen-Metallschrott (verwertbar) und Sonstiges (nicht verwertbar))

Welches Fahrzeugvolumen die jährlichen Außerbetriebsetzungen (Stilllegungen) einnehmen, zeigt die folgende Tabelle. Unter dem Begriff der Außerbetriebsetzung ist dabei nicht nur die Verschrottung zu verstehen, sondern beispielsweise auch die Abmeldung eines Fahrzeuges zum Zweck der Ausfuhr in das Ausland.

Außerbetriebsetzungen von Kraftfahrzeugen und Kraftfahrzeuganhängern im Jahr 2016 nach Bundesländern und Fahrzeugklassen absolut

Land	Krafträder	Personenkraftwagen	Kraftomnibusse	Lastkraftwagen	Zugmaschinen insgesamt	Darunter Sattelzugmaschinen	Sonstige Kfz	Kraftfahrzeuge insgesamt	Anhänger
Baden-Württemberg	71176	1149634	1294	51555	18095	5703	2970	1294724	33430
Bayern	105063	1503994	2831	86921	33470	8905	5128	1737407	47683
Berlin	9749	192871	244	15357	1335	1189	691	220247	3273
Brandenburg	11816	211867	349	18277	4162	1680	1049	247520	10888
Bremen	2334	57750	27	2942	519	418	211	63783	1495
Hamburg	5320	202383	171	11843	873	726	459	221049	3279
Hessen	34365	726420	1104	37141	8676	2672	1929	809635	16648
Mecklenburg-Vorpommern	7493	139393	193	11899	3546	1325	804	163328	8518
Niedersachsen	50142	1009252	1421	49703	19639	7318	3628	1133785	37146
Nordrhein-Westfalen	91520	1759276	2293	86433	21003	9924	4890	1965415	51791
Rheinland-Pfalz	27866	429859	868	22824	8778	2863	1310	491505	14947
Saarland	6559	110734	192	5338	1279	537	332	124434	3539
Sachsen	16740	345409	501	28672	6144	2859	1414	398880	13265
Sachsen-Anhalt	9745	203341	291	15812	4351	1941	913	234453	8903
Schleswig-Holstein	17247	288286	371	17202	6067	1979	1349	330522	12907
Thüringen	10177	204461	293	17313	4347	1537	909	237500	9003
Sonstige	153	2413	–	94	38	2	270	2968	192
Insgesamt	477465	8537343	12443	479326	142322	51578	28256	9677155	276907

Quelle: www.kba.de/DE/Statistik/Fahrzeuge/Ausserbetriebsetzungen/FahrzeugklassenAufbauarten/2016_a_fzkl_eckdaten_pkw_dusl.html?nn=664274

Sicherheit am Arbeitsplatz ☞ Band 1, LF 1, S. 71 ff.

Sicherheit am Arbeitsplatz

Auf einige Aspekte des Themas „Sicherheit am Arbeitsplatz“ wurde schon in Band 1 eingegangen:

- Kennzeichnung der Rettungswege
- Ausstattung mit Feuerlöschern und Handfeuermeldern
- Erste-Hilfe-Kästen und Ersthelfer-Ausbildung
- regelmäßige Alarmübungen
- Ernennung eines Sicherheitsbeauftragten und einer Fachkraft für Arbeitssicherheit
- Persönliche Schutzausrüstung
- Anbringung von Sicherheitskennzeichen

Bezeichnung	Form und Farbe	Erläuterung
Verbotszeichen		Verbotszeichen weisen auf ein ausdrückliches Verbot hin. Diesen Zeichen ist unbedingt Folge zu leisten. Das Piktogramm ist immer schwarz und befindet sich auf einem weißen Hintergrund. Das runde Schild ist rot umrandet und mit einem roten Querbalken versehen.
Gebotszeichen		Gebotszeichen weisen darauf hin, wie man sich verhalten muss, um Gefahren zu vermeiden. Gebotszeichen sind weiße Piktogramme auf blauem Grund. Die Schilder sind rund.
Warnzeichen		Warnzeichen weisen auf Hindernisse oder Gefahrenstellen hin. Es handelt sich um schwarze Piktogramme auf gelbem Grund. Die Schilder sind dreieckig und haben einen schwarzen Rand.
Rettungszeichen		Rettungszeichen weisen für den Gefahrenfall auf Wege, Einrichtungen oder Geräte hin, die zur Rettung von Personen dienen. Rettungszeichen sind weiße Piktogramme auf grünem Grund. Sie befinden sich auf viereckigen Schildern.
Brandschutzzeichen		Brandschutzzeichen weisen auf den Standort von Feuermelde- und Feuerlöscheinrichtungen hin. Es handelt sich um weiße Piktogramme auf rotem Grund. Die Schilder sind viereckig.

- *Feuerlöscher müssen alle zwei Jahre überprüft werden.*
- *Teile der Ausstattung weisen ein Verfallsdatum auf und müssen dementsprechend regelmäßig erneuert werden.*
- *In jedem Betrieb muss mindestens ein Ersthelfer zur Verfügung stehen, bei mehr als 20 Mitarbeitern 10 %, bei Verwaltungs- und Handelsbetrieben 5 %.*

Die Einhaltung der oben genannten Maßnahmen wird durch die Berufsgenossenschaft bzw. das Gewerbeaufsichtsamt überwacht. Mit Blick auf die Gesichtspunkte „umweltgerecht entsorgen“ und „Umgang mit Ressourcen“ können noch weitere Maßnahmen in einem Autohaus genannt werden, die zwingend einzuhalten sind:

- Ölabscheider in der Werkstatt
- geschlossene Lackierkabine mit Abluftfilter
- Abgas-Abführung aus der Werkstatt

Auch diese Maßnahmen dienen sowohl der Gesunderhaltung der Mitarbeiter als auch der Schonung der Umwelt und der Anwohner.

Umgang mit Ressourcen

Es liegt alleine schon aus Kostengründen im ureigenen Interesse jedes Verbrauchers, den Energieverbrauch durch geeignete Maßnahmen zu reduzieren: Es macht einen großen Unterschied, ob man seine Wohnung nur dann „richtig" beheizt, wenn man auch zu Hause ist, und nur die dann jeweils benutzten Räumlichkeiten, oder ob den ganzen Winter durch von morgens bis abends überall eine Wohlfühltemperatur von 21°–22° herrscht. Und auch wenn die Mehrkosten nicht vergleichbar schnell ansteigen wie bei der Heizung, ist auch der Dauerbetrieb von Elektrogeräten im „Standby"-Modus oder das Laufenlassen des Wassers beim Zähneputzen ein überflüssiger und sinnloser Luxus, der den Geldbeutel und die Umwelt belastet.

Ebenso können auch die folgenden Vorgänge im Autohaus daraufhin untersucht werden, inwieweit Einsparpotenzial besteht:

- Umgang mit Elektrogeräten, Licht und Wasser
- Frage nach einem energiesparenden Heizsystem
- alle Anschaffungen für die Büros, die Arbeitsplätze der Verkäufer und die Werkstatt
- Art der Lagerhaltung generell
- Sortimentszusammenstellung im Ersatzteil- und Zubehörbereich
- Fahrzeugpalette
- umweltgerechte Entsorgung von Altöl, Bremsflüssigkeit und allen Arten von Abfall
- verwendete Werkzeuge
- Einbau von Gebrauchtteilen bei Reparaturen

***BEISPIEL** Autoland Murschall GmbH*

Bei der Autoland Murschall GmbH hat man im letzten Jahr das Dach der Werkstattgebäude mit Solarzellen bestückt. Kopier- und Toilettenpapier bestehen aus Altpapier, Elektrogeräte und Leuchtkörper entsprechen immer dem höchstmöglichen Effizienzgrad, die Beleuchtungsstärke richtet sich, gesteuert durch Sensoren, nach den natürlichen Verhältnissen.

Die zeitwertgerechten Reparaturen und die Altfahrzeug-Verordnung bieten einen weiteren Ansatzpunkt, über diesen Aspekt nachzudenken. Durch das „Ausschlachten" eines alten Fahrzeugs werden wichtige Rohstoffe gewonnen, die sonst auf einer Deponie gelandet wären. Hier sind natürlich auch besonders die Hersteller gefragt, Materialien so zu verwenden, dass sie auch problemlos getrennt und im besten Fall wiederverwendet werden können.

BEISPIEL

Reifen bestehen aus bis zu 200 verschiedenen Stoffen, die zum großen Teil nicht mehr getrennt werden können. So landen Altreifen, die nicht runderneuert werden, bestenfalls als Granulat in Tartanbahnen, Kunststoffrasen oder als Zusatz im Straßenasphalt, nachdem lediglich die Stahlkarkasse von der Gummimischung getrennt wurde. Und jährlich werden in Deutschland etwa 600 000 Tonnen Reifen ausgemustert, knapp die Hälfte davon wird wegen mangelnder anderer Nutzungsmöglichkeiten verbrannt.

Das Einhalten der entsprechenden Sicherheitsvorschriften durch einen zertifizierten Entsorgungsbetrieb sorgt dafür, dass keine Gefahrstoffe (Öl, Kühlflüssigkeit, Batterien) freigesetzt werden und in die Umwelt gelangen.

Durch eine zeitwertgerechte Reparatur werden Rohstoffe gespart und der Müll reduziert, aber sie hat auch Auswirkungen auf die Kosten für das Autohaus, den Kunden und (in einem Versicherungsfall) die Versicherungsgesellschaft. Wenn die Versicherungen die geringeren Kosten dazu nutzen würden, die Versicherungsprämien zu reduzieren, hätte die zeitwertgerechte Reparatur wiederum positive Folgen für die gesamte Gesellschaft.

Immer wieder bestätigen Untersuchungen den ökologischen Vorteil einer Reparatur gegenüber einem Austausch des beschädigten Teils.

Billigeres Reparieren ist auch ökologischer

Wie soll ein beschädigtes Auto instand gesetzt werden? Mit einem Ersatz oder einfach durch Instandsetzen des demolierten Teils? Diese Fragen beantwortete kürzlich das Allianz-Zentrum für Technik (AZT) in Ismaning bei München – diesmal aus ökologischem Blickwinkel. Als Beispiele nahmen sich die Unfallforscher drei typische Schäden an einem VW Golf V vor: eingedrückte Seitenwand, beschädigter Kunststoffstoßfänger und kleiner Lackschaden am Kotflügel. Bei allen drei Schadenstypen verursachte das Wiederherstellen des ursprünglichen Teils einen deutlich geringeren CO_2-Ausstoß. Die Reparatur der Seitenwand verursachte um 60 Prozent, die des Stoßfängers um gar 72 Prozent und die des Kotflügels immerhin noch um 44 Prozent weniger Treibhausgas. Dass diese Methoden dann auch noch um ein Drittel bis zu über die Hälfte billiger waren, hat die Versicherung natürlich auch gefreut. Allianz-Vorstand Karl-Walter Gutberlet räumte zwar ein, dass er dieses Ergebnis so erwartet habe, dennoch sei ihm die quantitative Abschätzung des durch die Instandsetzung von Fahrzeugen induzierten Treibhauseffekts wichtig gewesen. AZT-Chef Christoph Lauterwasser schätzt, dass hierzulande in rund 3,5 Millionen Reparaturen ein Metall- oder Kunststoffteil sanft instand gesetzt werden könnte. Es geschieht in den Werkstätten offenbar nur nicht. Würde immer umweltfreundlich repariert, könnte man allein in Deutschland rund 370 000 Tonnen CO_2 im Jahr zusätzlich einsparen. „Wir müssen künftig auch kleine Schritte gehen", sagte Gutberlet. Immerhin entspräche das dem Ersatz von 18,3 Millionen 60-Watt-Glühbirnen durch Energiesparlampen.

Quelle: Die Welt, 7. März 2009, S. 20

LF6

Neufahrzeuge disponieren und den Verkaufsprozess durchführen

LS 71

1 Analyse der Marktsituation im Neuwagensegment

Die Automobilindustrie ist eine der Schlüsselindustrien in Deutschland. Über 800 000 Beschäftigte arbeiten in der Automobilindustrie; die global operierenden Automobilkonzerne Volkswagen, Mercedes und BMW erwirtschaften die Hälfte des deutschen Exportüberschusses. In keinem anderen europäischen Land hängt die wirtschaftliche Entwicklung so stark vom Wohl der Automobilbranche ab wie in Deutschland. Es wundert angesichts dieser Bedeutung also nicht, dass die Automobilindustrie in Deutschland über einen erheblichen politischen Einfluss verfügt, denn schließlich steht hier eine Vielzahl von Arbeitsplätzen auf dem Spiel.

Neben der gesamtwirtschaftlichen Bedeutung hat das Auto in Deutschland aber auch eine verkehrspolitische Bedeutung. Insgesamt sind 45,8 Millionen Pkw in Deutschland zugelassen (Stand Juli 2017), statistisch gesehen besitzt demnach mehr als jeder zweite Deutsche ein Auto. 86 % der Beförderungsleistung im Personenverkehr entfallen somit auf den motorisierten Individualverkehr, sprich auf das Auto.

Lange Zeit galt das Auto auch als der Deutschen „liebstes Kind". Die Beziehung der Deutschen zum Auto ist aber schon lange nicht mehr so eindeutig: Für viele ist das Auto zwar immer noch ein Statussymbol, das grenzenlose Mobilität verspricht, Fahrspaß und Geschwindigkeit ermöglicht und auch Macht symbolisiert. Für eine wachsende Gruppe der Gesellschaft gilt dies aber zunehmend nicht mehr. Das Auto wird stattdessen als ein Gebrauchsgegenstand wahrgenommen und gleichzeitig auch als ein Symbol für Lärm, Umweltgefährdung und Verschwendung.

Wie die Zukunft des Automobils aussehen wird, ist derzeit ungewiss und hängt vom Innovationswillen der Automobilindustrie und vom Gestaltungswillen der Politik ab.

1.1 Fahrzeugsynergien

Um Marktanteile zu sichern bzw. zu erhöhen, drängen die Hersteller darauf, die Modellzyklen der Autos stetig zu verkürzen und damit in immer kürzeren Zeitabständen neue Modelle oder zumindest aufwendige ***Facelifts*** bestehender Modelle auf den Markt zu bringen. Diese Entwicklung verursacht immense Kosten aufgrund hoher Investitionen.

Facelift
optische und technische Überarbeitungen eines Fahrzeugmodells

Bei der simplen Gewinnformel **Gewinn = Umsatz – Kosten** wird deutlich, dass bei steigenden Investitionskosten der Umsatz steigen muss, um einen konstanten oder steigenden Gewinn zu ermöglichen.

Damit lohnen sich die Investitionen aufgrund verkürzter Modellzyklen nur, wenn dadurch die verkauften Stückzahlen (= Absatz) zunehmen. Natürlich versucht jeder Hersteller kontinuierlich seinen Marktanteil und somit die verkaufte Stückzahl zu steigern. Aber wie steigert man die Stückzahlen deutlich bei einer mehr oder weniger endlichen Zulassungszahl und bei fast gleichwertigen Mitbewerbern? Eine Ausweitung des Umsatzes ist folglich begrenzt und nicht das alleinige Allheilmittel zur Gewinnsteigerung bei kürzer werdenden Modellzyklen. Eine weitere Möglichkeit, die aufgrund der Gewinnformel ins Auge springt, ist die Kostensenkung.

In den 80er- und 90er-Jahren des vergangenen Jahrhunderts zog die Lean Production, also der schlanke Prozess, in die Autoproduktion ein. Damit ist die Vermeidung von Verschwendung im Produktionsprozess gemeint, indem u. a. Fehler und Qualitätsschwankungen minimiert und somit Kosten reduziert werden. Wenn aber die eigenen Produktionskosten bereits optimiert wurden, was bleibt dann noch als Möglichkeit der Kostensenkung übrig?

Hier greift nun die Idee der Synergienutzung über Konzerngrenzen hinweg, Hersteller kooperieren und senken dadurch gemeinsam Kosten. Warum soll jeder Hersteller das „Rad neu erfinden"? Hersteller kooperieren mit Mitbewerbern, z. B. bei Neuentwicklungen. Dadurch tragen sie die Kosten gemeinsam und verteilen die Gesamtkosten auf zwei oder mehr Hersteller. Für den einzelnen Hersteller halbieren sich so die Kosten.

Die Kooperationen zwischen Herstellern verschiedener Konzerne bewirken ***Synergieeffekte.***

Synergie
Zusammenarbeit, aus der ein gemeinsamer Nutzen resultiert

> i *In der Automobilbranche ergeben sich Synergien durch den Zusammenschluss oder die Zusammenarbeit zweier oder mehrerer Konzerne. Es entstehen Wettbewerbsvorteile durch Kostenersparnis.*

Aus den folgenden zwei Kooperationsarten können Synergien entstehen:
- horizontale Verflechtung
- vertikale Verflechtung

1.1.1 Horizontale Verflechtung

Bei der horizontalen Verflechtung kooperieren Konzerne auf der gleichen (hier horizontalen) Produktionsstufe miteinander. Sie betreiben z. B. neue Entwicklungen in den Antriebssystemen oder entwickeln eine ***gemeinsame technische Plattform,*** die für verschiedene Modelle verschiedener Hersteller genutzt wird.

gemeinsame technische Plattform
In Kooperation wird eine technische Basis (Karosserie, Motor etc.) entwickelt, auf der dann unterschiedliche Hersteller aufbauen.

BEISPIEL

Innerhalb des Volkswagenkonzerns werden entsprechende Verflechtungen genutzt. So basieren Porsche Cayenne (Typ 92A) und VW Touareg II auf einer gemeinsamen Plattform (PL72).

Ein Vorteil horizontaler Verflechtungen ist das Einsparen von Entwicklungskosten. Weiterhin können horizontale Verflechtungen den Markteintritt in fremde Märkte ermöglichen: Indem europäische Konzerne mit chinesischen Unternehmen in Form von ***Joint Ventures*** horizontal kooperierten, erhielten sie die Möglichkeit, auf dem chinesischen Markt zu agieren und Autos zu verkaufen. Leider ist die Gefahr der Industriespionage dabei nicht zu unterschätzen.

Joint Venture engl. für „gemeinsames Wagnis"; zwei oder mehr rechtlich selbstständige Unternehmen schließen sich vertraglich zusammen, um gemeinsame Projekte abzuwickeln

Internationale Kooperationen von Konzernen, die aus unterschiedlichen Kulturkreisen stammen, bergen aber auch Risiken in Form von kulturellen Barrieren. Diese stellen mitunter unüberwindbare Hindernisse in der persönlichen Zusammenarbeit dar und haben schon zur Beendigung internationaler Kooperationen geführt.

1.1.2 Vertikale Verflechtung

Die vertikale Verflechtung umschreibt die Kooperation zwischen Hersteller und Zulieferer und meint die Reduzierung der Fertigungstiefe aus Sicht des Herstellers. Zunehmend wird die Entwicklung und Fertigung von Systemen und Modulen auf die Zulieferer ausgelagert. Da diese Zulieferer auch andere Hersteller beliefern, werden die Systeme und Module auch von anderen Herstellern nachgefragt und somit in sehr großen Mengen produziert. Die Kosten pro Stück sinken. Diese Kostensenkung kommt den Herstellern zugute.

1.2 Fahrzeugklassen

Die Einteilung der Fahrzeuge in bestimmte Fahrzeugklassen dient unter anderem der statistischen Klassifizierung von Neuzulassungen und Besitzumschreibungen. Eine allgemeingültige Bezeichnung und Einteilung der Klassen gibt es nicht, weil keine offizielle Definition existiert (allerdings unterscheidet die DIN 70011 Pkws nach der Art der Karosseriebauform, auch Fahrzeug- und Aufbauart genannt, in Limousine, Kombi, Coupé, Cabrio, Sportwagen, Geländewagen und Großraum-Limousine).

Die Aufgaben des ***Kraftfahrt-Bundesamtes*** sind diesem durch Gesetze (z. B. KBAG – Gesetz über die Errichtung eines Kraftfahrt-Bundesamtes) und Verordnungen zugewiesen.

Für Hersteller und Händler interessanter ist aber eine Einstufung, die es ermöglicht, die direkten Konkurrenten in einer Gruppe zusammenzufassen. Einen Anhaltspunkt bietet die offizielle Statistik des KBA über die Zulassungen in einzelnen Fahrzeugklassen, beim KBA als „Segmente" bezeichnet:

Fahrzeugklassen nach KBA	
Klasse	**Beispiele**
Kleinstwagen (Minis)	Fiat 500, Opel Agila, Renault Twingo, Toyota Aygo
Kleinwagen	Opel Corsa, Ford Fiesta, Skoda Fabia, VW Polo
Kompaktklasse (Untere Mittelklasse)	VW Golf, Mercedes A-Klasse, Opel Astra, Ford Focus, Peugeot 307, Citroen C4, Toyota Auris
Mittelklasse	BMW 3er-Reihe, VW Passat, Audi A4, Volvo S60, Opel Insignia, Ford Mondeo
Obere Mittelklasse	Audi A6, Mercedes E-Klasse, 5er BMW, Saab 9-5
Oberklasse	Mercedes S-Klasse, BMW 7er-Reihe, Audi A8
SUVs (Sport-Utility-Vehicles)	BMW X4, Ford Kuga, Skoda Yeti
Geländewagen	Porsche Cayenne, Hyundai Santa Fe, Nissan X-Trail
Sportwagen	Porsche 911, Mercedes SL, Audi R8
Mini-Van (A-Van)	Opel Meriva, Mercedes B-Klasse, Renault Scénic
Großraum-Van (B-Van)	Opel Zafira, VW Touran, Mazda 5
Utilities	VW Caddy, Citroen Berlingo, Opel Combo, Renault Kangoo
Wohnmobile	Fiat Ducato, Mercedes Viano

Die Gliederung der Fahrzeugklassen erfolgt beim KBA in 13 Segmente. Diese Gliederung hat das Ziel, eine bessere statistische Vergleichbarkeit zu gewährleisten.

Quelle: nach KBA

Diese Einteilung entspricht nur auf den ersten Blick der Einteilung der Europäischen Kommission für wettbewerbsrechtliche Marktanteilsberechnungen. Der Unterschied fällt bei der genauen Betrachtung ins Auge.

Fahrzeugklassen nach der Europäischen Kommission für wettbewerbsrechtliche Marktanteilsberechnungen	
Segment	**Klasse**
A	Kleinstwagen
B	Kleinwagen
C	Mittelklasse
D	Obere Mittelklasse
E	Oberklasse
F	Luxusklasse
S	Sportwagen
M	Mehrzweckfahrzeuge, also Vans und Utilities
J	Geländewagen/SUVs

Quelle: nach Europäische Kommission: Verordnung (EG) Nr. 1400/2002 Der Kommission vom 31. Juli 2002, S. 82, Fußnote 196

Der Unterschied besteht also darin, dass es den Begriff „Kompaktklasse" nicht gibt und somit die vom KBA dort eingestuften Modelle zur „Mittelklasse" zählen. Die Fahrzeuge der „Oberen Mittelklasse" gehören hingegen zur Oberklasse und die Fahrzeuge der „Oberklasse" zur „Luxusklasse" (was den Herstellern zum Teil sogar sehr recht sein dürfte). Zudem werden die drei KBA-Segmente Mini-Van, Großraum-Van und Utilities sowie die beiden Segmente Geländewagen und SUVs zusammengefasst.

Dabei ist die Zuordnung einzelner Fahrzeugmodelle zu den jeweiligen Klassen/Segmenten nicht immer einfach und eindeutig vorzunehmen. Beispielsweise kann man darüber diskutieren, ob ein Spaßauto wie der Nissan Juke zur Klasse der Kleinwagen oder in die Gruppe der Geländewagen gehört, der Nissan Qashqai als Van oder als SUV zu gelten hat und ein Porsche Panamera den Sportwagen und nicht der Oberklasse zugeordnet werden sollte. Fragwürdig bleibt auch, weshalb Audis A6 und A7 in einem Segment geführt werden, nicht aber E-Klasse und CLS von Mercedes.

Die Zuordnung eines Fahrzeugmodells zu einem bestimmten Segment muss daher letztlich oft ein Kompromiss sein, der anhand optischer, technischer und markenspezifischer Merkmale gefunden wird.

Diese Problematik ist auch dem KBA bewusst, sodass immer wieder Umgruppierungen einzelner Modelle vorgenommen werden. So existiert erst seit dem Jahr 2007 das Segment „Sportwagen", das sich aus bisherigen Modellen der Oberklasse und dem – jetzt gestrichenen – Segment der Cabriolets & Roadster zusammensetzt. Die offenen Modelle sind nun unabhängig von der Cabrio-Eigenschaft der Grundklasse zugeordnet; ein Mercedes SLK also den Sportwagen und ein Smart Cabrio den Minis. Weiterhin kann man aber darüber diskutieren, ob die neue Unterscheidung zwischen kleinen und großen Vans immer nachvollziehbar ist, z. B. bei der B-Klasse von Mercedes und dem VW Touran.

Die Marktführer der Segmente (Monat Juni 2017)

Segment	Anteil an den Neuzulassungen in Prozent	Die Nummer 1	Anzahl der Neuzulassungen	Anteil innerhalb der Segmentgruppe in Prozent
Minis	7,2	VW Up	3.684	15,6
Kleinwagen	15,8	VW Polo	7.972	15,4
Kompaktklasse	23,3	VW Golf	19.876	26,1
Mittelklasse	11,5	VW Passat	6.547	17,3
Obere Mittelklasse	4,0	Mercedes E-Klasse	4.686	35,3
Oberklasse	0,8	Mercedes S-Klasse	505	20,2
SUVs	7,9	Ford Kuga	3.758	8,3
Geländewagen	13,9	VW Tiguan	5.737	22,0
Sportwagen	1,1	Porsche 911	713	19,9
Mini-Vans	3,1	Mercedes B-Klasse	2.362	23,2
Großraum-Vans	4,4	VW Touran	4.496	31,4
Utilities	5,3	VW Transporter	3.731	21,7
Wohnmobile	1,4	Fiat Ducato	3.021	67,2
Sonstige	0,4		1,179	
Insgesamt	100		64.509	

Quelle: nach KBA

Hinweis: Es können Rundungsdifferenzen auftreten.

Die Marktführer der vier zulassungsstärksten Segmente im Bild (Juni 2017)

VW Golf (Kompaktklasse)

VW Polo (Kleinwagen)

VW Tiguan (Geländewagen)

VW Passat (Mittelklasse)

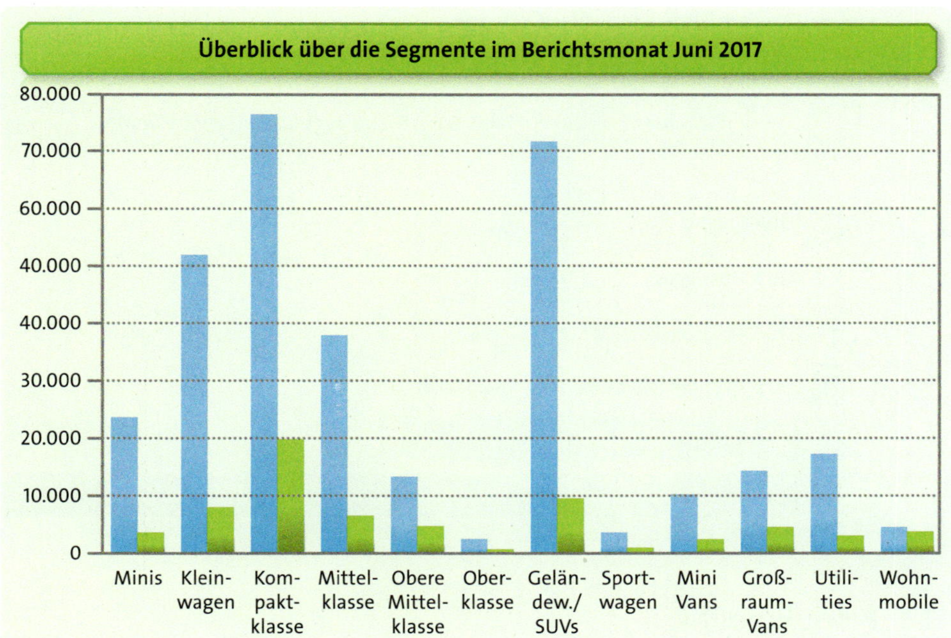

Quelle: nach KBA

	Minis	Klein-wagen	Kom-pakt-klasse	Mittel-klasse	Obere Mittel-klasse	Ober-klasse	Gelän-dew./ SUVs	Sport-wagen	Mini-Vans	Groß-raum-Vans	Utili-ties	Wohn-mobile
Insgesamt	23.599	51.823	76.290	37.771	13.261	2.498	71.480	3.577	10.189	14.309	17.224	4.493
die Nr. 1	3.684	7.972	19.876	6.547	4.686	505	9.495	713	2.362	4.496	3.021	3.731

Quelle: nach KBA

Pkw-Bestand am 1. Januar 2017 nach Segmenten			
Platz	**Segment**	**Markanteil**	**Einheiten in Mio.**
1	Kompaktklasse	26,2	12.002.528
2	Kleinwagen	19,5	8.916.824
3	Mittelklasse	15,1	6.925.175
4	Minis	6,8	3.109.239
5	SUVs	4,8	2.181.473
6	Großraum-Vans	4,6	2.093.798
7	Geländewagen	4,5	2.043.255
8	Obere Mittelklasse	4,4	2.031.653
9	Mini-Vans	4,4	2.030.937
10	Utilities	3,7	1.702.737
11	Sonstige	2,6	1.179.163
12	Sportwagen	1,9	860.861
13	Wohnmobile	1,0	450.167
14	Oberklasse	0,6	275.750
		100	45.803.560

Quelle: nach KBA

Hinweis: Es können Rundungsdifferenzen auftreten.

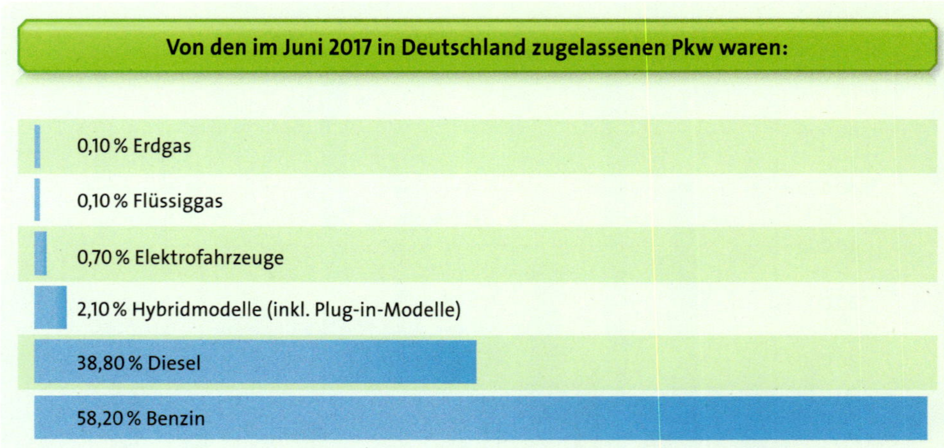

Plug-in-Modell (Steckdosenhybrid) Fahrzeug mit Elektro- und Verbrennungsmotor, d. h., es kann sowohl durch den Generator beim Fahren als auch über das Stromnetz geladen werden

Quelle: nach KBA

1.3 Produktpolitik

Die menschlichen Bedürfnisse sind wandelbar. Modische Erscheinungen, veränderte Einstellungen, Einkommensverhältnisse und anderes mehr bewirken, dass sich die Bedarfsstruktur und somit die Güternachfrage verändern. Auf diese Nachfrageverschiebung müssen die Automobilhersteller und -händler mit ihrem Angebot reagieren, wenn sie weiter am Markt erfolgreich sein wollen. Sie sind daher gezwungen, ihre Modellpalette den sich ständig verändernden Nachfrageverhältnissen anzupassen.

Die Produktpolitik umfasst alle Entscheidungen darüber, welche Arten von Produkten in welcher Ausführung (Produkt-Mix) dem Kunden angeboten werden sollen.

Die Aufgaben der Produktpolitik sind die permanente Verbesserung der bereits im Sortiment befindlichen Artikel und die Entwicklung neuer marktrelevanter Produkte. Die Produktpolitik ist ein Aufgabenbereich des Herstellers. Auch der Händler hat durch seine Marktbeobachtungsfunktion Einfluss auf die Produktpolitik. Denn schließlich hat er den direkten Zugang zum Kunden und kann dessen Wünsche, Einstellungen und Bedürfnisse direkt aufnehmen und an den Hersteller weitergeben.

1.3.1 Ursachen für die Produktpolitik

Die folgenden Ursachen können zu der Notwendigkeit führen, dass ein Hersteller Produktpolitik betreibt:

Wandel von Kundenansprüchen

Die Kunden von heute kaufen anders als noch vor fünf Jahren. Der Anteil an anspruchsvollen Kunden mit Sorge um ihre Gesundheit und die Umwelt ist gewachsen und damit auch das Bedürfnis nach hochwertigen Waren, die diesen Aspekten gerecht werden. Auch das Interesse der Kunden an Verbraucherfreundlichkeit und Wohlbefinden ist gestiegen. Das hat in verschiedenen Branchen des Einzelhandels wie Lebensmittel, Bekleidung, Körperpflege und Kosmetik, Farben und Lacken u. a. zu einem Boom von gesundheits- bzw. wellnessorientierten Produkten geführt. Im Autohaus bedeutet dies eine erhöhte Nachfrage nach Zubehör mit Umweltsiegel wie dem „Blauen Engel“ und im Fahrzeugbereich eine Zunahme der Nachfrage nach verbrauchsarmen bzw. energieeffizienten Fahrzeugen. So werden seit dem Jahr 2011 auch in Deutschland gemäß einer EU-Richtlinie alle Neufahrzeuge mit einem Öko-Siegel ausgezeichnet, das Aufschluss über den Kraftstoffverbrauch und den CO_2-Ausstoß gibt.

Veränderte Konkurrenzsituation

Hersteller verändern in der Regel ihre Modellpolitik auch, wenn Mitbewerber neue Modelle am Markt positionieren.

> **BEISPIEL**
>
> *Mittlerweile haben so gut wie alle Hersteller einen SUV in ihrer Modellpalette.*

Veränderte Wirtschaftslage

Als Folge von Arbeitslosigkeit sowie höheren Belastungen aus Versicherungsbeiträgen, Gebühren und anderen Abgaben ist der Anteil an Personen in Haushalten mit geringem finanziellem Spielraum gestiegen. In Zeiten gesunkener Kaufkraft wählen viele Kunden preiswerte Autos bzw. fahren sie ihre Autos länger. Im Sommer 2017 werden einer aktuellen Studie zufolge immer weniger Neuwagen auf Privatkunden zugelassen. Gleichzeitig werden die Autos der Privatnutzer immer älter. Durchschnittlich 9,3 Jahre fahren die deutschen Privatkunden ihren Neuwagen.

Technische Entwicklungen

Technische Entwicklungen führen zu neuen Produktentwicklungen oder zu Veränderungen beim Design von Produkten. Durch entsprechende Marketingaktivitäten der Hersteller werden solche Produktneuheiten schnell bekannt gemacht und einige Kunden möchten das neue Produkt testen.

***BEISPIEL** Autoland Murschall GmbH*

Die Kunden der Autoland Murschall GmbH fragen vermehrt Elektrofahrzeuge nach.

Wandel in der Bevölkerungsstruktur

Da die Anteile von Senioren- und Singlehaushalten in der gesamten Bevölkerung bedeutend zugenommen haben, müssen die Hersteller ihre Modellpolitik den speziellen Bedürfnissen der älteren Menschen und der Ein-Personen-Haushalte anpassen.

***BEISPIEL** Autoland Murschall GmbH*

Die Autoland Murschall GmbH verzeichnet in den letzten zehn Jahren einen Nachfrageanstieg nach Fahrzeugen mit einer erhöhten Sitzposition und weit zu öffnenden Türen, die älteren Menschen das Ein- und Aussteigen aus dem Fahrzeug leicht machen.

Gesetzliche Vorgaben

Im Jahre 2017 steht die deutsche Autoindustrie vor dem vermeintlich größten Umbruch ihrer Geschichte. Der Verbrennungsmotor, insbesondere der Diesel, ist in Verruf geraten, denn die Abgaswerte stimmen nicht mit den Angaben der Hersteller überein. Dies führt zu der Situation, dass erstmalig Fahrverbote für Dieselfahrzeuge in großen Städten möglich werden, denn große Städte befinden sich zunehmend selber auf der Anklagebank und müssen den Vorwurf widerlegen, dass sie nichts unternehmen, um geltendes Recht der EU umzusetzen. EU-Gesetze legen fest, wie hoch die Konzentration bestimmter Schadstoffe in der Luft sein darf, die aus dem Dieselauspuff kommen. Städte und Kommunen sind dafür verantwortlich, dass diese Grenzwerte eingehalten werden; tun sie dies nicht, verstoßen sie gegen geltendes EU-Recht. Folglich werden die Städte langfristig reagieren müssen und entsprechende gesetzliche Vorgaben erlassen, um die Luft in den Städten sauberer zu machen und einer drohenden Verurteilung zu entgehen. Die aktuelle Dieseldiskussion führt zu einer sinkenden Nachfrage bei Dieselneufahrzeugen und zu einem Werteverfall bei gebrauchten Dieselfahrzeugen.

1.3.2 Maßnahmen der Produktpolitik

Im Rahmen der Produktpolitik kann der Hersteller auf die folgenden Maßnahmen der Produktpolitik zurückgreifen:

Produktinnovation

Die Entwicklung neuer Produkte, im Zusammenhang mit Autos spricht man auch von Modellen anstelle von Produkten, bezeichnet man grundsätzlich als Produktinnovation. Die Maßnahme der Produktinnovation wird aber in Abhängigkeit bereits bestehender Produkte unterschieden in

- Neueinführung,
- Produktdifferenzierung,
- Produktdiversifikation.

Die Neueinführung meint die Produktentwicklung eines absolut neuen Produktes und hängt in der Regel mit der Neugründung eines Unternehmens zusammen.

***BEISPIEL** Autoland Murschall GmbH*

Das US-amerikanische Unternehmen Tesla, Inc. wurde 2003 mit dem Ziel gegründet, Elektroautos der breiten Masse zugänglich zu machen. Als erstes Fahrzeug wurde 2006 der Tesla Roadster präsentiert.

Entwickelt ein bereits bestehendes Unternehmen ein neues Produkt, handelt es sich im Rahmen der Produktinnovation entweder um eine Produktdifferenzierung oder um eine Produktdiversifikation.

Von einer Produktdifferenzierung spricht man, wenn zu einem bestehenden Produkt ein ergänzendes Produkt entwickelt wird. Hier besteht ein sächlicher Zusammenhang zwischen dem bestehenden und dem neu entwickelten Produkt.

***BEISPIEL** Autoland Murschall GmbH*

Nach der Markteinführung einer Limousine wird ein Kombimodell entwickelt und auf dem Markt eingeführt.

Eine Produktdiversifikation liegt vor, wenn die Neuentwicklung keinerlei sächlichen Zusammenhang zu dem bestehenden Produkt hat. Unternehmen betreiben Produktdiversifikation, um ihre Abhängigkeit von einem Produktmarkt zu verkleinern und ihr Unternehmen insgesamt auf breitere „Füße“ zu stellen. Ziel der Diversifikation ist die Risikoverringerung.

***BEISPIEL** Autoland Murschall GmbH*

Der Hersteller STARCAR entwickelt ein Pedelec und steigt damit auf dem Fahrradmarkt ein.

Produktvariation
Bestehende Produkte verlieren mit der Zeit an Aktualität und Attraktivität. Ihr Design wird unmodern oder der technische Stand ist veraltet. Kleine Veränderungen werden im Rahmen der Produktvariation durchgeführt, um dem Produkt einen modernen Anstrich zu verpassen. Im Konsummittelbereich spricht man allgemein von einem Relaunch, im Automobilbereich spricht man von einem „Facelifting“.

Produktelimination
Produkte, die ihre Zeit überlebt haben und dem Hersteller keine Gewinnmöglichkeiten mehr bieten, werden vom Markt genommen.

1.3.3 Strategieinstrumente der Modellpolitik

Die Modellpolitik ist eine strategische Aufgabe des Herstellers, die Weitblick erfordert. Wann soll ein Hersteller welche produktpolitische Maßnahme ergreifen? Eine erfolgreiche Modellpolitik hängt davon ab, wie schnell und mit welchen Maßnahmen der Hersteller auf veränderte Bedingungen am Markt reagieren kann.

Um hier adäquat reagieren und handeln zu können, gibt es im Rahmen der Produktpolitik zwei strategische Instrumente:

- Produktlebenszyklus
- Portfolioanalyse

Produktlebenszyklus
Kein Produkt hält sich für unbegrenzte Zeit am Markt. Nach der Markteinführung wird das neu entwickelte Produkt eine gewisse Zeit lang gekauft. Nach Monaten oder Jahren wird das Produkt weniger nachgefragt und die Unternehmen müssen den Artikel aufgrund mangelnder Nachfrage vom Markt nehmen. Das Produkt durchläuft damit einen Lebenszyklus. Der Produktlebenszyklus stellt die Umsatz- und Erfolgsentwicklung eines Produktes von seiner Entwicklung über die Einführung bis zur Marktentfernung grafisch und in grundsätzlicher Form dar.

Während der **Einführungsphase** des Produktlebenszyklus finden sich relativ wenige neugierige, risikofreudige Käufer, die bereit sind, das Produkt zu testen. Dem gegenüber weisen die meisten Käufer, die das Produkt in der **Wachstumsphase** kaufen, eine geringere Risikobereitschaft auf. In der **Reifephase** hat das Produkt einen hohen Bekanntheitsgrad, es ist in der Regel zu niedrigeren Preisen als in den ersten beiden Phasen erhältlich. Deshalb trifft man in dieser Phase auf die größte Nachfrage. Es folgt die **Sättigungsphase,** in der schon viele Haushalte mit dem Produkt versorgt sind und die Nachfrage infolgedessen wieder abnimmt. In der **Abstiegsphase** sinken die Umsätze rapide, weil neue, technisch verbesserte oder modisch aktuellere Produkte auf dem Markt sind.

Der **Umsatz** entwickelt sich im Laufe des Produktlebenszyklus parallel zu der Zahl der Käufer. Eine Steigerung der Zahl der Käufer führt in der Regel auch zu steigenden Umsätzen. Zu Beginn des Produktlebenszyklus wird der Händler in den meisten Fällen keinen oder nur einen sehr geringen **Gewinn** erwirtschaften, da die Ausgaben für die Produkteinführung sehr hoch sind, z. B. für Werbung. Mit steigender Zahl der Käufer steigt auch der Gewinn. Seinen Höhepunkt erreicht er in der Regel zum Ende der Wachstumsphase hin bzw. zu Beginn der Reifephase. In der Reifephase steigt der Umsatz noch, doch der Gewinn sinkt, da diese Umsatzsteigerung häufig durch eine Preisreduzierung erzielt wird, die den Gewinn verringert.

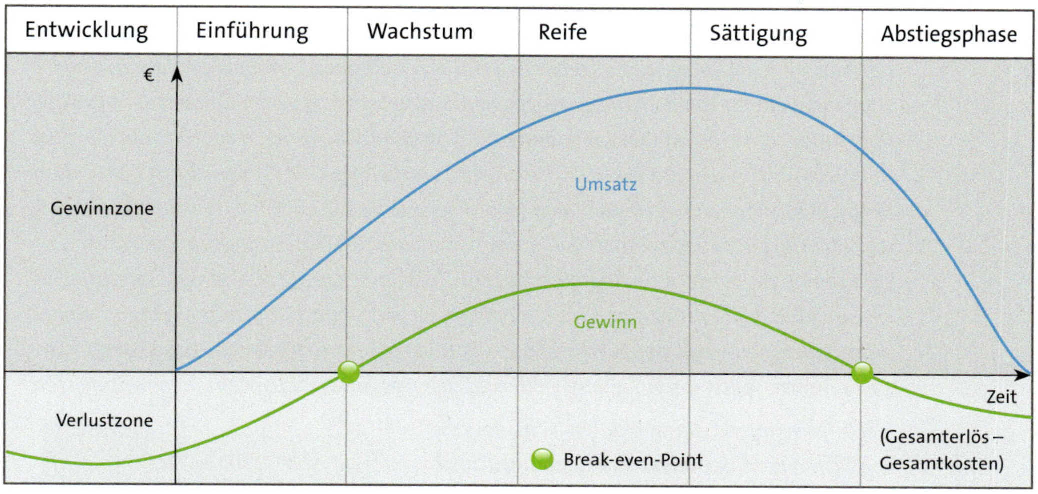

Bei dem Produkt „Auto" kann man den Verlauf des Lebenszyklus recht gut verfolgen. Von der Markteinführung bis zur Ablösung durch ein Nachfolgemodell vergehen heutzutage etwa sechs Jahre. Die neuen Modelle starten meist ziemlich rasant, da den Käufern die Ablösung des alten Modells bekannt war und sie sich in den letzten Monaten mit dem Kauf des bald „alten" Modells zurückgehalten haben und lieber gleich das neue Modell bestellen. Im Zuge der Markteinführung und des häufigeren Auftretens im Straßenbild finden sich noch mehr Käufer; zusätzlich springen diejenigen auf, die einer neuen Produktionsreihe erst einmal misstrauisch gegenüberstehen und einige Monate warten, bis die Kinderkrankheiten ausgemerzt sind. Nach etwa zwei Jahren ist der Boom bei diesem neuen Modell erst einmal vorbei; auch durch die Erneuerung und Verbesserung der Konkurrenzprodukte nehmen die Absatzzahlen des Modells ab.

Üblicherweise reagieren die Hersteller mit einem sogenannten „Facelifting". Das heißt, das Modell wird leicht überarbeitet, markante Teile erhalten ein neues Design (etwa Scheinwerfer, Kühlergrill, Außenspiegel) und es wird mit leistungsfähigeren und/oder sparsameren Motoren angeboten. Dieser sogenannte ***„Relaunch"*** nach etwa drei Jahren führt noch einmal zu einem Anwachsen der Absatzzahlen, bis auch dieser Effekt wieder nachlässt. Im sechsten Jahr schließlich halten sich die Kunden mit der Kaufbereitschaft merklich zurück, da das Nachfolgemodell schon in den Startlöchern steht – der Lebenszyklus neigt sich dem Ende zu und beginnt mit dem Nachfolger von vorn.

Relaunch
Neustart

Die Notwendigkeit zur aktiven Produktpolitik ergibt sich aus der Zwangsläufigkeit des Produktlebenszyklus. Da bei jedem Produkt der Punkt erreicht wird, an dem die Nachfrage der Kunden rapide nachlässt, weil der Markt gesättigt ist, entwickeln die Hersteller für die Endverbraucher nach Möglichkeit rechtzeitig neue Artikel, die den Fortschritt in der Technik oder auch den Fortschritt in den Produktionsmethoden widerspiegeln.

Die (...) Beschreibung der Phasen des Produktlebenszyklus [zeigt], dass es für jeden Abschnitt erfolgversprechende Strategien gibt. Ihre konsequente Umsetzung birgt jedoch auch Risiken, da nur schwer abschätzbar ist, wie lange die jeweilige Phase des Lebenszyklus noch anhalten wird. Gerade in der heutigen Zeit rapider Umbrüche in ganzen Branchen sind langfristige Strategien auf Basis des Produktlebenszyklusmodells nur noch eingeschränkt sinnvoll. Neben der allgemeinen Unsicherheit über die Branchenentwicklung besteht ein weiterer Trend in immer kürzer werdenden Lebenszyklen. Während der VW Käfer über lange Jahre hin nahezu unverändert das Straßenbild prägte, erscheint nun alle paar Jahre eine technisch und optisch gründlich überarbeitete Golf-Generation. (...) Auf diese Entwicklung können zwei Reaktionen empfohlen werden. Zum einen ist es von zunehmender Wichtigkeit, neue Produkte möglichst schnell aus der Einführungs- in die Wachstumsphase hinüberzuleiten und damit möglichst früh hohe Umsätze und Gewinne zu generieren. Darüber hinaus ist die etwas ältere Weisheit weiterhin gültig, dass ein Unternehmen ein möglichst ausgeglichenes Portfolio von Produkten in verschiedenen Phasen des Lebenszyklus haben sollte, um ein relativ gleichmäßiges Gesamt-Absatzniveau zu gewährleisten.

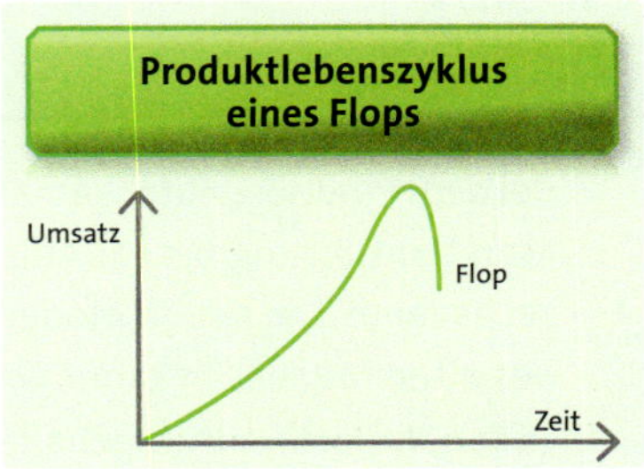

Der Schwachpunkt dieses Modells ist es, dass die wenigsten Produkte oder Leistungen tatsächlich einen Produktlebenszyklus in Form der theoretischen S-Kurve aufweisen. Außerdem sind die Zeitpunkte des Übergangs von einer Phase in die andere kaum vorhersehbar. Daneben besteht ein Problem darin, dass der Begriff „Produkt" für dieses Modell nie definiert wurde. Betrachtet man beispielsweise den Automobilbau – was ist das Produkt? Das Auto oder der VW Golf oder der Golf [4] oder eine bestimmte Sonderedition des Golf [4]? All diese Antworten sind richtig. Daher ist es bei der Anwendung des Lebenszyklus-Modells von großer Wichtigkeit, vor der eigentlichen Analyse genau festzulegen, was analysiert werden soll. Da selten ein Produkt isoliert betrachtet wird, muss außerdem streng darauf geachtet werden, dass Gleiches mit Gleichem verglichen wird.

Quelle: Text mit leichten Veränderungen nach Dagmar Recklies, Produktlebenszyklus, 12/2000, gefunden bei www.themanagement.de/Ressources/Produktlebenszyklus.htm; © 2000 Recklies Management Project GmbH (Stand: Februar 2010)

Portfolioanalyse

Mithilfe der Portfolioanalyse werden Geschäftsfelder, Produktgruppen oder einzelne Produkte voneinander abgetrennt und charakterisiert. Dazu können z. B. Kennzeichnungen durch den Produktlebenszyklus genutzt werden.

Als wichtiges Instrument der strategischen Marketingplanung soll die Portfolioanalyse Daten bereitstellen, mit deren Hilfe Mittel (Ressourcen) des Unternehmens in diejenigen Geschäftsfelder/Produkte gelenkt werden, die für das Unternehmen aufgrund der Absatzchancen vorteilhaft gegenüber den Mitbewerbern sind.

Im Allgemeinen werden sogenannte Portfoliomatrizen mit vier Feldern benutzt, um die Kombination relevanter Merkmale der unterschiedlichen Geschäftsfelder/Produkte in jeweils zwei Ausprägungen darzustellen.

Wird in einer solchen Vier-Felder-Matrix z. B. auf der Waagerechten das Merkmal „relativer Marktanteil" und in der Senkrechten das Merkmal „Marktwachstum" abgetragen, so ergibt sich das nachfolgende Bild.

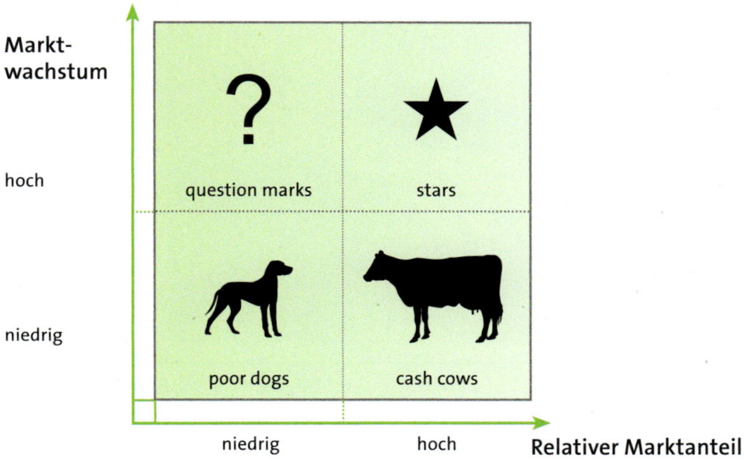

- **Stars** (Sterne) sind neue Produkte, die große Chancen am Markt haben. Sie beanspruchen hohe Ausgaben in der Kommunikationspolitik und erwirtschaften während der Wachstumsphase kaum Überschüsse. Da sie jedoch die Zukunft des Unternehmens bestimmen, sind sie von enormer Wichtigkeit.
- **Question marks** (Fragezeichen) besitzen ein hohes Marktwachstum, jedoch nur einen geringen Marktanteil. Sie erwirtschaften keine Überschüsse, binden aber Finanzmittel. Ob sich der Marktanteil in Zukunft ausbauen lässt, ist noch unklar.
- **Cash cows** sind etablierte, gut eingeführte Produkte, die einen hohen Anteil am Gesamtgewinn stellen. Das Marktwachstum ist natürlich gering, jedoch sichern sie den kurzfristigen Erfolg des Unternehmens. Erträge der cash cows sollten in die Entwicklung der Stars von morgen investiert werden.
- **Poor dogs** zeichnen sich durch einen geringen Marktanteil und geringes Wachstum aus. Sie erbringen keine Finanzmittelüberschüsse. Ihre Lebensdauer (siehe Produktlebenszyklus) ist abgelaufen.

Die Unternehmensberatungsgesellschaft **McKinsey** entwickelte als Alternative zum Marktwachstum-Marktanteil-Portfolio (BCG-Matrix) der **Boston-Consulting-Group** eine Produkt-Portfolio-Matrix mit neun Feldern (Marktattraktivitäts-Wettbewerbsvorteile-Matrix). Auf der Senkrechten wird die Marktattraktivität (bestimmt durch Marktwachstum, Marktgröße, Marktqualität und Umweltsituation) und auf der Waagerechten werden relative Wettbewerbsvorteile (ausgedrückt durch die relative Marktposition, das relative Produktionspotenzial, die relative Personalqualität) abgetragen:

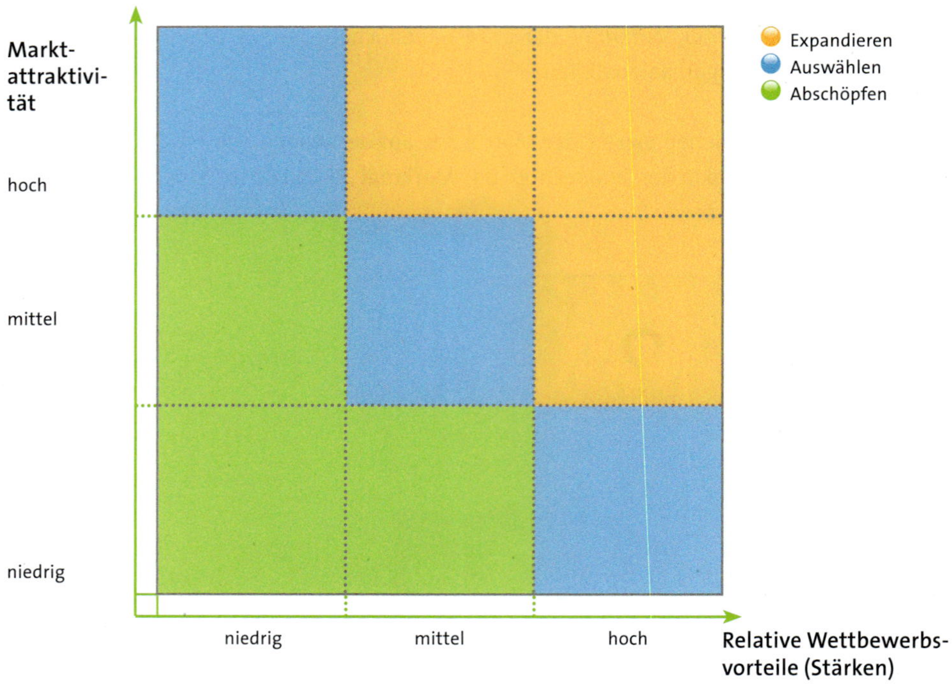

Die einzelnen Dimensionen setzten sich aus einer Vielzahl von Kriterien zusammen, die für jedes Produkt und für jedes Unternehmen individuell zusammengestellt und in einem Scoring- Verfahren bewertet werden müssen, sodass auf eine ausführliche Erläuterung an dieser Stelle verzichtet wird.

Kriterien könnten beispielsweise sein: Marktanteil, Umsatz, Rentabilität, Know-how, Lizenzen, Standortbedingungen, Qualifikation und Motivation der Mitarbeiter, Marktwachstum, Marktsituation, Substitutionsgüter, mittel- und langfristige Marktentwicklung durch Gesetzgeber oder öffentliche Meinungen.

1.4 Die Mobilität der Zukunft

Deutschland und die Automobilwelt sind eng miteinander verzahnt. Deutsche Wertarbeit, „German Engineering" sind Begriffe, die im Zusammenhang mit der Automobilwirtschaft stehen. In den letzten 100 Jahren stand der Verbrennungsmotor im Mittelpunkt. Fahrspaß und hohe PS-Zahlen waren die entscheidenden Verkaufsargumente. Doch was bringt die Zukunft? Wird die klassische Mechanik, die die Deutschen quasi „blind" beherrschten, noch die zentrale Rolle in der Automobilwirtschaft spielen oder werden Internet-Technologien, Software-Engineering, Hochleistungsstromspeicher und Flüssigkristalloberflächen im Zentrum stehen? Wird Deutschland auch in Zukunft noch eine zentrale Rolle in der weltweiten Automobilwirtschaft spielen oder werden wir Zeuge, wie deutsche Hersteller den Anschluss an die neuen Mobilitätskonzepte der Zukunft verlieren?

Siehe auch Begleitbuch zur Ausstellung „Geliebt. Gebraucht. Gehasst. Die Deutschen und ihre Autos"; Hrsg.: Stiftung Haus der Geschichte der Bundesrepublik Deutschland, Bonn; Sandstein Verlag Dresden 2017

Vielleicht sieht die Mobilität der Zukunft aber auch ganz anderes aus? In den folgenden vier Kapiteln werden Entwicklungstendenzen beschrieben, die auf die weitere Entwicklung Einfluss haben werden.

1.4.1 Leben in der Großstadt – ein neues Mobilitätsverständnis

Der Wunsch insbesondere jüngerer Menschen, in der Stadt zu leben, ist ungebrochen. Wohnraum ist knapp und mit der Verstädterung einhergehend wird der Besitz eines Autos zum Problem, weil das Parken ein Problem ist. Das Auto ist für einen Teil der Stadtbevölkerung nicht mehr das Objekt der Träume, sondern wird zunehmend als ein Gebrauchsgegenstand gesehen, der gerne gemeinsam genutzt werden kann, denn das Teilen, nicht das Besitzen wird im Hinblick auf Mobilität in Großstädten attraktiv. Carsharing-Angebote werden in Zukunft, so die Voraussage von Zukunftsforschern, in Städten an Bedeutung gewinnen.

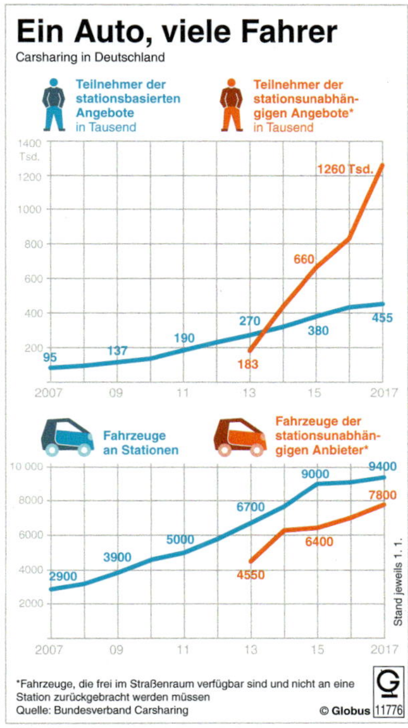

Andererseits werden die Menschen auf dem Land nicht auf das Auto verzichten können, denn der Nahverkehr wird dort zunehmend abgebaut.

1.4.2 Neue Antriebssysteme

Wie wird das Auto der Zukunft angetrieben? Bleibt der Verbrennungsmotor eine Option oder setzt sich die politische Forderung der Grünen durch, die im Wahljahr 2017 fordern, dass ab 2030 keine Neuwagen mit Verbrennungsmotoren mehr zugelassen werden? Der Verbrennungsmotor wird die Autos der Zukunft sicherlich nicht mehr antreiben. War vor einiger Zeit hier noch die Endlichkeit der fossilen Brennstoffe der zeitlich limitierende Faktor des Verbrennungsmotors, so wird sein Ende evtl. durch den Abgasskandal beschleunigt. Alternative aktuelle Antriebssysteme zum Verbrennungsmotor sind:

- Elektroantrieb
- Autogasantrieb
- Brennstoffzellenantrieb

Seit dem 18. Mai 2016 zahlt der Staat jedem Käufer eines neuen Elektroautos eine Prämie in Höhe von 4.000,00 €. Aber statt der erhofften 400 000 Förderanträge in einem Jahr sind bis Ende Juli 2017 nur gut 23 000 Förderanträge eingegangen. Dies ist eigentlich erstaunlich,

Die Kaufprämie für Hybrid-Modelle und Fahrzeuge mit Brennstoffzellen liegt bei 3.000,00 €. Keine Prämie erhalten Käufer von Hybrid-Fahrzeugen, sofern diese keine externe Lademöglichkeit besitzen. Außerdem wird die Prämie nur ausgezahlt, wenn der Fahrzeugpreis nicht über 60.000,00 € liegt. Zudem sinken die Prämien 2018 auf 3.000,00 € bzw. 2.000,00 €.

denn bei der Abwrackprämie wurden innerhalb von 6 Monaten 2 Mrd. € an Prämien ausgezahlt.

Um die vereinbarten Klimaschutzziele zu erreichen, muss Deutschland die Zulassungszahlen von Elektroautos stark ankurbeln. Wie kann der Staat größere Anreize schaffen, Elektroautos zu kaufen? Norwegen macht es vor:

- Elektroautos werden preislich deutlich günstiger angeboten als Autos mit Verbrennungsmotor.
- Elektroautos dürfen die Busspur nutzen.
- Elektroautos dürfen an den 7 000 Ladestationen des Landes kostenlos parken und tanken.

Das wahrscheinliche Voranschreiten der Elektromobilität wird die Geschäftsfelder der Autohäuser massiv verändern:

- Elektroautos haben keine Abgasanlagen. Folglich wird das Autohaus der Zukunft keine Abgassauganlage mehr benötigen, denn die regelmäßige Abgasuntersuchung entfällt. Ein wichtiger Umsatzträger fällt damit weg.
- Elektroautos benötigen kein Öl und keine Zündkerzen. Damit fallen die aktuell umsatzstärksten Ersatzteile weg.

1.4.3 Digitalisierung

Die Digitalisierung der Autos schreitet voran. BMW hat im Sommer 2016 angekündigt, bis zum Jahr 2021 das vollständig autonom fahrende Auto in Serie zu produzieren. Andere Anbieter ziehen nach. Mit dem selbstfahrenden Auto werden das Auto und das Fahren selbst völlig neu gedacht: Dominierendes Element ist die Connectivity (= Vernetzung). Damit sind nicht mehr der Motor, der Fahrersitz und das Lenkrad das Zentrum des Autos. Vielmehr wird der gesamte Innenraum für die Insassen zum Zentrum, denn sie können die Fahrzeit für andere Tätigkeiten, z. B. Lesen, Kommunikation in sozialen Netzwerken oder das Ansehen von Video-Streams, nutzen. Diese revolutionäre Veränderung wirft aber auch Fragen auf:

1. Wie sieht es mit der Sicherheit des Computers Auto aus? Kann sich der Fahrer vor Cyber-Attacken schützen?
2. Darf ein Computer, sprich das Roboter-Auto, im Extremfall über Leben und Tod von Menschen entscheiden, z. B. wenn ein Unfall unvermeidlich ist und nur die Wahl besteht, links einen Fußgänger oder rechts einen Radfahrer zu überfahren.

1.4.4 Gesellschaftlicher Kulturwandel

Dem Auto und den Deutschen wird eine besondere Beziehung nachgesagt. Eine Beziehung, in der das Auto immer mehr war als ein nützliches Fortbewegungsmittel: Viele Autos haben in Deutschland einen Namen, sie werden samstags beinahe schon rituell gewaschen und Schrammen und Beulen werden nicht selten als Angriff auf den Eigentümer gedeutet; und so wundert es nicht, dass die meisten Deutschen Gefühle mit ihrem Auto verbinden. Laut einer Marktforschungsuntersuchung aus dem Jahr 2015 lieben 69 % aller Männer und 74 % aller Frauen ihr Auto. Das Auto ist Statussymbol, steht für Macht und vieles mehr. Gleichzeitig gaben in derselben Untersuchung 71 % der Befragten aber auch an, dass das Auto für sie nur ein Gebrauchsgegenstand ist. Die wachsende ***Ambivalenz*** der deutschen Bevölkerung gegenüber dem Auto wird anhand dieser Ergebnisse besonders deutlich.

Ambivalenz
Widersprüchlichkeit, Zwiespältigkeit

2 Das Marktpotenzial des Autohauses ermitteln

LS 72

SITUATION *Autoland Murschall GmbH*

„Da sind Sie ja, Herr Rose. Sie müssten mir einige Zahlen zusammenstellen, die Sie problemlos im Internet finden sollten.“ Herr Nolte hat David schon häufiger mit Rechercheaufgaben betraut und weiß daher, dass er sich auf ihn verlassen kann. Und David freut sich über jede Aufgabe, die von der täglichen Routine abweicht. „Suchen Sie mir doch bitte folgende Daten heraus: Wie viele Autos sind in Bonn und im Rhein-Sieg-Kreis angemeldet? Wie hoch sind die Marktanteile der einzelnen Hersteller? Wenn Sie etwas zum Alter der Autos finden könnten, wäre das auch sehr hilfreich! Und dann benötige ich noch Angaben über die Verteilung der Anteile auf die einzelnen Fahrzeugklassen und wie sich diese in den letzten, sagen wir, vier Jahren verändert haben.“

Hinweis:
Wird nachfolgend von Herstellern gesprochen, so sind auch die Importeure gemeint.

2.1 Neuwagen-Verkaufsplanung

Hersteller verkaufen ihre Fahrzeuge quasi zweimal. Zum ersten Mal an den Händler und zum zweiten Mal an den Endverbraucher. Juristisch gesehen stimmt das natürlich nicht. Denn Vertragspartner für den Endkunden ist der Händler. Dennoch sind das Engagement und das Interesse der Hersteller am Endkundengeschäft unverkennbar. Die Hersteller schalten die Autowerbung in den bekannten Werbekanälen wie TV, Funk, Kino und Social Media und sie nehmen auch weiterhin Einfluss auf die Händler im Endkundengeschäft, indem sie Vorgaben bez. der Verkaufsräume oder auch Gebäudeplanung beim Händler machen, die Verkäufer aktiv für das Verkaufsgespräch schulen und auch den After-Sales-Bereich kontrollieren.

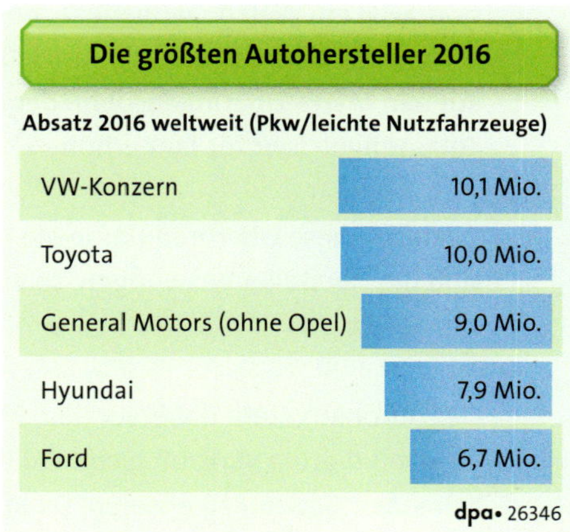

Quelle: CAM/FHDW

Bei dieser massiven Einflussnahme stellt sich natürlich die Frage: Warum verkaufen die Hersteller die Fahrzeuge nicht direkt an die Endverbraucher? Wahrscheinlich weil die Vorteile des indirekten Vertriebs für die Hersteller noch überwiegen. Bei der Neuwagenverkaufsplanung spielt insbesondere die Mengenausgleichsfunktion des Handels für den Hersteller eine große Rolle: Mengenausgleichsfunktion = der Handel ermöglicht dem Hersteller durch die Abnahme einer großen Anzahl von Autos einen stetigen Absatz, wodurch der Hersteller gleichmäßig produzieren kann. Der Händler sorgt beim Hersteller für einen Mengenausgleich zwischen Einkauf und Verkauf.

Die Hersteller nutzen die Händler also quasi als Zwischenlager, wobei die Händler diese „Zwischenlagerphase" aber zusätzlich auch noch finanzieren, denn der Händler zahlt die Fahrzeuge bei Erhalt, ggf. unter Berücksichtigung eines Zahlungszieles, sofort. Der Handel übernimmt also auch eine Absatzfinanzierungsfunktion für den Hersteller.

Absatzmengenplanung

Um die Mengenausgleichsfunktion des Handels optimal zu nutzen, muss im Vorfeld geklärt sein, wie viele Neuwagen in einem Geschäftsjahr verkauft werden können und damit auch zugelassen werden. Die Zulassungszahlen der Neuwagen, veröffentlicht vom Kraftfahrtbundesamt, sind vergleichbar mit den Charts in der Musikbranche. Sie spiegeln die Beliebtheit der Automodelle wider und beflügeln gleichzeitig ihren Absatz, denn Autos, die in großer Zahl zugelassen werden, erhöhen gleichzeitig das Vertrauen der Kunden in dieses Modell. Woher weiß nun der Hersteller, wie viele Autos von seiner Marke im kommenden Jahr verkauft werden? Dieser Prozess der Neuwagen-Verkaufsplanung erfolgt in enger Abstimmung zwischen Hersteller und Händler.

Jahresziel
Vereinbarung mit dem Hersteller, im nächsten Jahr eine bestimmte Anzahl an Fahrzeugen abzunehmen

Der Hersteller vereinbart mit dem Händler eine ***Jahreszielvorgabe*** für den Verkauf von Fahrzeugen. Der Hersteller setzt sich dabei zum Ziel, jedes Jahr ein Zulassungsplus bei seinen Modellen zu erzielen. Diese Ausweitung der Stückzahlen erfolgt durch ein Abwerben von Kunden der Wettbewerber. Da dieses Ziel aber alle Hersteller verfolgen und niemand zu Beginn eines Jahres bekannt gibt, dass im laufenden Jahr weniger Zulassungen zu erwarten sind, weil ein Wettbewerber ein „besseres" Auto herausbringt oder dieser Kunden abwirbt, kommt es zu Überproduktionen. Jeder Hersteller versucht, so viele Fahrzeuge wie möglich auf den Markt zu bringen, denn derjenige unter ihnen, der Marktanteile gewinnt und seine Zulassungen Jahr für Jahr erhöhen kann, gewinnt auch an Popularität und Image.

Da durch diese Überproduktion die Kosten der Kapitalbindung durch gefüllte Lager steigen, sind die Hersteller gezwungen, so viele Fahrzeuge wie möglich über und an die Händler zu verkaufen.

Das Autohaus steht dabei vor dem Problem, dass es nicht nur Fahrzeuge verkaufen will, sondern mit diesem Verkauf auch Geld verdienen muss, um seine Kosten zu decken und zusätzlich einen Gewinn zu erzielen. Da aber die meisten Kfz-Händler in ihren Händlerverträgen eine Klausel finden, die sie dazu verpflichtet, eine jährliche Umsatzsteigerung von x Prozent zu erreichen, ergibt sich ein weiteres Problem. Die Nichteinhaltung einer solchen Vereinbarung kann unter Umständen den Verlust von Boni oder sogar zum Vertragsverlust mit dem Hersteller führen. Eine realistische Planung der Neuwagen-Verkaufszahlen in Absprache mit dem Hersteller muss hier als Lösung dienen.

Um solch eine Planung geht es bei der Bestimmung des **regionalen Marktpotenzials**. Dies kann auch mit dem **Marktverantwortungsgebiet** des Händlers gleichgesetzt werden. Ausgehend von dem Marktanteil und den Besitzumschreibungen einer bestimmten Marke, kann auf die verkauften Neuwageneinheiten und den Servicebedarf geschlossen werden.

***BEISPIEL** Marktpotenzial*

Ausgangssituation:

- *Stadt X mit 300 000 Einwohnern*
- *480 Fahrzeuge/1 000 Einwohner*
  → 480 · 300 = 144 000 Kfz-Potenzial, d. h. dass 144 000 Fahrzeuge in dieser Stadt zugelassen sind.
- *Kfz-Marke Y hat einen Marktanteil von 5 %*
  → 5 % von 144 000 = 7 200 Fahrzeuge der Marke Y sind in dieser Stadt vorhanden.

Verkaufsplanung:

- *Die durchschnittliche Nutzungsdauer der Fahrzeuge beträgt 12 Jahre.*
  → 7.200 : 12 = 600 Fahrzeuge als jährlicher Neubedarf im Jahr (monatlich sind also durchschnittlich 50 Fahrzeuge zu verkaufen).

Serviceplanung:

- *Die durchschnittliche Anzahl der Reparatur-Stunden in der Kfz-Technik beträgt 3,6 Stunden.*
  → 7200 · 3,6 = 25 920 verkaufbare Stunden im Reparaturbereich Kfz-Technik.
- *Die durchschnittliche Anzahl der Reparatur-Stunden in der Kfz-Karosserie ohne Lackierung beträgt 1,4 Stunden.*
  → 7200 · 1,4 = 10 080 verkaufbare Stunden im Reparaturbereich Kfz-Karosserie. (Sollte das Autohaus über eine eigene Lackierung verfügen, müsste diese Berechnung entsprechend erweitert werden.)
- *Gesamt-Volumen im Servicebereich:*
  25 920 Stunden (Kfz-Technik)
  + 10 080 Stunden (Kfz-Karosserie)
  = 36 000 Stunden im gesamten Servicebereich
- *Bei einer durchschnittlichen jährlichen Arbeitsleistung von 1450 Stunden je Mechatroniker kann auch der Personaleinsatz berechnet werden: 36 000 Std. : 1450 Std./Mechatroniker = 24,83 → 25 Mechatroniker müssen zur Bewältigung der anfallenden Servicestunden beschäftigt werden. (Bei einer eigenen Lackiererei käme die berechnete Anzahl der Mitarbeiter noch hinzu.)*

Mit der Vereinbarung des Jahresziels sind die Überlegungen des Autohauses allerdings noch nicht abgeschlossen. Das Autohaus plant die Fahrzeugauswahl für das eigene Sortiment, indem es festlegt, welche Modelle in welchen Mengen aus der Produktpalette des Herstellers im Laufe des Jahres geliefert werden sollen. Dazu müssen die zuständigen Mitarbeiter des Autohauses nicht nur die eigenen Verkaufszahlen aus den vergangenen Perioden kennen, sondern sie sollten auch über die – insbesondere regionalen – Entwicklungen des Fahrzeugmarktes Bescheid wissen, etwa inwieweit sich einzelne Fahrzeugklassen bei den Kunden besonderer Beliebtheit erfreuen und welche nicht mehr so häufig nachgefragt werden. Dabei können auch zukünftige politische Entscheidungen eine wichtige Rolle spielen, wenn z. B. Fahrzeuge mit großem Hubraum oder hohem Verbrauch anders besteuert werden sollen, in noch mehr Städten und Gemeinden Umweltzonen zur Reduzierung des Feinstaubs eingerichtet oder bestimmte Antriebssysteme ganz und gar aus den Städten verbannt werden.

Das Jahreszielvereinbarungsgespräch führt in der Regel der Hersteller mit dem Geschäftsführer des Autohauses. Dieser wird das Jahreszielvereinbarungsgespräch in seinem Hause mit seinen Verkäufern gut vorbereiten und mit ihnen gemeinsam die Abnahmemengen je Modell besprechen. Dies ist eine sinnvolle Vorgehensweise, denn die Verkäufer wissen am besten, welche Fahrzeuge vom Kunden in welcher Ausstattung nachgefragt werden. Außerdem sind sie es, die die Fahrzeuge später verkaufen müssen. Dieses Vorgehen gewährleistet, dass die mit dem Hersteller geführten Jahreszielvereinbarungsgespräche näher am Markt stattfinden.

Beschaffungsplan

Im Beschaffungsplan müssen der Zeitpunkt der Händlernachfrage und die Produktionskapazitäten des Herstellers aufeinander abgestimmt werden. In Abhängigkeit von seiner Lieferbereitschaft, die von der Produktionskapazität bestimmt wird, gibt der Hersteller den Beschaffungsplan des Händlers vor.

Ein bestimmender Faktor bei der zeitlichen Planung sind die Werksferien, in denen die Produktionsbänder absolut stillstehen und keine Autos ausgeliefert werden. Der Händler muss auf diesen Faktor bei seinen Planungen natürlich Rücksicht nehmen.

Ein weiterer Einflussfaktor sind saisonale Faktoren. Cabrios sollten zum Frühjahr an den Händler ausgeliefert werden. Im Herbst sinkt die Nachfrage nach offenen Autos erheblich und eine Auslieferung macht hier keinen Sinn, sie würde für den Händler nur hohe Lagerkosten verursachen.

Verkaufsunterstützung durch den Hersteller

Um die Zulassungszahlen zu erhöhen und somit langfristig die Produktion und den Absatz der eigenen Marke zu sichern, unterstützen die Hersteller ihre Händler beim Abverkauf der Fahrzeuge an den Endverbraucher. Die Hersteller nehmen Einfluss auf das äußere Erscheinungsbild der Händlerfiliale, indem Vorgaben bez. der Gebäudegestaltung und Inneneinrichtung gemacht werden. Es ist im Interesse der Hersteller, ein einheitliches Markenbild bei den Kunden zu schaffen und dies erfordert ein identisches Erscheinungsbild aller Händler.

Bonus* *(Mehrzahl Boni)
Gutschrift (z. B. in Form einer nachträglich höheren Marge) bei Übererfüllung eines ursprünglich vereinbarten Ziels

Das Einhalten der Vorgaben ist häufig mit einer Zusatzmarge verbunden. Als weitere Motivation werden an die Händler Stückzahlen-, Zulassungs- und Eroberungs***boni*** gezahlt. Der Hersteller nutzt das Margensystem als Planungsinstrument zur Auslastung seiner eigenen Produktion. Ist der Abverkauf eines bestimmten Modells nicht zufriedenstellend, können kurzfristige Bonussysteme aufgelegt werden, die den Einsatz der Verkäufer bzgl. dieses Modells anspornen und den Abverkauf steigern. Händler mit einer großen Jahresabsatzmenge erhalten in der Regel höhere Margen. Die Abnahmemenge wird häufig einer Bonusklasse zugeordnet, die nächst größere Jahresabnahmemenge erhält dann einen höheren Bonus. Somit kann es für einen Händler unter Umständen lohnend sein, ein größeres Jahresziel mit dem Hersteller zu vereinbaren, denn dadurch erhält er insgesamt eine höhere Marge. Gegen Ende eines Jahres kann dies dann aber zu einem Preisverfall führen, denn um das Jahresziel zu erreichen, müssen die Fahrzeuge ggf. mit einem erheblichen Nachlass an die Kunden verkauft werden. Hier ist also Vorsicht geboten!

Alle Maßnahmen des Herstellers, die den Absatz des Händlers unterstützen, subsumiert man unter dem Begriff „Verkaufsprogramm“ des Herstellers.

2.2 Fahrzeugarten im Autohaus

Dadurch, dass ein Autohaus aus den unterschiedlichsten Gründen Fahrzeuge bereithält, haben sich verschiedene Bezeichnungen für die einzelnen Fahrzeuge herausgebildet.

2.2.1 Neuwagen

Um einen Neuwagen handelt es sich immer dann, wenn das vom Händler angebotene Fahrzeug in allen technischen Ausstattungsmerkmalen und sonstigen Details dem derzeit vom Herstellerwerk serienmäßig gelieferten neuesten Modell entspricht. Neue Fahrzeuge des alten Modells gelten nach der Rechtsprechung nicht mehr als Neuwagen. Diese sogenannten Auslaufmodelle werden meistens preisgemindert vom Händler angeboten.

Smart (3. Generation; ab Mitte 2014)

Smart (2. Generation; bis Mitte 2014)

Mitte 2014 kam die neue Smart-Generation auf den Markt. Somit hätte das alte Modell nicht mehr als Neuwagen verkauft werden können. Neben technischen Änderungen gab es erhebliche Neuerungen beim Design.

Der Bundesgerichtshof (BGH) hat in einer Entscheidung vom 15.10.2003 (Az VII ZR 227/02) festgelegt, dass ein Kraftfahrzeug nur dann noch fabrikneu ist, wenn

- *das Modell des Fahrzeugs unverändert weiter gebaut wird,*
- *es keine durch längere Standzeiten bedingte Mängel aufweist und*
- *zwischen Herstellung des Fahrzeugs und Abschluss des Kaufvertrags nicht mehr als zwölf Monate liegen.*

In seiner Begründung verwies der BGH darauf, dass eine lange Standdauer für einen Neuwagenkunden einen wertmindernden Faktor darstelle, der auf dem Alterungsprozess und den damit bedingten Begleiterscheinungen wie Materialermüdung, Oxidation und anderen physikalischen Veränderungen an dem Fahrzeug beruhe.

Insbesondere die letztgenannte starre Zwölfmonats-Frist war neu für den Kraftfahrzeughandel. Losgelöst von der zivilrechtlichen Problematik stellte sich die Frage, wie Fahrzeuge beworben werden dürfen, die zwar noch nicht genutzt wurden und insbesondere die ersten beiden vorgenannten Merkmale noch aufwiesen, aber bereits älter als zwölf Monate sind.

Der Zentralverband Deutsches Kraftfahrzeuggewerbe e. V. (ZDK) hatte seinen Mitgliedern hierzu in Zusammenarbeit mit der Zentrale zur Bekämpfung unlauteren Wettbewerbs Begriffe mitgeteilt, die wettbewerbsrechtlich wohl nicht zu beanstanden seien:

- Lagerfahrzeug
- Ausstellungsfahrzeug
- Neufahrzeug, Produktion 20XX

Quelle: nach ZDK, Rundschreiben G 03-302 vom 15. 10. 2003

Bei der Verwendung derartiger Begriffe würde für den potenziellen Leser einer Werbeanzeige deutlich, dass damit Fahrzeuge beworben werden, die nicht unmittelbar zuvor hergestellt worden sind. Sie gäben den Kunden Anlass zur Einholung genauerer Informationen. Zumindest könne der Kunde nicht mehr erwarten, dass es sich um ein fabrikneues Kraftfahrzeug handelt. Und es sei davon auszugehen, dass eine Abmahnung seitens der Wettbewerbszentrale nicht erfolgen wird.

Weiter schreibt der ZDK: „Unabhängig von der Werbung gilt natürlich – entsprechend der Ausführungen des Bundesgerichtshofes (...) –, dass im Rahmen der Verkaufsgespräche in jedem Falle darauf hingewiesen werden muss – und dies auch im Kaufvertrag zur eigenen Absicherung des Unternehmers festgehalten werden sollte –, wenn es sich um ein Fahrzeug handelt, welches nicht mehr als fabrikneu angesehen werden kann, wenn es insbesondere bereits älter als zwölf Monate ist. Dies gilt umso mehr, wenn der Kunde ausdrücklich danach fragt."

Diese Rechtsprechung wurde später in vielen Urteilen von den nachfolgenden Instanzen übernommen und bestätigt. Dies gilt auch für den Fall, dass es sich bei dem vermeintlichen „Neuwagen" um einen EU-Import handelt.

In einem vom Landgericht (LG) Essen rechtskräftig entschiedenen Fall (Urteil vom 21. 01. 2005, Az. 8 O 759/04) forderte ein Kunde von einem Kfz-Händler die Rückabwicklung eines Kaufvertrags über ein „neues EU-Kfz" der Marke Daewoo Kalos 1.4 SE. Der Kaufvertrag war am 06. 03. 2004 zwischen den Parteien abgeschlossen worden. Später stellte sich heraus, dass das Fahrzeug bereits am 28. 10. 2002 produziert worden war und somit eine Standzeit von über 16 Monaten aufwies. Trotz Fristsetzung seitens des Kunden weigerte sich der Händler zur Neulieferung eines mangelfreien Fahrzeugs.

Das LG Essen gab dem Kläger Recht, da eine Lagerdauer von mehr als einem Jahr dazu führe, dass ein Neufahrzeug einen Sachmangel aufweise und daher nicht mehr als EU-Neufahrzeug vermarktet werden dürfe.

> *In seiner Urteilsbegründung heißt es:*
> *„Der mit den Gepflogenheiten des Kfz-Handels innerhalb der EU in der Regel nicht im Einzelnen vertraute Käufer muss nicht damit rechnen, dass die Einführung aus einem anderen EU-Land als Begleiterscheinung zur Folge hat, dass dieses Fahrzeug eine deutlich längere Standzeit aufweist. Ebenso wie ein Käufer, der ein Fahrzeug als „fabrikneu" kauft, geht ein Käufer, der ein „neues" EU-Kfz kauft, davon aus, dass dieser Pkw nicht mit solchen wertmindernden Faktoren behaftet ist, die seine Eigenschaft als „Neuwagen" beeinträchtigen. Die Bezeichnung „neues" EU-Kfz wäre irreführend, wenn unter dieser Etikettierung Fahrzeuge verkauft würden, die wegen ihrer Standdauer und des dadurch bedingten Alterungsprozesses nach der Verkehrsauffassung nicht mehr als „neu" anzusehen sind."*

Diese grundsätzliche Rechtsansicht wurde auch vom ***OLG*** Düsseldorf in einem rechtskräftigen Urteil vom 24.10.2005 (Az. I-1 U 84/05) zu einem anderen Fall geteilt, auch wenn hier der Kläger nicht Recht bekam.

OLG
Oberlandesgericht

In diesem anderen Fall, in dem ein Kunde einen Geländewagen als EU-Importfahrzeug gekauft hatte, ging das OLG davon aus, dass eine Abweichung vom Normal- oder Regelfall, die eine Abweichung von der BGH-Rechtsprechung begründen könnte, nicht auf den Umstand gestützt werden könne, dass es sich bei dem streitgegenständlichen unbenutzten Fahrzeug um ein EU-Importfahrzeug handelt. Auch ein EU-Neufahrzeug dürfe grundsätzlich nicht älter als zwölf Monate sein, egal von welchem Typ von Kfz-Händler es angeboten werde. Zwar gestalte sich die Ermittlung des Produktionsdatums für EU-Importeure, die nicht an einen Hersteller angeschlossen seien, oftmals schwieriger als für markengebundene Kfz-Händler, die Schwierigkeiten seien jedoch nicht unüberwindbar und könnten im Übrigen nicht zulasten der Verbraucher gehen.

Dennoch wies das OLG Düsseldorf in dem Verfahren das Rücktrittsbegehren des Kunden ab, weil der Käufer bei Abgabe der Fahrzeugbestellung wusste, dass er einen EU-importierten Geländewagen in Form des Sondermodells „Jägeredition" gekauft hatte, das in der Dieselversion nur noch einmal lieferbar war. Vor diesem Hintergrund habe der Käufer – ausnahmsweise – auch ohne ausdrücklichen Hinweis wie „Lagerfahrzeug" oder „Auslaufmodell" berechtigterweise nicht erwarten dürfen, dass das Fahrzeug jünger als zwölf Monate sei.
Hinzu kam u. a., dass der Händler das EU-Fahrzeug auch nicht als „neues" angeboten und er auf marktübliche Bezeichnungen mit Signalwirkung wie „Neuwagen", „EU-Neufahrzeug" oder „neues EU-Fahrzeug" verzichtet hatte.

Somit gilt ebenso für EU-Fahrzeuge, dass sie nur dann als Neufahrzeuge vermarktet werden dürfen, wenn alle Kriterien der Fabrikneuheit erfüllt sind. Hierzu gehört auch die für den Regelfall vom BGH aufgestellte Lagerdauer von zwölf Monaten zwischen Produktion und Abschluss des Kaufvertrages.

Ein weiterer häufiger Streitpunkt ist zudem die Frage, wie viele Kilometer mit dem Fahrzeug bis zur Erstzulassung zurückgelegt werden dürfen. Die meisten Gerichte haben sich für einen Tachostand von maximal 100 km ausgesprochen, denn natürlich muss das produzierte Fahrzeug aus dem Werk gefahren und auf einem Autotransporter, einem Zug oder einem Schiff verladen werden, damit es schließlich in die Ausstellungsräume des Händlers gelangt. Und sowohl im Werk als auch später vor der Erstauslieferung wird es Test- und Probefahrten geben, sodass im Regelfall gegen eine Laufleistung von bis zu 100 km keine Einwände erhoben werden können.

Dass es in Einzelfällen durchaus auch mehr sein können, haben z. B. das OLG Stuttgart (vom 28. Juni 2000 [AZ: 4 U 53/00]) und das OLG Dresden (Urteil vom 04.10.2006 [Az. 8 U 1462/06]) entschieden. Findet auf Verlangen und/oder mit Zustimmung des Kunden eine längere Überführungsfahrt mit ***rotem Kennzeichen*** statt, so verliert dadurch das Fahrzeug nicht die Neuwageneigenschaft.

Rote Kennzeichen (Kurzzeitkennzeichen)
Die Ausgabe von roten Kennzeichen erfolgt an Händler und Kfz-Betriebe. Sie dienen für Probe- und Überführungsfahrten und tragen die Folgenummer „06". Diese Kennzeichen sind nicht an ein bestimmtes Fahrzeug gebunden.

So entschied das Oberlandesgericht Stuttgart in einem Urteil, dass ein Neufahrzeug, welches ein Händler auf Wunsch seines Kunden von einem anderen Händler besorgt hat und mit roter Nummer über 452 km auf eigener Achse an den Ort des Vertragsschlusses überführt wurde, nach wie vor als Neuwagen zu gelten hat.

i *Das Urteil wurde folgendermaßen begründet:*
„Das Fahrzeug hat durch die Überführungsfahrt mit rotem Kennzeichen von A nach B seine Neuwageneigenschaft nicht verloren. Unter einem Neufahrzeug versteht man üblicherweise ein Kraftfahrzeug, das bis zum Zeitpunkt der Veräußerung seinem bestimmungsgemäßen Gebrauch als Verkehrsmittel noch nicht zugeführt worden ist. Dabei stellt die vom Händler veranlasste oder durchgeführte Überführungsfahrt, unter der man die Fahrt mit eigener Motorkraft vom Herstellungsort zum Verkaufsort mit rotem Kennzeichen versteht, keine Ingebrauchnahme zu Verkehrszwecken dar. (...)
Allerdings kann nach Auffassung des Senats der Begriff der Überführungsfahrt nicht losgelöst von der zurückzulegenden Fahrtstrecke gesehen werden. (...)
Bei einer durchschnittlichen Gesamtlaufleistung heutiger Kraftfahrzeuge von etwa 200 000 km ist jedoch die von dem Autohaus zurückgelegte Überführungsstrecke von etwa 50 km noch im Rahmen dessen, was üblicherweise unter einer Überführungsfahrt zu verstehen ist. Der Senat orientiert sich dabei an der im Schadensrecht für die Unfallregulierung auf Neuwagenbasis entwickelte 1 000-km-Grenze, die hier nicht überschritten ist."

Das OLG Dresden urteilte zu diesem Thema, dass ein als fabrikneu verkaufter und bislang nicht amtlich zugelassener Pkw, der nach den Vereinbarungen der Parteien über eine Strecke von gut 500 km per Achse zu überführen ist, die Neuwageneigenschaft nicht dadurch verliert, dass er bei Auslieferung einen Tachostand aufweist, der weniger als 100 km über der kürzestmöglichen Verbindungsstrecke liegt, auch wenn unklar bleibt, zu welchem Zweck die „Mehrkilometer" angefallen sind.

Neufahrzeuge, die kurz vor der Auslieferung an den Kunden beim Aufbereiten einen Blechschaden erleiden, gelten nur dann noch als Neuwagen, wenn es sich um einen völlig unwesentlichen, kaum sichtbaren Schaden handelt. Ist der Schaden größer, so ist die Neuwageneigenschaft gefährdet, da der Kunde in der Regel das Fahrzeug nicht mehr als Neuwagen anerkennt und im Extremfall die Annahme des Fahrzeuges verweigert. So entschied das LG Gießen (AZ 4 O 269/04 vom 11. 11. 2004), dass der Käufer eines Pkw, bei dem eine kleine Delle in der Motorhaube für 390,00 € gespachtelt und neu lackiert wurde, zur Anfechtung des Kaufvertrags berechtigt ist.
Schäden, die beim Hersteller während der Produktion entstehen, gelten nicht als Unfallschäden und müssen dem Kunden somit auch nicht mitgeteilt werden. Nacharbeiten im Automobilwerk sind durchaus üblich und berühren nicht die Neuwageneigenschaft.

> *Von einem Neuwagen wird erst gesprochen, wenn das fertiggestellte Fahrzeug das Werk verlässt.*

2.2.2 Lagerwagen

Neuwagen ☞ S. 129

Ein Lagerwagen ist in aller Regel ein Neuwagen. Die Neuwageneigenschaft verliert er, wenn während der Lagerzeit ein Modellwechsel stattfand und das Lagerfahrzeug in der technischen Ausstattung und im äußerlichen Erscheinungsbild nicht mehr dem neuesten serienmäßig produzierten Modell entspricht oder wenn das Produktionsdatum des Fahrzeugs mehr als ein Jahr zurückliegt. Der Lagerwagen wird dann zum Auslaufmodell.

Bei einem Lagerwagen handelt es sich um ein Fahrzeug, das der Kfz-Händler aufgrund der mit dem Hersteller vereinbarten Jahresabnahme-Quote abgenommen hat, ohne dass dafür bereits ein Kaufvertrag mit einem Kunden vorlag. Da sich beim Fahrzeugverkauf saisonale Nachfragespitzen ergeben, ist eine Bevorratung mit Neufahrzeugen dringend erforderlich, um kaufwilligen Kunden ohne Wartezeit ein interessantes Fahrzeug anbieten zu können. Lagerwagen sind daher Neufahrzeuge, die im Hinblick auf den wahrscheinlichen Bedarf vom Autohaus gekauft und auf Lager gestellt werden. Dabei wählt das Autohaus Fahrzeugfarben und Ausstattungsvarianten, die den gängigsten Wünschen der Käufer in der Vergangenheit entsprachen.

Ausstattungsgrad von Pkw 2016 (Angaben in Prozent)

	Neu-wagenkäufer	Gebraucht-wagenkäufer	Pkw-Halter
Komfort			
Radio (digital, DAB)	21	10	22
Radio	76	85	75
Einparkassistent	23	11	21
Einparkhilfe/Parktronic	62	41	38
Elektrisch öffnende Heckklappe	19	8	14
Elektrische Sitzverstellung	26	14	19
Freisprecheinrichtung (Festeinbau)	52	28	40
Head-up-Display	7	3	4
Keyless Access/Schlüsselloser Zugang	17	4	17
Klimaanlage/-Automatik	93	87	90
Rückfahrkamera	24	8	15
Schiebedach	20	17	17
Sitzheizung	64	45	58
Sport-/Leder-/Multifunktionslenkrad	71	55	48
Ledersitze	18	15	19
Sportsitze	20	16	18
Standheizung	10	6	9
Tempomat	69	47	55
Zentralverriegelung	95	91	94
Licht			
Adaptives Fahr-/Kurven-/Abbiegelicht	34	17	26
Fernlichtassistent	18	7	13
Lichtsensor	56	35	31
Xenon-Scheinwerfer	29	21	23
Sicherheit			
Abstandsregeltempomat	17	5	9
eCall/SOS-Funktion	7	2	5
Müdigkeitserkennung	13	3	10
Nachtsichtassistent	5	1	2
Notbremsassistent	27	10	10
Regensensor	65	44	47
Reifendrucksensor/-überwachung	100	24	37
Seiten-Airbag	79	67	66

	Neu-wagenkäufer	Gebraucht-wagenkäufer	Pkw-Halter
Spurhalteassistent	19	5	9
Totwinkel-/Spurwechselassistent	12	2	7
Verkehrszeichenerkennung	9	2	7
Optik			
Abgedunkelte Scheiben/Privacy Verglasung	35	23	36
Leichtmetallfelgen	75	66	66
Metallic-Lackierung	71	67	61
Optik-Paket	14	7	10
Connectivity/Infotainment			
Bluetooth	65	33	41
Internet	12	4	5
Navigationssystem	59	35	39
Smartphone-Spiegelung/Carplay/Android Auto	4	2	4
Sonstiges			
Alarmanlage	16	12	26
Automatikgetriebe	20	13	28
Sportfahrwerk/Adaptives Fahrwerk	12	10	17
Start-Stopp-Automatik	62	24	27

Quelle: nach DAT-Report 2017, S. 10

Sinnvoll ist es auch, den Wandel im Käuferverhalten stetig im Blick zu behalten und rechtzeitig darauf zu reagieren. So können sich z. B. die Vorlieben für bestimmte Fahrzeugfarben bei anderen Herstellern schon geändert haben, sodass auch bei der eigenen Marke mit einer verstärkten Nachfrage nach den „neuen Trend-Farben" zu rechnen ist.

2.2.3 Auslaufmodelle

Auslaufmodelle sind Fahrzeuge, die in der technischen Ausstattung und sonstigen Details nicht mehr den derzeit vom Herstellerwerk serienmäßig gelieferten neuesten Modellen entsprechen. Sie dürfen nicht mehr als „fabrikneu" beworben werden.

2.2.4 Ausstellungsfahrzeuge

Ausstellungsfahrzeuge sind Fahrzeuge, die in den Verkaufsräumen des Autohauses stehen und den Kunden präsentiert werden können. Der Kunde kann sich dabei über das aktuelle Fahrzeugprogramm des Herstellers informieren und die Autos live erleben, sie im wahrsten Sinne des Wortes „begreifen". So kann er beispielsweise im Inneren Platz nehmen, die Bedienelemente anfassen und ausprobieren. Auch der wahrzunehmende typische „Neuwagengeruch" oder der Klang der zufallenden Türen spielen dabei eine wesentliche Rolle. Ausstellungsfahrzeuge gelten so lange als Neuwagen, soweit sie nicht älter als zwölf Monate alt sind, keinen Schaden während der Ausstellungszeit erlitten haben und es kein Facelift oder Nachfolgermodell auf dem Markt gibt.

Warenvorlage
☞ Band 1, LF 4, S. 298 f.

2.2.5 Vorführwagen

Ein Vorführwagen erfüllt einen ähnlichen Zweck wie ein Ausstellungsfahrzeug. Der Unterschied ist, dass der Vorführwagen auf die Firma des Kfz-Händlers zugelassen ist. Mit dieser Zulassung verliert er automatisch die Neuwageneigenschaft, da ein Eigentümer in die Zulassungsbescheinigung Teil 2 eingetragen wird (Ausnahme: Tageszulassung). Die Verkaufsberater wickeln mit den Vorführwagen zum Teil ihre geschäftlichen Fahrten ab, können diese aber auch häufig für private Fahrten, zumindest für den Weg von der Wohnung zur Arbeitsstätte und zurück, nutzen.

Zulassungsbescheinigung, Teil 1 (§ 11 FVZ) Fahrzeugschein

Zulassungsbescheinigung, Teil 2 (§ 12 FVZ) Fahrzeugbrief

Um einen Vorführwagen handelt es sich jedoch nur, wenn das Fahrzeug tatsächlich seinem bestimmungsgemäßen Zweck zugeführt wird, also bei Probefahrten mit Kunden zum Einsatz kommt. Davon geht man in aller Regel aus, wenn der Vorführwagen beim Verkauf eine Laufleistung von mindestens 1000 km aufweist.

Ein Vorführwagen sollte aus wirtschaftlichen Gesichtspunkten nicht mehr als 10 000 km gefahren und maximal ein Jahr, besser jedoch nur sechs Monate, auf das Autohaus zugelassen sein.

Aber handelt es sich nach der Nutzung als Vorführwagen immer um ein gebrauchtes Fahrzeug? Mit dieser Frage beschäftigte sich das LG Bremen im Jahr 2008. So ging es bei einem Rechtsstreit in Bremen um ein auf einen Kfz-Händler zugelassenes Motorrad, das für Vorführzwecke genutzt wurde und eine Laufleistung von 35 km aufwies. Der Käufer wollte durch seine Klage erwirken, dass das Motorrad aufgrund seines geringen Kilometerstandes als Neufahrzeug einzustufen sei. Das LG Bremen hat aber mit seinem Urteil vom 19. 06. 2008 (Az. 6 O 1308/07) klargestellt, dass es sich um ein Gebrauchtfahrzeug im Sinne des § 475 Abs. 2 BGB handelt, sodass deshalb auch eine Verkürzung der Verjährungsfrist für Sachmängelhaftungsansprüche auf ein Jahr nach Auslieferung des Fahrzeugs zulässig ist.

Das LG Bremen begründete sein Urteil wie folgt:
„Die Frage, ob ein Kaufgegenstand neu oder gebraucht ist, richtet sich danach, ob die Sache in Benutzung genommen wurde (vgl. BGH NJW 2007, 674 [676]; [...]). „Benutzt“ wird ein Motorrad dadurch, dass es gefahren wird. Vorliegend wurden unstreitig 35 km mit der Maschine zurückgelegt und das Motorrad wurde für Vorführzwecke genutzt. Es ist damit eine zwar geringe, aber dennoch nicht so unwesentliche Benutzung erfolgt, dass das Motorrad als gebraucht anzusehen ist. Das zeigt sich bei folgender Kontrollüberlegung: Hätte der Kläger bei der Beklagten ein individuell für ihn zu fertigendes neues Motorrad bestellt und hätte die Beklagte versucht, die Bestellung dadurch zu erfüllen, dass sie das hier streitgegenständliche Motorrad anbietet, so hätte der Kläger selbst dann, wenn das Motorrad hinsichtlich Motorisierung und Ausstattung vollständig der Bestellung entspricht, zu Recht eingewandt, dass es sich nicht um das gewünschte neue Motorrad handelt, sondern um ein gebrauchtes.“

Die Hersteller unterstützen ihre Vertragshändler beim Kauf von Vorführwagen, indem sie ihnen z. B. die Vorführwagen für die Dauer von drei Monaten als zinslosen Zielverkauf anbieten oder einen zusätzlichen Bonus in Höhe von einigen hundert Euro gewähren. Diese finanziellen Hilfen werden aber meist nur dann gewährt, wenn der Vorführwagen mindestens drei Monate lang auch als Vorführwagen genutzt wird und spätestens nach sechs Monaten außer Dienst gestellt und vermarktet wird. Der Hersteller erreicht so eine höhere Absatzzahl und sorgt dafür, dass die Marktanteile „seiner" Marke steigen.

2.2.6 Jahreswagen

Als Jahreswagen werden Gebrauchtfahrzeuge bezeichnet, die von Werksangehörigen aus der Automobilindustrie – meist über private Kanäle, teilweise aber auch über spezielle Jahreswagenhändler – verkauft werden. Die Jahreswagen müssen in der Regel ein Jahr lang vom Werksangehörigen genutzt werden, erst dann dürfen sie verkauft werden. Durch den hohen Mitarbeiterrabatt, den ein Werksangehöriger üblicherweise erhält, lohnt es sich häufig für die Mitarbeiter, sich an solch einem Jahreswagenprogramm zu beteiligen, da der Wertverlust nach einem Jahr Nutzung aufgrund des hohen Rabatts nicht besonders hoch ist.

2.2.7 Tageszulassungen

Tageszulassungen sind Fahrzeuge, die nicht genutzt wurden und nur die auch bei Neuwagen üblichen „Überführungskilometer" aufweisen. Sie gelten nach einem Urteil des Bundesgerichtshofs (Az. VIII ZR 109/2004) als Neuwagen, obwohl sie vom Händler kurzzeitig zugelassen wurden. Der Händler verfolgt dabei das Ziel, die Abnahmemenge zu steigern und den Marktanteil zu erhöhen sowie einen besseren Weiterverkauf zu erreichen. Ob es sich dabei tatsächlich um ein Fahrzeug handeln muss, das nur einen Tag zugelassen war – wie es der Name an sich vermuten lässt – oder ob bei einer Zulassungsdauer von mehr als einem Tag der Begriff „Kurzzulassung" zu wählen wäre, damit musste sich der BGH vor einigen Jahren befassen.

Mit seinem Urteil vom 13. 01. 2000 (Az: I ZR 253/97) hat der BGH entschieden, dass es nicht irreführend sei, ein Neufahrzeug, das sechs Tage zugelassen war, im Straßenverkehr aber nicht benutzt worden ist, als „Tageszulassung mit 0 km" zu bewerben.

> i *Das BGH urteilte aus folgenden Gründen:*
> *„Dem Verkehr kommt es unter diesen Umständen nicht maßgeblich darauf an, ob das als Neuwagen beworbene Fahrzeug nur einen Tag oder für wenige Tage, also kurzfristig, zugelassen war. Für den potenziellen Autokäufer ist vielmehr entscheidend, dass es – dem Sinn und Zweck der sogenannten Tageszulassung entsprechend – noch nicht im Straßenverkehr genutzt wurde. Von Letzterem ist auch im Streitfall aufgrund der Werbeangabe ‚Tageszulassung mit 0 km' und mangels gegenteiliger Feststellungen des Berufungsgerichts auszugehen. (...)"*

2.2.8 Reimportfahrzeuge

Aus der Perspektive Deutschlands ist ein Reimportwagen ein Fahrzeug, das auf einem ausländischen Markt, also in einem anderen Land als Deutschland, als Neuwagen angeboten worden ist. Deutsche Kunden können diese Autos, z. B. in Europa aufgrund des freien Binnenmarktes, selbstverständlich kaufen, entweder direkt im europäischen Ausland bei einem dort ansässigen Vertragshändler oder in Deutschland bei einem Reimporthändler.

Reimporte sind aufgrund eines attraktiven Preises eine echte Alternative zu den in Deutschland angebotenen Neuwagen. Wie kommen die günstigen Preise für Reimportfahrzeuge zustande?

Eine Ursache für die günstigen Preise von Reimportwagen ist das in der Europäischen Union gültige **Bestimmungslandprinzip** bei der Umsatzsteuer beim innergemeinschaftlichen Erwerb von Waren und Dienstleistungen. Hiernach werden Waren und Dienstleistungen, die ein Unternehmen zwecks Handel oder Produktion im europäischen Ausland erwirbt, grundsätzlich im Land des Erwerbers versteuert. Das heißt, ein Autohändler, der auf Reimportwagen spezialisiert ist, zahlt die Umsatzsteuer für ein in den Niederlanden gekauftes Auto in Deutschland in Höhe der deutschen Umsatzsteuer. In den Niederlanden zahlt er folglich nur den Listen-Nettopreis. Seinen innergemeinschaftlichen Erwerb meldet er beim deutschen Zoll und beim deutschen Finanzamt an. Er führt im Rahmen der Umsatzsteuervoranmeldung die auf den Einkauf fällige Vorsteuer in Deutschland ab. Die verrechnet er dann beim Verkauf der Ware wieder mit der erhaltenen Umsatzsteuer.

Privatpersonen, die im europäischen Ausland Waren und Dienstleistungen kaufen, zahlen die Umsatzsteuer in der Regel nach dem **Herkunftsprinzip,** d. h. im europäischen Ausland. Eine Ausnahme stellt der Erwerb von Neufahrzeugen dar. Bei der Lieferung von Neufahrzeugen gilt auch für die Privatperson eine Steuerbefreiung im Herkunftsland für die innergemeinschaftliche Lieferung. Es gilt also hier auch für Privatpersonen das Bestimmungslandprinzip, wonach der Erwerber die Umsatzsteuer in dem Staat, in dem er das Fahrzeug zulässt, zahlt. Ist die Umsatzsteuer im Bestimmungsland niedriger als im Herkunftsland, spart der Neuwagenkäufer allein aufgrund des günstigeren Umsatzsteuersatzes Geld.

In der Europäischen Union gelten unterschiedlich hohe Umsatzsteuersätze. Die in Deutschland gültige Umsatzsteuer (Regelsteuersatz) in Höhe von 19 % ist im Vergleich zu den Nachbarstaaten niedrig:

Land	Regelsatz Umsatzsteuer
Deutschland	19 %
Niederlande	21 %
Belgien	21 %
Österreich	20 %
Dänemark	25 %
Frankreich	20 %

Diese unterschiedlichen Umsatzsteuersätze führen aber auch dazu, dass die Listenpreise der Hersteller im Vergleich zu Deutschland in den verschiedenen europäischen Ländern niedriger sind. Würden nämlich die Hersteller die in Deutschland gültigen Listenpreis im europäischen Ausland verlangen, zuzüglich der dort höheren Umsatzsteuer, dann wäre das Preisniveau für Neuwagen in diesen Ländern zu hoch und der Absatz an Neuwagen wäre aufgrund des hohen Preisniveaus niedriger. Um also im europäischen Ausland akzeptable Bruttoverkaufspreise anbieten zu können, sind die Netto-Listenpreis dort niedriger als in Deutschland.

Hinzukommt, dass z. B. Dänemark neben der Umsatzsteuer auch noch eine Zulassungssteuer, umgangssprachlich auch Luxussteuer genannt, von bis zu 140 % auf Neuwagen erhebt. Dadurch werden Neuwagen für dänische Kunden erheblich teurer angeboten.

BEISPIEL

Ein serienmäßig ausgestatteter Passat kostet laut Liste ca. 25.000,00 €. Ein dänischer Autokäufer muss jedoch aufgrund der Zulassungssteuer 57.000,00 € zahlen.

Diese „Luxussteuer“ zahlen aber nur dänische Kunden, deutsche Kunden zahlen beim Kauf eines Neuwagens in Dänemark nur den Netto-Listenpreis.

Reimporthändler oder auch Privatkunden können sich also aufgrund des Bestimmungslandprinzips bei der Umsatzsteuer einen Preisvorteil bei Neuwagen sichern, allein durch die Tatsache, dass sie im europäischen Ausland Neuwagen netto günstiger einkaufen als in Deutschland.

LS 73

3 Den Kapitalbedarf für das Neuwagengeschäft berechnen

SITUATION *Autoland Murschall GmbH*

Zu Davids Aufgaben gehört es – in mehr oder weniger regelmäßigen Abstanden –, die Neuwagen in den Verkaufsräumen sowie die auf dem Hof präsentierten Gebrauchtwagen umzustellen. Da er mittlerweile schon im dritten Ausbildungsjahr ist und in wenigen Monaten seine Abschlussprüfung ansteht, macht er sich Gedanken über seine berufliche Zukunft. Zwar hatte Herr Nolte schon signalisiert, dass er übernommen wird, doch sein Traum wäre es, in absehbarer Zukunft sein eigener Herr zu sein und sein eigenes Autohaus zu fuhren. Als er aber wieder einmal die große Menge an Fahrzeugen in der Ausstellung und auf dem Hof sieht und versucht, den Wert der Fahrzeuge grob zusammenzurechnen, kommen ihm Zweifel, wie er so etwas später mal finanzieren soll.

Jedes Autohaus hält – schon aus Präsentationsgründen – eine Reihe von Fahrzeugen vor, die im Verkaufsraum stehen. Da es für diese Fahrzeuge noch keinen Käufer gibt, muss der Autohändler sie vorfinanzieren. Darüber hinaus verfügt er über Lagerwagen, die er zu festgelegten Zeitpunkten nach der Jahreszielvereinbarung vom Hersteller abnehmen und bezahlen muss. Weiterhin muss er auch ein umfangreiches Ersatzteillager führen, um Inspektionen und Reparaturen zeitnah durchführen zu können.

Lagerwagen und Ersatzteile sind ebenso wie die Gebrauchtwagen, die in Zahlung genommen wurden, vorzufinanzieren. Die Vorfinanzierung ist notwendig, da zwischen dem Zeitpunkt der Zahlung der Eingangsrechnung für die eingekauften Waren an den Hersteller/Lieferanten und dem Zeitpunkt des Zahlungseingangs durch die Kunden für den Verkauf der Waren eine Zeitspanne liegt, die finanziell überbrückt werden muss. Es ist ein wesentliches Merkmal des Handels, dass Waren auf das eigene Risiko des Händlers einkauft werden in der Hoffnung, sie zu einem späteren Zeitpunkt teurer zu verkaufen.

Unternehmensinsolvenz
Das Insolvenzverfahren ist ein gerichtliches Verfahren, das dazu dient, alle Ansprüche von Gläubigern eines zahlungsunfähigen oder überschuldeten Unternehmens zu befriedigen.

Illiquidität
Zahlungsunfähigkeit

Da in der Zwischenzeit aber weiterhin Kosten anfallen und Zahlungen fällig werden, bis zum ersten Mal Geld durch Verkäufe in die Kasse kommt, stellt die Berechnung des Kapitalbedarfs für diese zu überbrückende Zeitspanne eine wichtige Aufgabe dar. Sollte ein Händler hier unsauber kalkulieren, verfügt er über zu wenig liquide Mittel, fällige Verbindlichkeiten können somit nicht rechtzeitig bezahlt werden und es droht eine ***Unternehmensinsolvenz*** aufgrund von ***Illiquidität.***

3.1 Berechnung des einfachen Kapitalbedarfs

Wie hoch ist der regelmäßige Kapitalbedarf, über den ein Autohaus verfügen muss, um die Warenvorräte zu finanzieren? Dabei spielt es erst einmal keine Rolle, ob es sich bei dem Kapital letztendlich um Eigenkapital (etwa in Form der Gewinnverwendung) oder um Fremdkapital (beispielsweise einen Bankkredit) handelt.

Am Beispiel „Lagerwagen" soll die Berechnung des Kapitalbedarfs exemplarisch aufgezeigt werden.

BEISPIEL *Berechnung des Kapitalbedarfs für Lagerwagen*

Annahme: Das mit dem Hersteller vereinbarte Jahresziel betragt 240 Neufahrzeuge, der durchschnittliche Einstandspreis (also der Listenpreis abzüglich aller Margen und Boni) liegt bei 15.000,00 € und die Standzeit der Fahrzeuge beträgt erfahrungsgemäß 45 Tage. Dann ergibt sich die folgende Rechnung:

durchschnittlicher Einstandspreis · Jahresziel = Jahresausgaben	15.000,00 € · 240 Neufahrzeuge pro Jahr = 3.600.000,00 € pro Jahr
Jahresausgaben : 360 = tägliche Ausgaben	3.600.000,00 € pro Jahr : 360 Tage = 10.000,00 € am Tag
durchschnittliche Standtage · tägliche Ausgaben = Kapitalbedarf	45 Tage · 10.000,00 € = 450.000,00 €

Auf die gleiche Weise lässt sich der Finanzierungsbedarf für die Vorführfahrzeuge, die Gebrauchtwagen und die Ersatzteile/das Zubehör bestimmen.

In der Regel hat das Autohaus die Möglichkeit, diese Einkaufsfinanzierung über die herstellereigene Bank abzuwickeln. Alternativ kann das Autohaus sich aber auch an seine Hausbank oder einen anderen Anbieter wenden. Als Sicherheit dient das zu finanzierende Umlaufvermögen, das aber üblicherweise nur bis zu einer Höhe von 80 bis 90 % beliehen wird, sodass weitere Sicherheiten hinzukommen müssen. Der Grund für diesen Sicherheitsabschlag ist darin zu sehen, dass die Bank im Falle einer Insolvenz des Autohauses die Fahrzeuge und Teile schnell veräußern möchte, um das ausgeliehene Kapital zurückzubekommen. Und das geht, etwa im Rahmen einer Versteigerung, meist nur mit deutlichen Preisabschlägen, sodass die Bank nicht den Preis erzielen wird, den das Autohaus veranschlagt hätte und den das Fahrzeug „eigentlich" wert ist.

Die meisten Hersteller verfügen über eigene Banken.

Finanzierungsmöglichkeiten und Kreditsicherheiten ☞ LF 8, Kap. 1.4 und 1.7

Bei einer Abwicklung der Einkaufsfinanzierung über das herstellereigene Kreditinstitut wird das zu finanzierende Umlaufvermögen sicherheitsübereignet. Für die Dauer der Sicherheitsübereignung erhält die Bank die ***Zulassungsbescheinigung Teil 2.*** Nach dem erfolgten Verkauf und/oder nach der Rückzahlung des Kreditbetrags erhält das Autohaus die Bescheinigung zurück. Sollte der Käufer wiederum das Fahrzeug finanzieren oder leasen, erhält die finanzierende Bank die Zulassungsbescheinigung.

Zulassungsbescheinigung Teil 2 Fahrzeugbrief

Bei der Kreditvergabe ist zu beachten, dass das Autohaus nicht einen bestimmten Betrag zur allgemeinen Finanzierung des Umlaufvermögens über einen längeren Zeitraum erhält, sondern dass zum Beispiel jedes Fahrzeug einzeln finanziert wird. Der Unterschied liegt darin, dass ein allgemeiner Finanzierungsrahmen als Dauerschuld gilt, was zu einer Erhöhung der Gewerbesteuer führen würde, die gesonderte Finanzierung und Ablösung eines Fahrzeugs sich aber nicht entsprechend auswirkt.

3.2 Berechnung des realistischen Kapitalbedarfs

Bei der Berechnung des einfachen Kapitalbedarfs wurden bisher das Lieferantenziel und das Kundenziel vernachlässigt. Diese werden nun bei der realistischen Kapitalbedarfsrechnung berücksichtigt, ebenso wie die anfallenden Handlungskosten, die für den Zeitraum zwischen Zahlung der Eingangsrechnung und Eingang der ersten Kundenzahlung anfallen und bezahlt werden müssen. Handlungskosten sind Kosten, die neben den verrechneten Anschaffungskosten für die Waren im Unternehmen anfallen, um den Handel zu ermöglichen. Um ein Fahrzeug zu verkaufen, reicht es nicht aus, lediglich den Einstandspreis zu betrachten. Damit das Autohaus funktionieren kann, sind vielfältige Ausgaben zu leisten, wie z. B.

- Mietzahlungen für die Verkaufsräume,
- Kosten für das Personal,
- Kosten für die Energie und
- Kosten für die Reinigung.

Die Summe dieser Kosten geht als Handlungskosten in die Berechnung des Kapitalbedarfs ein. So könnte man etwa die entsprechenden Monatsausgaben aus dem Betriebsabrechnungsbogen (BAB) entnehmen und durch 30 teilen, um die täglich benötigten Handlungskosten zu bestimmen. Häufig beziffert man sie als Prozentwert in Abhängigkeit von den Einstandspreisen.

BEISPIEL

Die täglichen Handlungskosten betragen 20 % des durchschnittlichen Einstandspreises (bei dem zuvor genannten Beispiel also 20 % von 15.000,00 € = 3.000,00 €).

Räumt der Hersteller oder Importeur dem Autohaus im Rahmen seiner Zahlungsbedingungen ein Lieferantenziel von z. B. 20 Tagen ein, dann verringert sich der Zeitraum, in dem das Fahrzeug vorfinanziert werden muss, um eben diese 20 Tage. Hat wiederum der Kunde die Möglichkeit, das Fahrzeug auf Ziel zu kaufen und beispielsweise innerhalb von sieben Tagen zu bezahlen (etwa bei Stamm- oder Großkunden), oder liegen zwischen dem Verkauf des Fahrzeugs und der

Übergabe an den Kunden einige Tage (etwa weil noch eine Übergabeinspektion und Aufbereitung erfolgt und das Auto für den Kunden zugelassen wird), dann verlängert sich der Zeitraum um genau diese Anzahl von Tagen.

BEISPIEL

Standzeit		Kundenziel
45 Tage		+ 7 Tage
- 20 Tage	= 32 Tage Kapitalbedarf	
Lieferantenziel		zu finanzierender Zeitraum

Für wie viele Tage sind nun die Handlungskosten zu berücksichtigen?
Das Fahrzeug verursacht von der Anlieferung bis zur Übergabe an den Kunden die oben genannten Kosten. Daher sind die Handlungskosten in dem gerade betrachteten Fall also für 52 Tage (45 Standtage + 7 Tage Kundenziel) anzusetzen.

Kapitalbedarf für Handlungskosten = 52 Tage

Berechnung des realistischen Kapitalbedarfs (auf Basis des zuvor genannten Beispiels):

durchschnittlicher Einstandspreis · Jahresziel = Jahresausgaben	15.000,00 € · 240 Neufahrzeuge pro Jahr = 3.600.000,00 € pro Jahr
Jahresausgaben : 360 = tägliche Ausgaben	3.600.000,00 € pro Jahr : 360 Tage = 10.000,00 € am Tag
tägliche Handlungskosten	20 % von 15.000,00 € = 3.000,00 € am Tag
tägliche Ausgaben · zu finanzierender Zeitraum + tägliche Handlungskosten · (Standzeit + Kundenziel)	10.000,00 € · 32 Tage = 320.000,00 € + 3.000,00 € · 52 Tage = 156.000,00 €
Kapitalbedarf	320.000,00 € + 156.000,00 € = 476.000,00 €

LS 74

4 Kundenberatung bei der Fahrzeugauswahl und Vorbereitung des Kaufabschlusses

SITUATION *Ein Kunde sucht ein neues Fahrzeug*

David Rose begleitet zurzeit den Neuwagenverkäufer Herrn Maslow, der freudestrahlend auf einen Kunden zugeht und ihn mit Handschlag begrüßt. Herr Maslow und der Kunde Herr Kurz beginnen sofort ein intensives Gespräch, das die verschiedensten, z. T. auch persönlichen Themenfelder berührt, aber so gut wie gar nicht mit einem Neuwagengeschäft im Zusammenhang steht. Nach ca. 30 Minuten kommen die beiden Herren dann zum Geschäft und innerhalb von 10 Minuten hat Herr Maslow einen Neuwagen im Wert von 60.000,00 € verkauft. Nachdem der Kunde verabschiedet ist, grinst David Herrn Maslow an und bemerkt: „Ich wusste gar nicht, dass das Autoverkaufen so einfach ist. Ein bisschen Small Talk und schon läuft es!“

Herr Maslow schaut irritiert auf und entgegnet: „Das, was du hier gerade gesehen hast, ist der Lohn für ca. 10 Jahre intensive Arbeit. Ich kenne Herrn Kurz bereits so lange und wir haben über die Jahre ein echtes Vertrauensverhältnis aufgebaut. Bis du auf diese Art und Weise Autos verkaufen kannst, musst du echte Beziehungsarbeit leisten, denn ohne die verkaufst du heute nur einmal an einen Kunden und dann nicht wieder. Um erfolgreich Autos zu verkaufen, halten wir uns an den Verkaufsprozess, den unser Hersteller uns vorgibt. Ich werde dir den jetzt mal im Detail erklären.“

Der Kauf eines Neufahrzeuges ist für eine Privatperson eine große Anschaffung. Nach dem Kauf eines Eigenheims vielleicht sogar die zweitgrößte Anschaffung im Leben eines „Normalverdieners“. Somit wird deutlich, dass der Kauf eines Neuwagens für die Mehrheit der Kunden etwas Besonderes ist, das ein mit Emotionen verbundenes Erlebnis darstellen sollte.

Emotionen beim Pkw-Kauf (2016)

Pkw-Kauf ist ...	Neuwagenkäufer	Gebrauchtwagenkäufer
... ein Erlebnis / macht Spaß. Informiere mich ausgiebig, über längeren Zeitraum.	57 %	39 %
... kein besonderes Erlebnis. Informiere mich umfassend in kurzer Zeit.	35 %	40 %
Ein notwendiges Übel bzw. mit Anstrengungen und Stress verbunden	8 %	21 %

Quelle: nach DAT-Report 2017, S. 7

Auf dem Weg zum Neuwagenkauf muss der Kunde aufgrund des vielfältigen Angebots für sich viele Fragen beantworten, z. B.:

- Kaufe ich einen Neu- oder Gebrauchtwagen?
- Welche Marke kaufe ich?
- Bei welchem Händler kaufe ich?

Bei der Beantwortung diese Fragen spielt der beratende Verkäufer eine entscheidende Rolle. Im Jahr 2016 hatte ein Neuwagenkunde insgesamt 3,1 Händler-Kontakte (inklusive des Händlers, bei dem das Fahrzeug gekauft wurde).

Damit wird deutlich, dass ein Kunde, der ein Autohaus mit dem Interesse an einem Neuwagen besucht, mit einer Mindestwahrscheinlichkeit von 1:3 auch in diesem Autohaus kaufen wird. Nutzen Sie diese Chance, indem Sie sich voll und ganz der Person und dem Anliegen Ihres Kunden widmen, indem Sie bedarfsgerecht beraten, mit Fach- und Sachkenntnis überzeugen und es schaffen, über die Ansprache von Emotionen ein unvergessliches Erlebnis zu schaffen. Denn dann werden Sie der Händler sein, bei dem der Kunde kauft.

Für eine bedarfsgerechte Beratung ist es unerlässlich, sich über die Gründe des Kunden für den Neuwagenkauf im Klaren zu sein und dann passgenau dazu beim Kunden Interesse zu wecken bzw. die passenden Emotionen anzusprechen.

4.1 Gründe für ein neues Auto

Der Wunsch nach einem neuen Fahrzeug kann einen sachlogischen Grund haben, bestimmt durch einen äußeren Einfluss, z. B.:

- Das bisherige Fahrzeug ist alt und es drohen hohe Reparaturkosten.
- Das alte Fahrzeug ist verunfallt, der Kunde benötigt ein Ersatzfahrzeug.
- Der bisherige Leasingvertrag läuft aus.
- Der Kunde kauft sich erstmalig ein Auto/Neufahrzeug, da er vorher noch keins besessen hat.
- Eine neue familiäre Situation führt zu einer Neuanschaffung.

Zunächst nähert sich der Kunde der Entscheidung, welches Fahrzeug es sein soll, mithilfe rationaler Gründe. Er möchte z. B.:

- ein zuverlässiges Fahrzeug,
- ein wirtschaftliches Fahrzeug,
- ein umweltfreundliches Fahrzeug.

Der Neuwagenkauf wäre aber nicht das Erlebnis, das es für viele Kunden darstellt, wenn nicht auch emotionale Motive eine Rolle spielen würden. Dies können z. B. sein:

- Lust auf ein neues Fahrzeug,
- Interesse und Spaß an neuen Technologien,
- Image/Prestige.

4.2 Wege und Möglichkeiten, beim Kunden das Interesse für ein Auto zu wecken

Quelle: nach KBA

Das Informationsverhalten von Neuwagenkunden verändert sich. Zwar weisen die Neuwagenkäufer immer noch eine hohe Neigung zu Offline-Informationsquellen auf. Das mag aber daran liegen, dass Neuwagenkunden im Durchschnitt 45,1 Jahre alt sind. Bei jüngeren Kunden spielen die Online-Informationsquellen eine stetig wachsende Rolle.

Informationsquellen der Neuwagenkäufer 2016

Online		Offline	
44 %	Online-Verkaufsplattformen, Neuwagenportale	61 %	Gespräche mit Kollegen/Bekannten/Verwandten
43 %	Fahrzeugkonfigurator des Herstellers	60 %	Händler/Werkstatt, bei dem/der man aktuell Kunde ist
		56 %	Probefahrt
		52 %	Prospekt des Herstellers
33 %	Suchmaschinen (Google, ...)	44 %	Besuch verschiedener Händler
20 %	Testberichte	20 %	Testberichte in Printmedien
16 %	Soziale Netzwerke/Foren/Blogs	10 %	Anzeigen in Printmedien
9 %	Online-Anzeigen/-Werbung	7 %	Testberichte im TV
8 %	Videos im Internet (Youtube, ...)	7 %	Werbung im TV

Quelle: nach DAT-Report 2017, S. 34

Ein Autohaus muss sich dieses Wandels bewusst sein und selbstverständlich das Internet als Informationsquelle für den Kunden aktiv nutzen. Dazu gehören sowohl eine überzeugend gestaltete Händler-Homepage als auch die zeitnahe und konsequente Beantwortung von digital gestellten Kundenanfragen. Auch der Auftritt in den sozialen Netzwerken (Facebook, Instagram) gehört dazu.

Zum einen ist das Auto ein sehr emotionales Produkt, das der Kunde möglichst mit allen Sinnen wahrnehmen möchte. Zum anderen ist es oft die zweigrößte finanzielle Anschaffung in einem Haushalt, sodass der Kunde im Kaufprozess auch eine juristische Absicherung sucht. Beides bietet dem stationären Handel eine große Chance, die jeder Verkäufer für sich nutzen sollte. Denn der Kauf eines Autos im Internet ist somit für viele Kunden keine echte Alternative. Als Informationsquelle und als Mittel zur Kontaktanbahnung darf dieses Medium aber nicht übersehen werden.

Warenvorlage (Ansprache der fünf Sinne) ☞ Band 1, LF 4, S. 299

Wenn Kunden ins Autohaus kommen, möchten sie das Auto sehen, fühlen, hören und sogar ggf. riechen. Dies setzt einen direkten Kontakt mit dem Fahrzeug voraus. Um diesen zu ermöglichen, müssen die Fahrzeuge dem Kunden im Showroom zugänglich gemacht werden.

Eine offene und zugängliche Präsentation des Autos in der Verkaufshalle motiviert den Kunden, sich einmal in das Auto hinein zu setzen. Optimal wird diese Kontaktaufnahme von einem Verkäufer begleitet, der den Kunden auf die technischen Neuerungen aufmerksam macht und sie am Auto selbst erklärt. Idealerweise wird das Auto dann von dem Kunden in einer Probefahrt erlebt.

Ist der Kaufwunsch erst einmal geweckt, können interessante Sonderkonditionen oder Finanzierungs- bzw. Leasingangebote den Kunden weiterhin überzeugen und den Kaufabschluss perfekt machen.

Auch die enge Kooperation der Neuwagenabteilung mit der Gebrauchtwagenabteilung kann hier den Ausschlag für den Kauf eines Neuwagens geben, wenn dem Kunden für seinen Gebrauchten ein attraktives Angebot unterbreitet wird.

Dem Autohaus stehen somit folgende Möglichkeiten zur Verfügung, beim Kunden Interesse für ein Auto zu wecken und aus dem Kauf sogar ein Erlebnis zu machen:

- ein gelungener Internetauftritt
- eine gelungene Fahrzeugpräsentation im Showroom
- ein bedarfsgerechtes Verkaufsgespräch, das auch die Kaufmotive mit einbezieht
- eine die Sinne ansprechende Warenpräsentation, z. B. in Form einer Probefahrt
- die Vorstellung der neusten technologischen Entwicklungen und Ausstattungsmerkmale
- das Angebot von Sonderkonditionen und Finanzierungs- oder Leasingmöglichkeiten
- das Angebot von Inzahlungnahme des Gebrauchtwagens

4.3 Das Verkaufsgespräch als Verkaufsprozess

In fast jedem Autohaus gibt es richtig gute Verkäufer! Nutzen Sie Ihre Chance als Auszubildender, indem Sie die Verkäufer Ihres Ausbildungsbetriebes begleiten und anschließend miteinander vergleichen. Was macht ein besonders erfolgreicher Verkäufer im Gegensatz zu den weniger erfolgreichen?

Die Hersteller sind dieser Frage ebenfalls nachgegangen und haben die guten Verkäufer analysiert. Herausgekommen ist ein standardisierter Verkaufsprozess (jeweils herstellerspezifisch), der

- zahlreiche klar definierte Einzelschritte für den Verkäufer vorgibt,
- die Verantwortlichkeit je Handlungsschritt bestimmt und
- einen Indikator benennt, an dessen Ausprägung die Zielerreichung je Handlungsschritt gemessen werden kann.

Wichtig hierbei ist die Erkenntnis, dass ein erfolgreiches Verkaufen einem festgelegten Prozess über eine längere Zeitspanne folgt und dass ein erfolgreiches Verkäuferverhalten von bestimmten Merkmalen gekennzeichnet ist.

Die Anwendung eines standardisierten Verkaufsprozesses schafft für den Hersteller das Fundament für eine systematische Marktbearbeitung, in der kein wesentlicher Verkaufsschritt vergessen wird. Durch die Vorgabe der Handlungsschritte im Verkaufsprozess wird die Qualität der Beratung erhöht und gesichert.

Darüber hinaus stellt der standardisierte Verkaufsprozess für den Handel und den Hersteller ein Instrument zur Leistungsbewertung der Verkäufer dar, denn jeder seiner Handlungsschritte kann mit den Vorgaben abgeglichen und so bewertet werden.

Die folgenden Schritte eines Verkaufsprozesses lehnen sich an diverse Hersteller-Vorgaben an:

Schritt 1: Schaffung einer positiven Gesprächsatmosphäre
Ziel dieses Schrittes ist es, eine Gesprächsatmosphäre zu schaffen, die von Sympathie geprägt ist. Hierfür ist es erforderlich, Ihren Kunden kennenzulernen und eine gemeinsame Basis herzustellen, sodass eine Beziehung zwischen Kunden und Verkäufer aufgebaut wird.

Schritt 2: Die Kontaktaufnahme
Die Kontaktaufnahme kann auf vier Wegen erfolgen:

a) Besuch beim Kunden: Hierfür ist es erforderlich, dass zwischen den Verkäufern eine klare Gebietsaufteilung stattfindet, damit ein Interessent nicht von verschiedenen Verkäufern kontaktiert wird. Um den Besuch erfolgreich zu gestalten, ist eine sorgfältige Gesprächsvorbereitung erforderlich. Das Ziel sollte eine Probefahrt bzw. ein Besuch des Kunden im Autohaus sein.

b) Onlinekontakt: Immer mehr Kunden nutzen das Internet als Informationsquelle. Die Betreuung der Kunden, die sich per E-Mail an das Autohaus wenden, kann der erste Schritt zu einem persönlichen Kontakt sein. Antworten Sie zügig auf E-Mails. Seien Sie dabei professionell. Die E-Mail sollte formal einem Geschäftsbrief entsprechen, ein Ansprechpartner sollte genannt werden, auf die Kundenwünsche sollte eingegangen werden und eine Einladung ins Autohaus sollte ausgesprochen werden.

c) Gezieltes Telefonmarketing: Freundlichkeit und Kompetenz sind beim Telefonmarketing selbstverständliche Voraussetzungen. Der Kontakt zum Kunden wird idealerweise durch Empfehlung zustande kommen. Aber auch der Kauf von Adressen kann eine Möglichkeit sein, systematisch Erstkontakte per Telefon zu ermöglichen.

Nach § 7 Abs. 2 Nr. 2 UWG ist die Kontaktaufnahme eines Unternehmens zu Privathaushalten (B2C) mittels Telefonmarketing ohne vorher eingeholte Einverständniserklärung gänzlich verboten.

Zwischen Unternehmen (B2B) ist Telefonmarketing schon dann erlaubt, wenn ein generelles Interesse am Gesprächsinhalt vorliegt.

d) Kundenkontakt in der Verkaufshalle: Ein Kunde, der die Verkaufsräume betritt, hat ein echtes Interesse an der Marke. Bei dieser Kontaktaufnahme ist der Verkäufer schon einen Schritt weiter als bei den drei erstgenannten Kontaktmöglichkeiten, denn der Kunde kann vor Ort direkt mit dem Produkt Auto in Kontakt gebracht werden. Der Verkäufer kann hier also sein bestes Argument bringen: Das Produkt selbst!

Betritt ein Kunde die Verkaufsräume, ist es wichtig, ihn zügig anzusprechen und zu begrüßen. Je nach Hersteller gibt es sogar eine Zeitvorgabe, innerhalb derer der Kunde angesprochen und der Besuchsgrund erfragt werden muss (z. B. 3 Minuten). Aber nicht jeder Kunde, der das Autohaus betritt, möchte auch direkt angesprochen werden. Sollte ein Kunde sich zunächst allein umschauen wollen, so sieht der Verkaufsprozess aber eine zweite Ansprache vor (z. B. nach 5 Minuten).

Die Ansprache durch den Verkäufer sollte stets eine Begrüßung des Kunden und die Nennung des Verkäufernamens beinhalten. Die Überreichung der Visitenkarte intensiviert den Beziehungsaufbau. Im nächsten Schritt sollte stets die Erfragung des Kundennamens folgen. Das weitere Einholen von Kundeninformationen stellt sicher, dass eine spätere Kontaktaufnahme mit dem Kunden möglich sein wird.

Schritt 3: Ermittlung der Kundenwünsche

Eine solide Bedarfsermittlung ist der Schlüssel zum Erfolg und Grundvoraussetzung für eine hohe Kundenzufriedenheit. Hier gilt es, zunächst die Gründe und Motive für den Kauf eines Neuwagens herauszufinden. Anschließend sollten mögliche Zweifel des Kunden aufgespürt und entkräftet werden. Mithilfe des Computers konfiguriert der Verkäufer nun ein den Motiven entsprechendes passendes Modell inkl. Sonderausstattung an.

> i *Wenn es darum geht, Sonderausstattungen bei der Fahrzeugkonfiguration zu ergänzen, ist folgende Frage an den Kunden sehr hilfreich: „Welches Ausstattungsmerkmal hat Ihr aktuelles Auto, auf das Sie bei Ihrem nächsten Auto auf keinen Fall verzichten möchten?“*

Mögliche rationale Kaufgründe:

- Anzahl der zu befördernden Personen
- Transport von Freizeitausrüstung/Geschäftsausrüstung
- voraussichtliche Jahreslaufleistung
- verfügbares Neuwagenbudget
- geschäftliche oder private Nutzung
- gewünschter Liefertermin
- Familiensituation
- gewünschte Zahlungsart

Mögliche emotionale Kaufgründe:

- Komfortvorstellung
- Sportlichkeit
- Spaß am Fahren
- Technikinteresse
- Designvorstellungen
- Status/Prestige

Schritt 4: Die Neuwagenpräsentation

Bei der Neuwagenpräsentation kommt das beste Argument zum Einsatz: Das Produkt Auto! Hier gilt es, die Begeisterung für die Marke, das Auto und die Technik auf den Kunden zu übertragen. Lassen Sie das Auto auf alle Sinne des Kunden wirken und erklären Sie technische Neuheiten. Lenken Sie die Aufmerksamkeit des Kunden auf Besonderheiten, die passend zu seinen Motiven und Ansprüchen eine Problemlösung anbieten.

Ablauf der Fahrzeugpräsentation:

- Das zu präsentierende Fahrzeug ist ein einem einwandfreien Zustand.
- Der Verkäufer erläutert den Ablauf der Fahrzeugpräsentation.
- Der Verkäufer geht auf die Kaufgründe des Kunden ein und präsentiert den Kundennutzen, indem er zunächst das Ausstattungsmerkmal benennt, dann dessen Vorteil ausführt und abschließend im Sie-Stil den Kundennutzen verdeutlicht.
- Währenddessen nimmt der Kunde im Fahrzeug Platz.
- Der Kunde kann Fragen stellen.
- Der Verkäufer holt ein Feedback des Kunden ein.

Verkaufsargumentation ☞ Band 1, LF 4, S. 300 ff.

Schritt 5: Eine Probefahrt aktiv anbieten

Die Probefahrt ist eines der wichtigsten Verkaufsinstrumente überhaupt und für viele Kunden das Schlüsselerlebnis. Denn bei der Probefahrt wird vieles deutlich, wofür es keine Worte gibt. Probefahrten führen bewiesenermaßen zu höheren Abschlusszahlen, angenehmeren Verkaufsverhandlungen und geringeren Forderungen nach Preisnachlässen.

Der Kunde kann erspüren, wie der „Besitz" des Fahrzeuges sich anfühlt und letzte Bedenken zerstreuen. Nutzen Sie daher die Möglichkeit einer Probefahrt als aktives Verkaufsinstrument.

Damit die Probefahrt als ein regelmäßiges Verkaufsinstrument genutzt wird, haben die Hersteller diesen verkaufswirksamen Einzelschritt in den Verkaufsprozess aufgenommen. Grundsätzlich werden zwei Arten von Probefahrten unterschieden:

a) die begleitete Probefahrt, die es ermöglicht, alle Fragen direkt zu beantworten, und die der Intensivierung der Verkäufer-Kunden-Beziehung dienlich ist

b) die unbegleitete Probefahrt, die die Erprobung des Fahrzeuges unter realistischen Bedingungen ermöglicht

Ablauf der Probefahrt:

- ein einwandfreies Fahrzeug organisieren
- aktiv ein Fahrzeug zur Probefahrt anbieten, das den Kundenwünschen entspricht
- Ablauf der Probefahrt erklären
- Strecke mit dem Kunden gemeinsam festlegen
- Legitimation des Kunden inkl. des Führerscheins prüfen
- über den Versicherungsschutz aufklären
- Nutzungsvertrag unterschreiben lassen
- während der Fahrt die Bedienelemente und Fahreigenschaften erklären
- Probefahrt nachbesprechen

Schritt 6: Ein Angebot erstellen

Kommt es zur Angebotserstellung, ist der Vertragsabschluss in greifbare Nähe gerückt. Die Angebotserstellung beinhaltet die folgenden Vorarbeiten:

- Wiederholen Sie die positiven Aspekte, die der Kunde selbst vorgebracht hat.
- Wiederholen Sie die Kaufgründe des Kunden.
- Konfigurieren Sie das Wunschauto und legen Sie die Sonderausstattung in Abstimmung mit den Kaufmotiven laut Bedarfsanalyse fest.

- Klären Sie ggf. die gewünschte Zahlungsweise.
- Drucken Sie das Angebot aus.

Schritt 7: Regelmäßiges Nachfassen

Der gesamte Verkaufsprozess findet meist nicht in der dargestellten Abfolge statt. Das wäre auch zu schön, um wahr zu sein; so leicht verkaufen sich Autos nun auch wieder nicht. Durchschnittlich dauert der Entscheidungsprozess, einen Neuwagen zu kaufen, beginnend mit der ersten aktiven Informationssuche nach einem Fahrzeug bis hin zum Kauf des aktuellen Fahrzeugs, 41 Tage.

Damit der Kunde bei Ihnen im Autohaus kauft, ist es zunächst wichtig, bei jedem Kontakt mit einem Interessenten detaillierte Informationen über den Interessenten und eine Zustimmung für einen Folgekontakt einzuholen. Im besten Fall wird sogar direkt ein Termin für den nächsten Besuch im Autohaus vereinbart. Nach dem Gespräch beginnt dann das sogenannte Nachfassen. Der Interessent wird in die Interessentendatei aufgenommen und für eine weitere Kontaktaufnahme auf Termin gelegt bzw. wird der vereinbarte Termin in den Kalender eingetragen. Kontaktpflege zahlt sich aus!

Schritt 8: Den Kaufabschluss tätigen

Wenn der Verkaufsprozess erfolgreich verläuft, dann werden die Bemühungen des Verkäufers am Ende des Weges mit einem Verkaufsabschluss gekrönt. Der Kunde unterschreibt die Neuwagenbestellung. Damit der Kaufvertrag nun komplett wird, muss das Autohaus diese Kundenbestellung noch annehmen. Die Arbeit des Verkäufers ist damit aber lange noch nicht abgeschlossen. Er muss die Fahrzeugauslieferung vorbereiten, den After-Sales-Bereich betreuen und die Kundenbeziehung grundsätzlich am Laufen halten. Denn nach dem Kauf ist vor dem Kauf.

Qualitätschecks: Mystery Shopping

Hersteller haben ein großes Interesse daran, dass die von ihnen gestalteten Verkaufsprozesse in der von ihnen angedachten Art und Weise durchgeführt werden. Hier folgen die Hersteller dem Gedanken: Vertrauen ist gut – Kontrolle ist besser!

Durch das Entsenden von Mystery-Shoppern, sogenannten Testkäufern, überprüfen die Hersteller die Umsetzung ihres Verkaufsprozesses. Bei diesen regelmäßigen Checks werden das individuelle Verhalten und die Vorgehensweise der Verkäufer überprüft und bewertet. Die Verkäufer erhalten über erfolgte Testkäufe ein Feedback. Dies kann positive Konsequenzen hinsichtlich einer leistungsorientierten Bezahlung oder aber im negativen Fall Nachschulungen zur Folge haben.

4.4 Bedeutung kultureller Hintergründe

Die Globalisierung ist auch im Autohaus zu spüren, die Kundschaft wird immer internationaler. Um auch im Kontakt mit internationalen Kunden bestehen zu können, sollten sich Mitarbeiter des Autohauses mit kulturellen Besonderheiten von Kunden beschäftigen, um eine gute Beziehung aufbauen zu können. Selbstverständlich stellt diese Recherche auch eine Stereotypsierung dar, der niemand in allen Aspekten zu 100 % entsprechen wird, aber doch in einigen Aspekten.

BEISPIEL

Innerhalb des russischsprachigen Kulturraums gehört es zum guten Ton, dass man im Geschäftsleben, insbesondere bei offiziellen Anlässen, sehr ernst wirkt. In Deutschland dagegen ist es üblich, Gesprächspartner mit einem Lächeln anzusehen. Beide Seiten wirken folglich nicht so aufeinander, wie sie eigentlich meinen. Während die russischen Partner umso ernster dreinschauen, um die Wichtigkeit des Anlasses zu unterstreichen, erscheint in Augen der deutschsprachigen Partner diese Mimik als ablehnend. Währenddessen denkt die russische Seite: „Wieso lachen die die ganze Zeit? Finden sie uns etwa witzig? Wir sind doch hier um zu arbeiten und nicht um Witze zu machen.“

Quelle: Ratgeber interkultureller Business-Knigge; Dokumentation zur gleichnamigen Veranstaltungsreihe 2012/2013, S. 5–6, Anna Lioubov Kuchenbecker

4.5 Die Probefahrt

Die Probefahrt ist mittlerweile ein Baustein des standardisierten Verkaufsprozesses. An dieser Stelle soll noch einmal vertiefend auf die Probefahrt eingegangen werden, u. a. auf den organisatorischen Aspekt aus Sicht des Händlers.

Es ist leicht verständlich, dass für den potenziellen Neuwagenkäufer (wie auch für den Käufer eines Gebrauchtwagens) die Probefahrt ein wichtiges Entscheidungskriterium darstellt. Wie soll er sonst beispielsweise die Leistung des Fahrzeugs beurteilen können, die Bequemlichkeit und das Fahrverhalten sowie die Einfachheit der Bedienung und des Beladens? Dennoch machen nicht alle Neuwagenkäufer eine Probefahrt mit ihrem Wunschmodell.

Bietet ein Autohaus keine Probefahrt an, so verspielt es eine großartige Chance, über das Erleben des Fahrzeugs mit den Kunden ins Gespräch zu kommen und dabei Emotionen und den Besitzwunsch zu wecken. Natürlich werden auch manche Kunden nach einer Probefahrt von einem Kauf absehen, aber wäre ein Verkauf an einen später unzufriedenen Kunden wirklich ein gelungenes Geschäft?

BEISPIEL

Eine Episode aus dem „Autoleben" eines der Autoren mag dies verdeutlichen: Nach einer Probefahrt – es wurde darum gebeten, das Auto nachmittags abholen und am nächsten Morgen zurückbringen zu können, um den täglichen (Arbeits-)Weg damit zu fahren, was aber mit Hinweis auf versicherungstechnische Grunde verwehrt wurde – entschied sich der Autor für einen Jahreswagen aus dem Segment „Kompaktklasse". Da sich der tägliche Weg zur Arbeit aufgrund eines Umzugs auf 30 km erhöht hatte, schien die Wahl eines verbrauchsarmen Dieselmodells mit einer langstreckentauglichen Innenausstattung genau richtig zu sein. Leider hatte er die Probefahrt eben nicht auf der täglich zu fahrenden Strecke unternommen, sonst wäre ihm vielleicht noch rechtzeitig aufgefallen, dass das Fahrzeug auf einem täglich zu bewältigenden drei Kilometer langen Streckenabschnitt, der eine bis zu 16%ige Steigung aufweist, nicht die gewünschte Leistung erbringt und somit auf Dauer nicht den Ansprüchen des Fahrers genügt. Eine bessere Beratung, die Möglichkeit der „Übernachtfahrt" oder zumindest der Tipp, die Probefahrt auf den täglichen Arbeitsweg auszudehnen, hätten hier helfen können, den „Fehlkauf" zu vermeiden. So aber wurde das Auto nach nur etwa einem Jahr verkauft und zu einer anderen Marke gewechselt.

Am Anfang jeder Probefahrt sollten die unumgänglichen Formalitäten geklärt werden:

- Der Kunde muss einen gültigen Personalausweises und Führerschein vorweisen. Außerdem nimmt der Verkäufer die Personalien des Kunden auf. Dies erfolgt häufig durch das Kopieren des Personalausweises. Manche Kunden möchten aber wegen datenschutzrechtlicher Bedenken keine Kopie ihrer Daten gekoppelt mit einem biometrischen Foto. In einem solchen Fall bietet es sich an, die Personalausweisnummer und die persönlichen Daten abzuschreiben, denn auch das sichert dem Autohaus die relevanten Informationen.
- Der Kunde unterschreibt die schriftlichen Vereinbarung über eine Probefahrt.
- Der Verkäufer gibt Informationen zum Versicherungsschutz.
- Das Fahrzeug ist sauber und fahrtauglich.

Die komplette „Vereinbarung über eine Probefahrt“ finden Sie im Anhang auf Seite 294.

Vereinbarung über eine Probefahrt
(Unverbindliche Empfehlung des Zentralverband Deutsches Kraftfahrzeuggewerbe e. V. (ZDK))

Zwischen der Firma (**als Verleiher**)

und Herrn/Frau/Firma (**als Benutzer**)

....
Name, Vorname

....
Strasse, Hausnummer

....
PLZ, Ort

....
Geburtsdatum

....
Telefon e-mail

☐ Personalausweis

Grundsätzlich darf der Probefahrer darauf vertrauen, dass ein Vorführwagen vollkaskoversichert ist. Nur bei grober Fahrlässigkeit würde der Probefahrer uneingeschränkt für den Schaden haften. Die Versicherungsbedingungen können aber so gestaltet sein, dass eine Selbstbeteiligung vorgesehen ist. Darüber ist der Kunde vor der Probefahrt zu informieren.

Je nach Fahrzeug kann der Händler die Herausgabe eines Fahrzeuges für eine Probefahrt auch vom Alter des Fahrers abhängig machen. Großmotorisierte Fahrzeuge werden u.U. erst an Fahrer, die mind. 21 Jahre alt sind, herausgegeben.

Der Verkäufer sollte sich auch die Zeit nehmen, dem Kunden die Handhabung des Fahrzeuges zu erläutern. Ideal wäre es, zumindest auf den ersten Kilometern, den Kunden zu begleiten und als Verkäufer das Auto selbst zu lenken, damit der Kunde sich mit dem Fahrzeug vertraut machen kann. Vielleicht findet er dabei sogar Gefallen an bestimmten Ausstattungsmerkmalen, die er bisher gar nicht in seine Überlegungen einbezogen hatte und die er als „Selbstfahrer“ ohne entsprechende Einweisung nicht so genau hätte kennenlernen können, wie etwa ein Navigationsgerät, eine elektronische Einparkhilfe, ein Sound-System usw.

Selbstverständlich muss der Kunde danach die Gelegenheit erhalten, selbst zu fahren, wobei auch hier der Verkäufer am besten anbietet mitzufahren. So kann er den Kunden etwa auf eine interessante Strecke führen und stauanfällige Abschnitte vermeiden. Nach der Rückkehr auf den Hof des Autohauses kann noch im Fahrzeug über das Fahrgefühl und die Eindrücke gesprochen werden.

4.6 Nachlassverhalten des Autohauses

Der Autohändler erhält das Auto vom Hersteller zu einem Einkaufspreis, der deutlich unter dem Listenverkaufspreis liegt, also dem Preis, den der Endverbraucher zu zahlen hat. Die Differenz zwischen Einkaufspreis und Verkaufspreis stellt dann den Ertrag des Autohauses dar ***(Bruttoertrag)***.

Bruttoertrag
Der Begriff Bruttoertrag beinhaltet nicht die Umsatzsteuer, sondern ist netto (ohne USt.) zu verstehen. Er ist ein Synonym zum Begriff Rohgewinn und deutet darauf hin, dass noch weitere Kosten vom Bruttoertrag abzuziehen sind, um den Reingewinn zu erhalten.

	Nettoumsatz (Verkaufspreis netto)
–	VAK (Einkaufspreis netto)
=	(Brutto-)Ertrag

Die Marge des Autohändlers ist nun der Ertrag ausgedrückt als Prozentwert vom Nettoumsatz (Nettoverkaufspreis). Hierbei wird der Ertrag prozentual in Verhältnis gesetzt zum Nettoumsatz (Nettoverkaufspreis).

BEISPIEL A

Nettoumsatz = 20.000,00 €
VAK = 17.000,00 €
Bruttoertrag = 3.000,00 €

Berechnung der Marge:
Nettoumsatz: 20.000,00 € = 100 %
Ertrag: 3.000,00 € = x %

x = 3.000,00 € · 100/20.000,00 € = 15 % Marge

Aus der Marge des Händlers ergibt sich also der Ertrag beim Neuwagenverkauf. Preisnachlässe, die der Händler nun dem Kunden gewährt, schmälern den Nettoverkaufspreis und damit den Ertrag des Autohauses. Die Marge des Händlers sinkt.

***BEISPIEL B** Kunde erhält 5 % Nachlass*

Nettoumsatz = 19.000,00 €
VAK = 17.000,00 €
Bruttoertrag = 2.000,00 €

Berechnung der Marge:
Nettoumsatz: 19.000,00 € = 100 %
Ertrag: 2.000,00 € = x %

x = 2.000,00 € · 100/19.000,00 € = 10,53 % Marge

Auswirkungen des Nachlasses auf den Ertrag (bei einem angenommenen Verkaufspreis von 20.000,00 €)							
	Nachlass (in %)	Ist-Rabatt (Marge – Nachlass; in %)	Ertrag pro NW (in €)	dadurch bedingter Mehrumsatz (in %)	Anzahl NW (in Stück)	Gesamtumsatz, der sich ohne Nachlass ergeben hätte (in €)	nicht realisierter Ertrag (in €)
1	0	15	3.000,00	---	120	2.400.000,00	---
2	1	14	2.800,00	7,14	128	2.560.000,00	25.600,00
3	2	13	2.600,00	15,38	138	2.760.000,00	55.200,00
4	3	12	2.400,00	25,00	150	3.000.000,00	90.000,00
5	4	11	2.200,00	36,36	164	3.260.000,00	131.200,00
6	5	10	2.000,00	50,00	180	3.600.000,00	180.000,00
7	6	9	1.800,00	66,67	200	4.000.000,00	240.000,00
8	7	8	1.600,00	87,50	225	4.450.000,00	315.000,00
9	8	7	1.400,00	114,29	257	5.140.000,00	411.200,00
10	9	6	1.200,00	150,00	300	6.000.000,00	540.000,00
11	10	5	1.000,00	200,00	360	7.200.000,00	720.000,00

Der Zusammenhang zwischen Rabattgewährung und Höhe der Händlermarge erschließt sich aus diesem Beispiel sofort. Je höher der Kundenrabatt, desto kleiner ist die Marge des Händlers.

Da sich aber beim Autokauf wie bei keinem anderen Geschäft das Feilschen um günstigere Preise zu einer Art Sport entwickelt hat, leitet sich aus der Marge auch der Spielraum für das Nachlassverhalten des Autohauses ab.

> i *Es gilt: Je höher die Marge des Händlers, desto größer ist sein Spielraum bei den Rabatten und umso besser ist seine Wettbewerbsposition.*

Die oben stehende Übersicht zeigt aber auch, inwieweit die Nachlässe dafür sorgen, dass der Händler mehr Fahrzeuge verkaufen muss, um letztendlich den gleichen Ertrag zu erzielen.

Neben dem „Schmelzen" der Margen hat die „Rabattschlacht" im Automobilhandel noch weitere Nachteile. Kunden trauen dem ursprünglichen Preis nicht mehr, sie haben sich an hohe Rabatte gewöhnt und verlangen einen immer höheren Rabatt, sodass eine Rabattspirale losgetreten werden kann. Das Image der Marke leidet dadurch erheblich, schnell kann ein Hersteller zu einer Billigmarke abgestempelt werden.

Dabei gibt es neben dem Rabatt weitere Anreize für den Kunden, dem Verkaufsangebot zuzustimmen. Kunden haben durchaus ein Ohr für andere Offerten, wenn der Händler diese professionell gestaltet. Anstelle eines Preisrabattes sind Kunden z. B. auch folgenden Angeboten gegenüber aufgeschlossen:

- Garantieverlängerung
- kostenlose Restschuldversicherung
- erweiterte Werkstattleistungen, z. B. die ersten zwei Inspektionen kostenfrei
- ein Satz Winterreifen
- Benzingutschein
- Sonderausstattung

4.7 Provisionssysteme für den Verkäufer

Im Automobilhandel ist es sowohl bei Neuwagen als auch bei Gebrauchtwagen üblich, dass das Verkaufspersonal auf Provisionsbasis arbeitet. Durch diese Provision wird der Anreiz geschaffen, möglichst viele Fahrzeuge zu verkaufen – so erzielt der einzelne Verkäufer bzw. die einzelne Verkäuferin ein höheres Einkommen und gleichzeitig das Autohaus einen höheren Umsatz und wohl auch Gewinn.

Da sich die Anzahl der verkauften Fahrzeuge nicht gleichmäßig über das Jahr verteilt und von vielen Faktoren abhängt, auf die der einzelne Verkäufer keinen Einfluss hat, hat sich kein reines Provisionssystem entwickelt. Vielmehr setzt sich das Gehalt eines Verkäufers aus drei Komponenten zusammen:

- Fixum
- Garantieprovision
- Provision

Das Fixum beträgt meist zwischen 600,00 € und 800,00 € und entlohnt den Verkäufer im Prinzip dafür, dass er unabhängig von den individuellen Verkäufen im Autohaus anwesend ist und Kunden berät, Probefahrten vereinbart, telefonisch Auskunft gibt und E-Mail-Anfragen beantwortet.

Zusätzlich erhält er eine Garantieprovision von 1.000,00 € bis 1.200,00 €, wiederum unabhängig von den tatsächlich erzielten Verkaufsabschlüssen. Dadurch ist dafür gesorgt, dass er in jedem Monat über ein festes Einkommen von ca. 1.800,00 € brutto verfügt, mit dem er seine wiederkehrenden monatlichen Ausgaben bestreiten kann. Insgesamt ist dieser Betrag aber nicht so hoch, dass der Anreiz zu mehr Verkäufen entfallen würde. Verdient der Verkäufer in einem verkaufsschwachen Monat, z. B. dem Januar, tatsächlich weniger an Provision als seine Garantieprovision, so wird der Minderbetrag im nächsten Monat, in dem er eine höhere Provision als die Garantieprovision erzielt, verrechnet. Ein Beispiel soll die Vorgehensweise erläutern:

BEISPIEL *Autoland Murschall GmbH*

Verkäuferin Heike Friede, Fixum 750,00 €, Garantieprovision 1.000,00 €. Damit verfügt sie über ein Garantiegehalt in Höhe von 1.750 €.

Januar: 4 Fzg., 800,00 € Provision = 1.750,00 € Einkommen (brutto)
(200,00 € Minderbetrag)

Februar: 4 Fzg., 1.050,00 € Provision = 1.750,00 € Einkommen (brutto)
(200,00 € – 50,00 € = 150,00 € Minderbetrag)

März: 9 Fzg., 1.900,00 € Provision = 2.500,00 € Einkommen (brutto)
(2.650,00 € – 150,00 € Minderbetrag)

April: 11 Fzg., 2.500,00 € Provision = 3.250,00 € Einkommen (brutto)

Für jeden Verkaufsabschluss erhält der Verkäufer eine Provision. Für die Berechnung des Provisionsbetrags gibt es im Wesentlichen zwei unterschiedliche Ansätze:

- Umsatzprovision
- Bruttoertragsprovision

Bei der Umsatzprovision bekommt der Verkäufer einen festgelegten Prozentsatz des erzielten (Netto-)Umsatzes als Provision, z. B. 1 %. Beim Verkauf von hochpreisigen Fahrzeugen erhält der Verkäufer somit mehr Provision als bei Kleinwagen oder den meisten Gebrauchtwagen.

BEISPIEL

Verkaufspreis eines Fahrzeuges für 25.000,00 € = 250,00 € Provision
Verkaufspreis eines Fahrzeuges für 15.000,00 € = 150,00 € Provision

Häufiger anzutreffen ist die Berechnung der Provision nach dem erzielten Bruttoertrag. Das liegt am stärkeren Anreiz für den Verkäufer, das Fahrzeug ohne allzu hohe Rabatte zu verkaufen. Auch dieses System wird mit einem Beispiel verdeutlicht:

BEISPIEL

Netto-Listenpreis des Fahrzeuges: 25.000,00 € (Nettoumsatz)
Netto-Einkaufspreis des Fahrzeuges: 21.000,00 € (VAK)
Bruttoertrag: 4.000,00 €
Marge des Händlers = 16 %

Provision: 10 % vom Bruttoertrag
Fall a) Verkaufspreis 25.000,00 € (d. h. kein Nachlass) = Provision: 400,00 €
Fall b) Verkaufspreis 24.000,00 € (d. h. 4 % Nachlass) = Provision: 300,00 €
Fall c) Verkaufspreis 22.500,00 € (d. h. 10 % Nachlass) = Provision: 150,00 €

Ein großzügiges Nachlassverhalten des Verkäufers führt beim Provisionssystem „Bruttoertragsprovision" zu deutlich geringeren Provisionen. Den gewährten Rabatt spürt der Verkäufer somit auch deutlich in der eigenen Geldbörse, folglich wird er bei Rabatten nicht so großzügig agieren.

Bei einer Provision berechnet vom Nettoumsatz hingegen hat ein großzügiger Kundenrabatt nur einen geringen Einfluss auf die Verkäuferprovision (250,00 €, 240,00 € oder 225,00 €). Folglich ist der Verkäufer bei der Rabattgewährung großzügiger, denn zum einen mag ein Kundenrabatt den Kunden zum Kauf eines Autos bewegen, zum anderen hat er auf die Provision wenig Einfluss. Er wird insgesamt bei der Rabattgewährung großzügiger agieren, um überhaupt einen Kaufabschluss zu erzielen; zum Nachteil für das Autohaus, das Ertragseinbußen erleidet.

Da es beim Fahrzeugverkauf auch Geschäfte gibt, die keinen oder nur einen geringen Ertrag bringen (z. B. Neuwagen, die mit einem hohen Rabatt verkauft werden, um Folgegeschäfte zu generieren, oder der Verkauf von Auslaufmodellen oder Langstehern), erhält der Verkäufer in solchen Fällen eine Mindestprovision von z. B. 150,00 €. Ohne diese Mindestprovision würde es keinen Anreiz geben, das Fahrzeug zu einem niedrigen Preis zu veräußern. Das Autohaus würde auf längere Sicht aber noch mehr Geld verlieren, da jedes Fahrzeug täglich Stand-, Pflege- und Finanzierungskosten verursacht und durch die Standzeit weiter an Wert verliert. In diesen Fällen ist also ein Ende mit Schrecken besser als ein Schrecken ohne Ende.

BEISPIEL

Fall a (das Autohaus zahlt die Mindestprovision): *Das Auto wird verkauft und das Autohaus zahlt 150,00 € Verkäuferprovision, obwohl kein Ertrag erzielt wurde.*

Fall b (das Autohaus zahlt keine Mindestprovision): *Das Fahrzeug bleibt noch ein halbes Jahr auf dem Hof stehen, da kein Verkäufer einen Anreiz sieht, dieses Fahrzeug gezielt anzubieten. Dadurch entstehen tägliche Kosten von 2,00 € und ein Wertverlust von 500,00 €. Dies ergibt zusammen einen Minderertrag von 860,00 € (2,00 € · 180 Tage + 500,00 €).*

LS 75

5 Antriebs- und Fahrwerksregelsysteme sowie Komfort- und Sicherheitssysteme

5.1 Antriebs- und Fahrwerksregelsysteme

Viertaktprinzip ☞ LF 5, Kap. 2.1.1

Der Verbrennungsmotor stellt die Antriebsquelle eines Automobils dar. Dabei setzen die Automobilhersteller hauptsächlich auf Otto- oder Dieselmotoren. Durch die geregelte Verbrennung von Benzin oder Dieselkraftstoff im Motorzylinder erfolgt die Bereitstellung der benötigten Antriebsenergie für das Automobil. Als motorische Kennzahlen spielen die Motorleistung (Kilowatt kW) und das Motordrehmoment (Newtonmeter Nm) eine wesentliche Rolle beim Kauf eines Autos. Neben Benzin oder Dieselkraftstoff werden auch Flüssiggas ***(LPG)*** und Erdgas ***(CNG)*** in den Zylindern der Motoren verbrannt.

LPG
Liquefied Petroleum Gas = Flüssiggas

CNG
Compressed Natural Gas = komprimiertes Erdgas

Vierzylinder-Viertaktmotor

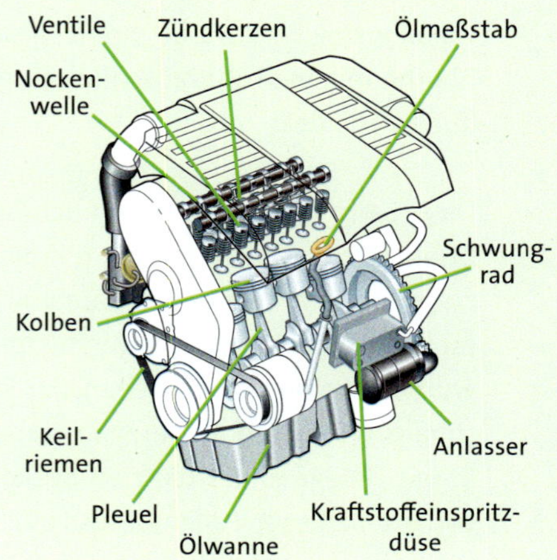

Ein Blick in den Motor zeigt das Zusammenspiel der einzelnen Elemente.

5.1.1 Kraftstoffe: Benzin und Diesel

Die Funktionsweise bei allen Verbrennungsmotoren ist identisch: ein brennbares Kraftstoff-Luft-Gemisch wird in den Brennraum (Zylinder) geleitet und zur Verbrennung gebracht. Dadurch wird ein Kolben im Zylinder senkrecht auf- und abwärts bewegt. Durch Übertragung mittels Pleuel auf die Kurbelwelle entsteht die gewünschte Drehbewegung. Zwar werden sowohl Benzin als auch Dieselkraftstoff aus Rohöl gewonnen. Die unterschiedlichen chemischen Eigenschaften von Benzin und Diesel wirken sich aber auf den Aufbau des Motors aus.

Benzin

Beim Benzinmotor kommen Zündkerzen als Zündquelle zum Einsatz (Fremdzündung). Das Kraftstoff-Luft-Gemisch wird auf etwa 15 bar im Zylinder verdichtet und durch diese Verdichtung auf eine Temperatur zwischen 400 °C und 600 °C erhitzt. Es entsteht ein Verbrennungsdruck von ca. 30 bis 40 bar und eine Verbrennungstemperatur von etwa 2 000 °C im Zylinder.

Glühzündungen
Hierbei handelt es sich um ungewünschte Zündreaktionen, die nicht durch den Zündfunken einer Zündkerze ausgelöst werden. Schuld sind überhitzte Bauteile, wie z. B. die Auslasskanäle oder die Elektroden der Zündkerze.

Benzine, auch Otto-Kraftstoffe genannt, werden an den Tankstellen mit unterschiedlichen Oktanzahlen verkauft. Dabei gibt die Oktanzahl die Klopffestigkeit des Otto-Kraftstoffes an. Je höher die Oktanzahl, umso weniger neigt der Ottomotor zu unkontrollierten und motorschädigenden ***Glühzündungen.*** Otto-Kraftstoffe mit 10 % Bioethanol (E 10) können bei modernen Motorkonzepten problemlos eingesetzt werden.

Oktanzahlen/Oz (bleifrei)		
Super	95 Oz	95 % Iso-Oktan und 5% n-Heptan
Super-Plus	98 Oz	98 % Iso-Oktan und 2% n-Heptan
z. B. V-Power	100 Oz	100 % Iso-Oktan

Diesel

Das Kraftstoff-Luft-Gemisch beim Dieselmotor entzündet sich durch hohe Verdichtungstemperaturen selbst (Selbstzündung). Dazu wird das brennbare Gasgemisch auf ca. 80 bar verdichtet. Bei modernen Common-Rail-Einspritzsystemen wird über Injektoren der Dieselkraftstoff mit etwa 2000 bar in die heiße Luft mehrfach eingespritzt. Bei einer Verdichtungstemperatur von 800 °C entzündet sich das brennbare Gemisch eigenständig.

Der Dieselkraftstoff ist ein Schweröl und wird an den Tankstellen, je nach Jahreszeit, mit unterschiedlichen Cetanzahlen verkauft. Dabei gibt die Cetanzahl die Zündwilligkeit des Kraftstoffes an. Je höher die Cetanzahl, umso zündwilliger ist der Dieselkraftstoff. Schnelllaufende Dieselmotoren benötigen Cetanzahlen ab 51. Die Tankstellen bieten in den wärmeren Monaten „Sommer-Diesel" und in den kälteren Jahreszeiten „Winter-Diesel" an. Dieselkraftstoffe werden nach dem Biokraftstoffquotengesetz mit bis zu 7 % Bio-Kraftstoff („B7") gemischt.

Bio-Diesel wird in Deutschland überwiegend aus Rapsöl erzeugt (RME = Rapsmethylester).

5.1.2 Alternative Kraftstoffe

Erdgas

Beim Gasantrieb (LPG oder CNG) kann herkömmliche Verbrennungsmotorentechnik genutzt werden. Da es sich aber bei Erdgas um einen Rohstoff handelt, dessen Vorräte ebenso wie der von Rohöl begrenzt sind, entwickelt die Automobilindustrie neben immer effizienter arbeitenden Verbrennungsmotoren zur Einsparung von Ressourcen mittlerweile auch alltagstaugliche alternative Antriebskonzepte.

Wasserstoff

Ein weiteres Konzept, das entweder auf die bekannten Verbrennungsmotoren oder eine Brennstoffzelle zum Antrieb eines Elektromotors setzt, ist der Wasserstoffantrieb. Wasserstoff verbrennt schadstofffrei und steht in unbegrenzter Menge zur Verfügung. Nachteilig wirken sich jedoch die Sicherheitsprobleme bei der Unterbringung des Wasserstoffs im Fahrzeug aus und die Tatsache, dass sehr viel Energie bei der Herstellung des Wasserstoffs benötigt wird. Es muss also zukünftig eine Methode gefunden werden, den Wasserstoff auf umweltverträgliche Weise herzustellen.

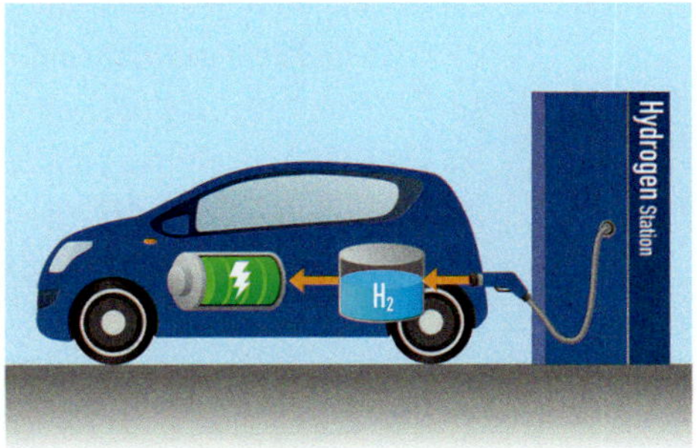

Wasserstoff wird in flüssiger Form gespeichert und durch Verbrennung zum Antrieb genutzt.

Um die Probleme mit flüssigem Wasserstoff zu umgehen, wird an Möglichkeiten gearbeitet, den Wasserstoff erst im Fahrzeug zu bilden. Ein Medium wäre z. B. Methanol, welches aus nachwachsenden Rohstoffen gewonnen werden kann. Hierbei wird erst kurz vor der Verbrennung die gerade benötigte Menge Wasserstoff aus dem Methanol abgespalten. Vorteil: Dies entspricht den heute üblichen Sicherheitsstandards. Nachteil: Es entsteht Kohlendioxid, welches für den Treibhauseffekt verantwortlich gemacht wird; die Menge jedoch entspräche nur der Hälfte der Emissionen heutiger Verbrennungsmotoren.

Elektromotor

Elektroautos fahren emissionsfrei, jedenfalls dann, wenn die Energie für den Fahrstrom aus Solar-, Wind oder Wasserkraft bzw. aus Biomasse stammt. In Deutschland kommt zurzeit rund 15 Prozent der Elektrizität aus erneuerbaren Energiequellen. Zu 43 % tragen Kohlekraftwerke, zu 13 % Erdgas und zu etwa 23 % Atomenergie zur Stromerzeugung bei. Auch europaweit beträgt der Anteil fossiler Energieträger etwa 56 %. Bei einem entsprechenden Strommix ist der gesamte Kohlendioxidausstoß bei einem E-Auto nur geringfügig kleiner als bei einem vergleichbaren Fahrzeug mit herkömmlichem Antrieb.

Elektroautomobile werden sich zukünftig besonders in Großstädten durchsetzen, da sich vor allem dort aktuell elektrisch betriebene Systeme etablieren, die ein problemloses Aufladen ermöglichen (E-Tankstellen, Ladestationen). Für die Stadt sind Elektroautomobile daher schon heute eine ernstzunehmende Alternative zu Autos mit Verbrennungsmotoren.

Aufgrund ihrer geringen Reichweite eignen sich Elektroautos zurzeit nur bedingt für weitere Strecken. Es gibt jedoch Ausnahmen, die einen Eindruck davon vermitteln, wohin die Entwicklung gehen wird.

BEISPIEL

Der Tesla Roadster ist seit 2008 auf dem Markt. Das neue Modell verfügt über einen 225 kW (306 PS) starken Elektromotor, erreicht Spitzengeschwindigkeiten von bis zu 225 km/h und hat eine Reichweite von etwa 400 Kilometern. Mit einem Preis ab 70.000,00 € ist er noch nicht für die der Allgemeinheit erschwinglich. Grund für den Preis sind die hohen Kosten für leistungsstarke Lithium-Ionen-Batterien. Mit dem Bau einer eigenen Batteriefabrik in den USA und dem wahrscheinlich 2017 erscheinenden Model 3, das ca. 40.000,00 € kosten soll, nähert Tesla sich aber immer mehr der Massentauglichkeit. Und auch Nissan verspricht für den neuen Leaf, das bisher meistverkaufte Elektroauto überhaupt, der 2018 herauskommen soll, eine Reichweite von 350 bis 400 km.

Brennstoffzelle

Auf Batterien kann man verzichten, wenn der Strom im Fahrzeug produziert wird. Diese Möglichkeit bietet z. B. die Brennstoffzelle, die Wasserstoff und Sauerstoff zu Wasser umwandelt und den bei der Reaktion freiwerdenden Strom zur Verfügung stellt. Dieses Konzept bietet die Möglichkeit, die erforderliche Energie jederzeit nachzutanken.

Brennstoffzelle in einer Mercedes-Benz B-Klasse

Alle diese Konzepte sind auch in hybriden Technologien derzeit in der Entwicklung und es ist schwierig zu sagen, welches sich als Standard durchsetzen wird. Eines jedoch ist sicher: Die automobile Zukunft wird hochinteressant und es werden Fahrzeuge entstehen, die autonom und ohne Fahrer auf unseren Straßen unterwegs sind.

5.2 Antriebskonzepte

In Lernfeld 5 wurde der Motor beschrieben, der die Energie aus Kraftstoff in Drehenergie umwandelt. Wie wird diese Energie nun zur Fortbewegung auf der Straße genutzt? Ein Auto besitzt vier Räder und jedes dieser vier Räder kann angetrieben werden. Was jedoch gibt den Ausschlag dafür, welches Rad angetrieben wird? Da ein Auto hauptsächlich geradeaus fahren soll, ist es sinnvoll, die Räder entweder paarweise anzutreiben, also entweder beide Vorderräder oder die beiden Hinterräder, oder aber alle vier Räder zusammen. Für jedes Konzept gibt es Vor- und Nachteile.

5.2.1 Frontantrieb

Bei vielen Automobilen ist die Motor-Getriebe-Einheit vorne im Fahrzeug eingebaut. Das Gewicht von Motor und Getriebe lastet somit auf der Vorderachse. Das frontgetriebene Fahrzeug wird durch den Frontantrieb gezogen, womit sich diese Antriebskonzeption durch eine sehr gute Wintertauglichkeit auszeichnet. Allerdings hat der Fronantrieb auch einen Nachteil. Leistungsstarke Diesel- oder Ottomotoren mit sehr hohen Motordrehmomenten kann das Frontantriebskonzept nur bedingt über die Räder auf die Fahrbahn übertragen. Die Antriebsräder verlieren die Fahrbahnhaftung und können zum Verlust der ***Traktion*** führen.

Beim Frontantrieb werden Motor und Getriebe vorne im Fahrzeug eingebaut.

Traktion
Zugkraft

Deshalb werden leistungsstarke Fahrzeuge nicht als Frontantrieb gebaut. Auch Reisebusse und schwere Nutzfahrzeuge mit einer Motorleistung von mehr als 400 Kilowatt KW kommen als Heckantrieb oder als Allradantrieb zum Einsatz.

BEISPIEL

Ein Frontantrieb kommt z. B. beim VW Golf, Renault Clio, Peugeot 308 oder Fiat 500 zum Einsatz.

5.2.2 Hinterradantrieb

Beim Hinterradantrieb erfolgt die Übertragung der Motorleistung und des Motordrehmoments auf die beiden Hinterräder.

Beim Antrieb der hinteren Räder wird der große Abstand zwischen Motor und Antriebsachse zum Nachteil, da er durch Antriebswellen überbrückt werden muss. Jede dieser Antriebswellen erhöht das Gewicht des Fahrzeugs. Außerdem fällt der Platz für den Kofferraum geringer aus, da das Fahrzeugheck durch die Antriebseinheit ausgefüllt wird. Ein Vorteil ist, dass Antrieb und Lenkung nicht auf engem Raum kombiniert werden müssen wie beim Frontantrieb.

BEISPIEL

Ein Hinterradantrieb kommt z. B. beim 3er BMW, der C-Klasse von Mercedes-Benz, bei Reisebussen und schweren Nutzfahrzeugen zum Einsatz.

Befinden sich sowohl Motor als auch Antrieb hinten, nutzt man hierfür häufig den Begriff „Heckantrieb“. Der Heckantrieb wird überwiegend bei Sportwagen eingesetzt, jedoch auch bei Kleinstwagen. Mit dem Hinterradantrieb lassen sich große Motorleistungen über die Hinterräder auf die Fahrbahn übertragen. Durch die Übertragung der Antriebsenergie auf die Hinterräder wird das Automobil geschoben. Bei glatten Fahrbahnverhältnissen neigt der Hinterradantrieb in gefahrenen Kurven zum Übersteuern. Die Wintertauglichkeit ist hierbei eingeschränkt.

BEISPIEL

Über einen Heckantrieb verfügen z. B. Modelle von Porsche (911, GT2, GT 3) und Smart.

Eine weitere Besonderheit bei hinterradangetriebenen Fahrzeugen stellt der Mittelmotor dar. Mittelmotor bedeutet, dass der Motor sich zwischen den Fahrzeugachsen befindet. Dieses Antriebskonzept wird überwiegend bei schnellen Sportwagen eingesetzt.

BEISPIEL

Ein Mittelmotor kommt z. B. im Alfa Romeo 4C, Audi R8, Ford GT40, Porsche (Boxster, Cayman, 911 GT1) und Toyota MR2 zum Einsatz.

5.2.3 Allradantrieb

Diese Kombination von Front- und Heckantrieb wird unterschiedlich realisiert. Man unterscheidet folgende Antriebsformen:

Weitere Bezeichnungen für den Allradantrieb sind **AWD** (All Wheel Drive), **4 × 4** (engl. Four by Four) und **4WD** (engl. Four Wheel Drive). Im amerikanischen Englisch ist vereinzelt auch FWD für Four Wheel Drive gebräuchlich, während dieses Kürzel im europäischen Englisch für Front Wheel Drive (dt. „Vorderradantrieb") steht.

Antriebsform	Kennzeichen
permanenter Allradantrieb	alle vier Räder werden ständig angetrieben
zuschaltbarer Allradantrieb	kann vom Fahrer manuell zugeschaltet werden
sich eigenständig zuschaltender Allradantrieb	Sensoren im Fahrzeug erkennen, dass die Motorleistung nicht mehr über die angetriebenen Räder übertragen werden kann, und schalten über eine Kupplung die anderen Räder zu

Der ursprüngliche Zweck des Allradantriebs liegt in der höchstmöglichen Geländegängigkeit des Fahrzeugs, weshalb er früher nahezu ausschließlich im Bereich Nutzfahrzeuge sowie in Geländewagen und Rallyesportwagen verbaut wurde. Mittlerweile ist er in der oberen Mittelklasse sehr verbreitet, nicht zuletzt durch die seit Mitte der 1990er Jahre verbreiteten ***SUVs***.

Beim Allradantrieb erfolgt die Übertragung der Antriebsleistung auf vier Antriebsräder des Automobils.

SUV
(Sports Utility Vehicle)
Pkw mit dem Komfort einer Limousine, optisch und fahrwerkstechnisch jedoch an Geländewagen orientiert

BEISPIEL

Über einen Allradantrieb verfügen z. B. Audi quattro (A3, A4, A6, A8), BMW (X3, X5, 325xi, 525xi), Mitsubishi (Outlander, Pajero) und Toyota (RAV4, LandCruiser) sowie fast alle Modelle von Subaru.

Jedes der drei Antriebskonzepte hat seine Vor- und Nachteile. Diese äußern sich zum Beispiel im Fahrverhalten: der Frontantrieb neigt zum Untersteuern und der Heckantrieb zum Übersteuern: Was aber bedeutet Unter- bzw. Übersteuern?

Beim Übersteuern schiebt das Fahrzeug in der Kurve über die Hinterräder und beim Untersteuern schiebt es über die Vorderräder. Übersteuern ist der Beginn einer gefährlichen Schleuderbewegung des Automobils. Die Haftung der Hinterräder reicht nicht mehr aus und das Heck des Fahrzeugs versucht auszubrechen. Im Motorsport wird dieses kontrollierte Driften bewusst eingesetzt, um Kurven schneller zu durchfahren.

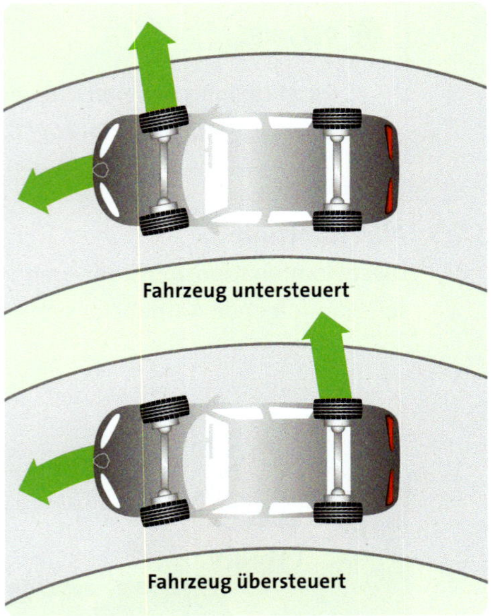

Im Gegensatz dazu lässt sich das Untersteuern nicht im Motorsport beobachten. Durch die Zugbewegung der Vorderräder beim Frontantrieb beschreiben die Vorderräder beim Untersteuern einen größeren Radius als der vorgegebene Lenkwinkel. Voraussetzung ist auch beim Untersteuern die Überschreitung der Haftgrenze der Reifen.

5.3 Komfortsysteme

5.3.1 Komfortsitze

Komfortsitze geben dem Fahrer eine sichere und entspannte Sitzhaltung während der Fahrt des Automobils. Eine Vielzahl von integrierten Sitzbedienelementen sicheren eine optimale Sitzposition, lüften den Sitz bei hohen Temperaturen, schalten auf Wunsch pneumatische Massagefunktionen zu und wechseln bei einem Unfall zusammen mit den Kopfstützen in eine für die Fahrzeuginsassen sicherere Sitzposition. Durch Speichertasten lassen sich einzelne Sitzpositionen von unterschiedlichen Fahrern – nach einem Motorstart – automatisiert einstellen.

Im Hinblick auf die kalte Jahreszeit und die damit verbundenen niedrigen Außentemperaturen sollten die Sitze auch über eine mehrstufige Sitzheizung verfügen. Diese kann durch die die Fahrzeuginsassen eingeschaltet werden, damit sie ein angenehmes Wärmeempfinden haben. Lenkradheizungen runden das Wohlfühlverhalten des Fahrers ab. Durch Komfortsitze lassen sich lange Fahrtstrecken entspannend und komfortabel zurücklegen.

Um den Komfort zu unterstützen, erfolgen die verschiedenen Einstellungen häufig auch elektrisch.

5.3.2 Elektrische Fensterheber

Elektrisch betätigte Fensterheber sind aus modernen Fahrzeugen nicht mehr wegzudenken. Kindersicherungssysteme können vom Fahrerplatz aktiviert oder deaktiviert werden. Gleichzeitig ist in jedem elektrischen Fensterheber ein Einklemmschutz integriert. Der Einklemmschutz soll verhindern, dass bei einem schließenden Fenster einzelne Körperteile zwischen Türrahmen und Fensterscheibe eingeklemmt werden. Mit der Fernbedienung des Automobils lassen sich alle Fensterscheiben sowie das Schiebe-/Hebedach durch eine Komfortfunktion parallel schließen.

5.3.3 Sonstige Komfortsysteme

Die Anzahl und Funktion der Komfortsysteme in einem Fahrzeug sind vielfältig. Neben den zuvor angesprochenen Systemen gehören dazu beispielsweise auch:

- Einparkhilfe
- Rückfahrkamera
- Standheizung
- Zentralverriegelung
- elektrisch öffnende Heckklappe
- Freisprecheinrichtung

Darüber hinaus zählen auch die bereits in Lernfeld 5, Kapitel 2.4 dargestellten elektrischen Ausstattungskomponenten Heizung, Klimaanlage, HiFi- und Navigationssystem sowie Scheibenwischer und Regensensor mit dazu.

5.4 Sicherheitssysteme

Rechnergestützte Sicherheitssysteme greifen in verkehrsbedingten Gefahrensituationen zum Schutz der Fahrzeugpassagiere aktiv ein. Die meisten elektronischen Steuergeräte bleiben dem Fahrer verborgen. Verschiedene Rechner im Hintergrund steuern den Motor, überwachen das ABS und das Fahrdynamiksystem. Allein die Motorüberwachung ist mittlerweile sehr aufwendig, da sämtliche Betriebszustände des Motors gemessen werden (z. B. Betriebsdauer, Motortemperatur, Drehzahl, Gaspedalstellung und Abgastemperatur). Auch die Sensoren, die die Fahrzustände aufnehmen, werden vom Computer umgerechnet und an andere Systeme durch ***CAN*** weitergeleitet (z. B. ABS, ESP, Getriebesteuerung).

Controller-Area-Network
Durch ein CAN-Bus-System im Fahrzeug werden elektronische Baugruppen wie Steuergeräte und Sensoren untereinander vernetzt.

Leuchtweitenregulierung, Sitzheizung, elektrische Sitzverstellung, Fensterheber und Rückspiegel sind in einer modernen Luxuslimousine mit bis zu 180 Elektromotoren verbaut. Alle elektronischen Komponenten verbrauchen Strom und erhöhen das Fahrzeuggewicht. Die Automobilindustrie versucht daher, die Elektronik so zu integrieren, dass trotz „Luxus" das Fahrzeuggewicht und der Treibstoffverbrauch nicht weiter ansteigen und der Fahrer entspannt fahren kann.

TÜV
Technischer Überwachungs-Verein

DEKRA
Deutscher Kraftfahrzeugüberwachungsverein

Moderne Automobile haben einen sehr hohen Sicherheitsstandard. In kaum einem anderen Land sind die Sicherheitsanforderungen so hoch wie in Deutschland. Von vorgeschriebenen Grenzwerten bei Crashtests bis hin zur technischen Überwachung ***(TÜV/DEKRA)*** der Fahrzeuge, deren Überwachungszyklen gesetzlich geregelt sind. Personenkraftwagen müssen nach der Erstzulassung des Fahrzeugs erstmalig nach drei Jahren zur Hauptuntersuchung. Dann verkürzen sich die Überwachungszyklen auf regelmäßig zwei Jahre. Taxen und Mietfahrzeuge müssen jährlich zur technischen Hauptuntersuchung. Die gesetzlich vorgeschriebene Hauptuntersuchung (HU) und die Abgasuntersuchung (AU) des Verbrennungsmotors müssen zeitgleich von der Werkstatt durchgeführt werden. Ohne Abgasuntersuchung wird keine Hauptuntersuchung erteilt.

Die Sicherheitssysteme werden unterschieden in **aktive** und **passive Sicherheitssysteme.** Aktiv sind all jene Systemtechniken, die helfen, einen Unfall zu verhindern. Die passiven Systeme greifen, wenn ein Unfall nicht mehr zu vermeiden ist und sollen den Fahrzeuginsassen höchstmöglichen Schutz bei einem Aufprall bieten.

Genau betrachtet trägt das gesamte Fahrzeug zur Sicherheit bei, denn ohne eine steife Karosserie, ein ausgereiftes Fahrwerk und eine gute Lenkung würden alle Zusatzeinrichtungen keine ausreichende Wirkung zeigen.

5.4.1 Aktive Sicherheitssysteme

Zwei der wichtigsten aktiven Sicherheitssysteme sind das **Anti-Blockier-System** und **Fahrstabilitätsprogramme**. Diese beiden Systeme sollen den Fahrer während der Fahrt unterstützen und unkontrollierbare Zustände beim Bremsen verhindern.

ABS (Anti-Blockier-System)

Blockierende Reifen haben den Nachteil, dass das Fahrzeug nicht mehr zu lenken ist. Deshalb wird bei heutigen Fahrzeugen ein ABS verbaut. Beim Anti-Blockier-System überwachen Sensoren die Geschwindigkeit der Räder. Neigt ein Rad zu einer Blockiertendenz, wird über ein Steuergerät der Bremsdruck so lange reduziert, bis das Rad mit sicherer Drehzahl dreht. Der Bremsdruck jedes einzelnen Rades wird entsprechend seiner Haftfähigkeit auf der Fahrbahn so geregelt, dass ein Blockieren der Räder verhindert wird. Dadurch bleibt das Fahrzeug jederzeit lenkbar und Hindernissen kann trotz des Bremsvorganges ausgewichen werden. Denn nur rollende Räder sind lenkfähig und können Seitenführungskräfte übertragen.

Regelkreis eines ABS

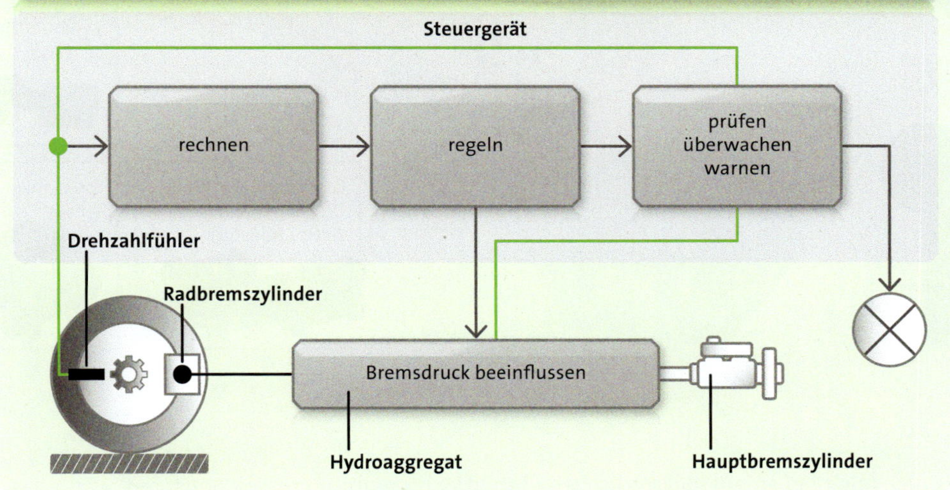

> *Der Fahrer registriert die einsetzende ABS-Regelung am leicht pulsierenden Bremspedal. Ein ABS verkürzt den Bremsweg nicht, sondern lässt Lenkkorrekturen im Vollbremsbereich zu.*

ESC (Electronic Stability Control)

Das erste Stabilitätsprogramm wurde in den 1990er Jahren von Bosch für die S-Klasse von Mercedes-Benz entwickelt und ist unter dem Namen **ESP (Elektronisches Stabilitätsprogramm)** eine eingetragene Marke der Daimler AG. Für das System gibt es je nach Hersteller verschiedene Bezeichnungen, die neutrale Bezeichnung lautet ESC.

> ***BEISPIEL***
>
> *DSC (Dynamic Stability Control) bei BMW, Jaguar und Mazda*
> *VSA (Vehicle Stability Assist) bei Honda*
> *VSC (Vehicle Stability Control) bei Daihatsu und Toyota*
> *PSM (Porsche Stability Management) bei Porsche*

ESP – Funktionen und Komponenten

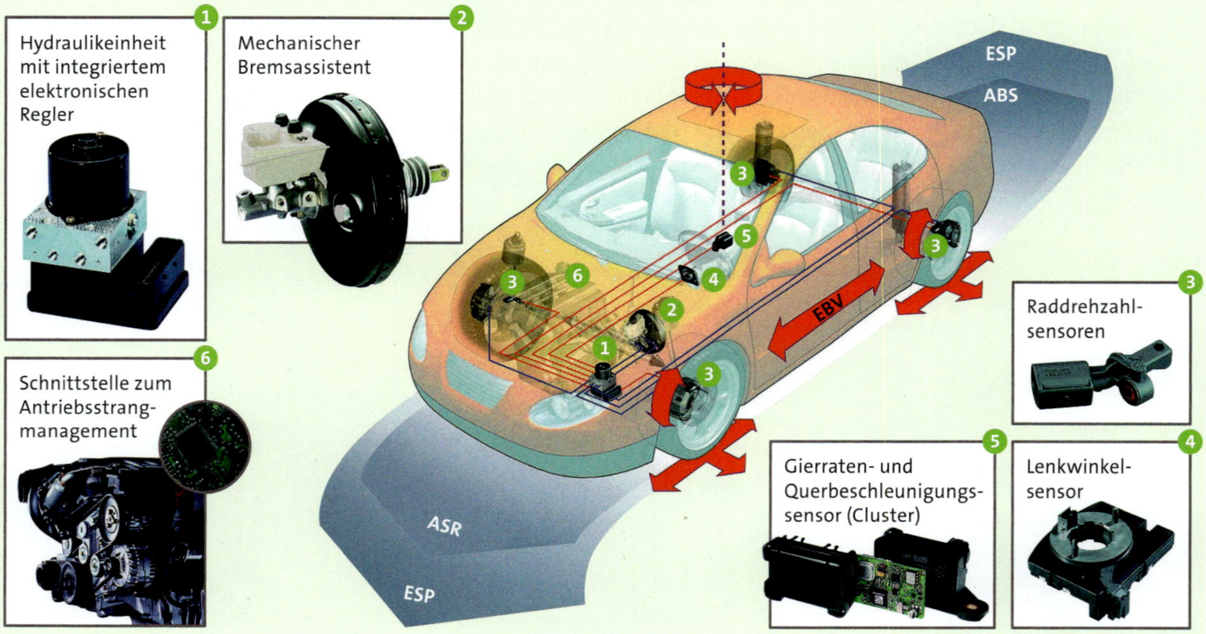

Auch bei einem elektronischen Stabilitätsprogramm messen Sensoren, wenn das Auto in Kurven zum Rutschen neigt. Dabei werden die Räder einzeln abgebremst, bis das Fahrzeug wieder eine stabile Straßenlage erreicht hat. Sowohl Über- als auch Untersteuern werden so vermieden.

Die Erforschung von weiteren Programmen, die helfen sollen, Unfälle zu vermeiden, wird auf die verschiedensten Bereiche ausgedehnt. So testet Volvo derzeit ein System, das die Kollision mit Fußgängern verhindern soll, Siemens forscht an einem Geisterfahrer-Alarm und Saab entwickelt einen „Weckruf", der dem Sekundenschlaf am Steuer vorbeugt.

Trotz aller Entwicklungen und Fortschritte, die zu einer Verbesserung von Bremsleistung und Fahrverhalten führen, können die physikalischen Gesetze nicht außer Kraft gesetzt werden und das aktivste Sicherheitselement eines Fahrzeugs ist und bleibt der Fahrer. Er allein bestimmt über Geschwindigkeit und Höhe des Risikos, welches er eingeht. Alle vom Auto zur Verfügung gestellten Sicherheitseinrichtungen können den Fahrer nur unterstützen.

5.4.2 Passive Sicherheitssysteme

Die Zahl der passiven Sicherheitseinrichtungen ist gegenüber den aktiven Sicherheitssystemen wesentlich höher. Die meisten dieser Sicherheitseinrichtungen bauen aufeinander auf und könnten einzeln nicht ihre volle Wirkung erbringen.

Sicherheitsgurt

Ein wirkungsvolles Sicherheitselement im Auto ist der Sicherheitsgurt. Er hält den Fahrer im Falle eines Aufpralls im Sitz zurück und verhindert das Aufschlagen auf dem Lenkrad oder den Armaturenbereich bzw. den unfreiwilligen Austritt aus dem Auto. Unterstützt wird der Gurt durch sogenannte **Gurtstraffer.**

Die Gurtstraffer verkürzen den Gurt bei einem Unfall und ziehen den Fahrer in den Sitz hinein. Es gibt zwei Funktionsweisen: Zum einen werden Stahlseile genutzt, die den Gurt bei einem Aufprall verkürzen. Pyrotechnische Systeme verkürzen die Gurtlänge durch eine gezielte Zündung eines Treibsatzes. Dieses schnelle Abbrennen des Treibsatzes ist so dosiert, dass sie nur den Gurt verkürzt und nicht die Insassen verletzt.

Geteilte Lenksäule

In vergangenen Jahrzehnten waren Fahrzeuge mit einer starren Lenksäule ausgestattet. Diese feste Verbindung zwischen der Front des Fahrzeuges und dem Fahrgastraum hatte die gefährliche Eigenschaft, dass bei einem frontalen Aufprall das Lenkrad dem Fahrer entgegendrückt. Die Folge waren schwere Verletzungen. Aus diesem Grund sind heutige Lenksäulen geteilt und so ausgelegt, dass sie bei einem Unfall abknicken und nicht mehr in den Innenraum eindringen können.

Pedale

Um die Beine und Füße des Fahrers zu schützen, werden auch die Pedale im Fußraum in die Sicherheitsvorkehrungen einbezogen. Die Pedale können mit Sollbruchstellen versehen werden, sodass diese bei einer erhöhten Kraft an einer vorgesehenen Stelle brechen. Eine aufwendigere Methode besteht darin, die Pedale vor einer Gefährdung der Beine aus dem Fußraum herauszuziehen.

Materialien im Innenraum, Scheiben und Sitze

Sicherheit wird überall im Fahrzeug großgeschrieben und wirkt sich auch bei den verwendeten Materialien aus. So darf kein Material im Innenraum splittern, denn dadurch könnten scharfe Kanten entstehen, die die Insassen verletzen würden.

Neben den Kunststoffen gilt diese Anforderung auch für die Scheiben des Automobils. Mindestens die Frontscheibe (Windschutzscheibe) besteht aus zwei Glasschichten, zwischen denen eine Klarsichtfolie eingeklebt ist. Diese Bauformen von Windschutzscheiben werden als Verbundglasscheiben bezeichnet. Bei einem Bruch bleiben die Glassplitter an der Folie kleben und dringen nicht in den Innenraum. Die Seitenscheiben sowie die Heckscheibe sind Einglasscheiben. Beim Bruch dieser Scheiben entstehen kleine Glaskugeln die keine gefährlichen Verletzungen hervorrufen.

Karosseriestruktur

Ein weiteres wichtiges passives Sicherheitselement ist die Karosseriestruktur. Eine Gefährdung der Insassen würde auftreten, wenn der Motor in die Fahrgastzelle eindringen würde. Die Karosserie wird so konstruiert, dass trotz starker Verformung der Motor unter das Auto geschoben oder vom Fahrgastraum weggezogen wird. Es gibt unterschiedliche Ansätze, die aber alle das gleiche Ziel haben: die Insassen vor eindringenden Teilen zu schützen. Die Fahrgastzelle sollte trotz der aufprallbedingten Deformation des Automobils unversehrt bleiben.

Da bei Cabrios der Schutz des Daches fehlt, werden sie in der Regel mit versenkten oder starren **Überrollbügeln** versehen. Insbesondere moderne Cabrios verfügen über versenkte (aktive) Überrollbügel, die bei einem Überschlag in ca. 0,2 Sekunden ausfahren und somit den Überlebensraum für die Insassen vergrößern. Zudem werden zusätzlich starre Kopfstützen in die Karosserie eingelassen.

Airbags

Schnelle Airbag-Systeme sind aus modernen Fahrzeugen nicht mehr wegzudenken. Airbags sind Luftsäcke, die sich im Falle eines Aufpralls aufblasen und so die Insassen von allen Seiten schützen. Begonnen hat die Entwicklung mit Fahrer- und Beifahrerairbags. Mittlerweile gibt es weitere Typen von Airbags, wie z. B. Seitenairbags, Kopfairbags oder Knieairbags. Auch bei einigen Motorrädern wird heutzutage ein Airbag eingebaut.

Bei einem zweistufigen Airbag wird die Aufprallgeschwindigkeit berücksichtigt. Kommt es zu einem harmlosen Zusammenstoß bzw. einem Zusammenstoß bei niedriger Geschwindigkeit, so werden die Airbags entweder gar nicht oder nicht voll aufgeblasen. Somit werden Fahrer als auch Beifahrer vor airbagbedingten Verletzungen geschützt.

> i *Der Grad des Aufpralls wird wie folgt unterschieden:*
> *1. Stufe = Aufprall mit niedriger Geschwindigkeit*
> *2. Stufe = Aufprall mit hoher Geschwindigkeit*

Da Aufprall und benötigte Schutzwirkung direkt aufeinanderfolgen, muss die Wirkung der Airbags nahezu sofort zur Verfügung stehen. Der eigentliche Airbag ist mit Stickstoff gefüllt und schießt mit ca. 250 km/h aus einer Airbag-Box. Er ist so konstruiert, dass die Luft bei einem Aufprall durch Öffnungen entweicht, damit die Insassen nicht zurückgeschleudert werden.

Trotz der hohen Geschwindigkeit beim Aufblasen der Airbags müssen die Sensoren noch schneller eine vorhergehende unnormale Verzögerung oder Deformation des Vorderwagenbereichs registrieren und die entsprechenden Airbags auslösen. Die Reaktionszeit für Seitenairbags ist dabei noch kürzer als die der vorderen Airbags. Deshalb werden Seitenairbags mit Drucksensoren in den Fahrzeugtüren ausgestattet.

Aber auch für Airbags gilt: Nur im System ist eine optimale Wirkung gewährleistet. Wer auf den Sicherheitsgurt verzichtet, darf nicht auf die Wirkung der Airbags vertrauen. Befindet sich der Körper zu nahe an dem entfalteten Airbag, kann dieser sogar Verletzungen verursachen.

BEISPIEL

Füße auf dem Armaturenbrett sind bei einem Aufprall sehr gefährlich. Sie behindern den Airbag und vermindern die Schutzwirkung.

Um ein ungewolltes Auslösen des Beifahrerairbags zu verhindern, sind moderne Fahrzeuge mit einer **Sitzbelegungserkennung** ausgestattet und bieten die Möglichkeit, den Airbag manuell abzuschalten. Über einen Schalter oder einen Schlüssel wird die Steuerelektronik und/ oder die Zündelektronik des Airbags unterbrochen.

BEISPIEL

Damit ein Kindersitz auf dem Platz des Beifahrers eingesetzt werden kann, ist eine Abschaltung des Airbags notwendig, um mögliche Verletzungen bei einem Unfall durch den Airbag zu verhindern.

5.5 Autonomes Fahren

Automobilhersteller, Zulieferer sowie Unternehmen im Bereich „Digitalisierung" arbeiten am Thema „autonomes Fahren". Dabei bedeutet „autonomes Fahren", dass ein Fahrzeug selbsttätig und ohne Eingreifen eines Fahrers von einem Startpunkt aus zu einem Zielpunkt fährt.

Im Bereich der Schienenfahrzeuge gibt es das Prinzip des autonomen Fahrens schon länger; insbesondere auf Geländen von Fabriken, Logistikzentren und bei Container-Terminals. Es liegt auf der Hand, dass es sich in diesen Fällen um abgegrenzte Bereiche handelt, in denen eine Umsetzung um ein Vielfaches leichter fällt, als im heutigen, individuellen Straßenverkehr. Dort können die Fahrzeuge auf den Schienen oder durch im Boden verlaufende Induktionsschleifen vorher genau bestimmte Wege abfahren. Darüber hinaus können sich Fluggeräte per „Autopilot" im Luftraum durch ein speziell zugewiesenes Areal bewegen, in dem es zu keiner Begegnung mit anderen Flugkörpern kommen kann.

Im Zuge der Weiterentwicklung von Mikroprozessoren und sensorischen Systemen gibt es jetzt schon erfolgversprechende Versuche im öffentlichen Straßenverkehr. Dabei werden u. a. folgende Informationen gesammelt und verarbeitet:

- Navigationsgeräte kennen durch GPS jederzeit die genaue Position des Fahrzeugs
- Kameras erkennen die genaue Position des Fahrzeugs in Bezug zu den Straßenbegrenzungen und dem vorausfahrenden Verkehr
- die Lichtzeichen der Ampelanlagen
- andere relevante Verkehrszeichen (z. B. Geschwindigkeitsbegrenzungen, die jeweils an der Stelle geltenden Vorfahrtsregeln)
- plötzliche Hindernisse

Durch den ständigen Abgleich dieser Informationen mit exaktem Kartenmaterial errechnet die elektronische Steuerung mehrmals pro Sekunde die nötigen Steuerimpulse. Durch Eingriffe in die Lenkung, die Motorsteuerung und das Bremssystem ist die Elektronik in der Lage, das Fahrzeug sicher durch den Verkehr zu steuern.

Das erste so arbeitende System war die seit 2010 erprobte und seit 2015 tatsächlich auch bei einigen Herstellern als Sonderausstattung erhältliche **automatische Einparkhilfe** (7er BMW, Mercedes E-Klasse). Audi gelang es 2015 als erstem Hersteller, seriennahe Fahrzeuge ohne Eingriffe durch den Fahrer über mehrere hundert Kilometer Autobahn zu steuern. Audi nannte das System „pilotiertes Fahren".

Seit 2012 darf autonomes Fahren in einigen US-Bundesstaaten im Straßenverkehr getestet werden. Die erste entsprechende Lizenz erhielt Google. Seit 2015 ist es den Herstellern in Deutschland möglich, auf einem Teilstück der A9 Versuchsfahrten zum autonomen Fahren durchzuführen. Weitere Teststrecken sind momentan in Planung, um die Systeme auch abseits von Autobahnen zu erproben. Das Verkehrsministerium arbeitet zurzeit an einem Entwurf für „Strategische Eckpunkte zur Weiterentwicklung automatisierten Fahrens bis 2020".

Einige Punkte sind aber noch nicht bis zur Alltagsreife entwickelt: So haben Kameras bei tiefstehender Sonne Probleme, die Farben einer Ampel zu erkennen. Auch werden unter Umständen Schneeflocken als Hindernisse angesehen. Zudem ist bei höherem Tempo aktuell noch das Bremsverhalten weniger sanft, als es dem Menschen möglich ist. Ganz wesentlich ist auch, dass ein automatisches System Schwierigkeiten hat, die Absicht von Personen zu erkennen, die am Straßenrand stehen.

Es wird also noch einige Zeit vergehen, bis die autonomen Systeme zur Alltagsreife entwickelt worden sind. Das Fraunhofer Institut hat eine Studie im Auftrag des Bundesinnenministeriums veröffentlicht, nach der sie noch vor 2025 mit der vollen Reife des autonomen Fahrens rechnet. Andere Studien rechnen nicht vor 2030 damit.

Zurzeit sieht die Rechtslage so aus, dass nur Testfahrer mit einer Zusatzausbildung autonome Fahrzeuge bewegen dürfen. Sie müssen auch auf dem Fahrersitz Platz nehmen und beide Hände am Lenkrad haben, andere Aktivitäten während des Fahrens sind also untersagt.

Drei weitere „Problemfelder" bleiben aber bei aller möglichen technischen Machbarkeit bestehen:

1. Sind die Menschen bereit, sich solch einem System anzuvertrauen? Wie unheimlich ist es, mit 130 km/h über die Autobahn zu fahren, selbst aber nicht unmittelbar die Gewalt über das Fahrzeug zu haben?
2. Wie sieht die Rechtslage im Falle eines Unfalls aus? Wenn alle Systeme einwandfrei funktionieren, kann es dann überhaupt noch Unfälle geben? Aber was ist, so lange „normale" Fahrzeuge und „autonome" Fahrzeuge gleichzeitig unterwegs sind? Ist dann immer der „Normalfahrer" schuld, weil das technisch gesteuerte Auto fehlerfrei fährt?
3. Wie sieht es mit der Sicherheit der Softwaresysteme aus? Kann eventuell ein Hacker die Kontrolle über ein autonomes Fahrzeug übernehmen?

130 km/h ist das Tempo, dass nach dem Willen des Verkehrsministeriums zurzeit als Obergrenze für autonomes Fahren genannt wird.

Die Vorstufen des autonomen Fahrens sind jedenfalls schon Realität:

Stufe 1: Beim **assistierten Fahren** greifen Systeme wie ABS und ESP bei Bedarf korrigierend ein – Systeme die in fast allen Fahrzeugen heute zur Anwendung kommen.

Aktive Sicherheitssysteme ☞ S. 168

Stufe 2: Beim **teilautomatisierten Fahren** kann das Fahrzeug selbständig lenken, beschleunigen und bremsen – u. a. ist das bereits jetzt in der C-Klasse von Mercedes bei geringen Geschwindigkeiten (z. B. in einem Stau) möglich oder im Rahmen des automatischen Einparkens.

Stufe 3: Beim **hochautomatisierten Fahren** übernimmt die Elektronik für eng begrenzte Situationen die Kontrolle. Sobald dieser definierte Bereich verlassen wird, wird der Fahrer aufgefordert, wieder zu übernehmen. Reagiert der Fahrer nicht innerhalb einer festgelegten Zeit, hält das Fahrzeug an.

Stufe 4: Erst beim **vollautomatisierten Fahren** muss der Fahrer weder überwachen noch eingreifen.

Die „Ethik-Kommission – Automatisiertes und vernetztes Fahren" weist in ihrem Abschlussbericht, der im Juni 2017 vorgestellt wurde, u. a. auf folgende Punkte hin:

1. Kommt es zu Situationen, in denen ein Unfall unausweichlich scheint, darf das System keine Abwägung nach persönlichen Merkmalen der möglichen Opfer wie Alter oder Geschlecht machen. Tier- oder Sachschäden sind aber Personenschäden vorzuziehen.
2. Es muss jederzeit dokumentiert werden können, wer die Verantwortung gerade trägt, der Mensch oder der Computer. Die Haftung geht dann auf den Hersteller über.
3. Über die Nutzung und Weitergabe der beim automatisierten Fahren gewonnenen Daten muss ein Fahrer selbst entscheiden können.

Vielleicht reift auch die Erkenntnis, dass es gar nicht erstrebenswert ist, dass Autos komplett autonom fahren. Aber wäre es nicht hilfreich, wenn die Assistenzsysteme eingreifen, wenn das Fahrzeug ohne Blinken die Spur wechselt oder der Fahrer für mehr als ein Blinzeln die Augen schließt? Und Systeme, die vor dem Starten des Motors die Zugangsberechtigung und die Fahrtüchtigkeit prüfen, könnten Diebstähle und Unfälle durch Fahren unter Alkohol- oder Drogeneinfluss verringern. Schöne neue Welt!?

LS 76

6 Ein Neuwagengeschäft abwickeln

***SITUATION** Autoland Murschall GmbH*

Bei der Autoland Murschall GmbH stehen heute Nachmittag gleich drei Neuwagenauslieferungen an. David Rose soll zu diesem Zweck drei große Blumensträuße besorgen. Als der Neuwagenverkaufsleiter Herr Fleck ihn diesbezüglich instruiert, macht David einen Vorschlag: „Wenn ich das richtig in Erinnerung habe, ist der Racer ein Geburtstagsgeschenk von Herrn von Drachenfels an seine Frau, die davon noch nichts weiß. Wie wäre es, wenn wir das Cabrio mit einem großen roten Tuch abdecken und vielleicht noch eine große Schleife darum machen? Dann könnte Herr von Drachenfels oder sogar seine Frau selbst die Schleife öffnen und das Tuch wegziehen – das wäre dann doch wirklich ein richtiges Geschenk." Herr Fleck ist ganz angetan von der Idee und beauftragt David, sich schnellstens um die entsprechenden Sachen zu kümmern.

Nach einer kompetenten Beratung folgt der rechtsgültige Abschluss eines Neuwagenkaufvertrages. Damit beginnen die Arbeiten im Backoffice-Bereich. Das Fahrzeug wird von der Disposition beim Hersteller bestellt, sofern es sich nicht um ein Lagerfahrzeug handelt. Ist das Auto dann beim Hersteller vom Band gelaufen, muss ggf. die Überführung vom Herstellerwerk an den Händler in Auftrag gegeben werden. Neufahrzeuge, die angeliefert werden, müssen dann beim Händler in einen auslieferungsfertigen Zustand gebracht werden. Hierfür muss ein interner Werkstattauftrag erstellt werden. Viele Kunden beauftragen den Händler auch mit der Zulassung des Fahrzeuges, folglich muss auch diese organisiert werden. Als letzter Abwicklungsschritt muss dann die kundenbindende Fahrzeugübergabe vorbereitet werden. Bei der Abwicklung eines Neuwagengeschäftes müssen die Abteilungen Disposition und Neuwagenverkauf Hand in Hand arbeiten.

6.1 Zustandekommen eines Kaufvertrages

Bevor es zum Verkaufsabschluss kommt, findet üblicherweise ein Verkaufsgespräch im Autohaus statt. Dabei stehen die zielgerichtete Bedarfsermittlung und Warenpräsentation im Vordergrund. Um den interessierten Kunden im Falle eines Neuwagens ein passendes Angebot machen zu können, kommt es auf die richtige Modellauswahl (= Produktpolitik des Herstellers), die Vorhaltung dieser Modelle (= Sortimentspolitik des Händlers), die adäquate Präsentation der Modelle im Autohaus sowie das Verkaufsgeschick des Verkäufers (= Kommunikationspolitik) und sicherlich auch eine akzeptable Preisgestaltung (= Preispolitik) an. Einen besonderen Stellenwert nimmt immer das Verkaufsinstrument „Probefahrt" ein.

Kaufverträge kommen durch zwei übereinstimmende Willenserklärungen zustande. Die erste Willenserklärung bezeichnet man als **Antrag,** die zweite als **Annahme.** Somit ist es juristisch nicht richtig zu behaupten, dass ein Neuwagenverkaufsgespräch mit der Unterschrift unter dem „Kaufvertrag" gekrönt wird. Das, was der Kunde im günstigsten Fall unterschreibt, ist die verbindliche Bestellung eines Neuwagens; juristisch gesehen handelt es sich hierbei um einen Antrag. In der Regel wird das Autohaus in Person des Neuwagenverkaufsleiters diesen Antrag annehmen. Allerdings kann es auch einmal im Interesse des Neuwagenverkaufsleiters sein, den Antrag eines Kunden auszuschlagen, z. B. wenn sich der Verkäufer beim Endpreis verrechnet hat. Die Bestellung des Kunden, an die dieser aufgrund der gängigen AGB bei einem Pkw drei Wochen, bei einem Nutzfahrzeug 6 Wochen gebunden ist, muss also durch den Verkäufer – und somit durch das Autohaus – erst noch angenommen werden. Handelt es sich um ein Lagerfahrzeug, das nicht erst noch bestellt werden muss, verkürzt sich diese Frist auf 10 Tage (bei Nutzfahrzeugen, die auf Lager stehen, auf 2 Wochen). Die Annahme durch das Autohaus erfolgt entweder durch ein Bestätigungsschreiben oder durch die Auslieferung des Fahrzeuges innerhalb der Bindungsfrist des Kunden. Unterlässt das Autohaus die Zusendung dieser Auftragsbestätigung, könnte der Kunde nach Ablauf der drei Wochen ohne Weiteres von seiner Bestellung Abstand nehmen.

Übrigens, bei einem Barkauf eines Autos hat der Käufer kein **14-tägiges Rücktrittsrecht.** Diese Möglichkeit besteht nur bei einem Finanzierungsgeschäft. Bei einem Barkauf gilt die abgegebene Willenserklärung des Kunden und an diese ist er im Rahmen der geltenden Fristen gebunden.

6.2 Allgemeine Geschäftsbedingungen beim Neuwagenverkauf

Für immer wiederkehrende Bedingungen, die für den Verkauf von fabrikneuen Kraftfahrzeugen und Anhängern gelten und nicht immer wieder einzeln verhandelt werden sollen, bedient sich das Autohaus Allgemeiner Geschäftsbedingungen (AGB). In ihnen sind Einzelheiten zum Vertragsabschluss, zur Zahlung, zu den Lieferungsbedingungen, zum Eigentumsvorbehalt, zum Vorgehen bei Sachmängeln, zum Gerichtsstand usw. festgehalten.

> ***BEISPIEL***
>
> *Die Autoland Murschall GmbH hat die Empfehlungen der Branchenverbände ZDK, VDA und VDIK übernommen.*

Eine Empfehlung für Gebrauchtwagen-Verkaufsbedingungen stellt nur der ZDK zur Verfügung.

Die AGB sind Grundlage eines jeden Neuwagenverkaufs und befinden sich in der Regel auf der Rückseite der Neuwagenbestellung.

Neuwagen-Verkaufsbedingungen (Kraftfahrzeuge und Anhänger)

Unverbindliche Empfehlung des Verbandes der Automobilindustrie e. V. (VDA), des Verbandes der Internationalen Kraftfahrzeughersteller e. V. (VDIK) und des Zentralverbandes Deutsches Kraftfahrzeuggewerbe e. V. (ZDK)

Stand: 12/2016

I. Vertragsabschluss/Übertragung von Rechten und Pflichten des Käufers

1. Der Käufer ist an die Bestellung höchstens bis drei Wochen, bei Nutzfahrzeugen bis sechs Wochen gebunden. Diese Frist verkürzt sich auf 10 Tage (bei Nutzfahrzeugen auf 2 Wochen) bei Fahrzeugen, die beim Verkäufer vorhanden sind. Der Kaufvertrag ist abgeschlossen, wenn der Verkäufer die Annahme der Bestellung des näher bezeichneten Kaufgegenstandes innerhalb der jeweils genannten Fristen schriftlich bestätigt oder die Lieferung ausführt. Der Verkäufer ist jedoch verpflichtet, den Besteller unverzüglich zu unterrichten, wenn er die Bestellung nicht annimmt.

2. Übertragungen von Rechten und Pflichten des Käufers aus dem Kaufvertrag bedürfen der schriftlichen Zustimmung des Verkäufers.

II. Preise

...

III. Zahlung

1. Der Kaufpreis und Preise für Nebenleistungen sind bei Übergabe des Kaufgegenstandes und Aushändigung oder Übersendung der Rechnung zur Zahlung fällig.

2. Gegen Ansprüche des Verkäufers kann der Käufer nur dann aufrechnen, wenn die Gegenforderung des Käufers unbestritten ist oder ein rechtskräftiger Titel vorliegt. Hiervon ausgenommen sind Gegenforderungen des Käufers aus demselben Kaufvertrag. Ein Zurückbehaltungsrecht kann er nur geltend machen, soweit es auf Ansprüchen aus demselben Vertragsverhältnis beruht.

IV. Lieferung und Lieferverzug

1. Liefertermine und Lieferfristen, die verbindlich oder unverbindlich vereinbart werden können, sind schriftlich anzugeben. Lieferfristen beginnen mit Vertragsabschluss.

2. Der Käufer kann sechs Wochen nach Überschreiten eines unverbindlichen Liefertermins oder einer unverbindlichen Lieferfrist den Verkäufer auffordern, zu liefern. Diese Frist verkürzt sich auf 10 Tage (bei Nutzfahrzeugen auf zwei Wochen) bei Fahrzeugen, die beim Verkäufer vorhanden sind. Mit dem Zugang der Aufforderung kommt der Verkäufer in Verzug.

Hat der Käufer Anspruch auf Ersatz eines Verzugsschadens, beschränkt sich dieser bei leichter Fahrlässigkeit des Verkäufers auf höchstens 5 % des vereinbarten Kaufpreises.

3. Will der Käufer darüber hinaus vom Vertrag zurücktreten und/oder Schadensersatz statt der Leistung verlangen, muss er dem Verkäufer nach Ablauf der betreffenden Frist gemäß Ziffer 2, Satz 1 oder 2 dieses Abschnitts eine angemessene Frist zur Lieferung setzen.

Hat der Käufer Anspruch auf Schadensersatz statt der Leistung, beschränkt sich der Anspruch bei leichter Fahrlässigkeit auf höchstens 25 % des vereinbarten Kaufpreises. Ist der Käufer eine juristische Person des öffentlichen Rechts, ein öffentlich-rechtliches Sondervermögen oder ein Unternehmer, der bei Abschluss des Vertrages in Ausübung seiner gewerblichen oder selbständigen beruflichen Tätigkeit handelt, sind Schadenersatzansprüche statt der Leistung bei leichter Fahrlässigkeit ausgeschlossen.

Wird dem Verkäufer, während er in Verzug ist, die Lieferung durch Zufall unmöglich, so haftet er mit den vorstehend vereinbarten Haftungsbegrenzungen. Der Verkäufer haftet nicht, wenn der Schaden auch bei rechtzeitiger Lieferung eingetreten wäre.

4. Wird ein verbindlicher Liefertermin oder eine verbindliche Lieferfrist überschritten, kommt der Verkäufer bereits mit Überschreiten des Liefertermins oder der Lieferfrist in Verzug. Die Rechte des Käufers bestimmen sich dann nach Ziffer 2, Satz 4 und Ziffer 3 dieses Abschnitts.

5. Die Haftungsbegrenzungen und Haftungsausschlüsse dieses Abschnitts gelten nicht für Schäden, die auf einer grob fahrlässigen oder vorsätzlichen Verletzung von Pflichten des Verkäufers, seines gesetzlichen Vertreters oder seines Erfüllungsgehilfen beruhen sowie bei Verletzung von Leben, Körper oder Gesundheit.

6. Höhere Gewalt oder beim Verkäufer oder dessen Lieferanten eintretende Betriebsstörungen, die den Verkäufer ohne eigenes Verschulden vorübergehend daran hindern, den Kaufgegenstand zum vereinbarten Termin oder

innerhalb der vereinbarten Frist zu liefern, verändern die in Ziffern 1 bis 4 dieses Abschnitts genannten Termine und Fristen um die Dauer der durch diese Umstände bedingten Leistungsstörungen. Führen entsprechende Störungen zu einem Leistungsaufschub von mehr als vier Monaten, kann der Käufer vom Vertrag zurücktreten. Andere Rücktrittsrechte bleiben davon unberührt.

7. Konstruktions- oder Formänderungen, Abweichungen im Farbton sowie Änderungen des Lieferumfangs seitens des Herstellers bleiben während der Lieferzeit vorbehalten, sofern die Änderungen oder Abweichungen unter Berücksichtigung der Interessen des Verkäufers für den Käufer zumutbar sind. Sofern der Verkäufer oder der Hersteller zur Bezeichnung der Bestellung oder des bestellten Kaufgegenstandes Zeichen oder Nummern gebraucht, können allein daraus keine Rechte hergeleitet werden.

V. Abnahme

1. Der Käufer ist verpflichtet, den Kaufgegenstand innerhalb von 14 Tagen ab Zugang der Bereitstellungsanzeige abzunehmen.

2. Im Falle der Nichtabnahme kann der Verkäufer von seinen gesetzlichen Rechten Gebrauch machen. Verlangt der Verkäufer Schadensersatz, so beträgt dieser 15 % des Kaufpreises. Der Schadenersatz ist höher oder niedriger anzusetzen, wenn der Verkäufer einen höheren Schaden nachweist oder der Käufer nachweist, dass ein geringerer oder überhaupt kein Schaden entstanden ist.

VI. Eigentumsvorbehalt

1. Der Kaufgegenstand bleibt bis zum Ausgleich der dem Verkäufer aufgrund des Kaufvertrages zustehenden Forderungen Eigentum des Verkäufers.

Ist der Käufer eine juristische Person des öffentlichen Rechts, ein öffentlich-rechtliches Sondervermögen oder ein Unternehmer, der bei Abschluss des Vertrages in Ausübung seiner gewerblichen oder selbständigen beruflichen Tätigkeit handelt, bleibt der Eigentumsvorbehalt auch bestehen für Forderungen des Verkäufers gegen den Käufer aus der laufenden Geschäftsbeziehung bis zum Ausgleich von im Zusammenhang mit dem Kauf zustehenden Forderungen.

Auf Verlangen des Käufers ist der Verkäufer zum Verzicht auf den Eigentumsvorbehalt verpflichtet, wenn der Käufer sämtliche mit dem Kaufgegenstand im Zusammenhang stehende Forderungen unanfechtbar erfüllt hat und für die übrigen Forderungen aus den laufenden Geschäftsbeziehungen eine angemessene Sicherung besteht.

Während der Dauer des Eigentumsvorbehalts steht das Recht zum Besitz der Zulassungsbescheinigung Teil II (Fahrzeugbrief) dem Verkäufer zu.

2. Zahlt der Käufer den fälligen Kaufpreis und Preise für Nebenleistungen nicht oder nicht vertragsgemäß, kann der Verkäufer vom Vertrag zurücktreten und/oder bei schuldhafter Pflichtverletzung des Käufers Schadensersatz statt der Leistung verlangen, wenn er dem Käufer erfolglos eine angemessene Frist zur Leistung bestimmt hat, es sei denn, die Fristsetzung ist entsprechend den gesetzlichen Bestimmungen entbehrlich. Hat der Verkäufer Anspruch auf Schadensersatz statt der Leistung und nimmt er den Kaufgegenstand wieder an sich, sind Verkäufer und Käufer sich darüber einig, dass der Verkäufer den gewöhnlichen Verkaufswert des Kaufgegenstandes im Zeitpunkt der Rücknahme vergütet. Auf Wunsch des Käufers, der nur unverzüglich nach Rücknahme des Kaufgegenstandes geäußert werden kann, wird nach Wahl des Käufers ein öffentlich bestellter und vereidigter Sachverständiger, z. B. der Deutschen Automobil Treuhand GmbH (DAT), den gewöhnlichen Verkaufswert ermitteln. Der Käufer trägt die erforderlichen Kosten der Rücknahme und Verwertung des Kaufgegenstandes. Die Verwertungskosten betragen ohne Nachweis 5 % des gewöhnlichen Verkaufswertes. Sie sind höher oder niedriger anzusetzen, wenn der Verkäufer höhere Kosten nachweist oder der Käufer nachweist, dass geringere oder überhaupt keine Kosten entstanden sind.

3. Solange der Eigentumsvorbehalt besteht, darf der Käufer über den Kaufgegenstand weder verfügen noch Dritten vertraglich eine Nutzung einräumen.

VII. Haftung für Sachmängel

1. Ansprüche des Käufers wegen Sachmängeln verjähren entsprechend den gesetzlichen Bestimmungen in zwei Jahren ab Ablieferung des Kaufgegenstandes.

Hiervon abweichend gilt eine Verjährungsfrist von einem Jahr, wenn der Käufer eine juristische Person des öffentlichen Rechts, ein öffentlich-rechtliches Sondervermögen oder ein Unternehmer ist, der bei Abschluss des Vertrages in Ausübung seiner gewerblichen oder selbständigen beruflichen Tätigkeit handelt.

2. Die Verjährungsverkürzung in Ziffer 1, Satz 2 gilt nicht für Schäden, die auf einer grob fahrlässigen oder vorsätzlichen Verletzung von Pflichten des Verkäufers, seines gesetzlichen Vertreters oder seines Erfüllungsgehilfen beruhen sowie bei Verletzung von Leben, Körper oder Gesundheit.

3. Hat der Verkäufer aufgrund der gesetzlichen Bestimmungen für einen Schaden aufzukommen, der leicht fahrlässig verursacht wurde, so haftet der Verkäufer beschränkt:

Die Haftung besteht nur bei Verletzung vertragswesentlicher Pflichten, etwa solcher, die der Kaufvertrag dem Verkäufer nach seinem Inhalt und Zweck gerade auferlegen will oder deren Erfüllung die ordnungsgemäße Durchführung des Kaufvertrages überhaupt erst ermöglicht und auf deren Einhaltung der Käufer regelmäßig vertraut und vertrauen darf. Diese Haftung ist auf den bei Vertragsabschluss vorhersehbaren typischen Schaden begrenzt.

Ausgeschlossen ist die persönliche Haftung der gesetzlichen Vertreter, Erfüllungsgehilfen und Betriebsangehörigen des Verkäufers für von ihnen durch leichte Fahrlässigkeit verursachte Schäden.

Für die vorgenannte Haftungsbegrenzung und den vorgenannten Haftungsausschluss gilt Ziffer 2 dieses Abschnitts entsprechend.

4. Unabhängig von einem Verschulden des Verkäufers bleibt eine etwaige Haftung des Verkäufers bei arglistigem Verschweigen eines Mangels, aus der Übernahme einer Garantie oder eines Beschaffungsrisikos und nach dem Produkthaftungsgesetz unberührt.

5. Soll eine Mängelbeseitigung durchgeführt werden, gilt Folgendes:

a) Ansprüche auf Mängelbeseitigung kann der Käufer beim Verkäufer oder bei anderen, vom Hersteller/Importeur für die Betreuung des Kaufgegenstandes anerkannten Betrieben geltend machen; im letzteren Fall hat der Käufer den Verkäufer hiervon unverzüglich zu unterrichten, wenn die erste Mängelbeseitigung erfolglos war. Bei mündlichen Anzeigen von Ansprüchen ist dem Käufer eine schriftliche Bestätigung über den Eingang der Anzeige auszuhändigen.

b) Wird der Kaufgegenstand wegen eines Sachmangels betriebsunfähig, hat sich der Käufer an den dem Ort des betriebsunfähigen Kaufgegenstandes nächstgelegenen, vom Hersteller/Importeur für die Betreuung des Kaufgegenstandes anerkannten dienstbereiten Betrieb zu wenden.

c) Für die zur Mängelbeseitigung eingebauten Teile kann der Käufer bis zum Ablauf der Verjährungsfrist des Kaufgegenstandes Sachmängelansprüche aufgrund des Kaufvertrages geltend machen.

d) Ersetzte Teile werden Eigentum des Verkäufers.

6. Durch Eigentumswechsel am Kaufgegenstand werden Mängelbeseitigungsansprüche nicht berührt.

VIII. Haftung für sonstige Schäden

1. Sonstige Ansprüche des Kunden, die nicht in Abschnitt VII. „Haftung für Sachmängel" geregelt sind, verjähren in der regelmäßigen Verjährungsfrist.

2. Die Haftung wegen Lieferverzuges ist in Abschnitt IV. „Lieferung und Lieferverzug" abschließend geregelt. Für sonstige Schadensersatzansprüche gegen den Verkäufer gelten die Regelungen in Abschnitt VII. „Haftung für Sachmängel", Ziffer 3 und 4 entsprechend.

IX. Gerichtsstand

1. Für sämtliche gegenwärtigen und zukünftigen Ansprüche aus der Geschäftsverbindung mit Kaufleuten einschließlich Wechsel- und Scheckforderungen ist ausschließlicher Gerichtsstand der Sitz des Verkäufers.

2. Der gleiche Gerichtsstand gilt, wenn der Käufer keinen allgemeinen Gerichtsstand im Inland hat, nach Vertragsabschluss seinen Wohnsitz oder gewöhnlichen Aufenthaltsort aus dem Inland verlegt oder sein Wohnsitz oder gewöhnlicher Aufenthaltsort zum Zeitpunkt der Klageerhebung nicht bekannt ist. Im Übrigen gilt bei Ansprüchen des Verkäufers gegenüber dem Käufer dessen Wohnsitz als Gerichtsstand.

X. Hinweis gemäß § 36 Verbraucherstreitbeilegungsgesetz (VSBG)

Der Verkäufer wird nicht an einem Streitbeilegungsverfahren vor einer Verbraucherschlichtungsstelle im Sinne des VSBG teilnehmen und ist hierzu auch nicht verpflichtet.

Quelle: nach ZDK

6.3 Ablauf der Neuwagenbestellung

Vertragshändler beziehen Neuwagen vom Hersteller. Damit die Fahrzeuge so geliefert werden, wie sie das Autohaus ordert, bedarf es von der Bestellung bis zur Anlieferung einer umfangreichen Organisation, die im Autohaus die Disposition übernimmt.

In der Regel werden Neufahrzeuge per Online-Verbindung beim Hersteller bestellt, wobei zunächst ein Bestellformular ausgefüllt werden muss, das von Fabrikat zu Fabrikat variieren kann. Wesentliche Einträge zur Fahrzeugbestimmung, Abrechnungsart und Verwendung auf dem Bestellformular sind:

- Typnummer
- Modellnummer
- Code für Außenfarbe
- Code für Sonderausstattungen, z. B. Klimaanlage
- Code für werkseitiges Zubehör, z. B. Alufelgen
- Barabrechnung, Finanzierung/Leasing
- Kunde privat/gewerblich

Besonders wichtig ist es, den gewünschten Liefertermin zu vermerken, der im Allgemeinen auf eine Kalenderwoche genau angegeben werden kann. Im Regelfall wird das Autohaus diesen aber als unverbindlichen Liefertermin im Kaufvertrag festhalten.

> ***BEISPIEL***
>
> *Angabe des Liefertermins im Kaufvertrag (unverbindlicher Liefertermin): „Die Lieferung des Fahrzeuges erfolgt ca. in der 34. Kalenderwoche."*

Damit umgeht das Autohaus bei einer Verzögerung der Auslieferung das Problem, dass ein Kunde bereits bei bloßem Überschreiten des zugesagten Termins den Händler in Verzug setzen kann. Eine Bestätigung der Bestellung und des Liefertermins erhält das Autohaus in der Regel wiederum online.

6.4 Bezahlung des Fahrzeuges beim Hersteller

Grundsätzlich muss der Händler bei Lieferung den Fahrzeugpreis an den Hersteller sofort bezahlen. Das gilt in der Regel für Neuwagen, die der Händler im Kundenauftrag geordert hat. Handelt es sich bei der Bestellung um einen Lager- oder Vorführwagen, so räumen die Hersteller den Autohäusern häufig Zahlungsvergünstigungen ein. Dabei kann es sich um einen zinsgünstigen Kredit für einen begrenzten Zeitraum oder die Stundung des Kaufpreises handeln (= Lieferung auf Ziel).

6.5 Entlohnung des Händlers

Hersteller entlohnen ihre Händler über ein Margensystem. In ihm sind die prozentualen Handelsspannen (= Margen) der angeschlossenen Händler festgelegt. Basis für jedes Margensystem ist die unverbindliche Preisempfehlung des Herstellers ohne Mehrwertsteuer. Je nach Händlerstatus gewähren die Hersteller sogenannte Boni (= Sondervergünstigungen), die an bestimmte Leistungskriterien des Händlers gebunden sind. Leistungskriterien können sein:

- Abnahmezahl der Neuwagen pro Jahr
- Marktanteil im Verkaufsgebiet (die sogenannte Marktdurchdringung)
- bestelltes Fahrzeugzubehör
- Exklusivprämien für den Verkauf von nur einem Fabrikat im Autohaus
- Übernahme der Corporate Identity des Herstellers (z. B. Audi-Hangar, VW-Plaza)
- Kundenzufriedenheit (basierend z. B. auf Befragungen des Herstellers – oder eines damit beauftragten Instituts – zu Verkauf und Service des Autohauses)
- Eroberungsprämien (generell bei Inzahlungnahme von Fremdfabrikaten oder aber nur bei ausgewählten Fabrikaten, etwa direkten regionalen Konkurrenten oder Mitbewerbern aus dem gleichen Segment)

Weitere Boni werden Direkt- und Haupthändlern auch für die Betreuung der Unter- oder B-Händler gewährt. Die Margen liegen durchschnittlich zwischen 12 % und 18 %. Der Hersteller nutzt das Bonisystem auch als ein Absatzsteuerungssystem, denn Neuwagen, die auf dem Markt sehr begehrt sind, erhalten weniger Marge als Fahrzeuge, die sich schleppender verkaufen und für deren Absatz ein höherer Verkäufereinsatz erforderlich ist.

6.6 Fahrzeugabnahme durch den Händler bei Anlieferung

Bei der Anlieferung der Fahrzeuge durch den Hersteller ist auf folgende Punkte zu achten:

- Vollständigkeit der Fahrzeugpapiere
- Übereinstimmung der gelieferten Fahrzeuge mit der Bestellung einschließlich der gewünschten Sonderausstattungen
- Transportschäden in Form von Kratzern und Beulen

Etwaige Reklamationen sind umgehend auf dem Lieferschein zu quittieren und beim Hersteller zu melden.

Zwischen der Anlieferung und der Fahrzeugübergabe an den Kunden muss der Verkäufer die technische und optische Vorbereitung der Auslieferung in die Wege leiten. Neuwagen werden im Werk meist mit einer Klebeschutzfolie versehen, damit sie während des Transports vor Steinschlag geschützt sind. Diese Folie muss vor der Auslieferung natürlich entfernt werden. Hierfür schreibt der Verkäufer einen internen Auftrag an die Werkstatt bzw. NW-Aufbereitung. Die technische und optische Vorbereitung umfasst weiterhin z. B. das Waschen des Fahrzeugs und die Ausstattung des Autos mit Fußmatten, Warndreieck und Verbandskasten. Diese Gegenstände sind nicht zwingend im Lieferprogramm enthalten, sondern die Autos werden meist gegen Aufpreis damit ausgestattet.

6.7 Zulassung

Grundsätzlich muss jedes Fahrzeug, das in Deutschland am Straßenverkehr teilnimmt, zugelassen werden. Denn die Teilnahme am Straßenverkehr ist genehmigungspflichtig. Die Genehmigung (Zulassung) erteilt die Zulassungsbehörde, in der Regel das Straßenverkehrsamt. Vom Straßenverkehrsamt wird dem Fahrzeug ein amtliches Kennzeichen zugeteilt, das vorher vom Verfügungsberechtigten beantragt werden muss.

Neuwagenmarkt			
Jahr	**Neuzulassungen (Mio. Stück)**	**Durchschnittspreis (€)**	**Umsatz (Mrd. €)**
2010	2,916	26.030	75,91
2011	3,174	27.390	86,93
2012	3,082	26.780	82,54
2013	2,952	27.030	79,79
2014	3,037	28.330	86,04
2015	3,206	28.590	91,66
2016	3,352	29.650	99,39

Quelle: nach KBA/DAT-Report, S. 79

Doch wer ist Verfügungsberechtigter? Oft sind Eigentümer und Halter ein und dieselbe Person. Zwischen Eigentümer und Halter eines Fahrzeuges muss aber unterschieden werden, wenn das Fahrzeug zum Beispiel geleast wird. Dann ist die Leasing-Bank zwar Eigentümer, der Kunde aber Halter und somit Verfügungsberechtigter.

Mittlerweile ist die Zulassung eines Neuwagens eine gängige Dienstleistung eines Autohauses. Häufig beauftragen die Autohäuser ihrerseits wiederum ein Unternehmen, das sich auf die Fahrzeugzulassung spezialisiert hat. Insbesondere wenn das Autohaus für den Kunden den Service der Zulassung erbringt, müssen die Unterlagen vorliegen, die für die Zulassung benötigt werden. Ansonsten kommt es zu Verzögerungen bei der Zulassung, was wiederum Kosten für das Autohaus verursacht.

Zur Zulassung sind der Behörde folgende Unterlagen vorzulegen:

- Fahrzeugbrief (Zulassungsbescheinigung Teil 2)
- ggf. EG-Übereinstimmungs-Bescheinigung/COC-Bescheinigung
- elektronische Versicherungsbestätigung (eVB)
- gültiger Personalausweis oder Reisepass (mit Meldebestätigung des Einwohnermeldeamtes) des zukünftigen Fahrzeughalters
- Vollmacht und Personalausweis oder Reisepass (mit Meldebestätigung des Einwohnermeldeamtes) der zu vertretenden Person sowie des Bevollmächtigten
- bei Minderjährigen: schriftliche Einverständniserklärung beider Eltern oder des Vormundes, Ausweisdokumente des Minderjährigen und der Eltern bzw. des Vormundes
- bei Vereinen: Auszug aus dem Vereinsregister

- bei Firmen: Gewerbeanmeldung und Handelsregisterauszug
- Einwilligung zur Abbuchung der Kfz-Steuer (Sepa-Lastschriftmandat). Auf dem SEPA-Lastschriftmandat sind immer sowohl die Unterschrift des Zahlers als auch die des Fahrzeughalters erforderlich. Sind Fahrzeughalter und Zahler identisch, muss dieser zwei Mal unterschreiben.
- Bescheinigung über die letzte Haupt- und Abgasuntersuchung sowie bei Gebrauchtfahrzeugen die Abmeldebestätigung

Zulassungsbescheinigung, Teil 2 (§ 12 FVZ) Fahrzeugbrief

In der Zulassungsbescheinigung Teil 2 sind alle Daten erfasst, die benötigt werden, um die Zulassung durchzuführen. Sie wird von der Zulassungsbehörde ausgestellt, jedoch haben die meisten Hersteller und Importeure die Berechtigung, diese Bescheinigung selbst zu drucken.

Zulassungsbescheinigung, Teil 1 (§ 11 FVZ) Fahrzeugschein

Die Zulassungsbehörde stellt für die Zulassung die Zulassungsbescheinigung Teil 1 aus, die im Wesentlichen alle Angaben aus der Zulassungsbescheinigung Teil 2 enthält. Bei der Zulassung wird dem Fahrzeug ein amtliches Kennzeichen zugeordnet, das in den Zulassungsbescheinigungen vermerkt wird. Der Halter kann sich aber auch sein Wunschkennzeichen zuteilen lassen, soweit es nicht schon vergeben oder reserviert ist. Das amtliche Kennzeichen muss mit einer Stempelplakette versehen werden, die mit dem farbigen Landeswappen versehen ist. Eine weitere Plakette enthält die Angaben zur nächsten fälligen Hauptuntersuchung. Die eigenständige Plakette für die Abgasuntersuchung auf dem vorderen Nummernschild wird seit dem Jahre 2010 nicht mehr erteilt.

> i
> *Bei der Neuzulassung eines Fahrzeuges bekommt der Kunde von seinem Versicherer eine siebenstellige Versicherungsbestätigungsnummer, die VB-Nummer. Zeitgleich überspielt der Versicherer eine elektronische Versicherungsbestätigung in eine zentrale Datenbank. Der zuständige Mitarbeiter bei der Zulassungsstelle kann dann mittels der VB-Nummer online feststellen, ob für den Kunden eine gültige Versicherungsbestätigung hinterlegt wurde. Anschließend werden die notwendigen Daten für die An- oder Ummeldung eines Kraftfahrzeuges zwischen Versicherungsunternehmen, Kraftfahrtbundesamt und den örtlichen Zulassungsbehörden papierlos ausgetauscht.*

homologieren den geltenden Bestimmungen gemäß abnehmen

Fahrzeughersteller und Importeure müssen Autos, die in anderen Ländern gebaut und nach Deutschland exportiert werden, ***homologieren.*** Dies bedeutet, dass bestätigt wird, dass die im Ausland hergestellten Fahrzeuge den deutschen technischen Normen entsprechen. Die Überprüfung erfolgt überwiegend in den ausländischen Produktionsstätten. In Deutschland werden bei der Einfuhr Stichproben gemacht.

Diese Übereinstimmung der Normen bescheinigt das COC („Certificate of Conformity"). Das Dokument bezeugt, dass und wie sich eine bestimmte Ware zu anerkannten (internationalen) Normen verhält und ist dazu gedacht, die Zulassung der Ware auf internationalen Märkten zu erleichtern. Fahrzeuge, die „COC"-Dokumente haben, werden in allen Ländern der Europäischen Union ohne Probleme zugelassen, da die Staaten untereinander die Dokumente zur Typenprüfung wechselseitig anerkennen.

Grundlage für die COC-Bescheinigung ist eine EG-Betriebserlaubnis nach Richtlinie 70/156/ EWG für Kraftfahrzeuge der Klassen M1, M2, M3, N1, N2, N3, N4, O1, O2, O3 (sogenannte Typgenehmigung), die durch den § 21 StVZO in nationales Recht umgesetzt wurde. Im Anhang IV dieser Richtlinie sind z. B. in der Anlage die 61 Einzelgenehmigungsgegenstände aufgelistet, die zur Erfüllung der Gesamtgenehmigung vollständig erfüllt sein müssen.

Das erste Fahrzeug mit einer vollständigen EG-Betriebserlaubnis war die Mercedes Benz C-Klasse von 1993. Fahrzeuge, die in EU-Länder importiert werden, egal ob Neufahrzeuge oder Gebrauchtfahrzeuge, und für die keine COC-Papiere existieren, müssen auf dem Wege der Einzelzulassung mittels TÜV-Prüfung zugelassen werden.

TÜV
Technischer Überwachungsverein

6.8 Fahrzeugübergabe

Die Fahrzeugübergabe ist für den Kunden ein ganz besonderes Ereignis, denn eine entsprechend kostspielige Anschaffung ist alles andere als alltäglich. Diese positive Grundstimmung bildet eine ideale Voraussetzung, den Kunden nachhaltig zu beeindrucken und noch fester an das Haus zu binden. Deshalb sollte die Fahrzeugübergabe in jedem Detail geplant und professionell abgewickelt werden. Diese Professionalität beginnt bereits mit

- der Terminplanung,
- der Zulassung,
- der abschließenden Kontrolle des Fahrzeuges auf Sauberkeit und Vollständigkeit und
- der Bereitlegung der Papiere und Unterlagen.

Damit die Atmosphäre bei der Fahrzeugübergabe stimmt, sollte eine gemütliche Sitzecke für die Erledigung des „Papierkrams" gewählt werden. Getränke sollten selbstverständlich auch bereitstehen. Dem Kunden wird Folgendes überreicht:

- Zulassungsbescheinigung Teil 1
- Zulassungsbescheinigung Teil 2 (sofern kein Finanzierungsgeschäft vorliegt)
- Garantieerklärung
- Kundendienst-Scheckheft (ggf. entfällt dieses Scheckheft in Papierform, wenn ein digitaler Serviceplan im Herstellerportal abrufbar ist)
- Bordbuch inkl. der Bedienungsanleitung
- Rechnung
- Fahrzeugschlüssel
- evtl. COC-Papiere

Den Erhalt quittiert der Kunde. Dabei sollten der Garantieumfang erklärt, die bereits ausgefüllten Seiten im Scheckheft gezeigt und der Zusammenhang zwischen Garantieumfang und regelmäßigen Inspektionen aufgezeigt werden. Auch die Bedienungsanleitung sollte dem Kunden nicht einfach nur in die Hand gedrückt werden. Der Verkäufer sollte dem Kunden in der Bedienungsanleitung zeigen, wo er die wesentlichen Funktionen seines Fahrzeuges beschrieben findet. Anschließend wird die Rechnung erklärt und die Zahlung des Kunden in Empfang genommen bzw. die Vorabüberweisung bestätigt. Erfolgt keine Barzahlung und konnte bisher noch kein Zahlungseingang bestätigt werden, wird das Fahrzeug in der Regel nicht ausgehändigt. Wird parallel ein Gebrauchtwagen in Zahlung genommen, so muss die Übergabe der Unterlagen und des Autos vom Kunden an den Verkäufer im umgekehrten Verfahren erfolgen.

Dabei muss der Gebrauchtwagenzustand noch einmal überprüft werden; ggf. muss eine Fahrzeugneubewertung erfolgen, da die ursprüngliche Bewertung je nach Lieferzeit des Neufahrzeugs bereits einige Monate zurückliegen kann. Sind alle Formalitäten erledigt, wird das Auto übergeben. Bei der Übergabe eines Neuwagens ist häufig erkennbar, dass Kunden eine gewisse Unsicherheit gegenüber dem neuen Auto zeigen. Um ihnen diese zu nehmen, ist es hilfreich, das Fahrzeug noch einmal in allen Details zu erklären. Damit der Kunde die Scheu vor dem neuen Auto gänzlich verliert, ist es auch empfehlenswert, eine gemeinsame „Probefahrt" mit dem neuen Fahrzeug zu unternehmen und dabei weitere Bedienungselemente und ihre Funktionen zu erklären. Hierbei können letzte Fragen beantwortet werden und der Kunde kann sich davon überzeugen, dass das Auto seinen Erwartungen und Anforderungen entspricht.

Die Fahrzeugübergabe endet symbolisch mit der Übergabe des Schlüssels. Um das Erlebnis zu unterstreichen, ist es durchaus angebracht, einen Blumenstrauß oder ein anderes Präsent zu überreichen. Auch könnte dieses Ereignis im Bild festgehalten werden. Die Zustellung des Bildes mit zeitlicher Verzögerung bewirkt, dass dieses freudige Ereignis in der Kundenerinnerung wiederholt abläuft und positive Assoziationen weckt. Mit dem Hinweis auf den ersten Servicetermin und einer Danksagung wird der Kunde freundlich verabschiedet. Darüber hinaus könnte man den Kunden auch durch das Autohaus in die Serviceannahme führen und dort dem Kundendienstleiter oder -mitarbeiter vorstellen, mit dem er es bei späterer Gelegenheit zu tun haben wird.

Im digitalen Zeitalter mit der Konnektivität der Fahrzeuge, d. h. der Vernetzung des Autos mit dem Internet, müssen bei der Auslieferung diverse Einstellungen am Fahrzug bei gleichzeitiger Verbindung ins Internet vorgenommen werden. Hierfür ist es erforderlich, dass im Autohaus ein offenes WLAN vorhanden ist, damit die Verbindung der Neuwagen zum Internet bei der Auslieferung sichergestellt ist.

6.9 Zahlungsmöglichkeiten des Kunden

Bei Neuwagenverkäufen, die nicht finanziert werden, stellt sich die Frage, wie der Kunde den Kaufpreis an das Autohaus übergibt. Eine der folgenden drei Möglichkeiten wird meist angewandt:

- Vorabüberweisung
- Depotzahlung
- Barzahlung

Vorabüberweisung

Die Überweisung des Kaufpreises vor der Übergabe des Fahrzeuges ist juristisch gesehen eine Vorauszahlung. Die Zahlung wird angewiesen und geht auf dem Konto des Autohauses ein, bevor der Kunde das Fahrzeug erhält. Für das Autohaus ist dies eine sehr willkommene Zahlungsart, da sie keinerlei Risiko birgt. Lediglich für den Kunden ist dies eine risikobehaftete Zahlung, denn er zahlt, ohne dass er zeitgleich eine Ware dafür erhält.

BEISPIEL

Ein Autohaus steht kurz vor der Insolvenz. Eine Kundin bestellt ein Auto, sie erhält den Übergabetermin und einen Zahlungstermin genannt. Die Kundin überweist fristgerecht. Leider wird in der Zwischenzeit ein Insolvenzantrag für das Autohaus gestellt, aufgrund dessen die Kundin das Auto zunächst nicht ausgehändigt bekommt, obwohl sie bereits gezahlt hat. Sie muss rechtliche Schritte einleiten, um das Fahrzeug zu erhalten oder die Rückzahlung des Geldes zu erreichen.

Depotzahlung

Die Depotzahlung funktioniert ähnlich wie die Hinterlegung einer Kaution bei Abschluss eines Mietvertrages. Der Kunde zahlt den Kaufpreis auf ein Konto ein (= Depot). Das Autohaus erhält den Zugriff auf dieses Depot erst nach Übergabe des Autos. Damit ist für das Autohaus sichergestellt, dass das Geld vorhanden ist und bereitsteht. Gleichzeitig hat der Kunde die Sicherheit, dass erst bei Übergabe des Fahrzeuges die Zahlung fließt.

Barzahlung

Bei einer Barzahlung des kompletten Fahrzeugkaufpreises muss das Autohaus verschiedene Dinge beachten. Zum einen muss das Bargeld unbedingt auf Echtheit überprüft werden. Dies erfolgt meist mithilfe technischer Geräte. Des Weiteren muss das Autohaus bei Barzahlungsbeträgen ab 15.000,00 €, zukünftig voraussichtlich bei Beträgen ab 10.000,00 € (Stand Juli 2017), das **Geldwäschegesetz** (GwG) beachten.

Falschgeld
☞ LF 5, Kap. 7

Das Geldwäschegesetz soll verhindern, dass Unternehmen für Geldwäsche oder Terrorismusfinanzierung missbraucht werden. Geldwäsche meint dabei das Einschleusen von illegal erwirtschafteten Geldbeträgen in den legalen Wirtschaftskreislauf, um die wahre Herkunft des Geldes zu verschleiern. Unter dem Begriff Terrorfinanzierung versteht man die Bereitstellung und Sammlung finanzieller Mittel für terroristische Aktivitäten.

Autohändlern drohen bei Nichtbeachtung des GWG unangenehme Strafen. Bußgelder bis zu einer Höhe von 100.000,00 €, das Einziehen von Ware oder das Verbot der Geschäftsausübung sowie eine strafrechtliche Verfolgung können die Folge sein.

Um diesen Strafen zu entgehen, müssen beim einem Bargeschäft, das über der jeweils gültigen Bargeld-Grenze liegt, unbedingt folgende Fragen geklärt werden:

1. **Wer ist der Vertragspartner?**
   Für die Identifizierung des Vertragspartners sind folgende Angaben zu erheben:

Bei einer natürlichen Person	Bei einer juristischen Person
• Vorname und Nachname • Geburtsort • Geburtsdatum • Staatsangehörigkeit • Wohnanschrift	• Firma, Name oder Bezeichnung • Rechtsform • Registernummer (falls vorhanden) • Anschrift des Sitzes oder der Hauptniederlassung • die Namen der Mitglieder des Vertretungsorgans oder die Namen der gesetzlichen Vertreter

2. **Handelt der Vertragspartner für sich selbst oder für einen wirtschaftlich Berechtigten? Wenn ja, wer ist der wirtschaftlich Berechtigte?**
3. **Welchem Zweck dient die angestrebte Geschäftsbeziehung?**

Die Antworten auf diese Fragen müssen im Unternehmen aufgezeichnet und für mindestens 5 Jahre aufbewahrt werden.

Neben diesen Pflichten bei sich anbahnenden Geschäften müssen aber auch im Rahmen der Unternehmensorganisation weitere Vorkehrungen getroffen werden, um Geldwäsche im Unternehmen systematisch zu verhindern. Das Autohaus muss:

1. existierende Geschäftsbeziehungen überwachen, indem Informationen über Kunden in regelmäßigen Zeitabständen überprüft werden.
2. interne Sicherungssysteme und Kontrollen entwickeln und einrichten, um die Mitarbeiter beim Erkennen von Geldwäsche zu unterstützen.
3. die Mitarbeiter für die Möglichkeit der Geldwäsche sensibilisieren und über ihre im Rahmen der Geldwäsche existierenden Pflichten informieren.
4. die Mitarbeiter überprüfen, ob diese die gesetzlichen Vorschriften und internen Vorgaben bez. der Geldwäsche einhalten.
5. Verdachtsfälle von Geldwäsche den zuständigen Strafverfolgungsbehörden und dem Bundeskriminalamt unverzüglich melden.
6. einen Geldwäschebeauftragten und einen Vertreter für das Unternehmen bestellen und der zuständigen Aufsichtsbehörde mitteilen.

7 Buchungen im Neufahrzeuggeschäft

LS 77

Der Einkauf und der Verkauf von Waren wurden bereits in LF 2 thematisiert. Auch die zugehörige Entnahmebuchung von Waren aus dem „Lagerbestand“ über das VAK-Konto, die stets in Kombination mit einer Verkaufsbuchung steht, wurde in diesem Zusammenhang erklärt.

Bei der Buchung des Neufahrzeuggeschäftes schließen wir nahtlos an dieses Thema an und ergänzen es lediglich um ein paar Besonderheiten, denn der Einkauf von Neufahrzeugen und der Verkauf derselben fallen natürlich unter den Oberbegriff „Einkauf und Verkauf von Waren“ und bietet von daher nicht viel Neues. Lediglich die folgenden Aspekte, die im Zusammenhang mit dem Neuwagengeschäft stehen, erweitern das bereits bekannte Thema.

- Buchung des Ein- und Verkaufs von Neufahrzeugen (Wiederholung)
- Buchung der Überführungskosten einen Neufahrzeuges
- Buchung der Zulassungskosten eines Neufahrzeuges
- Buchung des internen Auftrags für den Einbau der Sonderausstattung
- Buchung des Betankens eines Vorführwagens

7.1 Buchung des Einkaufs und des Verkaufs von Neufahrzeugen

***SITUATION** Autoland Murschall GmbH*

*Die Autoland Murschall GmbH kauft vom Hersteller einen Neuwagen, der einen Netto-Listenverkaufspreis von 23.300,00 € hat, auf Ziel. Der Hersteller gewährt dem Händler eine **Marge** in Höhe von 15 %. Für den Neuwagen zahlt der Händler im Einkauf de facto 19.805,00 €.*
Herr Breuer kauft das Auto bei der Autoland Murschall GmbH, nachdem ihm der Verkäufer einen Nachlass von 8 % auf den Bruttolistenpreis gewährt hat. Der Kunde zahlt die geforderten 25.508,84 € per Banküberweisung bei der Sparkasse KölnBonn.

Marge
Differenz zwischen Verkaufspreis und Einkaufspreis. Somit stellt die vom Hersteller gewährte Marge einen Einkaufsrabatt dar.

a) Einkauf des Neufahrzeugs

- Der Netto-Einkaufswert des Neuwagens in Höhe von 19.805,00 € wird auf der Sollseite des aktiven Bestandskontos „3000 WE Pkw neu“ gebucht.
- Die Marge des Herstellers stellt einen Sofortrabatt dar und wird nicht gesondert gebucht.
- Die Vorsteuer in Höhe von 3.762,95 € (19 % bezogen auf den Nettoeinkaufswert des Neuwagens) wird im Konto „1576 Vorsteuer 19 %“ im Soll gebucht.
- Da der Händler die Rechnung des Herstellers nicht sofort zahlt, sondern ein Zahlungsziel erhalten hat, entstehen aus der Perspektive der Autoland Murschall GmbH Verbindlichkeiten gegenüber dem Hersteller in Höhe des Bruttorechnungsbetrages (Nettoeinkaufswert + Vorsteuer) von 23.567,95 €. Dieser Betrag wird auf dem passiven Bestandskonto „1600 Verbindlichkeiten a.L.L.“ im Haben gebucht.

Kontenplan ☞ S. 306

Nr.	Soll	€	an	Haben	€
a)	3000 WE Pkw neu	19.805,00	an	1600 Verbindlichkeiten a.L.L.	23.567,95
	1576 Vorsteuer 19 %	3.762,95			

b) Verkauf des Neuwagens

- Herr Breuer kauft das Auto mit 8 % Nachlass auf den Brutto-Listenpreis:

	Netto-Listenverkaufspreis	= 23.300,00 €
+	19 % Umsatzsteuer	= 4.427,00 €
=	Brutto-Listenverkaufspreis	= 27.727,00 €
–	8 % Nachlass	= 2.218,16 €
=	Bruttorechnungsbetrag	= 25.508,84 €

Herr Breuer muss an die Autoland Murschall GmbH den Bruttorechnungsbetrag in Höhe von 25.508,84 € für das Auto überweisen, denn der Endverbraucher zahlt stets den Preis für die Ware (Nettoumsatz) und die darauf fällige Umsatzsteuer.

Der Bruttorechnungsbetrag setzt sich zusammen aus dem Nettorechnungsbetrag und der der darauf entfallenen Umsatzsteuer:

	Bruttorechnungsbetrag	= 25.508,84 €	≙ 119 %
–	Umsatzsteuer	= 4.072,84 €	≙ 19 %
=	Nettorechnungsbetrag	= 21.436,00 €	≙ 100 %

In Höhe des Nettorechnungsbetrages macht die Autoland Murschall GmbH Umsatzerlöse. Dementsprechend wird dieser Betrag auch auf dem Erlöskonto „8000 Erlöse Pkw neu" im Haben gebucht.

Die vom Kunden erhaltene Umsatzsteuer in Höhe von 4.072,84 € wird auf dem passiven Bestandskonto „1776 Umsatzsteuer 19 %" im Haben gebucht. Die vom Kunden erhaltene Umsatzsteuer stellt für den Unternehmer eine Verbindlichkeit gegenüber dem Finanzamt dar, die dieser an das Finanzamt weiterleiten muss.

Umsatzbuchung

Nr.	Soll	€	an	Haben	€
b1)	1201 Sparkasse KölnBonn	25.508,84	an	8000 Erlöse Pkw neu	21.436,00
			an	1776 Umsatzsteuer 19 %	4.072,84

- Immer wenn eine Verkaufsbuchung, sprich eine Umsatzbuchung erfolgt, muss im nächsten Schritt eine Entnahmebuchung folgen, die sogenannte VAK-Buchung.

Durch die VAK-Buchung wird der Bestand im Wareneingangskonto „3000 WE Pkw neu“ korrigiert. Dies erfordert eine Sollbuchung auf dem Aufwandskonto „7000 VAK Pkw neu“ und eine Habenbuchung auf dem aktiven Bestandskonto „3000 WE Pkw neu“. Wird bei der Umsatzbuchung der Nettoverkaufwert zugrunde gelegt, erfolgt die VAK-Buchung stets zum Nettoeinkaufswert des Neuwagens.

VAK-Buchung

Nr.	Soll	€	an	Haben	€
b2)	7000 VAK Pkw neu	19.805,00	an	3000 WE Pkw neu	19.805,00

7.2 Buchung der Überführungskosten

***SITUATION** Autoland Murschall GmbH*

Das Neufahrzeug für Herrn Breuer wurde vom Herstellerwerk an die Autoland Murschall GmbH durch einen Spediteur angeliefert. Für diese Transportleistung stellt der Spediteur folgende Rechnung aus. Er erwartet die Zahlung der Rechnung in 30 Tagen.

Anlieferung eines Neufahrzeuges	=	*430,00 €*
+ 19 % Umsatzsteuer	=	*81,70 €*
= Bruttorechnungsbetrag	=	*511,70 €*

Die Überführung des Neufahrzeuges wird dem Käufer extra in Rechnung gestellt. Er muss innerhalb von 10 Tagen 650,00 € brutto an die Autoland Murschall GmbH für die Überführung zahlen.

a) Einkauf der Überführungsdienstleistung

- Die Überführungskosten werden vom Hersteller oder von einem Spediteur für die Dienstleistung „Anlieferung des Neufahrzeuges“ berechnet. Überführungskosten werden aus der Perspektive des Händlers als Einkauf einer Dienstleistung verstanden, die durch den Einkauf „quasi auf Lager“ liegt, um an den Kunden weiterverkauft zu werden. Der Einkauf der Überführungsdienstleistung wird auf dem aktiven Bestandskonto „3030 WE Pkw Überführung“ auf der Sollseite gebucht.
- Auf den Nettorechnungsbetrag für die Überführung fallen noch 19 % Umsatzsteuer an. Da es sich um einen Einkauf handelt, wird dieser Betrag auf dem aktiven Bestandskonto „1576 Vorsteuer 19 %“ auf der Sollseite gebucht.
- Der gesamte Rechnungsbetrag muss von der Autoland Murschall GmbH bezahlt werden, allerdings kann sie sich 30 Tage Zeit lassen, es entstehen also Verbindlichkeiten gegenüber dem Spediteur, die auf dem Konto „1600 Verbindlichkeiten a.L.L.“ im Haben gebucht werden.

Nr.	Soll	€	an	Haben	€
a)	3030 WE Pkw Überführung	430,00	an	1600 Verbindlichkeiten a.L.L.	511,70
	1576 Vorsteuer 19 %	81,70			

b) Verkauf der Überführungsdienstleistung

- Der Verkauf der Überführungsdienstleistung an einen Kunden erfolgt analog zur bereits oben ausführlich dargestellten Verkaufsbuchung eines Neufahrzeuges.
- Die Erlöse werden auf dem Erlöskonto „8030 Erlöse Überführung" gebucht.

Umsatzbuchung

Nr.	Soll	€	an	Haben	€
b1)	1400 Forderungen a.L.L.	650,00	an	8030 Erlöse Pkw Überführung	546,22
			an	1776 Umsatzsteuer 19 %	103,78

- Beim Einkauf der Überführungsdienstleistung wurde diese in den Bestand des Kontos „3030 WE Pkw Überführung" zum Einkaufswert gebucht. Mittlerweile wurde diese Dienstleistung verkauft, nun müssen die Lagerentnahme und damit die Bestandskorrektur erfolgen. Die Bestandskorrektur erfolgt über das Aufwandskonto „7030 VAK Pkw Überführung" mithilfe einer Sollbuchung, bewertet zum Nettoeinkaufswert.

Lagerentnahmebuchung (VAK-Buchung)

Nr.	Soll	€	an	Haben	€
b2)	7030 VAK Pkw Überführung	430,00	an	3030 WE Pkw Überführung	430,00

7.3 Buchung der Zulassungskosten

***SITUATION** Autoland Murschall GmbH*

Der Neuwagen von Herrn Breuer wird von der Autoland Murschall GmbH zugelassen. Für die Zulassung des Neuwagens zahlt die Autoland Murschall GmbH bei der Zulassungsbehörde 80,00 € bar. Auf die Zulassung selbst fällt keine Umsatzsteuer an, da es sich um eine staatliche Gebühr handelt.
Die Zulassung wird Herrn Breuer von der Autoland Murschall GmbH mit 100,00 € netto in Rechnung gestellt, die er bar bezahlt.

a) Einkauf der Zulassungsleistung

- Die Zulassung ist wie die Überführung auch eine Dienstleistung, die die Autoland Murschall GmbH eingekauft. Deshalb wird die eingekaufte Zulassung auf dem aktiven Bestandskonto „3200 WE Pkw Zulassungspauschale" im Soll gebucht.
- Da auf die Zulassungsgebühr keine Umsatzsteuer anfällt, wird hier im Einkauf auch keine Vorsteuer gebucht.

Nr.	Soll	€	an	Haben	€
a)	3200 WE Pkw Zulassungs-pauschale	80,00	an	1000 Kasse	80,00

b) Verkauf der Zulassungsleistung

- Die Autoland Murschall GmbH verkauft die Zulassung an Herrn Breuer für 20,00 € mehr als sie bei der Zulassungsbehörde selbst bezahlt hat. Damit fallen 100,00 € Erlöse an, die auf dem Erlöskonto „8200 Erlöse Pkw Zulassungspauschale" auf der Habenseite gebucht werden.
- Von den 100,00 € Erlösen waren 80,00 € umsatzsteuerfrei im Einkauf erworben, somit wird der umsatzsteuerfreie Betrag bei der Weiterberechnung auch nicht mit Umsatzsteuer belastet. Lediglich die 20,00 € Differenz zwischen Nettoverkaufspreis und Nettoeinkaufspreis müssen mit 19 % Umsatzsteuer weiterberechnet werden.

Berechnung der fälligen Umsatzsteuer:

	Nettoverkaufspreis	=	100,00 €
–	Nettoeinkaufspreis	=	80,00 €
=	zu versteuernde Differenz	=	20,00 €

Berechnung der fälligen Umsatzsteuer: 20,00 € · 19/100 = 3,80 €

Umsatzbuchung

Nr.	Soll	€	an	Haben	€
b1)	1000 Kasse	103,80	an	8200 Erlöse Pkw Zulassungspauschale	100,00
			an	1776 Umsatzsteuer 19 %	3,80

Auch bei der Ware „Dienstleistung" muss nach dem Verkauf der Bestand durch eine VAK-Buchung zum Einkaufswert korrigiert werden.

Lagerentnahmebuchung (VAK-Buchung)

Nr.	Soll	€	an	Haben	€
b2)	7200 VAK Pkw Zulassungspauschale	80,00	an	3200 WE Pkw Zulassungspauschale	80,00

7.4 Buchung des internen Auftrags für den Einbau der Sonderausstattung

SITUATION *Autoland Murschall GmbH*

Herr Breuer kauft sich einen Neuwagen. Anstatt eines Nachlasses handelt er eine zusätzliche Sonderausstattung aus. Seinem Neufahrzeug wird noch nachträglich eine versenkbare Anhängerkupplung eingebaut. Dieser Einbau wird Herrn Breuer nicht extra berechnet, sondern der Kaufpreis für sein Neufahrzeug deckt diese Kosten mit ab.
Die Autoland Murschall GmbH erstellt für den Einbau einen internen Auftrag:

1 Anhängerkupplung	*700,00 €*
1 durchgeführte Arbeit: Einbau	*45,00 €*

a) Buchung des internen Auftrages

- Für den internen Auftrag fällt keine Umsatzsteuer an, da der Auftrag intern verrechnet wird.
- Der Einbau der Anhängerkupplung führt zu einer Werterhöhung des eingekauften Neuwagens, deshalb wird das Konto „3000 WE Pkw neu" um die Gesamtsumme des internen Auftrags erhöht.
- Die Erlöse des internen Auftrages werden zum Einkaufswert gesondert auf den Konten „8309 Erlöse Pkw TuZ intern" und „8609 Lohnerlöse Instandsetzung intern" auf der Habenseite gebucht.

Nr.	Soll	€	an	Haben	€
b1)	3000 WE Pkw neu	745,00	an	8309 Erlöse Pkw TuZ intern	700,00
			an	8609 Lohnerlöse Instandsetzung intern	45,00

Die Ersatzteile und Lohnerlöse werden intern zum Einkaufswert weiterberechnet. Damit entspricht der Wert der Erlösbuchung im Teile und Zubehörbereich auch gleich dem Wert der VAK-Buchung.

b) Lagerentnahmebuchung (VAK-Buchung)

Nr.	Soll	€	an	Haben	€
b2)	7309 VAK Pkw TuZ intern	700,00	an	3300 WE Pkw TuZ	700,00

7.5 Buchung des Betankens eines Vorführwagens

***SITUATION** Autoland Murschall GmbH*

Ein Vorführwagen wird vom Auszubildenden für 46,30 € brutto vollgetankt, die Bezahlung erfolgt bar.

Die Kraftstoffkosten werden auf dem Konto „4520 Kosten Fuhrpark" gebucht. Hierbei handelt es sich um ein Sammelkonto für alle anfallenden Aufwendungen im Zusammenhang mit den Vorführwagen.

Nr.	Soll	€	an	Haben	€
b1)	4520 Kosten Fuhrpark	38,91	an	1000 Kasse	46,30
	1576 Vorsteuer 19 %	7,39			

LS 78

8 Kunden nach dem Verkauf betreuen

***SITUATION** Autoland Murschall GmbH*

Der NW-Verkaufsleiter Herr Fleck verabschiedet nach der Fahrzeugübergabe den Kunden Kehl. Während des Übergabegesprächs hat sich Herr Fleck diverse Notizen gemacht. Er bittet David Rose seine Gesprächsnotizen in das Kundenbetreuungsprogramm der Autoland Murschall GmbH einzutragen.
David ist irritiert: „Wozu soll das denn gut sein? Herr Kehl hat doch gerade erst einen Neuwagen gekauft. Das ist doch nun völlig überflüssig, sich zu diesem Kunden jetzt noch Notizen zu machen." Herr Fleck antwortet darauf: „David, nach dem Verkauf ist stets vor dem Verkauf! Ich mache mir immer Notizen zu meinen Kunden. Das hat mir viele Folgegeschäfte gesichert."

Mit dem Verkauf eines Fahrzeuges hat das Autohaus zwar sein vordergründiges Ziel erreicht, das Hauptziel muss aber sein, den Käufer langfristig an das Autohaus zu binden. Denn bei den heutigen im Fahrzeugverkauf üblichen Margen ist mit dem Verkauf von Fahrzeugen allein kein ausreichendes Betriebsergebnis zu erzielen. Deshalb kommt es darauf an, dass die gesamten Vorgänge im Autohaus darauf ausgerichtet sind, den Kunden dauerhaft an das Autohaus zu binden. Ein zufriedener Kunde wird über Mundpropaganda neue Kunden für das Autohaus gewinnen und aller Wahrscheinlichkeit nach wiederkommen und selbst Kunde bleiben. Es ist stets viel kostengünstiger, vorhandene Kunden zu binden als neue Kunden gewinnen zu müssen. Diese Chance darf ein Autohaus nicht vergeben.

Fahrzeugübergabe ☞ S. 185

Kundenbindung beginnt natürlich mit dem Verkaufsgespräch, denn bereits hier wird eine Beziehung zwischen Kunde und Automobilverkäufer und damit mit dem Autohaus aufgebaut. Intensiviert wird diese Beziehung mit einer gelungenen Fahrzeugübergabe und weiter gepflegt und vertieft wird sie mithilfe des gesamten After-Sales-Bereichs.

After Sales beschreibt alle auf den Kunden gerichteten Aktionen, die nach dem Kauf stattfinden. Grundlage für den Aftersales-Bereich sind das Einholen und die Pflege von Kundendaten. Hierzu gehört auch die Kundenzufriedenheitsbefragung nach Vertragserfüllung. Insbesondere die Hersteller haben hier in den letzten Jahren ein ausgefeiltes Befragungssystem etabliert. Hierbei müssen natürlich die geltenden Gesetze beachtet werden. Nach einer professionellen Datenerhebung und stetigen Pflege müssen diese Daten unter Kostenaspekten ausgewertet und für die Kundenbindung genutzt werden.

8.1 Kundenzufriedenheitsbefragungen

Kundenzufriedenheitsbefragungen werden mittlerweile nach fast jedem Geschäft durchgeführt, sei es eine Reparatur oder der Verkauf eines Neuwagens. Man folgt dem Motto: „Sag mir, wie gut ich war, damit ich weiß, wie ich besser werden kann." Dieser Ansatz bietet den Vorteil, dass sich der Kunde zum einen ernst genommen fühlt, denn seine Meinung zählt auch nach dem Vertragsabschluss. Zum anderen bietet es für den Autohändler darüber hinaus aber auch die Möglichkeit, ein konstruktives Feedback zu erhalten, um Schwachstellen aufzudecken und zukünftig besser zu werden. Insbesondere die Hersteller haben den Nutzen dieses Instrument vor einigen Jahren entdeckt und die Kundenzufriedenheitsbefragung über die Gestaltung ihrer Händlerverträge mittlerweile fest in den Autohäusern etabliert, indem sie die Durchführung vertraglich vereinbaren. Positive Rückmeldungen wirken sich dann meist positiv auf die vom Hersteller gewährte Marge aus.

Die Ergebnisse der Kundenzufriedenheitsbefragung liefern den Herstellern weiterhin wichtige Informationen über die Arbeit des Händlers. Über die Rückmeldung der Kunden kann der Hersteller indirekt überprüfen, ob seine Vorgaben, z. B. bez. der Einhaltung der Verkaufsphasen und des Angebotes von Zusatzleistungen, vom Händler entsprechend umgesetzt worden sind. Sollte dies nicht der Fall sein, können die Ergebnisse der Kundenbefragung Einfluss nehmen auf die Ausgestaltung der Jahreszielvereinbarungen bzw. der ***Bonuszahlungen.*** Damit ist die Kundenzufriedenheitsbefragung auch ein Kontrollinstrument des Herstellers für die Händlerarbeit. Mittlerweile ist es üblich, dass innerhalb von 3–5 Tagen nach der Fahrzeugauslieferung ein Kundenfeedback einzuholen ist. Dabei unterscheiden sich die Hersteller darin, ob sie die Befragung in die Verantwortung des Händlers legen oder ob sie selbst das Kundenfeedback einholen.

Bonus
vom Hersteller nachträglich gewährter Preisnachlass für das Erreichen eines vorab definierten Ziels, z. B. Umsatzziel oder Bestbewertung bei der Kundenzufriedenheitsbefragung

Häufig wird die Kundenzufriedenheitsbefragung, ob nun vom Händler oder Hersteller, outgesourct. Das heißt, eine Fremdfirma, z. B. ein Meinungsforschungsinstitut, wird mit dieser Tätigkeit beauftragt.

Folgende Arten der Kundenbefragungen werden eingesetzt:

- telefonischer Anruf beim Kunden
- schriftliche Befragung per Post
- schriftliche Befragung per E-Mail
- Befragung per SMS (direkt in der SMS oder über einen Link)

Die digitalen Medien bieten hier mittlerweile kostengünstige Befragungswege. Ein Problem bei allen Befragungswegen ist aber stets die Rücklaufquote. Diese lässt sich erhöhen, wenn bereits bei der Übergabe des Neufahrzeugs der Verkäufer den Kunden über die Befragung informiert und um eine Rückmeldung bittet.

Die Ankündigung der Kundenzufriedenheitsbefragung bietet sich aber auch noch aus einem anderen Grund an, denn die im Fragebogen verwendeten Begrifflichkeiten schaffen häufig Probleme. So scheuen die meisten Kunden in einer Befragung, auch wenn sie mit dem Service und Verkaufsprozess des Händlers sehr zufrieden waren, die Vergabe der Bestbewertung, wenn diese euphorisch formuliert ist. Hier reagieren die Kunden eher zurückhaltend und wählen z. B. „sehr zufrieden", da es sprachlich für sie weniger übertrieben klingt.

BEISPIEL

Frage: Wie zufrieden waren Sie insgesamt betrachtet mit dem Kauf Ihres Neuwagens?
Antwortmöglichkeiten:
- ☐ *äußerst zufrieden*
- ☐ *sehr zufrieden*
- ☐ *zufrieden*
- ☐ *weniger zufrieden*
- ☐ *gar nicht zufrieden*

Für den Händler kann dies zur Konsequenz haben, dass er vom Kunden nicht die Bestbewertung erhält, was wiederum Auswirkungen auf die Bonusgewährung des Herstellers hat. Im Händlervertrag vereinbaren die Hersteller mit den Händlern im Vorfeld eine Bonuszahlung für den Fall, dass der Händler bei der Kundenzufriedenheitsbefragung einen vorab definierten Wert erreicht. Dies dient aus der Perspektive des Herstellers als zusätzliche Motivation, um das vom Hersteller gewünschte Verhalten zu bewirken und die Kundenzufriedenheitsbefragung ernsthaft durchführen zu lassen.

Viele Verkäufer weisen den Kunden bereits bei der Auslieferung des Fahrzeugs auf diese sprachliche Problematik hin und beeinflussen dadurch andererseits wiederum das Kundenfeedback. Deshalb bieten mittlerweile viele Hersteller als Antwortmöglichkeit eine sogenannte „Sternebewertung" an, wonach die Bestbewertung 5 Sternen entspricht.

8.2 After-Sales-Aktionen

Aufgrund der zunehmenden Lebens- und Nutzungsdauer der Fahrzeuge und der längeren Wartungsintervalle kommt es für ein Autohaus darauf an, die Neu- und Gebrauchtwagenkäufer für die Werkstatt zu gewinnen. Außerdem erwirtschaftet ein Autohaus üblicherweise seinen größten Ertrag im Service. Umso wichtiger ist die Betreuung der Kunden nach dem Verkauf als Instrument der Kundenbindung. Um die Kunden zielgruppengerecht für After-Sales-Aktionen per Mailing, Brief oder Telefonat entsprechend ihrer Vorlieben und Bedürfnisse zu passenden Verkaufsaktionen anzusprechen, müssen die

Daten gesammelt und ausgewertet werden. Jeder Autoverkauf bietet eine Fülle an Möglichkeiten, viel über den Kunden zu erfahren. Aus seinen persönlichen Daten und seinen Vorlieben für bestimmte Autos und Sonderausstattungen kann der Verkäufer etwas über die Lebensgewohnheiten und Hobbys ableiten. Diese Kundeninformationen können, sofern sie legal erworben und abgespeichert werden, für gezielte Kontaktaufnahmen mit den Kunden genutzt werden. Kunden können so zu passenden Sonderveranstaltungen geladen werden, wodurch sich der Kunde zum einen persönlich angesprochen fühlt und zum anderen die Kosten der Aktion auch besser kontrolliert werden können.

Beispiel für personen-/zielgruppenbezogene After-Sales-Aktionen:
- Familienfest
- Reifenwechselkurs
- Fahrsicherheitstraining für Fahranfänger
- Fahrzeugvorstellung in bestimmten Segmenten
- Golfturnier
- Motorrad-Rallye
- ein kurzer, aber persönlicher Geburtstags- oder Weihnachtsgruß (keine unpersönlichen Serienbriefe oder Serien-E-Mails)

Neben diesen persönlichen Daten und Anlässen bietet aber auch das Fahrzeug bzw. das Service-Angebot des Autohauses eine Fülle an Möglichkeiten, Kontakt mit dem Kunden aufzunehmen:

Beispiele für servicebezogene After-Sales-Aktionen:
- Erinnerungen an Servicetermine und Ölwechsel
- Erinnerung des Kunden an die fällige Hauptuntersuchung
- Einladungen zu Winter-/Licht- oder Urlaubs-Checks
- Erinnerung an den Ablauf des Finanzierungs-/Leasingprogramms
- Möglichkeit der Reifeneinlagerung
- Möglichkeit des Verleihs von Zubehör (z. B. Schneeketten, Dachträgersysteme, Fahrradträger)

Damit der Kunde dem Autohaus bei der Kontaktaufnahme nicht immer nur eine Verkaufsabsicht unterstellt, ist es auch sinnvoll, dem Kunden wichtige Tipps und Informationen zukommen zu lassen, wie z. B. Tipps zur Fahrsicherheit, zum sparsamen Fahren, zu Freizeit und Urlaub oder zu Pflege und Werterhaltung. Ein monatlich erscheinender Newsletter kann für diese Kontaktaufnahme ein passendes Format sein.

8.3 Datenschutz

Sobald Kundenzufriedenheitsbefragungen durchgeführt, Werbungen verschickt oder Kunden zu After-Sales-Aktionen kontaktiert werden, sind das Bundesdatenschutzgesetz (BDSG) und das Gesetz gegen den unlauteren Wettbewerb (UWG) zu berücksichtigen. Verstöße gegen diese gesetzlichen Grundlagen können empfindliche Geldstrafen von bis zu 50.000,00 € nach sich ziehen. Hier ist also Vorsicht geboten, insbesondere wenn der Kunde ein Endverbraucher ist, da im Privatbereich noch strengere Regelungen greifen als im sogenannten ***B2B***-Bereich gelten. Es empfiehlt sich, vor der Kundenkontaktaufnahme stets eine schriftliche Einverständniserklärung einzuholen. In dieser erteilt der Kunde dem Autohaus quasi die Erlaubnis, ihn weiterhin bez. geschäftsfeldbezogener Aktionen zu informieren und Kontakt aufzunehmen. Weiterhin kann der Kunde auch seine Einwilligung dazu geben, dass Drittunternehmen, z. B. der Hersteller, seine Daten für Werbung nutzen dürfen.

B2B
Business to Business

Hintergrund dieser strengen gesetzlichen Regelung ist, dass der Kunde stets Inhaber seiner Daten bleiben soll, auch wenn diese erhoben und gespeichert werden. Nach dem Bundesdatenschutzgesetz kann der Kunde selbst darüber bestimmen, wer von seinen Daten Kenntnis hat und wer sie nutzt.

Das Gesetz gegen unlauteren Wettbewerb schützt dagegen den Kunden vor Belästigung, z. B. in Form eines Werbeanrufs.

Um nicht mit diesen beiden Gesetzen in Konflikt zu geraten, muss vor der Kontaktaufnahme per Telefon, Mail oder Brief vom Kunden eine datenschutzrechtliche Einwilligungserklärung unterschrieben werden.

Ein günstiger Zeitpunkt für das Einholen dieser Einverständniserklärung ergibt sich hierfür möglicherweise bereits im Laufe des Verkaufsgespräches, um den Verkaufsabschluss zusätzlich zu unterstützen. Oder spätestens beim Vertragsabschluss, um die Kundenzufriedenheitsbefragung und After-Sales-Aktionen risikolos zu ermöglichen.

Ein Muster für eine Datenschutzrechtliche Einwilligungserklärung finden Sie im Anhang auf S. 301.

9 Mit Reklamationen von Kunden sachgerecht umgehen

LS 79

SITUATION *Autoland Murschall GmbH*

Als David Rose eine seiner Mitschülerinnen aus der Berufsschule in deren Ausbildungsbetrieb besucht, bekommt er eine Auseinandersetzung an der Info-Theke des Autohauses mit. Herr Fischer, ein langjähriger Kunde im Autohaus, verlangt den Chef zu sprechen. „Jetzt habe ich gestern meinen Wagen zum vierten Mal in Ihrer Werkstatt gehabt und Ihre Schrauber sind nicht in der Lage, die Spur richtig einzustellen?! Bei nicht mal 150 km/h vibriert das Lenkrad wie verrückt und die Kiste schaukelt wie ein Wackelpudding. Und dafür hab ich 40.000,00 € meiner schwer verdienten Kröten hingeblättert. Das lass ich mir nicht länger gefallen."
Wie auf Kommando erscheint der Chef des Autohauses: „Es tut mir sehr leid, dass Sie solche Unannehmlichkeiten mit Ihrem Fahrzeug haben. Kommen Sie doch erst einmal in mein Büro und lassen Sie uns überlegen, wie wir das Problem lösen können."

Reklamationen kundengerecht zu bearbeiten ist eine wahre Kunst. Mitarbeiter müssen die Balance halten zwischen Kundenorientierung und wirtschaftlich sinnvollen sowie juristisch korrekten Lösungen.

Zunächst geht es um das Verhalten der Mitarbeiter im Reklamationsfall, anschließend beleuchten wir die juristische Seite, die zur Lösung von Reklamationsfällen erforderlich ist.

9.1 Auf Kundenreklamationen richtig reagieren

Ein Kunde, der reklamiert, ist meist verärgert und will seinem Ärger Luft machen! In dieser ersten Phase der Reklamation sollten Sie auf der Gefühlsebene reagieren. Zeigen Sie Verständnis für den Kundenärger und sprechen Sie die Gefühle des Kunden an, aber sagen Sie niemals: „Beruhigen Sie sich bitte", denn hiermit werden Sie garantiert das Gegenteil erreichen. Zunächst kommt es nicht darauf an, was Sie sagen, sondern vielmehr darauf, wie sie es sagen.

Isolieren Sie den Kunden nun von anderen Kunden, indem Sie ihn in eine ruhige Ecke oder in einen separaten Raum führen, damit andere Kunden die Reklamation nicht verfolgen können. Wenn möglich, bieten Sie dem Kunden einen Sitzplatz an, wenn dies entspannt. Erst dann beginnen Sie mit der Klärung des Sachverhalts. Lassen Sie den Kunden berichten und helfen Sie ihm sachlich zu berichten, indem Sie W-Fragen stellen. Dadurch erhalten Sie mehr Details als wenn Sie geschlossene Fragen stellen, die er nur mit Ja oder Nein beantwortet. Machen Sie zu jedem Reklamationsgespräch Notizen. Dadurch vergessen Sie keine Details und der Kunde fühlt sich ernst genommen. Außerdem kann der Kunde dann später nichts anderes behaupten, denn durch die Aufzeichnung seiner Schilderungen erkennen Sie schnell mögliche Widersprüche.

Eine besondere Schwierigkeit ist und bleibt, die Vorwürfe des Kunden nicht persönlich zu nehmen, insbesondere, wenn dieser aggressiv und laut auftritt. Hier ist es wichtig, innerlich ruhig zu bleiben. Lassen Sie den Kunden sich abreagieren. Kaum jemand kann länger als drei Minuten schreien. Sollte der Kunde äußerst ausfallend auftreten, bleibt es Ihnen unbenommen, Ihre Betroffenheit über dieses Verhalten in einer Ich-Botschaft zu formulieren, z. B. „Das trifft mich sehr, wie Sie mit mir reden". Ihre Betroffenheit wird die Wirkung beim Kunden nicht verfehlen und eine Verhaltensänderung bewirken. Insgesamt helfen eine positive Einstellung und positives Denken auch über schwierige Kunden hinweg. Nehmen Sie diese als Herausforderung an, und begegnen Sie ihr mit einem lösungsorientierten Ansatz.

Nachdem Sie die Reklamation aufgenommen haben, bearbeiten Sie diese sofort. Alles was Sie versprechen und zusagen, müssen Sie so auch einhalten können. Ungünstig erscheinen immer Schuldzuweisungen oder billige Ausreden, die ggf. von einem eigenen Fehlverhalten ablenken sollen.

Begreifen Sie eine Reklamation stets als Chance. Kunden, die sich beschweren, geben Ihnen noch eine Chance. Nutzen Sie diese! Durch eine sachliche, kundenorientierte Reklamationsbearbeitung können Sie die persönliche Kundenbeziehung intensivieren und Sie können aus einem Kunden einen Stammkunden machen.

9.2 Rechtliche Rahmenbedingungen

Ein Neuwagenkunde, der eine Beschwerde vorbringt, erwartet eine Lösung vom Automobilkaufmann. Er wähnt sich im Recht! Der Automobilkaufmann muss nun prüfen und entscheiden, ob Kundenansprüche berechtigt sind. Hierfür ist es wichtig, die verschiedenen Anspruchgrundlagen zu kennen.

Die Begriffe „Gewährleistung" und „Garantie" werden umgangssprachlich häufig miteinander gleichgesetzt. Leider können selbst die Mitarbeiter in einem Autohaus diese Sachgebiete nicht immer klar voneinander trennen. Deshalb sollen an dieser Stelle noch einmal die Unterschiede verdeutlicht werden, denn Garantie und Gewährleistung kennzeichnen unterschiedliche Ansprüche, und damit einhergehend ist auch die Kostenübernahme bei einer berechtigten Reklamation unterschiedlich zu regeln. Die Ansprüche auf Gewährleistung sind gesetzlich im BGB geregelt und müssen vom Verkäufer gewährt werden. Garantieansprüche sind dagegen gesetzlich nicht vorgeschrieben und müssen einem Käufer demnach auch nicht eingeräumt werden. Wenn ein Hersteller eine Garantie gibt, so handelt es sich um eine freiwillige Leistung, die rechtlich auf einem Vertrag beruht und die aufgrund des Vertrages einzuhalten ist.

9.2.1 Gewährleistung

Gewährleistung ☞ Band 1, LF 3, Kap. 2.5

Ein Händler ist laut BGB dazu verpflichtet, an den Käufer eine mangelfreie Ware zu übergeben. Allerdings sind versteckte Mängel bei Übergabe der Ware nicht immer sofort erkennbar, sondern werden erst durch den Gebrauch der Ware sichtbar. Die Gewährleistung laut BGB schützt den Käufer insbesondere vor diesen versteckten Mängeln, denn Verbraucher haben das Recht, innerhalb von zwei Jahren die Mängel, die bei Übergabe der Ware bereits vorhanden waren, beim Verkäufer zu reklamieren. Bei gebrauchten Güter kann die Gewährleistung beim Verbrauchsgüterkauf durch die AGB auf ein Jahr verkürzt werden. Handelt es sich um einen zweiseitigen Handelskauf, kann bei einem Neuwagen die Gewährleistung auf ein Jahr verkürzt werden, bei gebrauchter Ware kann sie sogar ganz ausgeschlossen werden.

Streitpunkt bei einer Reklamation ist dabei häufig die Frage, ob der Mangel bereits bei Übergabe der Ware vorhanden war. Bei einem zweiseitigen Handelskauf muss der Käufer dem Verkäufer beweisen, dass der Mangel bereits bei der Übergabe vorhanden war. Das heißt, der Käufer hat die Last, den Beweis dafür zu erbringen. Bei einem Verbrauchsgüterkauf ist die Sachlage innerhalb der ersten sechs Monate nach dem Kauf anders. Hier hat der Verkäufer die Pflicht, den Nachweis zu erbringen, dass der Mangel bei Übergabe nicht vorlag. Die Beweislast wurde also beim Verbrauchsgüterkauf umgekehrt, da der Verbraucher in der wirtschaftlich und juristisch schwächeren Position ist als der Gewerbetreibende. Der Gesetzgeber unterstützt hier den Verbraucher im Sinne des Verbraucherschutzes bei der Durchsetzung seiner Interessen. Deshalb spricht man im Falle eines Verbrauchsgüterkaufs innerhalb der ersten sechs Monate der Gewährleistungszeit auch von der **Beweislastumkehr.** Ab dem siebten Monat innerhalb der zweijährigen Gewährleistungszeit muss dann aber auch der Verbraucher als Käufer beweisen, dass der Mangel bereits bei Übergabe vorlag. Im Rahmen der Gewährleistung hat der Käufer zunächst das vorrangige Recht der Nacherfüllung, die entweder in Form der Nachbesserung oder der Neulieferung erfolgen kann.

Sollte die Nacherfüllung nach zwei erfolglosen Versuchen gescheitert, nicht möglich oder nicht zumutbar sein oder verweigert werden, kann der Käufer seinen Anspruch auf die Durchsetzung der nachrangigen Rechte in Form einer Preisminderung oder – bei erheblichen Mängeln – auf den Rücktritt vom Kaufvertrag (Rückgabe der gegenseitig geleisteten Leistungen) geltend machen.

9.2.2 Nutzungsentschädigung

Kommt es trotz aller Bemühungen des Autohauses bei der Beseitigung gerechtfertigter Mängel zur Rückgabe des Fahrzeuges, stellt sich immer wieder die Frage, inwieweit der Kunde für den bis dahin erfolgten Gebrauch des Fahrzeuges eine Entschädigung an das Autohaus zu leisten hat.

Für den Fahrzeughandel gilt nach wie vor, dass ein Autohaus eine Nutzungsentschädigung für die gefahrenen Kilometer verlangen darf, wenn ein Kunde ein Fahrzeug im Rahmen der Gewährleistung zurückgibt, ohne dass ein Ersatz geliefert wird: Entscheidet der Kunde sich für einen Vertragsrücktritt, muss er für die Nutzung des Fahrzeugs eine Entschädigung zahlen. Diese beläuft sich üblicherweise auf 0,67 % des Listenpreises je gefahrene 1 000 km. Der Wertverlust, der durch die Nutzung des Fahrzeugs entstanden ist, und den das Autohaus ohne diese Ausnahmeregelung selbst zu tragen hätte (ungeachtet dessen, dass es seinerseits Ansprüche gegenüber dem Hersteller geltend machen könnte), stünde in keinem Verhältnis zu den Kosten, die dem Kunden aufgebürdet werden, der das Fahrzeug eine gewisse Zeit vollwertig genutzt hat.

***BEISPIEL** Autoland Murschall GmbH*

Eine Kundin fährt einen STARCAR Family, der laut Liste 18.500,00 € gekostet hat. Immer wieder versagt die Elektrik der Fensterheber; selbst ein Austausch der Teile konnte das Problem nicht beheben. Nach 15 Monaten und einer Laufleistung von 12 000 km tritt die Kundin vom Kaufvertrag zurück. Bei Rückgabe des Fahrzeugs muss sie für die Nutzung eine Entschädigung in Höhe von 1.487,40 € zahlen (18.500,00 € · 0,67 % = 123,95 € · 12 = 1.487,40 €).

9.2.3 Rückgriffsansprüche des Händlers gegenüber dem Hersteller

Der Händler kann die Kosten, die ihm wegen eines berechtigten Sachmangels entstanden sind, vom Hersteller bzw. Lieferanten der Sache zurückverlangen. Dies gilt natürlich nur, solange der Mangel nicht erst beim Händler auftrat. Damit der Händler nicht unangemessen benachteiligt wird, gilt nach § 479 BGB für das Rückgriffsrecht eine besondere Frist. Hiernach tritt die Verjährung des Händleranspruchs gegenüber seinem Hersteller frühestens zwei Monate nach dem Zeitpunkt ein, an dem der Autohändler die Ansprüche des Verbrauchers erfüllt hat. Diese sogenannte Ablaufhemmung endet aber spätestens fünf Jahre, nachdem der Lieferant oder Hersteller die Sache dem Unternehmer abgeliefert hat.

9.2.4 Neuwagengarantie des Herstellers

Neben der Verpflichtung zur gesetzlichen Gewährleistung bieten Autohersteller den Käufern von Neuwagen fast immer freiwillig zusätzliche Garantien an. Die Neuwagengarantie läuft z. B. über bestimmte Zeiträume oder gilt für bestimmte Kilometerlaufleistungen oder bestimmte Fahrzeugteile. Sie sichert dem Neuwagenkunden zu, dass der Hersteller für auftretende Mängel innerhalb der Garantiezeit die Kosten der Reparatur (Lohn- und Materialkosten) übernimmt.

Welche Leistungen gewährt werden, ist nicht einheitlich geregelt, sondern jeder Autohersteller legt dies für seine Marken und Modelle selbst fest. Die Garantiebedingung umfasst die Baugruppen, auf die sich die Garantie bezieht, meist sind es die folgenden: Motor, Getriebe, Lenkung, Bremsen, Kraftstoffanlage, Elektrik, Kühlsystem, Abgasanlage, Klimaanlage. Nicht eingeschlossen sind Verschleißteile, wie z. B. Zündkerzen, Reifen, Leuchtmittel.

Anders als bei der gesetzlich vorgeschriebenen Gewährleistung muss der Mangel im Garantiefall nicht bereits bei Übergabe bestanden haben. Zudem gibt es keine Beweislastumkehr, d. h., der Kunde muss auch nach Ablauf von sechs Monaten nicht beweisen, dass der Mangel schon bei der Übergabe bestand. Die Art der Mängelbeseitigung bleibt ganz dem Hersteller überlassen, sodass der Käufer in den meisten Fällen keinen Anspruch auf Neulieferung oder Minderung des Kaufpreises hat. Ebenso wenig hat er die Möglichkeit, nach zweimaliger erfolgloser Nachbesserung vom Kaufvertrag zurückzutreten. Selbstverständlich erfolgt die Mängelbeseitigung in einer Vertragswerkstatt des Herstellers.

Ein Beispiel für eine Neuwagengarantie (von Audi) finden Sie im Anhang auf S. 292.

Fast alle namhaften Autohersteller bieten mittlerweile eine Neuwagengarantie an und nutzen diese als ein Instrument der Kommunikationspolitik und der Kundenbindung. Denn welcher Hersteller würde das Risiko auf sich nehmen, für auftretende Mängel in der Garantiezeit die Kosten der Reparatur zu übernehmen, wenn er nicht von seinen Produkten überzeugt wäre und davon ausgeht, dass Mängel die Ausnahme sind? Zumal die anfallenden Reparaturkosten nicht kalkulierbar wären. Eine Garantie ist daher nicht nur eine Absicherung für den Kunden, sondern auch ein Hinweis des Herstellers auf die hohe Qualität seiner Fahrzeuge. In vielen Fällen beträgt die Neuwagengarantie zwei Jahre; koreanische und japanische Autobauer bieten aber schon seit Jahren häufig fünf oder sechs Jahre (meist beschränkt auf 100 000 km) Herstellergarantie. Opel hat im Jahr 2010 für seine Fahrzeuge eine „lebenslange“ Garantie versprochen, die im Kleingedruckten letztendlich jedoch auch auf 160 000 km begrenzt und an den Fahrzeughalter geknüpft ist, d. h., beim Weiterverkauf des Fahrzeugs erlischt der Garantieanspruch.

ADAC-Tabelle: Übersicht der Hersteller-Garantien

Hersteller	Neuwagen	Durchrostungs- oder Lackgarantie
Alfa Romeo	2 Jahre ohne Kilometerbegrenzung	Durchrostung: 8 Jahre; Lack: 3 Jahre
Audi	2 Jahre ohne Kilometerbegrenzung	Durchrostung: 12 Jahre; Lack: 3 Jahre
BMW/Mini	keine Garantie, aber 2 Jahre erweiterte Sachmängelhaftung	Durchrostung: 12 Jahre erweiterte Sachmängelhaftung; Lack: 3 Jahre erweiterte Sachmängelhaftung
Citroen	2 Jahre ohne Kilometerbegrenzung	Durchrostung: 12 Jahre bei Pkw, 5 Jahre bei Nutzfahrzeugen Lackgarantie: 3 Jahre bei Pkw, 2 Jahre bei Nutzfahrzeugen
Dacia	3 Jahre oder 100 000 km	Durchrostung: 6 Jahre; Lack: 2 Jahre
Fiat	2 Jahre ohne Kilometerbegrenzung	Durchrostung: 8 Jahre; Lack: 3 Jahre

Hersteller	Neuwagen	Durchrostungs- oder Lackgarantie
Ford	2 Jahre ohne Kilometerbegrenzung	Durchrostung: 12 Jahre; Lack: 2 Jahre
Honda	3 Jahre oder 100 000 km	Durchrostung: 5–12 Jahre, je nach Bauteil; Lack: 3 Jahre
Hyundai	5 Jahre ohne Kilometerbegrenzung	Durchrostung: 12 Jahre; Lack: 5 Jahre
Jaguar	3 Jahre ohne Kilometerbegrenzung	Durchrostung: 6 Jahre; Lack: 3 Jahre
Jeep	2 Jahre ohne Kilometerbegrenzung	Durchrostung: 7 Jahre auf lackierte Karosserieaußenbleche bzw. 2 Jahre auf alle Karosseriebleche; Lack: 2 Jahre
KIA	7 Jahre oder 150 000 km	Durchrostung: 7 Jahre oder 150 000 km, 10 bzw. 12 Jahre je nach Modell; Lackgarantie: 5 Jahre oder 150 000 km
Lada	2 Jahre bzw. 3 Jahre je nach Modell ohne Kilometerbegrenzung	Durchrostung: 2, 3 bzw. 6 Jahre, je nach Modell; Lack: 2, 3 bzw. 6 Jahre, je nach Modell
Lancia	2 bzw. 3 Jahre je nach Modell	Durchrostung: 8–12 Jahre; Lack: 3 Jahre
Land Rover	3 Jahre bzw. 100 000 km	Durchrostung: 6 Jahre; Lack: 3 Jahre
Mazda	3 Jahre bzw. 100 000 km	Durchrostung: 12 Jahre; Lack: 3 Jahre
Mercedes	2 Jahre	Durchrostung: bis 30 Jahre bei Pkw, bis 12 Jahre bei Van
Mitsubishi	3 Jahre bzw. 100 000 km	Durchrostung: 12 Jahre bei aktuellen Modellen; Lack: 3 Jahre bzw. 100 000 km
Nissan	3 Jahre bzw. 100 000 km	Durchrostung: 6–12 Jahre; Lack: 3 Jahre
Opel	2 Jahre	Durchrostung: bis zu 12 Jahren (modellabhängig)
Peugeot	2 Jahre	Durchrostung: 12 Jahre bei Pkw, 5 Jahre bei Nutzfahrzeugen; Lack: 3 Jahre bei Pkw, 2 Jahre bei Nutzfahrzeugen
Porsche	2 Jahre	Durchrostung: 10 Jahre; Lack: 3 Jahre
Renault	2 Jahre, bei einigen Oberklassemodellen 3 Jahre bzw. 150 000 km	Durchrostung: 12 bei Pkw (Master 6 Jahre); Lack: 3 Jahre
Seat	2 Jahre	Durchrostung: 6–12 Jahre, je nach Modell; Lack: bis 3 Jahre, je nach Modell
Škoda	2 Jahre	Durchrostung: 10–12 Jahre, je nach Modell; Lack: 3 Jahre (bei einigen Modellen)
Smart	2 Jahre	Durchrostung: 6–12 Jahre, je nach Modell Lack: 2 Jahre
Subaru	3 Jahre bzw. 100 000 km (Batterie begrenzt auf 2 Jahre)	Durchrostung: 8–12 Jahre, je nach Modell
Suzuki	3 Jahre bzw. 100 000 km	Durchrostung: 6–12 Jahre, je nach Modell
Toyota Lexus	3 Jahre bzw. 100 000 km	Durchrostung: 12 Jahre; Lack: 3 Jahre
VW	2 Jahre	Durchrostung: 12 Jahre bei den meisten Modellen; Lack: 3 Jahre
Volvo	2 Jahre	Durchrostung: 8–12 Jahre, je nach Modell; Lack: 2 Jahre

Quelle: nach ADAC, Juristische Zentrale München Stand: 15. 04. 2016;
(www.adac.de/-/media/adac/pdf/jze/herstellergarantien-uebersicht.pdf?la=de-de)

BMW geht hingegen einen etwas anderen Weg. Kunden erhalten hier grundsätzlich den BMW Qualitätsbrief, der die gesetzlich vorgeschriebene 2-jährige Gewährleistung auf 3 Jahre verlängert (seit 01.11.2016), inkl. der Beweislastumkehr für die kompletten drei Jahre. Durch ein Abkommen zwischen den BMW-Vertragshändlern und den BMW-Niederlassungen kann der Kunde seine Ansprüche aus der Gewährleistung auch bei anderen BMW Vertragshändlern geltend machen und nicht nur bei dem Händler, bei dem er das Fahrzeug gekauft hat.

Rein rechtlich gesehen kann ein Anspruch auf Garantieleistungen nur gegenüber dem Hersteller geltend gemacht werden. Aus Gründen des Service übernimmt allerdings das Autohaus für seine Kunden die Abwicklung. Der Anspruch gegenüber dem Hersteller kann meist europaweit bei jedem Vertragshändler des Herstellers geltend gemacht werden.

Verschleißteile und Einstellarbeiten werden nur dann durch die Garantie abgedeckt, wenn ein Material- oder Herstellungsfehler vorliegt. Derartige Defekte treten in der Regel schon nach einer kurzen Laufzeit des Fahrzeuges auf. Bei später auftretenden Defekten wird meist angenommen, dass diese durch Verschleiß hervorgerufen wurden. Sie sind somit nicht durch die Garantie abgedeckt.

***BEISPIEL** Verschleißteile und Einstellarbeiten*

- *Wischerblätter*
- *Glühlampen*
- *Achseinstellung, Wuchten der Rader*
- *Batterien von Fernbedienungen*
- *Bremsbeläge, Bremsbacken, Bremsscheiben (wenn kein Herstellungsfehler vorliegt)*

Wenn ein Hersteller eine Garantie gewährt, ist diese an bestimmte Bedingungen geknüpft. Dazu zählen stets das Einhalten regelmäßiger Inspektionen und Wartungsarbeiten, die ausführlich im Fahrzeug-Serviceheft dokumentiert werden müssen, sowie eine entsprechende Pflege des Fahrzeugs durch den Halter. Wer also beispielsweise Vogelkot nicht schnell entfernt, kann für den beschädigten Lack keine Garantie in Anspruch nehmen.

Wo diese Inspektionen und Wartungsarbeiten durchzuführen sind, kann der Hersteller nicht mehr vorschreiben. Im Zuge der Gruppenfreistellungsverordnung (GVO) und der europäischen Rechtsprechung zum Wettbewerbsrecht darf ein Hersteller durch sein Garantieversprechen nicht die Steuerung der Kunden in sein Vertragswerkstättennetz vornehmen. Dieses Vorgehen entspräche einer marktbeherrschenden Stellung und ist somit unzulässig.

Folglich darf jeder Neuwagenkunde die Inspektionen und Wartungsarbeiten in einer beliebigen Werkstatt seiner Wahl durchführen lassen. Allerdings ist darauf zu achten, dass die Werkstatt die jeweiligen Herstellervorgaben berücksichtigt, damit der Garantieanspruch erhalten bleibt. Der Neuwagenkunde verliert seinen Anspruch auf die Neuwagengarantie nicht, wenn

- die fabrikatsfremde Werkstatt sich bei den Inspektionen und Wartungsarbeiten nach den Herstellervorgaben richtet,
- die Inspektionen und Wartungsarbeiten sach- und fachgerecht durchgeführt werden,
- bei Inspektionen und Wartungsarbeiten nur Originalteile und Originalflüssigkeiten verwendet werden oder solche Teile und Flüssigkeiten, die den Originalen gleichwertig sind und
- die durchgeführten Inspektionen und Wartungsarbeiten nicht ursächlich für einen später auftretenden Schaden sind, der unter die Garantie des Herstellers fällt.

Neuwagengarantien dürfen nicht von der Verpflichtung des Kunden abhängig gemacht werden, die geforderten Inspektionen und Wartungsarbeiten in einer Vertragswerkstatt des Herstellers durchführen zu lassen. Wichtig: Wurden die Inspektionen und Wartungsarbeiten stets in einer markenfremden Werkstatt ausgeführt, so erbringt kaum ein Hersteller Kulanzleistungen, wenn die Garantie abgelaufen ist.

Verkauft der Neuwagenkunde sein Fahrzeug, so geht die verbleibende Neuwagengarantie in der Regel auf den neuen Halter über.

BEISPIEL

Ein Kunde kauft einen Jahreswagen. Die Erstzulassung liegt genau zwölf Monate zurück. Es wird eine Hersteller-Garantie von zwei Jahren gewahrt. Der Kunde kann somit noch weitere zwölf Monate von der Hersteller-Garantie profitieren.

9.2.5 Kulanz

Leistet ein Hersteller oder Händler über den gesetzlich geregelten Garantiezeitraum (Gewährleistung) oder vertraglich vereinbarten Garantiezeitraum hinaus freiwillig Ersatz für die Beseitigung von Mängeln, so spricht man von Kulanz. Kulanz dient dem Aufbau eines „guten Rufs" und ist somit ein Instrument zur Kundenbindung. Je nach Alter und Laufleistung des Fahrzeuges wird entschieden, inwieweit Kulanz gewährt werden kann. Entsprechende Listen des Herstellers geben Auskunft über die Höhe der Kulanz, die dort als Prozentsatz angegeben ist. In diesen Fällen holt sich das Autohaus die Kosten für dieses Entgegenkommen komplett oder zu einem großen Teil vom Hersteller zurück. Sollte der Hersteller keine Kulanzzusage erteilen, kann der Händler sich aber auch selber kulant gegenüber einem Stammkunden zeigen und die Kosten der Reparatur ganz oder zum Teil selber tragen.

LF7

Gebrauchtfahrzeuge disponieren und bereitstellen

LS 81
LS 85

1 Ein Gebrauchtwagenkonzept entwickeln

SITUATION *Autoland Murschall GmbH*

David Rose ist seit einigen Tagen der Abteilung Pkw-Verkauf zugeteilt. Momentan schaut er Frau Friede und Herrn Berg über die Schulter und setzt sich häufig bei Verkaufsgesprächen mit Kunden dazu. Er unterstützt die beiden Verkäufer aber auch bei deren täglicher Arbeit, indem er ihnen notwendige Arbeiten abnimmt. So bringt er im Bedarfsfall das Fahrzeug eines potenziellen Käufers, welches in Zahlung genommen werden soll, in die Dialogannahme, wo der Serviceleiter das Auto unter die Lupe nimmt und mögliche Schäden und den Reparaturbedarf feststellt. Ebenso kümmert er sich um den „Papierkram", der im Rahmen der Vertragsabwicklung anfällt. Schon nach kurzer Zeit in der Abteilung hat er einen Eindruck davon gewonnen, wie facettenreich sich der Bereich gestaltet – gerade auch der des Gebrauchtfahrzeugsegments, von dem er es so nicht erwartet hätte.

1.1 Situation und Bedeutung des Gebrauchtwagengeschäfts

Unter den Begriff **Gebrauchtwagen** fallen Vorführwagen, ehemalige Mietwagen, Jahreswagen, Leasing- und Finanzierungsrückläufer, „normale" Gebrauchtwagen, Bastler- oder Schrottfahrzeuge und Unfallfahrzeuge. Demzufolge setzt sich der Gebrauchtwagenbestand aus Inzahlungnahmen auf Neuwagen und Gebrauchtwagen und Fahrzeugen aus aktivem Zukauf zusammen.

Das Gebrauchtwagengeschäft steht u. a. im direkten Wettbewerb zum privaten Gebrauchtwagenmarkt, aber auch zu großen Mietwagenfirmen.

Das Gebrauchtwagengeschäft ist durch eine hohe Kapitalbildung, ein hohes Verlustrisiko, Standzeiten von durchschnittlich 120 Tagen, eine verschärfte Wettbewerbssituation, drastische Gebrauchtwagenüberzahlungen aufgrund von Neuwagenrabatten und mangelnde Professionalität in der Organisation des Gebrauchtwagengeschäfts gekennzeichnet.

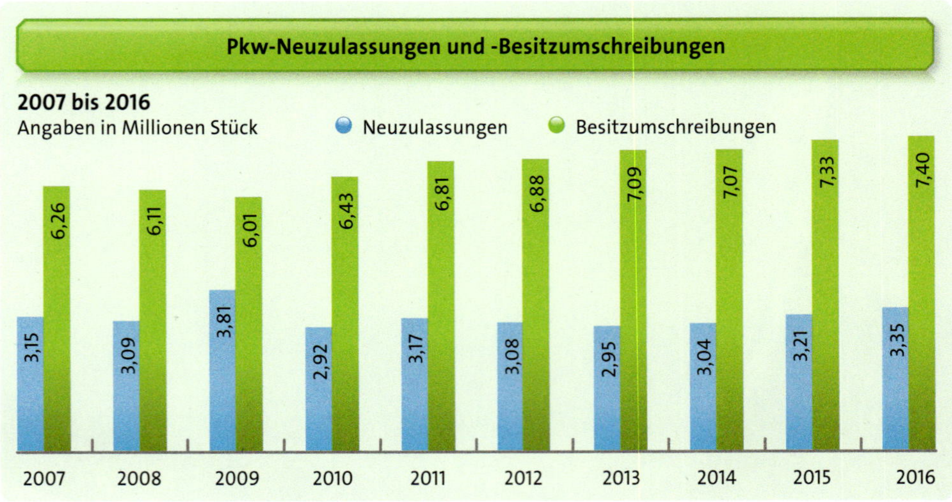

Quelle: nach DAT-Report 2017, S. 14

Der Report der Deutschen Automobil Treuhand zeigt für das Jahr 2016, dass die Anschaffung eines Pkw den Deutschen weiterhin ein Bedürfnis ist. Eine Zahl, die diese Ansicht untermauert, ist die Anzahl der Besitzumschreibungen, die mehr als doppelt so hoch ausfiel wie die Neuzulassungen (7,4 Mio. zu 3,35 Mio.).

Auch ein Blick auf den durchschnittlichen Verkaufspreis zeigt dies. Während Neuwagenkäufer bereit waren, 29.650,00 € zu investieren, betrug der durchschnittliche Gebrauchtwagenpreis 11.430,00 €. Beide Werte spiegeln das enorme Potenzial wider, das der Gebrauchtfahrzeugmarkt in sich trägt. Der Jahresumsatz auf diesem Teilmarkt belief sich auf beachtliche 84,6 Mrd. € (+ 9 % im Vergleich zum Vorjahr). Langfristig wird seine Bedeutung, auch im Hinblick auf die zunehmende Langlebigkeit der Fahrzeuge, eher noch zunehmen.

Quelle: nach DAT-Report 2017, S. 77

So ist es verwunderlich, dass Autohäuser scheinbar gar kein Interesse daran haben, Fahrzeuge zu verkaufen. Zu diesem sehr ernüchternden Ergebnis, was die Gebrauchtwagenberatung beim Vertragshändler angeht, ist eine aktuelle Erhebung der Beratungsfirma Concertare gelangt. Demnach sind die Autohäuser mit einer Ausnahme nicht in der Lage, eine zufriedenstellende Produktdemonstration sicherzustellen. Die Tester bewerten die Bereitschaft der Verkäufer, eine Bedarfsanalyse des Kunden durchzuführen, die Funktionen der Fahrzeuge zu erläutern oder deren Historie aufzuzeigen, branchenweit als mangelhaft. Unwesentlich besser steht es um die Bereitschaft der Verkäufer, Probefahrten anzubieten.

Quelle: nach Henning Busse, „Mehr als Mittelmaß wird nicht geboten", erschienen in auto, motor und sport; Extra Gebrauchtwagen (Beilage von auto, motor und sport 15/2017), S. 6 f. und Quelle: Benchmarkstudie „Der deutsche Gebrauchtwagenhandel 2017", Concertare GmbH, Juli 2017

Ebenso wenig scheinen die Verkäufer geneigt zu sein, den Kontakt zu Fahrzeuginteressenten, die noch Bedenkzeit im Vorfeld der Kaufentscheidung benötigen, zu halten. Nur jeder Fünfte hakte hier nach. Das dabei verschenkte Potenzial der Kundenakquise dürfte auch aus Herstellersicht umso ärgerlicher sein, da diese im Gebrauchtfahrzeugsegment zunehmend mehr Programme entwickeln, die u. a. Garantiepolicen, Wartungsverträge und spezielle Finanzierungsangebote beinhalten.

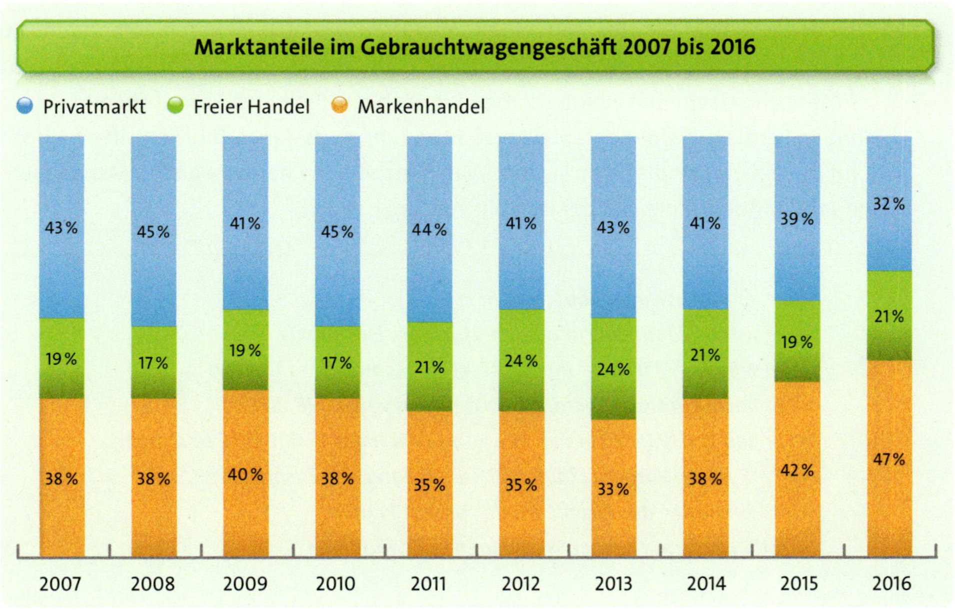

Quelle: nach DAT-Report 2017, S. 24

Quelle: nach DAT-Report 2017, S. 15, 25

Auf dem Gebrauchtwagenmarkt konkurrieren der fabrikatsgebundene (Neuwagen-)Handel, der reine Gebrauchtwagenhandel und der Privatmarkt miteinander. Der Anteil des Privatmarktes am Gesamtmarkt betrug 2016 32 % und befindet sich damit erneut auf einem historischen Tiefstand.

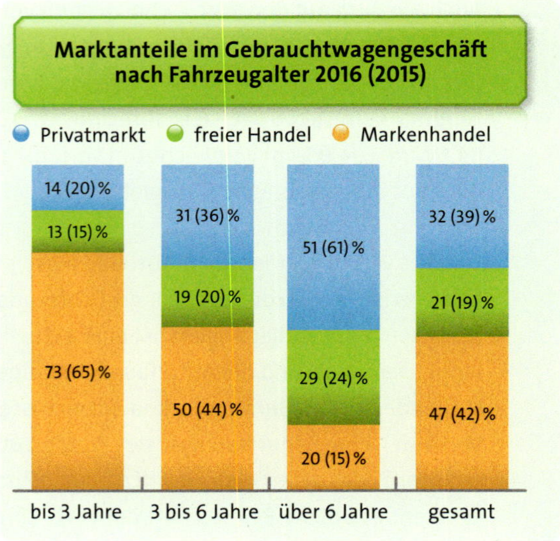

Quelle der Grafik: nach DAT-Report 2017, S. 25

Die Wahl des Markts hängt von verschiedenen Kaufkriterien ab. So spielt z. B. das Alter des Fahrzeuges eine wichtige Rolle. Allerdings sollten ältere Fahrzeuge vom fabrikatsgebundenen Händler nicht gänzlich außer Acht gelassen werden, da diese Fahrzeuge oft Einstiegsmodelle darstellen, die gerade von Erstkäufern gewählt werden, die über diesen Kauf besonders frühzeitig an ein Autohaus gebunden werden können. Hinsichtlich der Eingruppierung der Gebrauchtwagen nach Kaufpreisen wurden im Segment unter 5.000,00 €, das 21 % vom Gesamtmarkt ausmacht, 39 % der Fahrzeuge auf dem Privatmarkt vermittelt, während lediglich 4 % auf den Markenhandel entfielen.

Quelle: nach DAT-Report 2017, S. 16

Im Hinblick auf eine frühzeitige Markenbindung sollte der fabrikatsgebundene Gebrauchtwagenhandel nicht gänzlich vernachlässigt werden, auch wenn Gebrauchtwagenkäufer nicht so markentreu sind wie Neuwagenkäufer.

Obwohl es seit der Schuldrechtsreform im Jahre 2002 und dem damit verbundenen Gewährleistungsrecht aus betriebswirtschaftlichen Gründen schwieriger ist, ältere Fahrzeuge überhaupt noch anzubieten, sollte es aber dennoch eine Selbstverständlichkeit sein, dass dem Kunden beim Kauf eines entsprechend alten Fahrzeugs das Gefühl vermittelt wird, mit dem Kauf bei einem Händler eine sichere Wahl getroffen zu haben – auch wenn es sich nur um ein Jahr und somit die Zeit der Gewährleistung handelt.

Der Gebrauchtwagenkäufer 2016:

- *Er war 41,2 Jahre alt und hatte 21,2 Jahre Fahrpraxis.*
- *In seinem (58 %) bzw. ihrem (42 %) Haushalt gab es 1,7 Pkw.*
- *Er hatte ein Haushaltsnettoeinkommen von 3.098,00 €.*
- *Er gab 11.430,00 € für den Pkw aus (29 % sogar 15.000,00 € und mehr).*
- *72 % waren Vorbesitzkäufer, 21 % Erstkäufer, 7 % Zusatzkäufer.*
- *88 % würden das gleiche Modell erneut kaufen.*
- *10 % zogen auch einen Neuwagen in Erwägung.*

Quelle: nach DAT-Report 2017, S. 17

Ein für Gebrauchtwagenkäufer zunehmend wichtiges Kaufkriterium stellen Garantieleistungen dar. 2016 waren 56 % aller Gebrauchtfahrzeuge damit ausgestattet (eine 12 %ige Steigerung gegenüber dem Vorjahr). Bemerkenswert ist die Abweichung zwischen den Marktsegmenten: 84 % der im Markenhandel erworbenen Gebrauchtwagen verfügen über eine Garantie. Auf dem Privatmarkt sind es lediglich 7 %.

Quelle: nach DAT-Report 2017, S. 31

Quelle: nach DAT-Report 2017, S. 31 f.

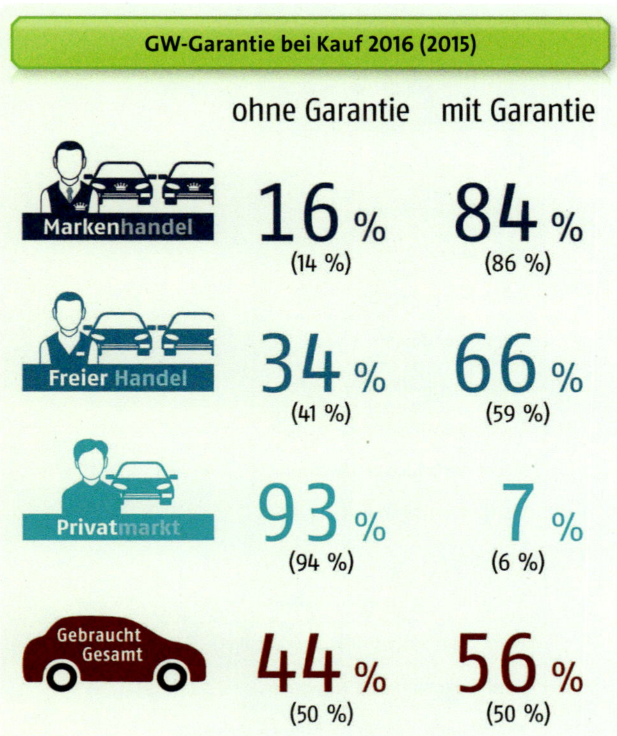

Quelle: nach DAT-Report 2017, S. 32

Nennenswerte Reparaturen treten erst mit zunehmendem Alter des Fahrzeuges auf. So wurden 2016 von allen Fahrzeugen, die mindestens zehn Jahre oder älter waren, 48 % repariert. Die entsprechenden Arbeiten erfolgten zum größten Teil an den Bremsbelägen (24 %), den Bremsanlagen (11 %) und der Elektronik (10 %) und betrugen im Schnitt 309,00 €. Bei einem Blick auf die übrigen Altersklassifizierungen ist auffällig, dass sich die Kosten beim Übergang von Vier- und Fünfjährigen zu Sechs- und Siebenjährigen beinahe verdreifachen (von 81,00 € auf 220,00 €). Bemerkenswert ist der Umstand, dass Reparaturaufwendungen aufgrund von Durchrostung kaum noch auftreten (1 %, im Bereich der Gebrauchten ab zehn Jahre 4 %). Insgesamt besitzt der fabrikatsgebundene Handel bei der Bewertung des Reparaturrisikos einen Wettbewerbsvorsprung gegenüber den anderen Kauforten.

Quelle: nach DAT-Report 2017, S. 63–65

Die Vorwagen der Gebrauchtwagenkäufer waren 2016 11,7 Jahre alt und hatten eine Laufleistung von 152 370 km. Durchschnittlich besaßen die Gebrauchtwagenkäufer ihre alten Fahrzeuge zum Abgabezeitpunkt sieben Jahre. Nicht unerheblich ist hierbei, ob der Vorwagen neu oder gebraucht gekauft wurde. So sind bspw. vormals neu erworbene Fahrzeuge durchschnittlich eineinhalb Jahre jünger und weisen eine ca. 20 000 km geringere Laufleistung sowie eine längere Haltedauer von fast vier Jahren auf.

Quelle: nach DAT-Report 2017, S. 43

Bei den Kaufentscheidungen der Gebrauchtwagenkäufer spielen wirtschaftliche Überlegungen eine große Rolle. Insbesondere die jüngere Käuferschicht legt viel Wert auf geringe Anschaffungspreise, Versicherungsbeiträge und Kfz-Steuern. Der Finanzierungsanteil (ohne Leasing) bei den Gebrauchten lag 2010 im Schnitt bei 34 %, Ersparnisse wurden zu 40 % eingebracht.

Quelle: nach DAT-Report 2017, S. 22

Quelle: nach DAT-Report 2017, S. 29

Kriterien beim GW-Kauf 2016	
Kriterium	**Wichtigkeit**
Zuverlässigkeit	1,4
Anschaffungspreis	1,4
Aussehen/Design	1,7
Kraftstoffverbrauch	1,7
Ausstattungsumfang	1,9
Wartungsfreundlichkeit	1,9
Niedriger Kilometerstand	1,9
Versicherungskosten	1,9
Kfz-Steuer	2,1
Ersatzteilversorgung	2,1
Garantieumfang	2,3
Nähe des Händlers/Verkäufers	2,3
Dichte des Kundendienstnetzes	2,4
Wiederverkaufswert/Restwert	2,4
Umweltverträglichkeit	2,4
Prestigewert	2,5
Finanzierungs-/Leasingangebot	2,6
Paketlösungen (z. B. inkl. Servicepaket)	2,8
Inzahlungnahme des Vorwagens	2,8
Beurteilung: 1 = sehr wichtig, 4 = unwichtig	

Einen weiteren Einflussfaktor auf den Gebrauchtfahrzeugabsatz stellt damit auch die wirtschaftliche Situation der jeweiligen Region dar. So ist bei einer schlechten wirtschaftlichen Lage und einer hohen Arbeitslosigkeit in der Regel mit einer weiteren Abwanderung von Neuwagenkäufern auf den Gebrauchtwagenmarkt zu rechnen.

Des Weiteren können auch politische Entscheidungen durchaus Auswirkungen auf das Käuferverhalten haben. So ist bspw. im Zuge des am 21. 02. 2017 verkündeten Fahrverbots für ältere Dieselfahrzeuge in der Stuttgarter Innenstadt die Nachfrage nach Kraftfahrzeugen mit Dieselmotoren merklich zurückgegangen. Es bleibt abzuwarten, wie die Entwicklung weitergeht, insbesondere, wenn Unsicherheit darüber besteht, ob das Fahrverbot zukünftig auf weitere Städte oder Regionen und auch jüngere Modelle ausgeweitet wird.

Quelle: nach DAT-Report 2017, S. 22

Die notwendigen Informationen beziehen Gebrauchtwagenkäufer in erster Linie aus dem Internet: 2016 nutzten es 74 % aller Käufer mit Internetzugang bei der Gebrauchtwagenbeschaffung. Insgesamt bedienten sich 2016 30 % aller Gebrauchtwagenkäufer Onlinebörsen zur gezielten Kaufanbahnung. Hierbei fiel der Anteil der unter 30-Jährigen erwartungsgemäß überdurchschnittlich hoch aus. Die Bedeutung des Internets für den Automobilhandel zeigte sich 2016 z. B. auch darin, dass 39 % aller Gebrauchtwageninteressenten dieses nutzten, um einen Händler im weiteren Umfeld zu kontaktieren. Beinahe jeder Dritte gab an, aufgrund des Internets die Marke gewechselt zu haben. Wenn man weiterhin in Betracht zieht, dass 23 % dieser Käufergruppe aufgrund des Internets den Händler gewechselt haben, zeigt sich, welches erhebliche Potenzial dieser Zugangsweg für die Händler beinhaltet.

Quelle: nach DAT-Report 2017, S. 20 f.

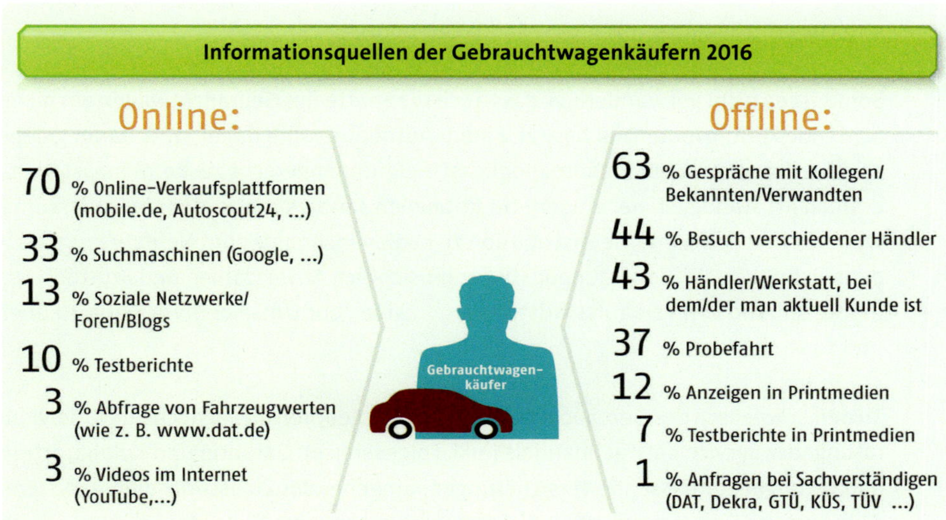

Quelle: nach DAT-Report 2017, S. 20

1.2 Organisation des Gebrauchtwagengeschäfts

Da der Fachhandel eine der wichtigsten Informationsquellen für den Gebrauchtwagenkäufer ist, sollte sich jedes Autohaus sein eigenes, unverwechselbares Gebrauchtwagenhändlerimage zulegen. Stellt der fabrikatsgebundene Gebrauchtwagenhandel die eigenen Vorteile positiv heraus, so kann er seinem Hauptkonkurrenten – dem Privatmarkt – zukünftig verstärkt Marktanteile abnehmen.

Dazu gehört selbstverständlich eine professionelle Organisation. Die Gebrauchtwagenabteilung sollte stets als Profit-Center arbeiten. Kooperationen mit anderen Händlern, z. B. auf Gebrauchtwagenmessen, in Gebrauchtwagentauschringen, ein aktiver Zukauf von Gebrauchtwagen aus anderen Quellen zur Abrundung des eigenen Angebots, der Einstieg in „Gebrauchtwagen-gegen-Gebrauchtwagen"-Geschäfte oder die Schaffung einer Vermarktungskooperation mehrerer Betriebe können positive Effekte zeigen.

Notwendig ist ebenfalls eine Überprüfung der eigenen Ablauforganisation. Anzukaufende Gebrauchte müssen daher unmittelbar unter Berücksichtigung der eigenen Weiterverwertung (eigener Verkauf, Aufrüstung, Bastlerfahrzeug usw.) geschätzt werden. Direkt nach dem Ankauf sind die Fahrzeuge technisch und optisch aufzubereiten; die Pflege der Fahrzeuge muss ständig gewährleistet sein. Der Gebrauchtwagenkäufer tätigt kein minderwertiges Geschäft. Daher sind Gebrauchtwagen ebenso zu präsentieren wie Neuwagen, und die Auslieferung ist ebenso individuell und aufmerksam zu gestalten wie die eines Neuwagens. Durch individuelle Betreuung, dem Herausstellen der Zuverlässigkeit, der Sicherheit und der Qualität, können sich die Gebrauchten als „zweite Marke" des Autohauses etablieren.

Auch die Vorgaben vieler Hersteller in Bezug darauf, wie ein Autohaus sein Angebot an Gebrauchtfahrzeugen zusammenzustellen hat (u. a. in Bezug auf Marken und Modelle) bzw. welche Abverkaufszahlen zu erreichen sind (Gebrauchtfahrzeugprogrammvorgaben), unterstreichen die Bedeutsamkeit des Marktsegmentes.

Somit ist es nicht verwunderlich, dass auch die Sparte der Gebrauchtwagen ein nicht zu verachtendes Erfolgspotenzial besitzt. Einem Autohaus sollte daher stets daran gelegen sein, sein Sortiment an Gebrauchten möglichst zielgruppengerecht zusammenzustellen, sodass es auch im Stande ist, neben dem traditionellen Absatzkanal in den Verkaufsräumen auch weitere wie z. B. die Internetdistribution zu bedienen. Analog zum Neufahrzeuggeschäft gilt es auch hierbei, die Zielsetzungen (bspw. hinsichtlich Absatzzahlen und Bruttoertrag) regelmäßig anhand von Verkaufsstatistiken und Zahlen zur Umsatzentwicklung zu überprüfen und zu steuern.

Zu den Eckpfeilern des Gebrauchtwagengeschäfts gehören die fachliche und individuelle Beratung, der Service des Fachhandels (inkl. Folgeservice), Garantie und Kulanz, attraktive Finanzierungen, umfassende Versicherungen, umgehender Zulassungsdienst, systematische Aufbereitung und Instandsetzung, Gebrauchtwagenankauf und -tausch, unbedingtes Umtauschrecht, Gestaltung individualisierter Gebrauchtwagen, ein nachvollziehbares Leichtkaufsystem und das Herausstellen des ZDK-Vertrauenssiegels oder ähnlicher Qualitätssiegel. In Österreich etablierte ‚eurotax' das Fair-Play-System mit den folgenden zehn Regeln für die Fair-Play-Partner:

Die österreichische eurotax lässt sich mit den in Deutschland etablierten Bewertungsexperten DAT und Schwacke vergleichen.

i ***Die zehn Regeln für die Fair-Play-Partner***

- *Der Fair-Play-Partner zahlt einen fairen Preis.*
- *Der Fair-Play-Partner verkauft zu einem fairen Preis.*
- *Der Fair-Play-Partner gibt die Vorbesitzer-Garantie.*
- *Der Fair-Play-Partner gibt Zustandsgarantie.*
- *Der Fair-Play-Partner überprüft in der eigenen Werkstatt.*
- *Der Fair-Play-Partner vertuscht Mängel nicht, er repariert sie.*
- *Der Fair-Play-Partner bietet nicht nur Garantie, sondern auch faires Verhalten.*
- *Der Fair-Play-Partner berät, anstatt zu überreden.*
- *Der Fair-Play-Partner bietet einen fairen Service, auch Käufern mit kleiner Geldbörse.*
- *Der Fair-Play-Partner bietet faire Finanzierungsmöglichkeiten.*

Dazu entwickelte die eurotax-AG sechs Appelle an die Händler der Gebrauchten zur Steigerung ihrer Effizienz:

- Erstellen Sie Zusammenarbeitssysteme, z. B. unter Berücksichtigung der Werkstattmitarbeiter als Vermittler.

- Fördern Sie die Pflegelust und das Verschönerungsbedürfnis der potenziellen Gebrauchtwagenkunden, so wie es beim Neuwagenkunden bereits geschieht.
- Stellen Sie die Wettbewerbsvorteile des fabrikatsgebundenen Gebrauchtwagenhandels heraus und nehmen Sie den anderen Kauforten damit Marktpotenziale ab.
- Weiten Sie den Umsatz der Gebrauchtwagenabteilung unabhängig von der Entwicklung des Neuwagengeschäfts aus, schaffen Sie sich ein zweites Standbein.
- Beachten Sie After-Sales-Maßnahmen bei Ihren Gebrauchtwagenkunden, die wichtige potenzielle Auftraggeber Ihrer Werkstatt sind.
- Mobilisieren Sie Ihre Service-Mitarbeiter für Ihre Gebrauchtwagenabteilung, da diese Ihre Kunden ständig beraten und damit unter Umständen indirekt den Weg des potenziellen Gebrauchtwagenkäufers in den Privatmarkt ebnen.

i *Behalten Sie stets den Erfolg Ihrer Maßnahmen im Auge (= Gebrauchtwagencontrolling)!*

1.3 Zukauf von Gebrauchtwagen

Die Reduktion möglicher Beschaffungsquellen für gebrauchte Fahrzeuge auf eine einzige – die Inzahlungnahme beim Neuwagenverkauf – besitzt gravierende Nachteile. Das Fahrzeugangebot der Gebrauchtwagenabteilung entwickelt sich einseitig, die Zeitpunkte des Wareneingangs sind nicht vorbestimmbar, da sie vom Neuwagenkunden abhängen. Auch unpopuläre Modelle werden zwangsweise in das Angebot übernommen, und die Abnahmeverpflichtung im Zuge des Neuwagengeschäfts sorgt unter Umständen für ein überhöhtes Ankaufspreisniveau der gebrauchten Inzahlungnahmen. Der verschärfte Wettbewerb zwischen allen Händlern sorgt jedoch dafür, dass sämtliche Möglichkeiten genutzt werden müssen, ausreichende Erträge in den einzelnen Geschäftsfeldern zu erwirtschaften.

Die notwendige Ausweitung der Beschaffungsquellen für Gebrauchte kann zum Beispiel in der Wahrnehmung der Gebrauchtwagenangebote der Hersteller und Importeure bestehen. Hier können gute Jahreswagen, Dienstwagen und Mitarbeiterfahrzeuge zur Abrundung des eigenen Sortiments bezogen werden. Dabei handelt es sich um hochwertige Gebrauchte mit geringer Laufleistung, kurzen Zulassungszeiten und bis zu 40 % geringeren Preisen als Neuwagen. Darüber hinaus bieten große Automobilhändler sogenannte „Gebrauchtwagenpakete“ an, bei denen besondere (mengenbedingte) Preisvorteile genutzt werden können.

Quelle: nach Malte Krüger, „Neuwagen, Tageszulassung, Jahreswagen: Wo man am meisten spart“, Focus-Online, Zugriff am 28.06.2017, Link: www.focus.de/auto/experten/krueger/neuwagen-tageszulassung-jahreswagen-die-besten-angebote-neuwagen-tageszulassung-jahreswagen-die-besten-angebote_id_5663406.html

Ein Nachteil darf an diese Stelle jedoch nicht übersehen werden. In die Pakete werden zumeist auch weniger interessante Fahrzeuge eingebaut, deren Preise für den Weiterverkauf stets mit berücksichtigt werden müssen.

Ebenso können Kooperationen mit anderen Händlern Vorteile in sich bergen, bspw. beim Aufkauf von alten Fahrzeugen oder solchen mit extrem hohen Laufleistungen. Ein weiterer interessanter Anbieter für gebrauchte Fahrzeuge sind die Autovermieter, die in regelmäßigen Abständen ihre Fahrzeugflotten aktualisieren und schnell die alten Fahrzeuge abstoßen wollen. Da die Fahrzeugvermieter beim Kauf ihrer Neuwagen besondere Großabnehmerrabatte realisieren konnten, sind diese Fahrzeuge dort meistens günstiger zu erwerben als auf den übrigen Märkten – diese Tatsache macht die Mietwagenunternehmen jedoch auch zu einem bedeutenden Konkurrenten des Autohauses auf dem Anbietermarkt. Nicht zu vergessen ist der aktive Zukauf gebrauchter Fahrzeuge auf dem privaten Gebrauchtwagenmarkt.

☞ LF 6, Kap. 3

Ganz allgemein hat ein Autohaus analog zum Neufahrzeuggeschäft auch im Gebrauchtfahrzeugbereich finanzwirtschaftliche Einflussfaktoren in Betracht zu ziehen. Je nach Umfang der Gebrauchtfahrzeugsparte besteht ein nicht unerheblicher Kapitalbedarf für die vorzufinanzierenden Kraftfahrzeuge und auch die Zahlungsbedingungen (Zahlungsziele der Verkäufer, den Käufern eingeräumte Zahlungsziele) beeinflussen die finanzielle Situation.

quantitativ
in Mengen- bzw. Geldeinheiten ausgedrückt (z. B. Anzahl, Einkaufspreise, Rabatte)

qualitativ
nicht (unmittelbar) in Mengen- bzw. Geldeinheiten ausgedrückt (z. B. Marke, Modell, Motorisierung, Laufleistung)

Grundsätzlich gilt, dass Gebrauchtwagen nach ***qualitativen*** und ***quantitativen*** Kriterien marktgerecht zuzukaufen sind, während problematische Gebrauchtwagen direkt an Wiederverkäufer abgegeben werden sollten. Eine Konzentration auf die eigene Marke (Anteil von 80 % am Sortiment) ist sinnvoll, da Fremdfabrikate bei einem fabrikatsgebundenen Händler weniger häufig vermutet werden, auch wenn man durch das konsequente Einstellen der Fahrzeugangebote auf der händlereigenen Website oder in den einschlägigen Verkaufsportalen auch die „markenfremden" Interessenten auf das Autohaus aufmerksam macht.

Eine aktive Beschaffungspolitik und Sortimentsgestaltung sichern einen optimalen Mix der Gebrauchtwagen. Bei umsichtiger Nutzung der Potenziale des Gebrauchtwagengeschäfts können Zukäufe attraktive Angebote des eigenen Bestands werden und die Gebrauchtwagenabteilung zu einem beachtlichen Zulieferer interner Profite werden lassen.

1.4 Gebrauchtwagenpräsentation

***SITUATION** Autoland Murschall GmbH*

Seitdem David Rose in der Gebrauchtwagenabteilung eingesetzt ist, muss er in regelmäßigen Abständen die Gebrauchtwagen auf dem Hof umstellen. Heute hat er von Herrn Fleck die Aufgabe erhalten, die gebrauchten Cabrios und die Fremdfabrikate nach vorne zu stellen. Dass zu Beginn des Frühjahrs die Cabrios in die erste Reihe gehören, leuchtete ihm sofort ein. Aber warum sollen die Fremdfabrikate immer so weit nach vorne, wo doch die Interessenten am ehesten Fahrzeuge der Marke STARCAR suchen? Ihm würde es eher gefallen, wenn die Kunden die attraktivsten und ansehnlichsten Modelle zuerst sehen würden, damit ihr Interesse geweckt wird.

Vor dem Hintergrund einer konsequenten Standzeitüberwachung (inkl. Beobachtung des Marktes und Anpassung der Preise) sollten gebrauchte Fahrzeuge innerhalb kürzester Zeit (also weniger Tage) instand gesetzt und aufbereitet werden (z. B. Reparatur/Ersatz von Teilen, Ausbesserung von Beulen/Kratzern, Entfernung von Roststellen). Denn bereits bei oder gar vor der Hereinnahme könnte das Kraftfahrzeug – zur Verringerung der Standzeiten – wieder angeboten werden (z. B. über das Internet). Für den Ablauf der Hereinnahme empfiehlt es sich, einen Organisationsplan festzulegen. Da zwischen der Bewertung und der Hereinnahme in der Regel mehrere Tage liegen, unter Umständen aber auch mehrere Wochen, muss der Zustand des hereingenommenen Gebrauchtwagens in jedem Fall mit dem Zustand bei Wertermittlung verglichen werden.

Da der potenzielle Gebrauchtwagenkäufer Fremdfabrikate bei dem fabrikatsgebundenen Händler nicht erwartet, ist es ratsam, dass diese Fahrzeuge in der vordersten Reihe ausgestellt und besonders beworben werden. Alle eigenen Fabrikate sollten zudem übersichtlich präsentiert werden (z. B. Kombis gesondert) und mit auffallenden Hinweisschildern versehen werden (z. B. Cabrio-Allee u. Ä.). Es empfiehlt sich, die Standplätze des Öfteren zu wechseln (Standplatzrotation), um dem Kunden ein attraktives, vielfältiges Angebot zu suggerieren. Sogenannte „Stumme Verkäufer" (Werbeaufsteller, Präsentationsmappen oder Prospektboxen, aus denen DIN-A4-Blätter entnommen werden können, die alle Angaben der Preisauszeichnung beinhalten) erleichtern dem Kunden die Übersicht. Auch nach der ersten Instandsetzung sollten die Fahrzeuge weiterhin gepflegt – also sauber gehalten sowie von Schnee und Eis befreit – und in ihrer Qualität kontrolliert werden.

„Stummer Verkäufer"

Neben all den optischen Kundenansprachen sollte unter gar keinen Umständen die Rolle des Verkaufspersonals außer Acht gelassen werden. Schließlich erfüllt es vor Ort die überaus wichtige Aufgabe, den Kunden in einem Verkaufsgespräch von den Vorteilen des jeweils beworbenen Pkw zu überzeugen und den Kontakt zum Kunden über die verschiedenen Kommunikationswege (z. B. Telefon, persönliches Anschreiben, E-Mail, Internetverkaufsplattform) zu halten bzw. überhaupt erst herzustellen.

1.5 Exkurs: Nutzungsrechte im Zusammenhang mit Präsentationen

***SITUATION** Autoland Murschall GmbH*

David Rose wirkt in diesem Jahr bei den Vorbereitungen rund um ein „Gebrauchtwagen-Wochenende" auf dem Betriebsgelände mit. Von seinem Abteilungsleiter erhält er den Auftrag, „die Gebrauchten so darzustellen, dass die Kunden sie mit allen Sinnen wahrnehmen können". Auch um die Präsentation der Gebrauchtwagen auf der Unternehmenshomepage soll er sich kümmern. Dazu nutzt er diverse Fotos, ein paar Clips sowie Textpassagen und Musik aus dem Internet. Dabei stellt sich David die Frage, ob er bei der Verwendung dieser Medien und Informationen gesetzliche Regelungen beachten muss und wenn ja, welche.

Sobald in einer Veröffentlichung – also auch bei einer Präsentation von Gebrauchtfahrzeugen in einem Autohaus – fremde „Werke" benutzt werden, stellt sich die Frage nach der Zulässigkeit der Nutzung. Der Rechteinhaber muss der Verwendung seines Werkes zustimmen, er wird gegebenenfalls eine Vergütung verlangen. Diese „geistigen Rechte" treten in verschiedenen Erscheinungsformen auf. Die wichtigsten werden im Folgenden vorgestellt.

Ein Werk ist definiert als das Ergebnis eines kreativen Prozesses eines Menschen. Seine Nutzung durch Dritte unterliegt gesetzlichen Beschränkungen.

Urheberrechtsgesetz und Leistungsschutzrechte

Durch das Urheberrechtsgesetz (UrhG) werden Werke der Literatur, Wissenschaft und Kunst geschützt. Darunter versteht man insbesondere:

§ 2 UrhG

1. Sprachwerke, wie Schriftwerke, Reden und Computerprogramme;
2. Werke der Musik;
3. pantomimische Werke einschließlich der Werke der Tanzkunst;
4. Werke der bildenden Künste einschließlich der Werke der Baukunst und der angewandten Kunst und
5. Entwürfe solcher Werke;
6. Lichtbildwerke einschließlich der Werke, die ähnlich wie Lichtbildwerke geschaffen werden;
7. Filmwerke einschließlich der Werke, die ähnlich wie Filmwerke geschaffen werden;
8. Darstellungen wissenschaftlicher oder technischer Art, wie Zeichnungen, Pläne, Karten, Skizzen, Tabellen und plastische Darstellungen.

Weiterhin werden in diesem Gesetz auch die Rechte der aufführenden Künstler, die sogenannten Leistungsschutzrechte (§§ 73 ff.), geschützt.

Das Orchester oder die Band, die ein Musikstück aufführt, bietet eine individuelle künstlerische Leistung dar, die schützenswert ist (Leistungsschutzrecht). Dies ist unabhängig davon, ob das Musikstück selbst auch geschützt ist.

Dem Urheber steht das Recht zu, darüber zu bestimmen, ob und in welcher Weise sein Werk verwendet wird. Außerdem hat er Anspruch auf eine angemessene Vergütung. In vielen Fällen wird der Urheber durch die Verwertungsgesellschaften (VG) vertreten, die diese Rechte für ihn wahrnehmen. Häufig hat der Urheber das Recht zur Nutzung seines Werkes auch an einen Verlag (Buchveröffentlichung) oder an ein Film - und Fernsehproduktionsunternehmen (Musikveröffentlichung) übertragen. Bei Texten, Bildern oder Videos aus internetbasierten Quellen kann das Auffinden des Rechteinhabers sehr viel schwieriger sein.

Ein Musikstück kann durch das Urheberrechtsgesetz geschützt sein. Die Aufführung des Stückes fällt außerdem unter das Leistungsschutzrecht.

Für die Nutzung von Musik, auch von Teilen von Musikstücken, ist die ***GEMA*** zuständig. Sie vertritt die Rechte der Komponisten und Textdichter weltweit.

Die Rechte der aufführenden Künstler nimmt die ***GVL*** wahr. Dies betrifft z. B. Darbietungen und Aufzeichnungen von Orchestern, Bands und Solokünstlern. In der Regel vertritt aber die GEMA die Interessen der GVL-Mitglieder mit, sodass man sich nur an die GEMA zu wenden braucht.

GEMA
Gesellschaft für musikalische Aufführungs- und mechanische Vervielfältigungsrechte (www.gema.de)

GVL
Gesellschaft zur Verwertung von Leistungsschutzrechten (www.gvl.de)

Die ***VG Wort*** und die ***VG Bild-Kunst*** sind zuständig für die sogenannten Zweitverwertungsrechte. Wenn z. B. aus einem veröffentlichten Buch ein Text übernommen werden soll, ist die VG Wort zuständig, sofern der Buchverlag oder der Urheber selbst die Wahrnehmung dieser Rechte an die Verwertungsgesellschaft übertragen hat.

VG Wort
www.vgwort.de

VG Bild-Kunst
www.bildkunst.de

Wenn also im Rahmen einer Präsentation ein Werk oder ein Teil eines Werkes verwendet werden soll – sei es ein Bild, ein Text oder ein Musikstück –, muss sich der potenzielle Verwender vorab an den entsprechenden Rechteinhaber wenden. Zunächst ist es ratsam, sich bei der entsprechenden ***Verwertungsgesellschaft*** zu erkundigen, ob sie die Rechte für das entsprechende Werk wahrnimmt. Die Verwertungsgesellschaften sind verpflichtet, entsprechende Auskünfte zu erteilen, und verfügen teilweise auch über Suchmaschinen für eigene Recherchen (z. B. GEMA). Wird ein Urheber nicht durch eine Verwertungsgesellschaft vertreten, muss man sich bemühen, den Rechteinhaber ausfindig zu machen, und sich direkt an ihn wenden.

Die vollständige Liste aller ***Verwertungsgesellschaften*** ist auf der Website des Deutschen Patent- und Markenamts DPMA veröffentlicht (www.dpma.de).

Gemeinfreie Werke unterliegen keinem Urheberrechtsschutz (mehr). Ähnlich ist der Begriff public domain in vielen angelsächsischen Ländern zu verstehen.

Das Urheberrecht erlischt 70 Jahre nach dem Tod des Urhebers, wobei es nach dessen Tod durch die Erben wahrgenommen wird (§§ 28, 64 UrhG). Nach Ablauf dieser Frist ist das Werk ***gemeinfrei*** und kann allgemein genutzt werden. Dies gilt entsprechend für alte Literatur oder Kompositionen. Die Rechte der aufführenden Künstler (Leistungsschutzrechte) erlöschen 70 Jahre nach dem Erscheinen des Tonträgers (§ 82 UrhG).

BEISPIEL

Es ist also überhaupt kein Problem, Mozarts „Eine kleine Nachtmusik" für einen Werbespot eines Autohauses oder als Hintergrundmusik für eine Gebrauchtwagen-Präsentation zu verwenden. Aber Achtung: Man darf dazu keine beliebige Tonaufzeichnung benutzen, da hier noch die Leistungsschutzrechte der entsprechenden Musiker bestehen können. Man muss also die Zustimmung des Rechteinhabers der Leistungsschutzrechte einholen (des Musiklabels) – oder „Eine kleine Nachtmusik" selber spielen.

Das Recht am eigenen Bild

Sobald Personen z. B. auf Fotos abgebildet werden, kann sich die abgebildete Person auf ihr Recht am eigenen Bild berufen (§ 22 KunstUrhG). Das bedeutet, dass die abgebildete Person ihre Einwilligung zur Veröffentlichung des Bildes erteilen muss. Bei selbst gemachten Fotos sollte man also immer die Einwilligung der abgebildeten Person, gegebenenfalls schriftlich, einholen. Bei einem Bild von Personen, dessen Rechte man vom Urheber (z. B. dem Fotografen) erhalten hat, ist davon auszugehen, dass der Urheber die Einwilligung des Abgebildeten besitzt. Man braucht sich in diesem Fall nicht selber darum zu kümmern.

Vom Grundsatz, dass der Abgebildete seine Zustimmung erteilen muss, gibt es einige Ausnahmen:

- Personen der Zeitgeschichte (prominente Schauspieler, Künstler, Politiker). Die Bundeskanzlerin oder ein berühmter Schauspieler müssen es sich gefallen lassen, dass sie in der Öffentlichkeit (nicht aber in ihrer Privatsphäre) gefilmt oder fotografiert werden (§ 23 KunstUrhG).
- Bilder, auf denen Personen nur als Beiwerk neben einer Landschaft oder sonstigen Örtlichkeit abgebildet sind. Wenn jemand das Brandenburger Tor fotografiert, ist es unvermeidlich, dass sich auf diesem Foto auch Personen als „Beiwerk" befinden. Die abgebildeten Personen sind aber nicht zentrales Element des Fotos.
- Bilder, die auf öffentlichen Veranstaltungen mit Publikum gemacht werden und auf denen „die Menge" abgebildet wird. Es darf keine Person besonders hervorgehoben sein.

Das Recht am eigenen Bild erlischt 10 Jahre nach dem Tod des Abgebildeten. Nach Ablauf dieser Frist ist eine Zustimmung nicht mehr erforderlich. Man muss jedoch beachten, dass etwaige Urheberrechte an dem Bild länger bestehen.

Für die Praxis bedeutet dies, dass Folgendes zu berücksichtigen ist:

- Handelt es sich um ein Bild, dessen Rechte einzuholen sind?
- Bei abgebildeten Personen: Besitzen Sie die Zustimmung der Person? Oder handelt es sich um Personen, bei denen die Frist abgelaufen ist bzw. um eine Ausnahme?

- Bei Bildern aus dem Internet ist allgemein Vorsicht angebracht, egal, aus welcher Quelle sie stammen. Die Tatsache, dass sich ein Bild frei zugänglich im Internet befindet, bedeutet nicht, dass man es auch uneingeschränkt für eigene Zwecke nutzen darf. Ebensowenig ist ein nicht vorhandenes Copyrightzeichen kein Indiz, dass niemand Rechte an dem entsprechenden Bild hat.

Bundeskanzlerin Angela Merkel (Deutschland/CDU) während einer Bundestagsdebatte in Berlin 2008: Prominente dürfen abgebildet werden, ohne dass sie ihre Zustimmung erteilt haben.

Brandenburger Tor 2017: Hier sind die abgebildeten Personen nicht zentrales Element des Fotos.

Nutzung urheberrechtlich geschützter Werke zum schulinternen Gebrauch

Besondere Regelungen bestehen, wenn urheberrechtlich geschützte Werke in Schulen, Einrichtungen der beruflichen Bildung und Volkshochschulen im Rahmen des Unterrichts genutzt werden. Hier ist die Nutzung von kleinen Teilen eines Werks bzw. von kleinen Werken möglich, ohne dass eine Zustimmung des Rechteinhabers bzw. einer Verwertungsgesellschaft notwendig ist. In diesen Fällen ist eine Nutzung also unproblematisch und mit keinerlei bürokratischem Aufwand verbunden.

Für die Nutzung fremder Werke im Unterricht gelten gelockerte Bestimmungen.

Trotzdem muss bei der Nutzung eines Werkes immer die Quelle angegeben werden, d. h., es müssen der Urheber und das Werk, gegebenenfalls auch der Verlag des Werkes genannt werden (§ 63 UrhG).

Nutzung von betrieblichen Informationen, Daten und Texten

Betriebliche Informationen, Daten und Texte unterliegen grundsätzlich denselben Kriterien wie fremde, nicht-betriebliche Daten. Jedoch ist der Rechteinhaber präsent, man kann und muss die entsprechenden Einwilligungen also von der Unternehmensleitung einholen.

Hinzu kommt: Wer als Auszubildender, Mitarbeiter oder Praktikant agiert, der steht in einem arbeitsrechtlichen Verhältnis und unterliegt dem Weisungsrecht des Unternehmens. Die unautorisierte Nutzung betriebsinterner Quellen würde also zusätzlich einen schweren Verstoß gegen die Verschwiegenheitspflicht darstellen, die der Arbeitnehmer gegenüber dem Arbeitgeber hat. Als Konsequenz käme eine Kündigung des Arbeits- oder Ausbildungsverhältnisses „aus wichtigem Grund" infrage. Auch würde der Arbeitnehmer sich schadensersatzpflichtig machen.

Verstoß gegen Schutzrechte

Die Konsequenzen, die sich aus einer missbräuchlichen Nutzung von Werken, Abbildungen von Personen und Leistungsschutzrechten ergeben, sind vielfältig (§§ 97 ff. UrhG).

- Der Rechteinhaber kann den missbräuchlichen Nutzer abmahnen und ihn auffordern, eine mit einer Vertragsstrafe belegte ***Unterlassungserklärung*** abzugeben.
- Wenn der Nutzer die Erklärung nicht abgibt, kann er gerichtlich auf Unterlassung der missbräuchlichen Nutzung verklagt werden.
- Etwaiger Schadensersatz, z. B. entgangene Lizenz- oder Nutzungsgebühren, kann verlangt werden.
- Die Verwertungsgesellschaften verlangen die nicht gezahlten Gebühren nach und berechnen üblicherweise denselben Betrag als zusätzliche „Strafe" für die Nichtanmeldung.
- Die Verletzung der oben beschriebenen Rechte stellt überdies eine Straftat dar, d. h. der missbräuchliche Nutzer kann mit einer Geldstrafe bzw. Haft bestraft werden.

Unterlassungserklärung ein lebenslang gültiger Vertrag, der die Wiederholungsgefahr des rechtswidrigen Verhaltens durch den Unterzeichnenden zukünftig vermeiden soll

> i *Als Nutzer fremder Werke sollte sich der Verwender stets vergewissern, ob nicht andere Personen Ansprüche aus den Urheberschutz- und Leistungsschutzrechten haben.*

1.6 Preispolitik im Gebrauchtwagengeschäft

An der Seitenscheibe des Fahrzeuges ist eine vollständige Preisauszeichnung mit allen technischen Merkmalen und der Ausstattung anzubringen. Dazu gehört selbstverständlich auch, regelmäßig ein konkretes Leasing- und/oder Finanzierungsangebot zu unterbreiten, wobei hier besonders auf die gesetzlichen Vorschriften, wie etwa die ***PAngV,*** zu achten ist. Da der Kunde das Fahrzeug in der Regel zunächst von vorn betrachten wird, sollte hinter der Frontscheibe dagegen nicht der gesamte Verkaufspreis, sondern die (niedrige) monatliche Rate vermerkt werden. Gibt es zudem einen Code für die Verschlüsselung interner Daten (Zugangszeit, Anzahl Vorbesitzer, Hereinnahmepreis usw.), so können auf der Preisauszeichnung auch Informationen für den Verkaufsberater hinterlegt werden, sodass dieser bei einem Verkaufsgespräch mit einem Interessenten die wichtigsten Daten „zur Hand" hat, ohne dafür erst zurück in sein Büro zu müssen.

PAngV Preisangabenverordnung

Während der ersten ca. 30 Standtage kann man versuchen, das Fahrzeug über dem kalkulierten Verkaufspreis anzubieten (z. B. + 10 %). Erfolgt in diesem Zeitraum kein Abverkauf, so ist das Fahrzeug mit dem Normalpreis auszuzeichnen. Nach 90 Tagen sollte man den Preis erheblich reduzieren (in der Regel auf das Preisniveau, das das Fahrzeug nach weiteren 90 Tagen besitzen würde; in diesem Fall ist der erste Verlust immer noch der beste!).

2 Einen Gebrauchtwagen bewerten

LS 82

***SITUATION** Autoland Murschall GmbH*

Mittlerweile hat David Rose einige Pkw-Inzahlungnahmen im Rahmen von Neuwagenverkäufen miterlebt. Ihm leuchtet immer noch nicht ganz ein, wie die Verkäufer den Kunden oftmals spontan konkrete Inzahlungnahmepreise nennen können. Schließlich variieren die Gebrauchtwagen hinsichtlich Alter, Laufleistung, Zustand, Motorisierung und Ausstattung z. T. ganz erheblich voneinander. Manchmal nutzen die Verkäufer ein Computerprogramm zur Wertermittlung. David hat sie aber auch schon in Internetverkaufsportalen nach entsprechenden Fahrzeugen suchen sehen.

2.1 Kalkulation des Hereinnahmepreises

Bei der Bestimmung des Hereinnahmepreises bildet meistens die ***DAT***- oder Schwacke-Liste die Grundlage. In den Listen dieser Marktbeobachtungsunternehmen werden monatlich die aktuellen Gebrauchtwagenpreise veröffentlicht, und zwar sowohl die Händlereinkaufs- als auch Verkaufspreise. Bei den Preisen handelt es sich nur um die durchschnittlichen Werte, die weder die regionalen Unterschiede noch die verschiedenen Fahrzeugzustände berücksichtigen. Daher beziehen sich die genannten Preise auf unfallfreie Fahrzeuge, deren Zustand und Kilometerleistung dem Alter des Fahrzeuges entspricht, die im Mai zugelassen wurden und die noch mindestens zwölf Monate TÜV und eine Reifenprofiltiefe von 50 % haben. Da natürlich in den seltensten Fällen der zu begutachtende Gebrauchte genau über diese Werte und eine Standardausstattung verfügt, sind der Liste Korrekturtabellen (Erstzulassungskorrektur, Kilometerkorrektur) und Angaben zu Auf- bzw. Abschlägen für Sonderausstattungen beigefügt.

DAT
Deutsche Automobil Treuhand

***BEISPIEL** Autoland Mutschall GmbH (STARCAR ESTATE)*

Erstzul.	Typ/ Modell	TSN	cm³/kW/ PS	Neupreis		Einkauf	Verkauf	km in Tsd.	Sonder- ausst.
				m. USt	o. USt				
	ESTATE TSI 90	66 kW / 89 PS / 4 Zyl.							S / 2
XX	KB 5 Basic	386	1685/66/89	23.790	19.990	14.200	15.900	32 t3	b1 b2
	KB 5 Trend	386	1685/66/89	24.620	20.690	14.750	16.400	32 t3	b1 b2 d1
	KB 5 Sport	386	1685/66/89	25.400	21.350	15.600	17.200	32 t3	b1 b4 d1
XW	KB 5 Basic	386	1685/66/89	23.070	19.390	12.000	13.500	50 t3	b1 b2
	KB 5 Trend	386	1685/66/89	23.900	20.090	12.550	14.050	50 t3	b1 b2 d1
	KB 5 Sport	386	1685/66/89	24.690	20.750	13.200	14.900	50 t3	b1 b4 d1
XV	KB 5 Basic	386	1685/66/89	23.750	19.990	9.450	10.725	64 t3	b1 b2
	KB 5 Trend	386	1685/66/89	23.750	19.990	9.900	11.150	64 t3	b1 b2 d1
	KB 5 Sport	386	1685/66/89	23.750	19.990	10.275	11.500	64 t3	b1 b4 d1

	ESTATE TdI 140 95 kW / 138 PS / 4 Zyl.								D / 3
XX	KB 5 Basic	725	1996/95/138	27.360	22.990	17.200	18.900	36 t5	b1 b2
	KB 5 Trend	725	1996/95/138	28.190	23.690	17.750	19.400	36 t5	b1 b2 d1
	KB 5 Sport	725	1996/95/138	28.980	24.350	18.600	20.150	36 t5	b1 b4 d1
	KB 5 Exklusiv	725	1996/95/138	31.350	26.350	19.950	21.800	36 t5	b1 b3 b4 d1 g1
XW	KB 5 Basic	725	1996/95/138	27.070	22.750	14.800	16.300	55 t5	b1 b2
	KB 5 Trend	725	1996/95/138	27.850	23.400	15.300	15.775	55 t5	b1 b2 d1
	KB 5 Sport	725	1996/95/138	28.560	24.000	16.050	17.400	55 t5	b1 b4 d1
	KB 5 Exklusiv	725	1996/95/138	30.750	25.850	16.800	18.150	55 t5	b1 b3 b4 d1 g1
XV	KB 5 Basic	725	1996/95/138	26.050	21.900	11.475	12.700	72 t5	b1 b2
	KB 5 Trend	725	1996/95/138	26.900	22.600	11.900	13.150	72 t5	b1 b2 d1
	KB 5 Sport	725	1996/95/138	27.500	23.100	12.450	13.800	72 t5	b1 b4 d1
	KB 5 Exklusiv	725	1996/95/138	29.400	24.700	13.725	15.000	72 t5	b1 b3 b4 d1 g1
XU	KB 5 Basic	725	1996/95/138	25.350	21.300	9.950	11.200	90 t5	b1 b2
	KB 5 Trend	725	1996/95/138	26.100	21.950	10.300	11.500	90 t5	b1 b2 d1
	KB 5 Sport	725	1996/95/138	26.775	22.500	10.975	12.125	90 t5	b1 b4 d1
	KB 5 Exklusiv	725	1996/95/138	28.550	23.990	12.000	13.200	90 t5	b1 b3 b4 d1 g1

a1 Klimaanlage + 4 %
a2 ohne Klimaanlage – 4 %
a3 Klimaautomatik + 2 %
a4 inkl. Klimaanlage

b1 inkl. ABS
b2 Alu, Klimaautom. + 5 %
b3 inkl. ABS, Radio, Navig.
b4 Klimaanlage + 2 %

d1 el. Schiebedach + 3 %
d2 Panorama-Glasdach + 6 %
g1 Automatikgetriebe + 4 %
g2 inkl. Klima u. Automatik

Tabelle für Kilometerkorrektur

Korrekturtabelle									Minderkilometer
Aufschläge für Mehrkilometer									
q	r	s	t	1	2	3	4	5	
Abweichung vom Durchschnitt				in %					Index*
500	1000	1500	2000	0,5	0,5	1	1,5	2	
1000	2000	3000	4000	0,5	1	1,5	2	3	
1500	3000	4500	6000	1	1,5	2	2,5	4	0,90
2000	4000	6000	8000	1,5	1,5	2	3	5	
2500	5000	7500	10000	1,5	2	2,5	3,5	6	
3000	6000	9000	12000	2	2,5	3	4	7	
3500	7000	10500	14000	2,5	3	3,5	4,5	8	
4000	8000	12000	16000	3	3,5	4	5	9	0,80
4500	9000	13500	18000	3,5	4	4,5	5,5	10	
5000	10000	15000	20000	4	4,5	5	6	11	
5500	11000	16500	22000	4,5	5	5,5	6,5	12	
6000	12000	18000	24000	5	5,5	6	7	12,5	
6500	13000	19500	26000	5	6	6,5	7,5	13	
7000	14000	21000	28000	5,5	6,5	7	8	13,5	0,70
7500	15000	22500	30000	5,5	6,5	7	8,5	14	
8000	16000	24000	32000	6	7	7,5	9	14,5	
8500	17000	25500	34000	6	7	8	9,5	15	
9000	18000	27000	36000	6,5	7,5	9	10	15,5	
9500	19000	28500	38000	6,5	7,5	10	11	16	

* Bei Minderkilometern ist der angegebene Prozentsatz mit dem ausgewiesenen Index zu multiplizieren.

Tabelle für Erstzulassungskorrektur

Zulass.-monat Korr.-stufe	1	2	3	4	5	6	7	8	9	10	11	12
	–	–	–	–	%	+	+	+	+	+	+	+
1	1	1	0,5	0	0	0	0,5	1	1	1,5	2	2
2	1,5	1	0,5	0	0	0	0,5	1	1	1,5	2	2,5
3	2	1,5	1	0,5	0	0,5	1	1	1,5	2	2,5	2,5
4	2,5	2	1,5	1	0	0,5	1	1,5	1,5	2	2,5	3
5	3,5	3	2	1	0	0,5	1	1,5	2	2,5	3	3,5

2.2 Kalkulationsschema des Hereinnahmepreises

Zeitgleich zur Bestimmung des möglichen Verkaufspreises erfolgt bei dem Gebrauchtfahrzeug eine detaillierte Zustandsbewertung. Bei dieser technischen Wertermittlung begutachtet ein geschulter Servicetechniker das Fahrzeug und bestimmt den notwendigen Reparaturaufwand. Darüber hinaus wird er nach Unfallschäden suchen und überprüfen, inwieweit bei früheren Reparaturen auf Originalersatzteile verzichtet wurde. Diese Punkte wirken sich mindernd auf den Hereinnahmepreis aus, wogegen der Einbau von Zubehör sich unter Umständen auch werterhöhend niederschlagen kann. Um dem Kunden gegenüber handfest argumentieren zu können, wird das Ergebnis der Bewertung in einem ausführlichen Gebrauchtwagen-Zustands- und Wertbericht festgehalten.

Ein komplettes Gebrauchtwagen-Bewertungs-formular finden Sie im Anhang auf Seite S. 305.

In jedem Autohaus wird es über die Zu- und Abschläge der vorherigen Liste und der Feststellung des Reparaturaufwands hinaus noch weitere Kriterien geben, die in der Kalkulation des Hereinnahmepreises eine Rolle spielen. Diese Kriterien könnten unter anderem sein:

Kriterium/Fahrzeugmerkmal	Höhe des Abzugs
Laufleistung über 30 000 km pro Jahr	4 %
Vorschäden durch Unfall bei Fahrzeugen bis zu einem Alter von vier Jahren (Schadenhöhe über 2.000,00 €)	10 % der Schadenhöhe
TÜV weniger als sechs Monate	200,00 €
Nutzung des Fahrzeugs als Mietwagen, Taxi etc.	keine Inzahlungnahme
Fahrzeug verfügt nur über Winterreifen	Preis für vier Sommerreifen
Fremdfabrikat	250,00 €
überdurchschnittlich viele Fahrzeughalter	150,00 € pro zusätzlichem Halter

i *Im folgenden Kalkulationsschema wird der Hereinnahmepreis ermittelt, indem von dem erzielbaren Verkaufserlös ausgegangen wird (kaufmännische Wertermittlung). Die Grundlage dieser Preiskalkulation stellt jedoch die EDV-gestützte Bewertung und die technische Wertermittlung dar.*

Das Autohaus gelangt nach der Bewertung zu folgendem Kalkulationsschema:

Durchschnittseinkaufspreis gem. DAT/Schwacke-Notierung	netto	______ €
Mehrausstattungen anrechenbar lt. Liste	+	______ €
Kilometerkorrektur lt. Tabelle	+/–	______ €
Erstzulassungskorrektur lt. Tabelle	+/–	______ €
Mehrausstattungen nachgerüstet, anrechenbar	+	______ €
Mehrausstattungen nachgerüstet, wertmindernd	–	______ €
mehr Halter als 1 pro 2,5 Jahren Fahrzeugalter	–	______ €
Einsatzart/Erhaltungszustand/Abnutzung	+/–	______ €
Wertminderung durch Unfall/Vorschäden	–	______ €
werterhöhende Reparaturkosten	+	______ €
Fremdfabrikat	–	______ €
Gebrauchtwagennachfrage am Markt (durch Abgleich mit Internet)	+/–	______ €
Verkaufspreis netto	=	______ **€**
Instandsetzungskosten	–	______ €
Aufbereitungskosten	–	______ €
Gebrauchtwagengarantiekosten	–	______ €
anteilige Gemeinkosten	–	______ €
verkaufsabhängige Kosten (Werbung, Provision)	–	______ €
Gewinn	–	______ €
Hereinnahmepreis netto	=	______ **€**
USt	+	______ €
Hereinnahmepreis	=	______ **€**

Hier darf nicht übersehen werden, dass die EDV-gestützten Wertermittlungen aufgrund umfangreicher Marktbeobachtungen erstellt werden. Ein errechneter Mittelwert ist jedoch umso genauer, desto mehr Fahrzeuge gehandelt werden. Zudem bleibt die Betrachtung regionaler Besonderheiten durch die EDV gänzlich unberücksichtigt. Einfluss findet hingegen der Zustand der Fahrzeuge, da z. B. davon ausgegangen wird, dass die Bereifung mindestens 50 % Profil aufweist, das Fahrzeug sich in einem einwandfreien Zustand befindet, die Haupt- und Abgasuntersuchung erst in frühestens zwölf Monaten fällig ist usw. Eine möglichst aussagekräftige Gebrauchtwagenbewertung erfordert daher sowohl ein besonders geschultes Herangehen als auch die umfangreiche Nutzung regionaler Marktdaten. Als Erweiterung könnte zudem ein Abgleich des ermittelten Ankaufspreises mit den Preisen vergleichbarer Fahrzeuge erfolgen, die in Internetportalen wie mobile.de oder autoscout24.de eingestellt sind.

Ist der Marktpreis gefunden, müssen in der Handelsspanne sämtliche Kosten berücksichtigt werden:

- die Kosten der Aufbereitung und der Kontrolle
- die Kosten für die Aufrechterhaltung eines verkaufsfähigen Zustands (Branchendurchschnitt ca. 300,00 € im Jahr)
- die Zinskosten für das gebundene Kapital
- die Standkosten
- der Wertverlust (bis zu 2,5 % pro Monat)
- die Kosten für die Bewerbung des Fahrzeugs
- die Verkäuferprovision

3 Einen Gebrauchtwagen auszeichnen

LS 83

***SITUATION** Autoland Murschall GmbH*

Im Rahmen seines Einsatzes in der Abteilung Verkauf fällt David Rose bei der Preisauszeichnung von Gebrauchtwagen mehrfach unter dem Verkaufspreis ein besonderer Hinweis auf:

AUTOLAND GMBH
MURSCHALL

Erstzulassung: 11/20XW
35 600 km
...
...

Verkaufspreis: 11.020,00 €

MwSt. nicht ausweisbar
nach § 25a UStG

Er nimmt sich vor, Frau Friede, mit der er sich am besten versteht und die seine Fragen immer sehr umfassend beantwortet, bei Gelegenheit danach zu fragen.

Das Autohaus ist verpflichtet, bei allen verkauften Waren und Dienstleistungen dem Kunden die Umsatzsteuer in Rechnung zu stellen. Bei Gebrauchtfahrzeugen führte dies vor der Einführung der Differenzbesteuerung im Jahre 1990 zu einer Benachteiligung der Autohäuser gegenüber den privaten Anbietern von Gebrauchtwagen. Mit der Einführung des § 25a des Umsatzsteuergesetzes (UStG), in dem die Differenzbesteuerung geregelt wird, wurden diese Wettbewerbsnachteile gemindert.

3.1 Die Zeit vor Einführung der Differenzbesteuerung

Nach dem System der Umsatzsteuer hat der Autohändler seine gesamten Umsätze der Umsatzsteuer zu unterwerfen; man spricht hierbei von der Regelbesteuerung. Dies ist insofern nicht dramatisch für ihn, da er ja beim Einkauf seiner Waren wiederum den Vorsteuerabzug geltend machen kann, sodass er letztlich nur seinen erwirtschafteten Mehrwert zu versteuern hat („durchlaufender Posten“).

Diesen Vorsteuerabzug kann der Händler beim Einkauf jedoch nur geltend machen, wenn er von einem ebenfalls umsatzsteuerpflichtigen Unternehmer die Waren ankauft, der auf seiner Ausgangsrechnung die Umsatzsteuer ausweist. Kauft er hingegen einen Gebrauchtwagen von einem privaten Anbieter, kann der Autohändler keinen Vorsteuerabzug geltend machen, da ihm ja keine Eingangsrechnung mit ausgewiesener Umsatzsteuer vorliegt. Vor dem Jahr 1990 musste der Autohändler nun beim Weiterverkauf des Gebrauchtwagens den gesamten Verkaufspreis mit der Umsatzsteuer belasten, obwohl er selbst keinen Vorsteuerabzug geltend machen konnte.

Dies führte im Rahmen des Gebrauchtwagengeschäftes gegenüber privaten Anbietern zu Wettbewerbsnachteilen, denn wollte ein Autohändler einen bestimmten Bruttoertrag erzielen, so war er gezwungen, einen Bruttoverkaufspreis weit über dem Marktpreis der privaten Anbieter zu verlangen – mit entsprechend schlechteren Verkaufschancen. Oder anders ausgedrückt: War am Markt nur ein bestimmter Preis für Gebrauchtwagen zu erzielen, da die Wettbewerbssituation diesen Preis vorgab, so schmolz der Bruttoertrag des Automobilhändlers durch die noch abzuführende Umsatzsteuer erheblich.

***BEISPIEL** Autoland Murschall GmbH*

Die Autoland Murschall GmbH hat von einem privaten Anbieter einen Gebrauchtwagen für 10.000,00 € gekauft. Der am Markt erzielbare Verkaufspreis beträgt 11.020,00 €.

Verkaufspreis	*11.020,00 €*	*(= 119 %)*
– Umsatzsteuer	*1.759,50 €*	*(= 19 %)*
= Nettoerlös	*9.260,50 €*	*(= 100 %)*
– Einkaufspreis	*10.000,00 €*	
= Rohverlust	*– 739,50 €*	

An diesem Beispiel wird deutlich, dass bei Anwendung der Regelbesteuerung im Gebrauchtwagengeschäft der gesamte Verkaufspreis mit der Umsatzsteuer belastet worden ist, sofern der Gebrauchtwagen von privat angekauft wurde. Dies hat den Wettbewerb zwischen Kfz-Handel und Privatverkauf verzerrt. Einen Wettbewerbsausgleich hat hier erst die Einführung der Differenzbesteuerung gebracht.

Um dennoch auf dem Gebrauchtwagenmarkt mit den privaten Anbietern preislich konkurrieren zu können, verkauften die Autohändler in dieser Zeit Gebrauchtwagen fast ausschließlich im ***Agenturgeschäft***. Durch eine entsprechende Gestaltung des Agenturvertrages konnte der Automobilhändler auch vor der Einführung der Differenzbesteuerung erreichen, dass nur „sein" Mehrwert versteuert wurde. Allerdings war das Agenturgeschäft mit sehr viel Bürokratie verbunden.

Agenturgeschäft
Ein Autohändler verkauft einen Gebrauchtwagen für einen Kunden. Der Händler tritt dabei lediglich als Vermittler auf.

3.2 Einführung der Differenzbesteuerung

1990 kam es aufgrund einer Richtlinie der EG-Kommission zu einer Gesetzesänderung im UStG, nämlich zur Einführung des § 25a, in dem die Differenzbesteuerung u. a. für Gebrauchtwagen geregelt wird.

Bei der Differenzbesteuerung wird nur die Differenz aus Einkaufs- und Verkaufspreis eines Gebrauchtwagens der Umsatzsteuer unterworfen. Somit stellt der Mehrwert (Differenz) zwischen Einkaufspreis und Verkaufspreis die Bemessungsgrundlage für die Umsatzsteuerschuld dar.

***BEISPIEL** Autoland Murschall GmbH*

Die Autoland Murschall GmbH hat von einem privaten Anbieter einen Gebrauchtwagen für 10.000,00 € gekauft. Der am Markt erzielbare Verkaufspreis beträgt 11.020,00 €.

Verkaufspreis	*11.020,00 €*	
– Einkaufspreis	*10.000,00 €*	
= Mehrwert/Differenz	*1.020,00 €*	*(= 119 %)*
– enthaltene USt	*162,86 €*	*(= 19 %)*
= Rohgewinn/Bruttoertrag	*+ 857,14 €*	*(= 100 %)*

Wie das Zahlenbeispiel zeigt, ergibt sich bei Anwendung der Differenzbesteuerung ein höherer Bruttoertrag bzw. kann sogar ein potenzielles Minusgeschäft ins Positive gekehrt werden. Um in den Genuss dieser geringeren Umsatzsteuerverbindlichkeit zu kommen, muss der Autohändler bei der Erstellung der Ausgangsrechnung besonders beachten, dass er keinen Umsatzsteuersatz und keine Umsatzsteuer ausweist. Stattdessen muss er auf der Rechnung vermerken, dass die Differenzbesteuerung nach § 25a UStG angewendet wird.

Neben diesem rechtlichen Erfordernis kommt es dem Unternehmer durchaus gelegen, den Umsatzsteuerbetrag nicht ausweisen zu müssen. Würde er dies tun, könnte ein Gebrauchtwageninteressent ohne großen Aufwand den (ungefähren) Einkaufspreis ermitteln und sich dadurch in eine wesentlich bessere Verhandlungsposition begeben. Für den Unternehmer würde das bedeuten, dass er den kalkulierten Bruttoertrag möglicherweise nicht mehr erzielen könnte.

Unter welchen Voraussetzungen darf ein Automobilhändler die Differenzbesteuerung anwenden?

- Der Händler muss das Fahrzeug zum Zweck des gewerbsmäßigen Weiterverkaufs erworben haben.
- Das Fahrzeug muss in Deutschland erworben worden sein.
- Das Fahrzeug unterlag zum Zeitpunkt des Ankaufs nicht der Regelbesteuerung, d. h. ein Vorsteuerabzug in voller Höhe ist nicht möglich.
- Das Fahrzeug entspricht der ***StVZO***.
- Der Händler weist beim Verkauf keine Umsatzsteuer aus.

StVZO
Straßenverkehrs-Zulassungs-Ordnung

Ankauf von	Verkauf an	Art der Besteuerung
gewerblichen Kunden	Privatkunden	Regelbesteuerung
gewerblichen Kunden	Unternehmer	Regelbesteuerung
Privatkunden	Privatkunden	Differenzbesteuerung
Privatkunden	Unternehmer	Regelbesteuerung oder Differenzbesteuerung

Die Differenzbesteuerung kommt also immer dann zum Einsatz, wenn das Auto von einem nicht Vorsteuerabzugsberechtigten (= Privatperson) erworben wurde und dann weiterverkauft wird.

3.3 Verzicht auf die Differenzbesteuerung

Beim Ankauf von privat und Verkauf an Unternehmer kann der Gebrauchtwagenverkauf sowohl regelbesteuert als auch differenzbesteuert erfolgen. Der Automobilhändler hat in diesem Fall ein Wahlrecht, das er unter ganz bestimmten Umständen zugunsten der Regelbesteuerung ausüben wird. Doch unter welchen Umständen sollte er auf die Differenzbesteuerung verzichten?

Ein Verzicht auf die Differenzbesteuerung ist nur dann sinnvoll, wenn der Händler den Gebrauchtwagen an einen anderen Unternehmer liefert, der zum vollen Vorsteuerabzug berechtigt ist. Anhand von zwei Beispielen soll erläutert werden, dass die Regelbesteuerung unter Umständen für den gewerblichen Käufer bzw. auch für den Händler von geringem Vorteil sein kann.

BEISPIEL 1

Ein Händler erwirbt von einem Privatmann ein Gebrauchtfahrzeug für 10.000,00 €. Beim Verkauf des Fahrzeuges soll ein geplanter Bruttoertrag (Marge) in Höhe von 2.000,00 € erzielt werden.

a) Verkauf erfolgt nach Regelbesteuerung
Der gewerbliche Kunde zahlt den Bruttorechnungsbetrag in Höhe von 14.280,00 €. Da er die gezahlte Umsatzsteuer als Vorsteuer beim Finanzamt geltend machen kann, betragen seine Anschaffungskosten für den Wagen nur 12.000,00 €.

Berechnung des Netto-Verkaufspreises

Einkaufspreis	*10.000,00 €*
+ geplante Marge	*2.000,00 €*
= geplanter Netto-VP	*12.000,00 €*

Berechnung des Bruttoverkaufspreises

Nettoverkaufspreis	*12.000,00 €*
+ USt	*2.280,00 €*
= Bruttoverkaufspreis	*14.280,00 €*

b) Verkauf erfolgt nach der Differenzbesteuerung (§ 25 a UStG)
Da im Rahmen der Differenzbesteuerung auf der Ausgangsrechnung keine Umsatzsteuer ausgewiesen wird, ist für den vorsteuerabzugsberechtigten Kunden (Unternehmer) kein Vorsteuerabzug möglich. Folglich muss der Händler dem Kunden das Auto für 12.380,00 € anbieten, wenn er eine Marge von 2.000,00 € erzielen möchte. Also zahlt der Kunde 380,00 € mehr als bei der Regelbesteuerung.

Berechnung des Netto-Verkaufspreises

Einkaufspreis	*10.000,00 €*
+ geplante Marge	*2.000,00 €*
= geplanter Netto-VP	*12.000,00 €*

Berechnung des Brutto-VP § 25 a

Netto-VP	*12.000,00 €*	
+ Differenzbesteuerung	*380,00 €*	*(= 19 % von 2.000,00 €)*
= Verkaufspreis nach § 25 a	*12.380,00 €*	

Fazit: *Der Unternehmer kann bei der Regelbesteuerung 380,00 € gegenüber der Differenzbesteuerung einsparen.*

BEISPIEL 2

Ein Fahrzeug, das von einem Privatmann für 10.000,00 € eingekauft wurde, wird zu einem Verkaufspreis von 12.000,00 € nach Differenzbesteuerung (§ 25 a UStG) angeboten.

a) Verkauf erfolgt nach der Differenzbesteuerung:
Der Händler verkauft das Auto für 12.000,00 €. Dadurch entsteht dem Händler eine Differenz zum Einkaufspreis von 2.000,00 €, die noch nicht um die enthaltene Umsatzsteuer bereinigt wurde. Nach Abzug der Umsatzsteuerschuld von 319,33 € behält der Händler einen Bruttoertrag von 1.680,67 €.

Berechnung des Bruttoertrages nach § 25 a

Verkaufspreis	*12.000,00 €*
– Einkaufspreis	*10.000,00 €*
Differenz (brutto)	*2.000,00 €*
– Umsatzsteuer	*319,33 €*
= Bruttoertrag/Rohgewinn	*1.680,67 €*

b) Verkauf erfolgt nach der Regelbesteuerung:
Im Normalfall wird der vorsteuerabzugsberechtigte Unternehmer bereit sein, zum ausgezeichneten Verkaufspreis nach § 25a UStG die Umsatzsteuer zusätzlich zu zahlen, da seine Anschaffungskosten gegenüber einem differenzbesteuerten Erwerb des Fahrzeuges gleich blieben. Schließlich wird dem gewerblichen Kunden die gezahlte Umsatzsteuer als

Vorsteuerabzug erstattet. Somit würde der Händler in diesem Fall, wenn er die Regelbesteuerung gewählt hätte, einen Bruttoertrag von 2.000,00 € erzielen, 319,33 € mehr als mit Differenzbesteuerung.

Berechnung des Brutto-VP bei Regelbesteuerung

geplanter Verkaufspreis nach § 25 a	*12.000,00 €*
+ Umsatzsteuer 19 %	*2.280,00 €*
= Bruttorechnungsbetrag	*14.280,00 €*

Berechnung des Bruttoertrages

Nettoverkaufspreis	*12.000,00 €*
– Einkaufspreis	*10.000,00 €*
= Bruttoertrag Händler	*2.000,00 €*

Andererseits ist dem erwerbenden Unternehmer bekannt, dass in dem Verkaufspreis nach § 25a in Höhe von 12.000,00 Euro die Differenzsteuer enthalten ist, die der Händler im Falle der Differenzbesteuerung noch abführen müsste. Der Kunde wird daher bestrebt sein, bei Anwendung der Regelbesteuerung den Preis um die Steuer auf den vermuteten Bruttoertrag (Marge) zu drücken. Sollte der Verkäufer dieser Rabattforderung auf den Cent genau nachkommen, so kann der Kunde aufgrund des Nachlasses den Bruttoertrag des Händlers an diesem Geschäft ganz leicht errechnen:

Nettoverkaufspreis	*12.000,00 €*
– Rabatt in Höhe der USt nach § 25 a	*319,33 €*
= neuer Nettoverkaufspreis	*11.680,67 €*
– Einkaufspreis	*10.000,00 €*
= Bruttoertrag (Marge)	*1.680,67 €*

gewährter Rabatt (= Umsatzsteuer bezogen auf den Bruttoertrag) = 19 % = 319,33 €
Bruttoertrag = 100 % = x %
x = 319,33 € · 100/19 = 1.680,68 €
In derartigen Verkaufssituationen muss der Verkäufer geschickt verhandeln.

Grundsätzliches Fazit: *Besteht ein Kunde bei einem differenzbesteuerten Fahrzeug auf einen gesonderten Steuerausweis, so sollte die Umsatzsteuer dem differenzbesteuerten Verkaufspreis zugeschlagen werden.*

4 Nachkalkulation eines Gebrauchtwagenverkaufs

LS 84

***SITUATION** Autoland Murschall GmbH*

David Rose hat kürzlich die komplette Neuwagenverkaufsabwicklung eines Juniorverkäufers von der Geschäftsanbahnung bis zur Auslieferung des Neufahrzeugs begleitet. Bei dem Geschäft wurde der Vorwagen des Kunden für 8.000,00 € in Zahlung genommen. Der Verkäufer schätzt den Verkaufspreis brutto auf 9.900,00 €. Für die Instandsetzung wurden 400,00 € angesetzt, für die Aufbereitung sowie die Provision jeweils 150,00 € und als anteilige Gemeinkosten 200,00 €. Dabei wurde von einer voraussichtlichen Standzeit von 100 Tagen ausgegangen. Die Gebrauchtwagengarantie schlägt mit weiteren 180,00 € zu Buche. Leider kann das Fahrzeug aber erst nach 130 Tagen für 9.600,00 € verkauft werden. Zwischenzeitlich war bei einer Probefahrt mit dem Fahrzeug ein defekter Scheibenheber festgestellt worden; die Reparatur kostete 80,00 €. David stellt sich im Nachhinein die Frage, ob sich das Geschäft überhaupt noch gelohnt hat.

Kalkulation GW		Vorkalkulation	Nachkalkulation
	Verkaufspreisbrutto	**9.900,00 €**	**9.600,00 €**
–	Umsatzsteuer	303,36 €	255,46 €
=	**Verkaufspreis netto**	**9.596,64 €**	**9.344,54 €**
–	Instandsetzungskosten	400,00 €	480,00 €
–	Aufbereitungskosten	150,00 €	150,00 €
–	Gebrauchtwagengarantiekosten	180,00 €	180,00 €
–	anteilige Gemeinkosten	200,00 €	260,00 €
–	Provision	150,00 €	150,00 €
=	**Einkaufspreis kalkulatorisch**	**8.516,64 €**	**8.124,54 €**
–	Einkaufspreis tatsächlich	8.000,00 €	8.000,00 €
=	**Differenz**	**516,64 €**	**124,54 €**

Nicht immer wird beim Verkauf der Preis erzielt, der bei der Kalkulation des Hereinnahmepreises errechnet wurde. Somit gehört zu jedem erfolgten Verkauf eine exakte Nachkalkulation, um die Wirtschaftlichkeit jedes einzelnen Verkaufsvorgangs zu bestimmen, gleichzeitig aber auch, um für die Zukunft noch genauere Kalkulationsgrundlagen zu erhalten.

Mithilfe der Nachkalkulation lässt sich erkennen, dass trotz des geringeren Verkaufspreises, der längeren Standzeit und der zusätzlich angefallenen Reparatur noch ein positiver Deckungsbeitrag angefallen ist. Aus dem Zahlenmaterial können darüber hinaus Folgerungen für die zukünftige Wertermittlung und Kalkulation gewonnen werden.

Der verdeckte Preisnachlass

Nicht immer ist es möglich, ein in Zahlung genommenes Kraftfahrzeug für mehr als den ursprünglich gezahlten Einkaufspreis weiterzuverkaufen. Sofern ein Gebrauchtwagen beim Verkauf eines Neuwagens zu einem höheren als dem tatsächlichen Wert angekauft wird, spricht man von einem verdeckten Preisnachlass. Das auf den ersten Blick schlechte Gebrauchtwagengeschäft subventioniert das Neuwagengeschäft. Es wird kein offener, sondern ein verdeckter Preisnachlass für den Neuwagen gewährt.

Folge ist, dass die Rechnung des Neuwagens über den höheren Preis lautet und auch auf diesen Preis die Umsatzsteuer fällig wird. Das Autohaus kann sich aber vom Finanzamt die erhöhte Umsatzsteuer wieder zurückholen, indem es dem Neuwagenkäufer eine korrigierte Rechnung zukommen lässt, die für diesen aber de facto keine Schlechterstellung bedeutet: In der Summe bleibt für den Kunden der Zahlungsbetrag gleich.

***BEISPIEL** Autoland Murschall GmbH*

Die Autoland Murschall GmbH verkauft einen Neuwagen für 34.500,00 € brutto an den Bankangestellten Maurer. Der Einstandspreis beträgt 28.290,00 €. Im Kaufvertrag wird vereinbart, dass der Gebrauchtwagen mit 8.500,00 € in Zahlung genommen wird und der Kunde den Restbetrag von 26.000,00 € nach Eingang der Rechnung überweist.

Die Autoland Murschall GmbH verkauft den Gebrauchtwagen nach sechs Monaten für 8.000,00 € an einen Privatkunden.

Berechnung der Umsatzsteuer (in €)	
Verkaufspreis Gebrauchtwagen	8.000,00
– Einkaufspreis Gebrauchtwagen	8.500,00
= Differenz	– 500,00
– enthaltene Umsatzsteuer	0,00
= Bemessungsgrundlage für Differenzbesteuerung	---

Auf den ersten Blick erscheint es sogar vorteilhaft, dass das Fahrzeug zu einem so geringen Wert verkauft wurde, da das Autohaus nun keine Umsatzsteuer auf den Gebrauchtwagen abführen muss. Aber wie stellen sich die Zahlen dar, wenn schon vorab ein „regulärer", marktgerechter Preis für den Gebrauchten angenommen worden wäre?

BEISPIEL *Autoland Murschall GmbH*

Die Autoland Murschall GmbH verkauft einen Neuwagen für 33.500,00 € brutto an den Bankangestellten Maurer. Der Einstandspreis beträgt 28.290,00 €. Im Kaufvertrag wird vereinbart, dass der Gebrauchtwagen mit 7.500,00 € in Zahlung genommen wird und der Kunde den Restbetrag von 26.000,00 € nach Eingang der Rechnung überweist.

Die Autoland Murschall GmbH verkauft den Gebrauchtwagen nach sechs Monaten für 8.000,00 € an einen Privatkunden.

Berechnung der Umsatzsteuer (in €)	
Verkaufspreis Gebrauchtwagen – Einkaufspreis Gebrauchtwagen	8.000,00 7.500,00
= Differenz – enthaltene Umsatzsteuer	500,00 79,83
= Bemessungsgrundlage für Differenzbesteuerung	420,17

Was hat sich jetzt überhaupt verändert?

Für den Kunden bleibt alles so wie gehabt: Er muss für seinen Neuwagen 26.000,00 € zuzahlen. Wie sich die Beträge auf Neuwagen und Gebrauchtwagen verteilen, kann ihm rein rechnerisch egal sein.

Für das Autohaus lässt sich der Unterschied gut gegenüberstellen:

	Fall a) NW zu 34.500,00 €, GW für 8.500,00 €	**Fall b) NW zu 33.500,00 €, GW für 7.500,00 €**
erhaltene Zahlungen	Bank 26.000,00 € + GW 8.000,00 € = 34.000,00 €	Bank 26.000,00 € + GW 8.000,00 € = 34.000,00 €
anzurechnende VSt. aus den NW- und GW-Ankäufen	NW 5.375,10 € + GW 0,00 € = 5.375,10 €	NW 5.375,10 € + GW 0,00 € = 5.375,10 €
abzuführende USt. aus den NW- und GW-Verkäufen	NW 5.508,40 € + GW 0,00 € = 5.508,40 €	NW 5.348,74 € + GW 79,83 € = 5.438,57 €
Zahllast (= USt – VSt)	133,30 €	63,47 €

Fazit: Durch die nachträgliche Korrektur der Beträge muss die Autoland Murschall GmbH 69,83 € (Differenz aus 133,30 € und 63,47 €) weniger an das Finanzamt abführen.

Bei der Aufdeckung des verdeckten Preisnachlasses muss der Verkäufer die alte Rechnung nicht zurückfordern. Sicherlich ist es aber sinnvoll, dem Kunden die korrigierte Rechnung in einem Anschreiben zu erklären.

BEISPIEL *Musteranschreiben*

Sehr geehrte(r) Frau .../Herr ...,

beim Kauf des Pkw Typ ... am ... haben wir Ihr gebrauchtes Fahrzeug Typ ... mit ... € in Zahlung genommen. In der Rechnung vom ... haben wir den Neuwagenpreis mit ... € zuzüglich ... Umsatzsteuer ausgewiesen. Da bei der Veräußerung Ihres gebrauchten Fahrzeuges der Inzahlungnahmepreis nicht erzielt werden konnte, ergibt sich eine Entgeltsminderung von .... Daraus ergibt sich eine Korrektur (Minderung) der in der Rechnung vom ... ausgewiesenen Umsatzsteuer in Höhe von ... €, die von uns gegenüber dem Finanzamt geltend gemacht wird. Mit dieser Mitteilung kommen wir unserer Verpflichtung gem. §14c Abs. 1 Satz 2 UStG nach. Auf die mit uns getroffene Zahlungsvereinbarung hat dieser Vorgang keinen Einfluss.

5 Auswertung des Geschäftsfeldes Gebrauchtwagenverkauf

***SITUATION** Autoland Murschall GmbH*

David Rose befindet sich in der Abteilung Verkauf. Den Kommentaren der Verkäufer nach zu urteilen, ist das abgelaufene Quartal recht erfolgreich verlaufen. David fragt sich, wie man den Erfolg des Geschäftsfeldes Gebrauchtwagenverkauf messen kann.

Ebenso wie das Geschäftsfeld Neuwagenverkauf stellt auch die Sparte Gebrauchtwagenverkauf einen wichtigen Umsatzträger dar, den es zu kontrollieren und steuern gilt.

5.1 Kennzahlen des Gebrauchtwagenverkaufs

$$\text{verkaufte Gebrauchtwagen je Verkäufer (p. a.)} = \frac{\text{verkaufte GW (p. a.)}}{\text{Anzahl der GW-Verkäufer (p. a.)}}$$

Als Branchenkennzahl werden hier 120 Autos jährlich angegeben. Allerdings hängt diese Kennzahl sehr stark von den betriebsindividuellen Gegebenheiten ab.

Diese Kennzahl dient dazu, die Leistungen der Verkäufer im Autohaus zu vergleichen. Als Alternative zu dieser Kennzahl wird häufig der Umsatz pro Verkäufer ermittelt. Hierbei wird nicht nur die Anzahl der verkauften Autos berücksichtigt, sondern auch ihre Wertigkeit.

$$\text{Umsatz pro Gebrauchtwagenverkäufer (p. a.)} = \frac{\text{Gesamtumsatz GW (p. a.)}}{\text{Anzahl der GW-Verkäufer (p. a.)}}$$

$$\text{Bruttoertragsrate Gebrauchtwagenverkauf} = \frac{\text{(Umsatzerlöse GW – VAK GW)}}{\text{Umsatzerlöse GW}} \cdot 100$$

Diese Kennzahl ermittelt den Bruttoertrag im Gebrauchtwagenbereich und setzt diesen in Bezug zum Umsatz in diesem Bereich. Damit wird deutlich, wie viel vom Umsatz durchschnittlich als Bruttoertrag übrig bleibt.

Branchensollwert für die Bruttoertragsrate Gebrauchtwagenverkauf: 10 %

5.2 Standtage Gebrauchtwagen

Kaum ein Gebrauchtwagen wird nach seinem Ankauf auch gleich wieder verkauft. Nur etwa 20 % bis 25 % werden innerhalb von 30 Tagen wieder veräußert, rund 15 % der Gebrauchtwagen stehen dagegen sogar über 180 Tage auf dem Hof des Händlers, bis sich ein Käufer findet. Diese Standzeit der Gebrauchtwagen kostet viel Geld und schlägt sich in Form von Standkosten nieder. Zu den Standkosten zählen die Platzmiete, Kapitalkosten, Ausgaben für Werbung und Reinigung und gegebenenfalls die erneute Aufbereitung.

Um diese Standkosten im Blick zu behalten, muss das Autohaus die durchschnittlichen Standtage des Gebrauchtwagenbestandes ermitteln.

$$\text{Standtage Gebrauchtwagen} = \frac{\text{Summe Standtage GW (verkauft + unverkauft)}}{\text{Anzahl der verkauften + unverkauften GW}}$$

Der Gebrauchtwagenbestand wird in Gruppen eingeteilt, die jeweils 30 Tage Standzeiten umfassen (vgl. Tabelle; Ausnahme: Gruppe 4).

Gruppe	1	2	3	4	5
Standzeit in Tagen	bis zu 30	31 bis 60	61 bis zu 90	91 bis 180	über 180

Ziel dieser Gruppeneinteilung ist es, jederzeit sofort zu erkennen, welche Autos überdurchschnittlich lange im Gebrauchtwagenbestand vorhanden sind. Gebrauchte, die innerhalb der ersten 30 Tage verkauft werden, sind nicht die Sorgenkinder der Gebrauchtwagenabteilung. Im Gegenteil, diese Fahrzeuge sollten mit der entsprechenden Ausstattung gezielt zugekauft werden. Ebenso unproblematisch sind die Fahrzeuge in der Gruppe 2. Fahrzeuge, die aber bereits in die Gruppe 3 oder 4 abgerutscht sind, sollten mit zusätzlichen Verkaufsmaßnahmen oder Preisreduzierungen unterstützt werden. Fahrzeuge, die länger als 180 Tage auf dem Hof stehen, werden zu einem Verlustgeschäft. Hier sollte der Verkaufsleiter lieber einen Weiterverkauf an einen Wiederverkäufer oder gegebenenfalls auch ins Ausland in Betracht ziehen. Weiteres Warten kostet nur noch mehr Geld.

Insbesondere den Gebrauchtwagen-Verkäufern muss die Standzeiten-Übersicht zugänglich sein, denn diese haben einen direkten Einfluss auf die Standzeiten. Einige Autohäuser zahlen für Langsteher zudem besondere Verkäuferprämien. Eine Alternative zu diesem Modell ist, die Prämienhöhen an die durchschnittlichen Standzeiten zu binden, denn dann kommen Verkäufer nicht in Versuchung, manche Autos erst dann anzubieten, wenn aufgrund einer längeren Standzeit auch eine höhere Prämie gezahlt wird.

i *Branchensollwert Standtage GW: ≤ 60 bis 90 Tage*

Sollten die durchschnittlichen Standtage der Gebrauchtwagen über dem Branchensollwert liegen, muss genau untersucht werden, wo die Standtage „verbummelt" werden. Es liegt nicht unbedingt an den fehlenden Bemühungen der Gebrauchtwagen-Verkäufer, einen Langsteher zu verkaufen. Für die Ursachenanalyse wird die Zeitspanne vom Ankauf bis zum Verkauf und anschließendem Geldeingang in die Standzeitphasen 0–4 eingeteilt.

Ankauf des GW | Übergabe des GW von Kunden an Autohaus | GW ist verkaufsbereit | Verkauf des GW | Auslieferung des GW | Eingang der Kundenzahlung

Standzeitphase 0	Standzeitphase 1	Standzeitphase 2	Standzeitphase 3	Standzeitphase 4
Zeitraum zwischen dem Ankauf und der tatsächlichen körperlichen Anlieferung des GW	Zeitraum von der tatsächlichen Hereinnahme eines GW bis zur Verkaufsbereitstellung; Ziel: max. 5 Standtage	Zeitraum der GW-Präsentation bis zum Verkauf; Ziel: max. 50 Standtage	Zeitraum zwischen Vertragsabschluss und der Auslieferung; Ziel: max. 3 Standtage	Zeitraum zwischen Auslieferung und Geldeingang; Ziel: max. 2 Standtage

Überflüssige Standtage können in allen Standzeitphasen entstehen.

***BEISPIEL** Überflüssige Standtage*

- ***Standzeitphase 0:** Ein Kunde kauft einen Neuwagen und gibt seinen Gebrauchtwagen dafür in Zahlung. Da der Neuwagen sehr lange Lieferzeiten hat, fährt der Kunde noch mit dem Gebrauchtwagen weiter. In dieser Zeit könnten die Verkäufer den zu erwartenden Gebrauchtwagen aber schon bei einem Internetportal (z. B. bei mobile.de) oder in der Ausstellungshalle ankündigen, sodass potenzielle Kunden bereits frühzeitig auf das Auto aufmerksam werden.*
- ***Standzeitphase 1:** Nach der Übergabe des Gebrauchtwagens an das Autohaus muss das Fahrzeug noch aufbereitet werden, um verkaufsfertig zu sein. Die Aufbereitungsmitarbeiter schaffen es gegebenenfalls nicht, die momentan anfallenden Fahrzeuge fertig zu machen. Hier müssten die Aufträge u. U. fremd vergeben werden.*
- ***Standzeitphase 2:** Der Gebrauchtwagen ist verkaufsfertig im Bestand angekommen, aber die Verkäufer verkaufen den Gebrauchtwagen nicht. Verkäuferschulungen können den Abverkauf fördern.*
- ***Standzeitphase 3:** Der Gebrauchtwagen findet einen Käufer, aber dieser fordert noch diverse Reparaturen. Für die Reparaturarbeiten wird nicht sofort ein Reparaturtermin mit der Serviceabteilung vereinbart. Das Fahrzeug kann solange noch nicht ausgeliefert werden.*
- ***Standzeitphase 4:** Der Gebrauchtwagen wurde verkauft, z. B. im Rahmen einer Finanzierung. Die Bank hat den Kaufpreis aber noch nicht überwiesen, da die Unterlagen noch beim Verkäufer auf dem Schreibtisch liegen. Die Stellenbeschreibung der Verkäufer muss gegebenenfalls überarbeitet werden, sodass diese Tätigkeiten ein Verkaufsassistent übernehmen kann.*

Durch die Analyse der einzelnen Standzeitphasen können die Abläufe in der Gebrauchtwagenabteilung optimiert werden.

LS 86

6 Gebrauchtwagengeschäfte buchen

SITUATION *Autoland Murschall GmbH*

David Rose hat in den letzten Wochen verschiedenste An- und Verkäufe im Gebrauchtfahrzeugbereich miterlebt. Er hat an der Abwicklung von Inzahlungnahmen und gezielten Ankäufen ebenso mitgewirkt wie an differenz- und regelbesteuerten Weiterverkäufen.
Um auch die damit zusammenhängenden Prozesse im Bereich des Backoffice kennenzulernen, begleitet er gegenwärtig Frau Kröger und Frau Hoffmann in der Buchhaltung.

Wie in Kapitel 3 gezeigt werden konnte, stellt die Differenzbesteuerung im Zusammenhang mit dem Ein- und Verkauf von Kraftfahrzeugen eine Besonderheit dar, die immer dann zum Tragen kommt, wenn ein Gebrauchtwagen von einem Privatverkäufer angekauft oder in Zahlung genommen wird. Die Anwendung dieser besonderen Besteuerungsform ermöglicht es dem Autohaus, nur die Differenz zwischen Verkaufs- und Einkaufswert zu besteuern. Dadurch ergibt sich bei gleichem Bruttoertrag ein günstigerer Verkaufspreis als bei Anwendung der Regelbesteuerung, was zu einer verbesserten Wettbewerbsposition im Vergleich zum Privatverkäufer führt.

BEISPIEL

Ankauf eines gebrauchten Fahrzeuges von einem Privatmann für 5.000,00 €, Verkauf des Fahrzeuges (ohne dass weitere Kosten für Instandsetzung etc. anfallen), sodass ein Bruttoertrag von 1.000,00 € erzielt wird.

Fall a) Regelbesteuerung		**Fall b)** Differenzbesteuerung	
Verkaufspreis netto	6.000,00 €	Verkaufspreis netto	6.000,00 €
USt 19 %	+ 1.140,00 €	USt (19/119 der Differenz zwischen VK und EK)	+ 190,00 €
Verkaufspreis brutto	**= 7.140,00 €**	**Verkaufspreis brutto**	**= 6.190,00 €**

Dadurch, dass dem Autohaus die Möglichkeit der Differenzbesteuerung gegeben ist, kann es den Gebrauchtwagen für 950,00 € weniger anbieten, ohne dass der Bruttoertrag darunter leidet: Die Wettbewerbsposition gegenüber den privaten Anbietern verbessert sich deutlich.

Und warum wird die Umsatzsteuer nicht ausgewiesen?

Angenommen, die Umsatzsteuer müsste bei Anwendung des Verfahrens der Differenzbesteuerung angegeben werden, dann würde sich für den obigen Fall die folgende Rechnung ergeben:

Differenzbesteuerung	
Verkaufspreis netto	6.000,00 €
USt	+ 190,00 €
Verkaufspreis brutto	**= 6.190,00 €**

Jeder, der diesen Preisaushang oder diese Rechnung sieht, könnte jetzt auf den Einkaufspreis bzw. auf die Marge des Autohauses schließen.

> *19/119 der Differenz zwischen VK und EK = 190,00 €,*
> *also: 1/119 = 10,00 € und damit 100/119 = 1.000,00 €.*

Damit lässt sich ein Einkaufspreis von 5.000,00 € und eine Marge von 1.000,00 € errechnen. Das sind aber sicherlich Werte, die kein Unternehmer unnötig nach außen geben möchte. Die Marge ist allerdings nicht mit dem Gewinn gleichzusetzen, da für den Gebrauchtwagen noch verschiedenste Aufwendungen anfallen, bis er schließlich wieder weiterverkauft wird.

Zur Abrundung der Vorgänge im Autohaus bei Neu- und Gebrauchtwagengeschäften werden an dieser Stelle die dazugehörigen Buchungen noch einmal aufgegriffen und im Rahmen der Differenzbesteuerung erläutert.

6.1 Buchungen beim Ein- und Verkauf eines Gebrauchtwagens

> ***Zur Erinnerung:***
> *Bei der Differenzbesteuerung wird nur die Differenz aus Einkaufs- und Verkaufspreis eines Gebrauchtwagens der Umsatzsteuer unterworfen. Die Regelbesteuerung führt dazu, dass der gesamte Verkaufspreis mit der Umsatzsteuer belastet wird.*

Hier sind nochmals die in Kapitel 3.2 genannten Voraussetzungen zur Anwendung der Differenzbesteuerung aufgelistet:

- Der Kfz-Händler muss das Fahrzeug zum Zwecke des gewerbsmäßigen Weiterverkaufs erworben haben.
- Das Fahrzeug muss in Deutschland erworben worden sein.
- Das Fahrzeug unterlag zum Zeitpunkt des Ankaufs nicht der Regelbesteuerung, d. h. ein Vorsteuerabzug in voller Höhe ist nicht möglich.
- Das Fahrzeug entspricht der StVZO.
- Der Kfz-Händler weist beim Verkauf keine Umsatzsteuer aus.

Die Differenzbesteuerung kommt also immer dann zum Einsatz, wenn das Auto von einem nicht Vorsteuerabzugsberechtigten (= Privatperson) erworben wurde und dann weiter verkauft wird:

Ankauf von	Verkauf an	Art der Besteuerung
gewerblichen Kunden	Privatkunden	Regelbesteuerung
gewerblichen Kunden	gewerblichen Kunden	Regelbesteuerung
Privatkunden	Privatkunden	Differenzbesteuerung
Privatkunden	gewerblichen Kunden	Regelbesteuerung oder Differenzbesteuerung

An einigen Beispielen werden diese unterschiedlichen Fälle verdeutlicht.

***BEISPIEL** Autoland Murschall GmbH*

1. Einkauf von Gebrauchtwagen

***Fall 1:** Ankauf von Privat*

Die Autoland Murschall GmbH kauft von einem Beamten ein Gebrauchtfahrzeug für 10.000,00 € gegen Scheck ein.

Buchung:

Soll	€		Haben	€
3050 WE Pkw gebraucht differenzbesteuert	10.000,00	an	1201 Sparkasse KölnBonn	10.000,00

***Fall 2:** Ankauf von einem Unternehmer*

Die Autoland Murschall GmbH kauft von einem Elektrounternehmen einen Gebrauchtwagen für 10.000,00 € ein.

Buchung:

Soll	€		Haben	€
3040 WE Pkw gebraucht	10.000,00			
1576 Vorsteuer 19 %	1.900,00	an	1201 Sparkasse KölnBonn	11.900,00

2. Verkauf von Gebrauchtfahrzeugen

***Fall 1:** Ankauf von Privat – Verkauf an Privat → Differenzbesteuerung*

Die Autoland Murschall GmbH verkauft den Gebrauchtwagen für 12.380,00 € bar.

Berechnung der Umsatzsteuer (in €)	
Verkaufspreis – Einkaufspreis	12.380,00 10.000,00
= Differenz enthaltene Umsatzsteuer	2.380,00 380,00

Buchung und Entnahmebuchung:

Soll	€		Haben	€
1000 Kasse	12.380,00	an	8047 Erlöse Pkw gebraucht umsatzsteuerfrei	10.000,00
		an	8050 Erlöse Pkw gebraucht differenzbesteuert	2.000,00
		an	1776 Umsatzsteuer 19 %	380,00

Soll	€		Haben	€
7050 VAK PKW gebraucht differenzbesteuert	10.000,00	an	3050 WE Pkw gebraucht differenzbesteuert	10.000,00

Fall 2: Ankauf von Privat – Verkauf an Unternehmer → Differenzbesteuerung (siehe Fall 1) oder Regelbesteuerung

Die Autoland Murschall GmbH verkauft den Gebrauchtwagen für 12.000,00 € netto gegen Scheck.

Berechnung der Umsatzsteuer (in €)	
Nettoverkaufspreis	12.000,00
+ Umsatzsteuer	2.280,00
= Bruttoverkaufspreis	14.280,00

Buchung und Entnahmebuchung:

Soll	€		Haben	€
1201 Sparkasse KölnBonn	14.280,00	an	8040 Erlöse Pkw gebraucht	12.000,00
		an	1776 Umsatzsteuer 19 %	2.280,00

Soll	€		Haben	€
7040 VAK Pkw gebraucht regelbesteuert	10.000,00	an	3050 WE Pkw gebraucht differenzbesteuert	10.000,00

6.2 Buchungen beim Verkauf eines Neuwagens (inkl. Inzahlungnahme eines Gebrauchtwagens)

Die Buchung eines Neuwagenverkaufs unterscheidet sich nur dann von anderen erfolgswirksamen Buchungen, wenn ein Gebrauchtwagen in Zahlung genommen und dieser Gebrauchtwagen auch noch von dem Autohaus instand gesetzt wird.

***BEISPIEL** Autoland Murschall GmbH*

Die Autoland Murschall GmbH verkauft einen Neuwagen für 34.500,00 € brutto an den Bankangestellten Maurer. Der Einstandspreis beträgt 28.290,00 € netto. Im Kaufvertrag wird vereinbart, dass der Gebrauchtwagen mit 8.500,00 € in Zahlung genommen wird und der Kunde den Restbetrag von 26.000,00 € nach Eingang der Rechnung überweist.

Buchung und Entnahmebuchung:

Soll	€		Haben	€
1401 Forderungen Maurer	34.500,00	an	8000 Erlöse Pkw neu	28.991,60
		an	1776 Umsatzsteuer 19 %	5.508,40

Soll	€		Haben	€
7000 VAK Pkw neu	28.290,00	an	3000 WE Pkw neu	28.290,00

Buchung der Inzahlungnahme des Gebrauchtwagens:

Soll	€		Haben	€
3050 WE Pkw gebraucht differenzbesteuert	8.500,00	an	1401 Forderungen Maurer	8.500,00

Der Gebrauchtwagen wird für 500,00 € instand gesetzt (300,00 € Lohnanteil und 200,00 € Teile).

Buchung:

Soll	€		Haben	€
5005 Int. Aufw. Werstattl./ Instandsetzungsarb.	500,00	an	8309 Erlöse Pkw Tuz intern	200,00
		an	8609 Lohnerlöse Instandsetzung intern	300,00

Die Autoland Murschall GmbH verkauft den Gebrauchtwagen nach zwei Wochen für 10.000,00 € an einen Privatkunden.

Berechnung der Umsatzsteuer (in €)	
Verkaufspreis Gebrauchtwagen	10.000,00
– Einkaufspreis Gebrauchtwagen*	8.500,00
= Differenz	1.500,00
– enthaltene Umsatzsteuer	239,50
= Bemessungsgrundlage für Differenzbesteuerung	1.260,50

**Beim Einkaufspreis bleiben mögliche Reparaturen oder Instandsetzungsarbeiten an dem Fahrzeug unberücksichtigt; sie erhöhen in keinem Fall den Einkaufspreis des Gebrauchtwagens. Der Grund ist darin zu sehen, dass es dem Händler sonst ermöglicht würde, durch selbstgestellte (interne) Rechnungen den Preis so zu gestalten, dass keine Umsatzsteuer fällig wäre.*

Buchung und Entnahmebuchung:

Soll	€		Haben	€
1201 Sparkasse KölnBonn	10.000,00	an	8047 Erlöse Pkw gebraucht umsatzsteuerfrei	8.500,00
		an	8050 Erlöse Pkw gebraucht differenzbesteuert	1.260,50
		an	1776 Umsatzsteuer 19 %	239,50

Soll	€		Haben	€
7040 VAK Pkw gebraucht regelbesteuert	8.500,00	an	3050 WE Pkw gebraucht differenzbesteuert	8.500,00

LF8

Finanzdienstleistungen anbieten

LS 88

1 Fahrzeugfinanzierung im Autohaus

SITUATION *Autoland Murschall GmbH*

Seit einigen Monaten ist David nun schon im Verkauf eingesetzt. Auch wenn er noch selten aktiv selbstständig verkauft hat, so ist ihm doch eines klar geworden: Mit dem erfolgreichen Verkaufsgespräch ist die Arbeit eines Verkäufers noch längst nicht getan – eher das Gegenteil trifft zu. Da wartet dann so viel Papierkram, dass der Verkäufer dafür eigentlich gut einen Assistenten gebrauchen könnte: Kaufvertrag, u. U. Darlehensantrag, Selbstauskunft, SCHUFA-Einwilligung, Widerrufsbelehrung und und und. Außerdem kommen ja noch die Tätigkeiten vor und bei der Auslieferung hinzu. Als David sich in der Berufsschule mit Mitschülern darüber unterhält, erfährt er, dass es tatsächlich Autohäuser gibt, bei denen die Verkäuferinnen und Verkäufer durch Verkaufsassistenten unterstützt und vor allen Dingen entlastet werden, sodass ihnen effektiv mehr Zeit für das eigentliche Verkaufen bleibt.

Leasing ☞ S. 262

Etwa 80 % aller Autokäufe werden heutzutage finanziert. Neben dem klassischen Autokredit zählt auch das Leasing dazu. Eine genaue Zahl ist nicht bekannt, da oft auch die sogenannten Barkäufe von Fahrzeugen anderweitig fremdfinanziert werden. Eines macht die Zahl aber deutlich: Das Finanzierungsgeschäft kann im Rahmen des Fahrzeugverkaufs von entscheidender Bedeutung sein.

Über ein Drittel des Kaufpreises finanzieren Käufer mittlerweile über einen Kredit. Zudem fließen u. a. eigene Ersparnisse sowie Erlöse aus einem Vorwagenverkauf mit in den Kaufpreis ein.

Beispiele für Autobanken:
- Audi Bank
- Ford Bank
- Toyota Financial Services

Die meisten Fahrzeughersteller bieten über herstellereigene Banken Finanzierungen an. Dieses Finanzierungsgeschäft hat für das Autohaus viele Vorteile. So mancher Autokauf oder auch die Entscheidung für eine höherwertige Sonderausstattung sind für den Kunden überhaupt erst durch eine Fahrzeugfinanzierung möglich. Außerdem haben Befragungen ergeben, dass Finanzierungskunden ihr altes Fahrzeug schneller durch ein neues ersetzen. Bei diesen Kunden liegt somit eine höhere Umschlagshäufigkeit vor.

Von besonderem Interesse für den Autohändler ist, dass etwa jeder dritte Kunde, der sein Fahrzeug über einen Autohändler fremdfinanziert hat, dies bei seinem nächsten Fahrzeug bei demselben Händler wieder tut. Finanzierung kann somit auch als Instrument des Absatzes und der Kundenbindung verstanden werden. Darüber hinaus erhält der Automobilhändler durch die Vermittlung von Fahrzeugfinanzierungen oder Finanzierungsversicherungen (**Restschuldversicherung**) Provisionen, die in der Regel zwischen 50,00 € und 250,00 € liegen. Dieser zusätzliche Gewinn ist in Anbetracht sinkender Händlermargen nicht zu verachten.

Restschuldversicherung ☞ S. 252

Doch nicht nur dem Autohaus, auch dem Kunden bietet die Fahrzeugfinanzierung diverse Vorteile. So wird beispielweise der Kauf des Traumautos für manchen Kunden erst durch eine Finanzierung möglich. Außerdem ist es für den Kunden nicht erforderlich, seine Hausbank aufzusuchen – alle Formalitäten können im Autohaus unter Mithilfe des Verkäufers erledigt werden.

Selbstverständlich darf nicht vergessen werden, dass eine Finanzierung für den Kunden auch mit Kosten verbunden ist, denn keine Bank vergibt kostenlose Kredite. Bezieht man aber bei der Beurteilung der Fahrzeugfinanzierung die jährliche Teuerungsrate mit ein, relativieren sich die Kreditkosten für den Kunden. So kann bei sehr günstigen Angeboten die Möglichkeit einer Finanzierung auch Anlass für den Autokauf sein. Ein weiterer Vorteil – insbesondere gegenüber dem Leasing – ist die Tatsache, dass der Kunde bei der Finanzierung Eigentumsrechte am Fahrzeug erwirbt, die ihm die uneingeschränkte Nutzung ermöglichen, wie z. B. den Einbau von Tuningteilen.

1.1 Ablauf der Fahrzeugfinanzierung

Im Verkaufsgespräch wird die Frage geklärt, ob der Kunde sein Fahrzeug finanzieren möchte. Entschließt er sich für eine Finanzierung, so erfolgt diese in der Regel über die Herstellerbank. Sie überprüft zunächst die Bonität des Kunden. Hierzu füllt der Kunde gemeinsam mit dem Automobilhändler eine Selbstauskunft und einen Darlehensantrag aus. Erst wenn der Antrag nach der Kreditwürdigkeitsprüfung von der Herstellerbank genehmigt wurde, erhält der Kunde die Finanzierungszusage. Die Kommunikation zwischen Autohaus und Herstellerbank läuft online ab, sodass die Bearbeitung des Antrags sowie die damit verbundene Darlehenszusage bzw. -absage zügig erfolgen kann.

Auch eine Finanzierung über ein anderes Kreditinstitut ist möglich. Allerdings bieten die Herstellerbanken einige Vorteile, wie beispielsweise besonders niedrige Zinsen.

Die folgenden Inhalte können im Rahmen einer Selbstauskunft abgefragt werden:

Inhalte einer Selbstauskunft	

Angaben zur Person	• Vor- und Zuname
	• Geburtsdatum
	• Staatsangehörigkeit
	• Familienstand
	• Güterstand
	• Kinder
	• im Haushalt lebende Kinder
	• Personalausweisnummer
	  – ausstellende Behörde
	  – Ausstellungsdatum

Angaben zur Anschrift	• Straße • Ort • Telefonnummer • weitere Anschriften der letzten Jahre

Inhalte einer Selbstauskunft	
Angaben zur Arbeit	• selbstständig • angestellt • Tätigkeit • beschäftig seit • momentaner Arbeitgeber • Anschrift des Arbeitgebers • Telefonnummer des Arbeitgebers • Branche • vorherige Arbeitgeber • Dauer der vorherigen Beschäftigungsverhältnisse
Angaben zum Einkommen und Vermögen	• Höhe des monatlichen Einkommens • Renten/Pensionen • weitere Einkünfte • Wohnsituation (Miete oder Eigentum) • bei Eigentum: Wohnung oder Haus • Wertauskunft zum Eigentum • weitere Zahlungsverpflichtungen (z. B. Hypotheken, Kredite oder Unterhaltsleistungen) • Insolvenzverfahren
Ist ein Bürge erforderlich, so muss auch er die entsprechenden Fragen der Selbstauskunft beantworten.	

Bei Finanzierungsgeschäften ist besonders darauf zu achten, dass der Kunde ein 14-tägiges Rücktrittsrecht hat (Verbraucherkreditrecht). Die Kenntnisnahme über dieses Rücktrittsrecht muss der Kunde auf dem Darlehensantrag und dem Formular für die Neuwagenbestellung durch eine separate Unterschrift bestätigen. Das Fahrzeug sollte, um ganz sicherzugehen, also erst nach Ablauf der 14-Tage-Frist vom Händler bestellt werden.

Bei der Auslieferung des Fahrzeuges erhält der Händler die im Darlehensvertrag vereinbarte Anzahlung, die auch in Form einer Inzahlungnahme des Gebrauchten erfolgen kann. Die Neuwagen-Fahrzeugrechnung wird an die finanzierende Herstellerbank geschickt, die daraufhin das Restkaufgeld für das Fahrzeug an den Autohändler überweist – zzgl. zustehender Provisionen. Bei der Anmeldung wird das Fahrzeug auf den Namen des Käufers zugelassen. Zur Absicherung der Kreditschuld erhält die finanzierende Bank die Zulassungsbescheinigung Teil 2. Dadurch wird sichergestellt, dass der Kreditnehmer das noch nicht restlos bezahlte Auto nicht weiter veräußern kann. Der Kreditnehmer überweist die monatlichen Finanzierungsraten schließlich an die finanzierende Herstellerbank.

Zulassungsbescheinigung, Teil 2 (§ 12 FVZ) Fahrzeugbrief

1.2 Darlehensantrag

Zu jedem Darlehensantrag gehört eine Vertragsnummer, die von der finanzierenden Bank vergeben und in das Formular eingetragen wird. Ist der Darlehensnehmer verheiratet, dann wird häufig zur besseren Absicherung des Kredites der Ehepartner als Mitdarlehensnehmer eingetragen, der mit seiner Unterschrift die **selbstschuldnerische Bürgschaft** für die fälligen Raten übernimmt. Bei wackeligen Finanzierungen werden auch dritte Personen als Bürge

selbstschuldnerische Bürgschaft ☞ S. 257

eingetragen. Weiterhin sind die persönlichen Daten des Darlehensnehmers und des Bürgen einzutragen sowie die Daten des zu finanzierenden Fahrzeuges einschließlich der Angaben zur Versicherung. Im Raten- oder Finanzierungsplan wird dann festgelegt, wie viele Monatsraten in welcher Höhe zu entrichten sind.

BEISPIEL *Darlehensantrag*

Verk.-daten

Kunden-Nr. ______ Vertrags-Nr. ______
Region ______
Betriebs-Nr. ______
Verkäufer-Nr. ______

Darlehensnehmer

Name ______
Vorname ______
Straße, Nr. ______
PLZ ______ Wohnort ______
Telefon ______
Familienstand ______
Geburtsdatum ______
Staatsangehörigkeit ______
Beruf ______

Bürge

Name ______
Vorname ______
Straße, Nr. ______
PLZ ______ Wohnort ______
Telefon ______
Familienstand ______
Geburtsdatum ______
Staatsangehörigkeit ______
Beruf ______

Kfz.-Versich.

Vollkasko mit € ______ Selbstbeteiligung
bei ______
Name der Versicherungsgesellschaft
Versicherungs-/Antrags-Nr. ______

Fahrzeug

Modell-Bestell-Schlüssel ______
Fabrikat/Typ ______
Neuwagen ☐ Gebrauchtwagen ☐
Erstzulassung ______
amtl. Kennzeichen ______
Fahrgestell-Nr. ______

Finanzierungsplan

Kaufpreis/ Reparaturkosten € ______
Restschuldversicherungsbeitrag € ______
Versicherungsprämie € ______
insgesamt € ______
– nicht zu finanzierender Beitrag € ______
Restkaufgeld/ Nettokreditbetrag/ **Darlehenssumme** € ______

Zinssatz ______ %
effektiver Jahreszins ______ %

Rückzahlung

1. Rate am ______
über € ______
______ Folgeraten, fällig am Tag jedes folgenden Monats
über € ______
Ratenzahl insgesamt:
______
Restrate am ______
über € ______

Zahlungsart

EINZUGSERMÄCHTIGUNG
IBAN ______
BIC ______
bei der ______
Name und Sitz des Geldinstituts

Sicherheiten

Sicherheiten gemäß umseitiger Bedingungen:
1. Übereignung des oben näher bezeichneten Fahrzeugs
2. evtl. Versicherungs- und Schadenersatzansprüche
3. Lohn- und Gehaltsansprüche
4. evtl. Ansprüche aus einer Restschuldversicherung

Hinweis:
Für den Vertrag gelten weiter die umseitig aufgeführten Sicherheiten und Darlehensbedingungen.

Die Verkäufer-/Vermittler-/Reparaturfirma bestätigt: Die Angaben zum Kaufpreis/zu den Reparaturkosten treffen zu. Der Darlehensnehmer und der Bürge haben ihre Erklärungen eigenhändig unterschrieben, ihre persönlichen Angaben wurden von uns überprüft. Das Eigentum an dem Fahrzeug geht bei Auszahlung des Darlehens lastenfrei auf die Bank über.

Autoland Murschall GmbH
Plittersdorfer Str. 48
53173 Bonn

Stempel und Unterschrift der Verkäufer-/Vermittler-/Reparaturfirma

Bürgschaft
Für die Erfüllung aller Ansprüche aus dem Darlehensvertrag übernehme ich die selbstschuldnerische Bürgschaft.

Unterschrift des Bürgen

Widerrufsbelehrung:

Der Darlehensnehmer kann innerhalb von 2 Wochen seine auf den Abschluss des Darlehensvertrags gerichtete Willenserklärung schriftlich widerrufen. Die fristgerechte Erklärung des Widerrufs hat die Unwirksamkeit des Darlehens-, des Kauf-/Reparatur- und evtl. des Restschuldversicherungsvertrags zur Folge. Die Widerrufsfrist beginnt mit der Aushändigung dieser Belehrung an den Darlehensnehmer. Zur Wahrung der Frist genügt die rechtzeitige Absendung des Widerrufs.

Datum und Unterschrift des Darlehensnehmers

Unterschrift des Darlehensnehmers

1.3 Restschuldversicherung

Die Restschuldversicherung bietet dem Kreditnehmer Schutz gegen unverschuldete Zahlungsunfähigkeit, die durch Arbeitsunfähigkeit, Krankheit oder Tod entsteht. Sie wird dem Kreditnehmer empfohlen, wenn dieser keine Lebensversicherung hat.

Hat der Kreditnehmer eine private Unfallversicherung mit Unfallrente und eine Berufsunfähigkeitsversicherung bereits abgeschlossen, ist eine Restschuldversicherung unnötig und verursacht Kosten, die eingespart werden können. Besitzt er diese Versicherungen noch nicht und ist sein gesundheitlicher Zustand einwandfrei, könnten sie als Zusatzbausteine der günstigen Risikolebensversicherung nicht nur den Autokredit, sondern die finanzielle Absicherung der Familie für das gesamte Berufsleben bedeuten. Lediglich, wenn aus gesundheitlichen Gründen Lebens- oder Berufsunfähigkeitsversicherungen abgelehnt würden, kann eine Restschuldversicherung sinnvoll sein.

Liegt eine Zahlungsunfähigkeit aus einem der zuvor genannten Gründen vor, so hat der Kunde ab dem 43. Tag einen Anspruch auf Übernahme der monatlichen Rate durch die Restschuldversicherung. Eine Leistungseinschränkung erfolgt, wenn die Zahlungsunfähigkeit mit einer Vorerkrankung der letzten zwölf Monate im Zusammenhang steht. Das Höchstalter für den Abschluss der Restschuldversicherung liegt meist bei 60 Jahren, bei Finanzierungsablauf darf der Versicherungsnehmer höchstens 65 Jahre alt sein. Die Höchstversicherungssumme darf nicht höher als die Darlehenssumme sein.

1.4 Finanzierungsformen

Herstellerbanken bieten meist zwei Grundformen der Fahrzeugfinanzierung an, die je nach Hersteller anders bezeichnet werden.

Am bekanntesten ist die klassische **Standard-Raten-Finanzierung.** Hierbei handelt es sich um ein Abzahlungsdarlehen, bei dem über die monatlichen Raten der gesamte Kaufpreis plus Zinsen getilgt wird. Außerdem bieten die Herstellerbanken den sogenannten **Ballonkredit** (auch: 3-Wege-Finanzierung) an. Bei dieser Finanzierungsform zahlt der Kreditnehmer bei der Fahrzeugübergabe eine Anzahlung und überweist anschließend monatlich die (eher niedrigen) Raten an die Herstellerbank. Nach Ablauf der Finanzierungsdauer verbleibt eine Schlussrate (Ballonrate).

i *Über die monatlichen Raten wird die Differenz zwischen Kaufpreis und der Summe aus Anzahlung und kalkuliertem Restwert getilgt. Die Schlussrate und die monatliche Rate sind voneinander abhängig. Wählt der Kreditnehmer eine höhere Schlussrate, dann fällt die monatliche Rate entsprechend niedriger aus.*

Für die Ablösung der Schlussrate bieten die Herstellerbanken drei Möglichkeiten an:

1. Der Kunde erwirbt durch Zahlung der Schlussrate das vollständige Eigentumsrecht am Fahrzeug.
2. Die Herstellerbank bietet dem Kreditnehmer die Möglichkeit einer Anschlussfinanzierung für die Schlussrate an. Diese erfolgt zu den (meist schlechteren) Konditionen einer Gebrauchtwagenfinanzierung.
3. Es besteht die Möglichkeit des Rückkaufs durch den Händler. In diesem Fall gibt der Kreditnehmer am Tag der Fälligkeit der Schlussrate das Auto zurück, welches der Händler zu einem garantierten Mindestwert (= Schlussrate) kauft. Durch die Rückgabe des Autos begleicht der Kunde seine Schlussrate.

Bei einem Vergleich von Raten- und Ballonfinanzierung schließt die Ballonfinanzierung im Allgemeinen schlechter ab. Ursache hierfür ist, dass bei der Ballonfinanzierung nur ein geringer Teil des Kaufpreises getilgt wird und die Schlussrate über die gesamte Laufzeit des Vertrages verzinst werden muss.

Berechnung des Finanzierungsbedarfs

	Kaufpreis
+	Sonderausstattung
–	Kaufpreisanzahlung
+	sonstige Leistungen (z. B. Restschuldversicherung)
=	**Finanzierungssumme**
+	Zinsen (bezogen auf die Finanzierungssumme)
=	**Gesamt-Finanzierungsbedarf**

Berechnung der Finanzierungsrate

$$\text{monatliche Finanzierungsrate} = \frac{\text{Gesamt-Finanzierungsbedarf}}{\text{Gesamtlaufzeit (in Monaten)}}$$

Sollte der Kreditnehmer die erste Rate laut Vertrag erst einen Monat nach Übernahme zu entrichten haben, so lautet die Formel:

$$\text{monatliche Finanzierungsrate} = \frac{\text{Gesamt-Finanzierungsbedarf}}{\text{Gesamtlaufzeit (in Monaten)} - 1}$$

Vereinbart der Kreditnehmer eine 3-Wege-Finanzierung, dann wird die Finanzierungsrate wie folgt berechnet:

$$\text{monatliche Finanzierungsrate} = \frac{\text{Gesamt-Finanzierungsbedarf} - \text{Schlussrate}}{\text{Gesamtlaufzeit (in Monaten)}}$$

1.5 Kreditwürdigkeitsprüfung

Kreditfähigkeit bezeichnet die Fähigkeit, rechtswirksame Kreditverträge abzuschließen. Kreditfähig sind

- natürliche Personen, die voll geschäftsfähig sind,
- juristische Personen des privaten und öffentlichen Rechts und
- Personenhandelsgesellschaften.

Ist ein Kunde dem Kreditinstitut aus bisherigen Kontoverbindungen bekannt, ist eine besondere Prüfung der Kreditfähigkeit (Legitimationsprüfung) nicht notwendig. Anderenfalls muss der Kunde seine Kreditfähigkeit durch Vorlage eines amtlichen Lichtbildausweises oder bei Firmen durch Beibringung eines beglaubigten Auszuges aus einem öffentlichen Register nachweisen.

Als kreditwürdig werden Personen und Unternehmen eingestuft, wenn von ihnen eine vertragsgemäße Erfüllung der Kreditverpflichtungen erwartet werden kann. Die Kreditwürdigkeit ist von persönlichen und sachlichen Voraussetzungen abhängig.

Zur persönlichen Kreditwürdigkeitsprüfung zählen:
- charakterliche Eigenschaften (z. B. Fleiß, Tüchtigkeit, Zuverlässigkeit)
- fachliche Qualifikationen
- persönliche Haftung (Rechtsform)
- unternehmerische Fähigkeiten

Zur Beurteilung der sachlichen Kreditwürdigkeitsprüfung bei Privatpersonen dienen:
- die gegenwärtige sowie zukünftig erwartete Einkommens- und Vermögenssituation
- weitere Kontoverbindungen und Verpflichtungen

Die sachliche Kreditwürdigkeit kann anhand von Einkommensnachweisen, Vermögensübersichten, Auskünften über Kontoverbindungen und externe Auskünfte (etwa über die **SCHUFA**) überprüft werden.

SCHUFA
☞ S. 256

Bei Unternehmen erfolgt die sachliche Prüfung anhand der
- gegenwärtigen und zukünftig erwarteten Ertragslage,
- Liquiditätslage sowie
- Vermögens- und Kapitalstruktur.

Hierfür können im Einzelnen folgende Unterlagen herangezogen werden: Handelsregister, Steuerunterlagen, Bilanz, GuV-Rechnung, Geschäftsbücher sowie externe Auskünfte.

Die Kreditwürdigkeitsprüfung ist nicht nur betriebswirtschaftlich sinnvoll, um den Kreditgeber vor vorhersehbaren Verlusten zu schützen, sondern sie ist für Kredite ab 750.000,00 € gem. § 18 ***KWG*** *auch zwingend vorgeschrieben.*

KWG
Gesetz über das Kreditwesen (Kreditwesengesetz)

Im Privatkundengeschäft erfolgt die Kreditwürdigkeitsentscheidung nach einem persönlichen Gespräch aufgrund einer subjektiven Beurteilung des Kreditsachbearbeiters. Langjährige Beziehungen zwischen Kunden und Kreditinstitut (Hausbank) können sich dabei positiv auswirken. Zusätzlich zum persönlichen Gespräch werden häufig seitens des Kreditinstituts Bonitäts-Checklisten verwendet, die die Datenbasis für ***Scoring-Verfahren*** liefern, mit denen standardisierte Kreditvergabeentscheidungen getroffen werden können.

Scoring-Verfahren
Auf der Basis von Kreditnehmer-Merkmalen, denen Punkte zugeordnet sind, wird ein Zahlenwert errechnet, aus dem sich die Kreditwürdigkeit einer Person ableitet.

Die Datenbasis im Firmenkundengeschäft ist aufgrund der Rechnungslegungsvorschriften üblicherweise wesentlich besser als im Privatkundengeschäft. Aus den Jahresabschlussdaten sowie Planungsrechnungen lassen sich die notwendigen Daten für standardisierte Scoring-Verfahren ermitteln. Aufgrund des üblicherweise hohen Kreditvolumens im Firmenkundengeschäft werden neben diesen Daten häufig noch Gutachten von Innungen oder Kammern über die Erfolgsaussichten des zu finanzierenden Projektes verlangt. Darüber hinaus kann

Als Hausbank wird das Kreditinstitut bezeichnet, über das der überwiegende Teil der eigenen Bankgeschäfte abgewickelt wird.

man sich bei größeren Firmenkunden auch externer Ratingagenturen bedienen, die ein Rating erstellen, aus dem die Bonität des Unternehmens im Rahmen der Kreditwürdigkeitsprüfung abgeleitet werden kann.

1.6 SCHUFA

Die Schutzgemeinschaft für allgemeine Kreditsicherung, kurz SCHUFA genannt, ist eine Gemeinschaftseinrichtung von Wirtschaftsunternehmen, die ihren Kunden Geld- oder Warenkredite einräumen. Ziel der SCHUFA ist es, ihre Vertragspartner vor Kreditausfällen zu schützen. Vertragspartner der SCHUFA können Banken, Kreditkarten- sowie Leasinggesellschaften, Einzelhandels-, Versandhandels- und Telekommunikationsunternehmen sein. Dabei erhebt die SCHUFA selbst aktiv keine Daten, sie ist eine reine Datensammelstelle und verlässt sich dabei auf die Richtigkeit der Angaben ihrer Vertragspartner.

Bildquelle: SCHUFA Holding AG

Die Übermittlung der Informationen bedarf der Einwilligung des Kunden.

Die Vertragspartner übermitteln Informationen, die im Rahmen von eigenen Geschäften mit ihren Kunden anfallen. Dabei handelt es sich um:

- Personendaten (Name, Geburtsdatum, Geburtsort, Anschrift, frühere Anschriften)
- Informationen über andere laufende Geschäfte (Kredit- und Leasingvertrag mit Laufzeit und Betrag, Girokonten, Kreditkarten, Telekommunikationskonten)
- Daten über die nicht vertragsgemäße Abwicklung von Geschäften (rückständige Forderungen)
- Missbrauch eines Kontos oder einer Kreditkarte nach Nutzungsverbot (Merkmal kann auch nach Ausgleich des Schuldbetrages nicht durch einen Erledigungsvermerk ergänzt werden)
- Daten aus öffentlichen Verzeichnissen und amtlichen Bekanntmachungen (eidesstattliche Versicherung, Haftbefehl zur Erzwingung der eidesstattlichen Versicherung, Eröffnung eines Insolvenzverfahrens)

Von der SCHUFA werden keine Daten erfasst über

- das Einkommen oder Vermögen,
- den Arbeitgeber sowie
- Informationen über den Familienstand.

> *Die Informationen über Personen werden von der SCHUFA nur für eine bestimmte Zeit gespeichert. So werden z. B. Daten über Giro- und Kreditkartenkonten sofort nach Auflösung des Kontos gelöscht, die meisten Informationen aber nach Ablauf von drei Jahren.*

Es ist jedem Privatkunden gestattet, einmal jährlich kostenfrei seine SCHUFA-Auskunft anzufordern.

1.7 Kreditsicherheiten

Bürgschaft

Im Gegensatz zum Kaufvertrag (gegenseitiger Vertrag) ist der Bürgschaftsvertrag ein einseitig verpflichtender Vertrag, d. h., der Gläubiger wird nur berechtigt, der Bürge nur verpflichtet. Die Bürgschaft ist ein Vertrag zwischen Gläubiger und Bürgen (Dritten), in dem sich der Bürge verpflichtet, für die Verbindlichkeiten des Schuldners einzustehen.

Durch den Bürgschaftsvertrag verpflichtet sich der Bürge zur Zahlung von Zinsen und Schulden, wenn der Kreditnehmer seine Verpflichtungen aus dem Kreditvertrag, z. B. für den Kauf eines Neuwagens, nicht erfüllen kann. Das Bestehen der Bürgschaft (Nebenforderung) ist immer abhängig vom Bestehen der Hauptforderung. Sie erlischt, wenn die Hauptschuld nicht mehr besteht (Akzessorietät).

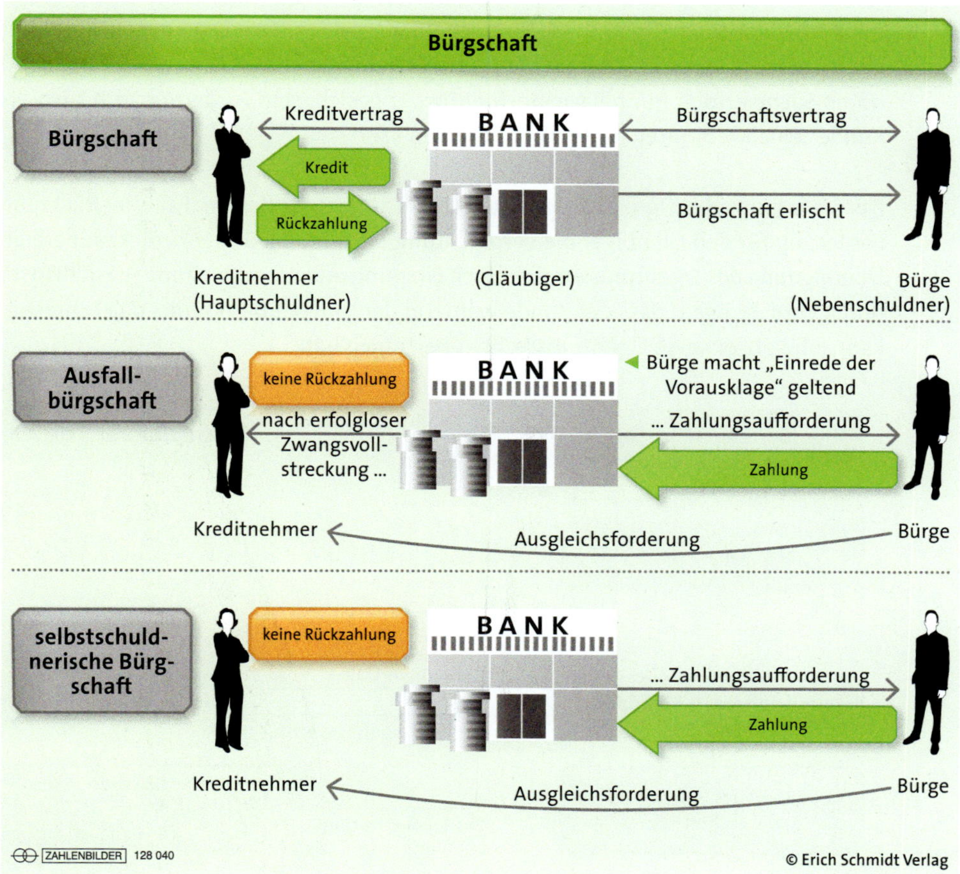

Banken verlangen in der Regel eine selbstschuldnerische Bürgschaft. Dabei ist der Bürge sofort zur Zahlung verpflichtet, wenn der Hauptschuldner bei Fälligkeit der Verbindlichkeit nicht zahlt. Eine andere Form der Bürgschaft ist die Ausfallbürgschaft. Hierbei hat der Bürge das „Recht der Einrede der Vorausklage“, d. h., der Gläubiger kann erst nach dem Nachweis der Zahlungsunfähigkeit des Schuldners von dem Bürgen die Zahlung fordern.

Abtretung von Forderungen – Zession

Bei der Zession werden fällige Forderungen, z. B. gegenüber einer Versicherung, an eine Bank abgetreten. Diese wird dadurch Gläubiger der Forderungen. Dabei lassen sich die stille und die offene Zession unterscheiden. Bei der stillen Zession weiß der Schuldner nicht, dass die Forderung an eine Bank abgetreten wurde. Hingegen wird bei der offenen Zession der Schuldner über die Abtretung der Forderung informiert, sodass er nur dann seine Schuld rechtskräftig begleichen kann, wenn er an den neuen Gläubiger zahlt. Beide Zessionsformen dienen alleine der Kreditsicherung. Kann der Kreditnehmer seine Kreditraten nicht mehr bezahlen, so kann die Bank vom Schuldner die Zahlung der Forderung verlangen. So müsste z. B. die fällige Versicherungsleistung aus einer Lebensversicherung an die Bank gezahlt werden.

Sicherungsübereignung

Obwohl die Sicherungsübereignung gesetzlich nicht geregelt ist, ist sie in der Praxis die grundlegende Kreditabsicherung für die Fahrzeugfinanzierung. Bei der Sicherungsübereignung übereignet der Eigentümer (Fahrzeugkäufer) als Sicherungsgeber eine bewegliche Sache (Fahrzeug) an den Gläubiger (Bank) als Sicherungsnehmer. Die Verwertung der übereigneten Sache erfolgt nur bei Nichterfüllung der gesicherten Forderung, d. h. also, wenn der Kunde seine Kreditraten nicht mehr bezahlen kann.

Der Sicherungsübereignungsvertrag bestimmt außerdem, dass im Falle der Rückzahlung der Forderung für den Gläubiger die Verpflichtung besteht, die Sache zurückzuübereignen. Die Übereignung des Eigentums erfolgt durch Einigung und das sogenannte Besitzkonstitut. Dadurch wird geregelt, dass der Kunde während der Laufzeit des Kredits das Fahrzeug nutzen kann, obwohl er seine Eigentumsrechte übertragen hat.

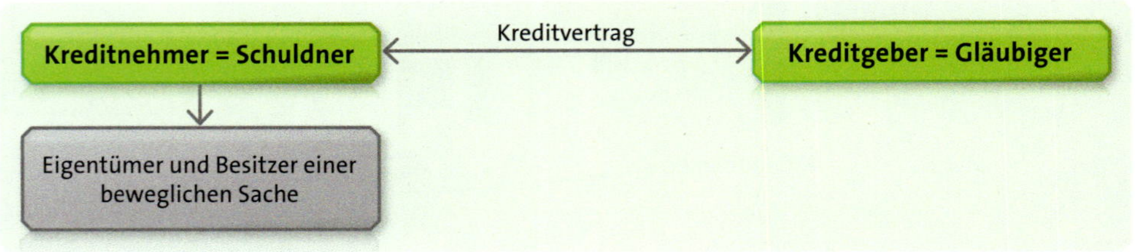

Situation vor Abschluss des Sicherungsübereignungsvertrages

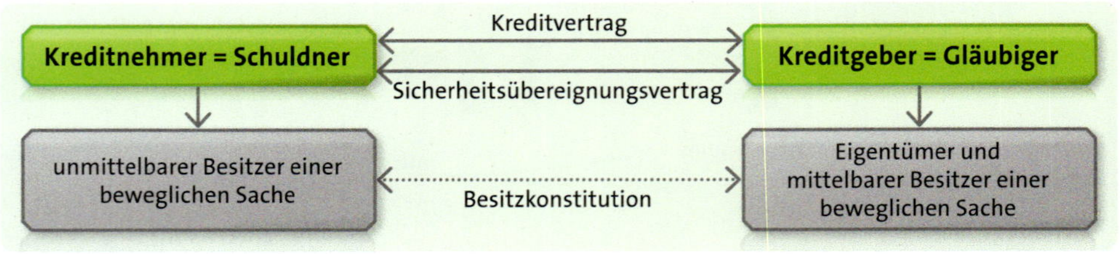

Situation nach Abschluss des Sicherungsübereignungsvertrages

1.8 Verbraucherkreditrecht

1.8.1 Form und Inhalt

Ziel des Verbraucherkreditrechtes ist der Schutz des Verbrauchers. Es beinhaltet Vorschriften zum Verbraucherdarlehensvertrag, der zwischen einem Unternehmer als Darlehensgeber und einem Verbraucher als Darlehensnehmer abgeschlossen wird (vorausgesetzt, das auszuzahlende Darlehen übersteigt den Betrag von 200,00 € netto). Verbraucherdarlehensverträge müssen schriftlich abgeschlossen werden. Ein Vertragsabschluss in elektronischer Form ist ausgeschlossen. Die Vertragserklärung muss folgende Mindestangaben enthalten:

- den Nettodarlehensbetrag
- den Gesamtbetrag aller Teilzahlungen einschließlich Kosten und Zinsen
- die Art und Weise der Rückzahlung des Darlehens
- den Zinssatz sowie alle sonstigen Kosten des Darlehens
- den effektiven Jahreszins
- die Kosten einer Restschuld- oder sonstigen Versicherung, die im Zusammenhang mit dem Verbraucherkreditvertrag abgeschlossen wird
- die zu bestellenden Sicherheiten

Sollte die Schriftform nicht eingehalten werden oder einer der zuvor genannten Vertragsinhalte fehlen, so ist der gesamte Darlehensvertrag nichtig. Ungeachtet eines solchen Mangels wird der Verbraucherdarlehensvertrag aber gültig, wenn der Darlehensnehmer das Darlehen empfängt. Sollte dann die Angabe des zugrunde gelegten Zinssatzes, des effektiven Zinssatzes oder die Angabe des Gesamtbetrages fehlen, ermäßigt sich der dem Verbraucherdarlehensvertrag zugrunde gelegte Zinssatz auf den gesetzlichen Zinssatz und der Gesamtbetrag sinkt somit. Nicht angegebene Kosten werden vom Darlehensnehmer nicht geschuldet, und vereinbarte Teilzahlungen sind unter Berücksichtigung der verminderten Zinsen oder Kosten neu zu berechnen.

1.8.2 Das Widerrufsrecht des Verbrauchers

Dem Verbraucher steht bei Abschluss eines Darlehensvertrages ein 14-tägiges Widerrufsrecht zu. Diese gesetzliche Regelung soll den Verbraucher vor übereilten wirtschaftlichen Entscheidungen schützen und ihm die Möglichkeit einräumen, seine Entscheidung noch einmal zu überdenken. Die Widerrufsfrist beginnt mit dem Vertragsabschluss.

Für den Widerruf hat der Gesetzgeber ein Muster für die Widerrufsinformation zur Verfügung gestellt. Bei der Verwendung des Musters durch den Kreditgeber gelten die gesetzlich geregelten Informationspflichten gegenüber dem Verbraucher als erfüllt, eine Unterschrift ist nicht erforderlich. Aus Beweisgründen wird die schriftliche Bestätigung, dass der Kunde die Widerrufsinformation erhalten hat, aber in der Regel verlangt. Das Widerrufsrecht erlischt spätestens sechs Monate nach Vertragsschluss. Hat der Verbraucher das Darlehen empfangen, gilt der Widerruf als nicht erfolgt, wenn er das Darlehen nicht binnen zwei Wochen entweder nach Erklärung des Widerrufs oder nach Auszahlung des Darlehens zurückzahlt. Auch bei Ratenlieferungsverträgen steht dem Verbraucher ein Widerrufsrecht zu.

1.8.3 Verbundene Geschäfte

Dient das Darlehen der Finanzierung eines Kaufpreises, sind beide Verträge als wirtschaftliche Einheit anzusehen; der Kaufvertrag und der Darlehensvertrag bilden ein verbundenes Geschäft. Insbesondere wenn sich der Darlehensgeber bei der Vorbereitung oder dem Abschluss des Darlehensvertrages eines Verkäufers bedient, so wie es bei der Zusammenarbeit von Autohaus und Herstellerbank üblicherweise geschieht, ist von einem verbundenen Geschäft auszugehen. Widerruft der Verbraucher den Darlehnsvertrag innerhalb der gesetzlichen Pflicht, so hat er auch das Recht, vom Kaufvertrag zurückzutreten.

1.8.4 Die Kündigung durch den Darlehensgeber

Der Darlehensgeber hat das Recht, dem Verbraucher das Darlehen zu kündigen, wenn dieser mit mindestens zwei aufeinanderfolgenden Raten ganz oder teilweise in Verzug ist und bei einer Laufzeit von weniger als drei Jahren mindestens 10 % oder bei einer Laufzeit von mehr als drei Jahren 5 % des Nennbetrages schuldet. Der Darlehensgeber hat dem Verbraucher dann eine zweiwöchige Zahlungsfrist zu setzen und ihm ein Gesprächsangebot hinsichtlich einer einvernehmlichen Lösung zu unterbreiten.

1.9 Exkurs: Zinsrechnung

Zins-Formelsammlung

$$\text{Jahreszinsen} = \frac{\text{Kapital} \cdot \text{Zinssatz} \cdot \text{Jahre}}{100}$$

$$\text{Monatszinsen} = \frac{\text{Kapital} \cdot \text{Zinssatz (p. a.)} \cdot \text{Monate}}{100 \cdot 12}$$

$$\text{Tageszinsen} = \frac{\text{Kapital} \cdot \text{Zinssatz (p. a.)} \cdot \text{Tage}}{100 \cdot 360}$$

$$\text{Zinssatz} = \frac{\text{Zinsen} \cdot 100 \cdot 360}{\text{Kapital} \cdot \text{Tage}}$$

$$\text{Kapital} = \frac{\text{Zinsen} \cdot 100 \cdot 360}{\text{Tage} \cdot \text{Zinssatz}}$$

$$\text{Tage} = \frac{\text{Zinsen} \cdot 100 \cdot 360}{\text{Kapital} \cdot \text{Zinssatz}}$$

Berechnung des Effektivzinses

$$\text{Effektivzins} = \frac{\text{Kreditkosten} \cdot 100}{\text{Finanzierungssumme} \cdot \text{durchschnittliche Laufzeit in Jahren}}$$

$$\text{durchschnittliche Laufzeit} = \frac{\text{kürzeste Laufzeit} + \text{längste Laufzeit}}{2}$$

	Kaufpreis
+	Sonderausstattung
–	Kaufpreisanzahlung
+	sonstige Leistungen (z. B. Restschuldversicherung)
=	**Finanzierungssumme**
+	Zinsen
=	**Kreditkosten**

LS 89
LS 90

2 Leasingverträge abschließen

SITUATION *Autoland Murschall GmbH*

„Aber wieso spricht man dann dauernd von Leasingrückläufern?" David Rose ist verwirrt. Gerade hat ihm Frau Friede erklärt, dass beim Leasing der Kunde im Grunde gar keinen Vertrag mit dem Autohaus abschließt, sondern das Fahrzeug von der Leasinggesellschaft gekauft wird, die es dann an den „Kunden" der Autoland Murschall GmbH sozusagen „vermietet". „Dann gehören die Fahrzeuge nach der Laufzeit doch der Leasinggesellschaft. Klar, dass der Kunde das Fahrzeug bei uns abgibt, macht Sinn. Aber wieso bleiben die dann einfach bei uns?"

Aristoteles (geb. 384 v. Chr., gest. 322 v. Chr.) einer der bekanntesten griechischen Philosophen

Die Möglichkeit, Gegenstände zu mieten oder zu leasen, existiert bereits sehr viel länger, als man glaubt. Schon der berühmte griechische Philosoph ***Aristoteles*** hat vor mehr als 2300 Jahren gesagt:

„Der Reichtum liegt nicht im Eigentum, sondern im Gebrauch der Dinge."

Etwa 3000 vor Chr. begannen die Sumerer, Gebiete zwischen Euphrat und Tigris gegen einen entsprechenden Anteil der Ernte an Landarbeiter zu verpachten. 1700 vor Chr. gab es in Babylonien ein Gesetz, welches das Mieten von Ochsen regelte. Darin heißt es u. a.:

- Sollte ein vermieteter Ochse durch einen Löwen getötet werden, so trägt der Eigentümer das Risiko.
- Sollte ein Ochse durch Unachtsamkeit oder Grausamkeit des Mieters sterben, so hat dieser dem Eigentümer den Schaden zu ersetzen.

Ein weiteres Beispiel findet sich im 6. Jahrhundert in Italien. Dort vermieteten Eisenschmiede Anker an Schiffseigner für die Dauer der Schiffspassage. Nach der Rückkehr des Schiffes nahmen die Schmiede die Anker zurück und vermieteten sie an andere Schiffe.

Als Geburtsstunde dessen, was wir heute unter Leasing verstehen, wird das Jahr 1877 angesehen. Die von Graham Bell und anderen gegründete Telefongesellschaft „Bell Telephone Company" vermietete in den USA Telefone an Interessenten, statt sie zu verkaufen. Zu Beginn des 20. Jahrhunderts waren es dann neben Maschinen für Schuhfabriken und -werkstätten vor allem Büro- und Datenverarbeitungsmaschinen, die geleast wurden.

Die Gründe für diese Geschäftsmodelle waren damals die gleichen wie heute:

- Der Mieter konnte die hohen Investitionskosten in Maschinen umgehen.
- Das Risiko trug der Leasingnehmer nicht mehr alleine.
- Der Hersteller konnte seine Kunden mit Wartungsverträgen langfristig an sich binden.

Mitte der 1930er Jahre des letzten Jahrhunderts fiel in den USA der Startschuss für das Leasing von Kraftfahrzeugen. Nach dem Ende des Zweiten Weltkriegs nahm der Anteil des Leasings kontinuierlich zu. Der hohe Ersatzbedarf in allen Wirtschaftszweigen und der zunehmende Wohlstand in den Industriestaaten erforderte geradezu eine Investitionsmöglichkeit, bei der ein Gut angeschafft werden konnte, ohne dass das für einen Kauf notwendige Kapital vorhanden war. Bedingt durch diese Entwicklung, wurde 1952 in den USA die erste Leasinggesellschaft gegründet, die nicht mehr ihre eigenen Produkte vermietete; der Schritt vom Herstellerleasing zum heute bekannten Leasing war getan. Das erste Leasingobjekt der Gesellschaft war übrigens ein Gabelstapler. In Deutschland wurde das erste Leasingunternehmen 1962 in Düsseldorf gegründet, die „Deutsche Leasing GmbH". Ihr erstes Leasingobjekt war eine Registrierkasse.

2.1 Ablauf des Leasings

Insgesamt sind drei Parteien an einem Leasinggeschäft beteiligt:

- Der Leasingnehmer (Neuwagen-Kunde) als Benutzer des Leasingobjektes,
- der Leasinggeber als Käufer und Eigentümer des Leasingobjektes und
- das Autohaus.

Der Kunde entscheidet sich zunächst beim Autohaus für einen Neuwagen. Dieses Fahrzeug wird anschließend von dem Kfz-Händler an eine Leasingfirma oder Bank (Leasinggeber) verkauft. An diesen Leasinggeber zahlt der Kunde (Leasingnehmer) während der Leasingdauer die Leasingraten. Der Kunde und das Autohaus stehen vertraglich nicht in Verbindung. Eigentümer des Fahrzeuges ist der Leasinggeber, Besitzer der Leasingnehmer. Häufig besteht für das Autohaus am Ende der Vertragslaufzeit die Verpflichtung, das Fahrzeug von der Leasinggesellschaft zu kaufen.

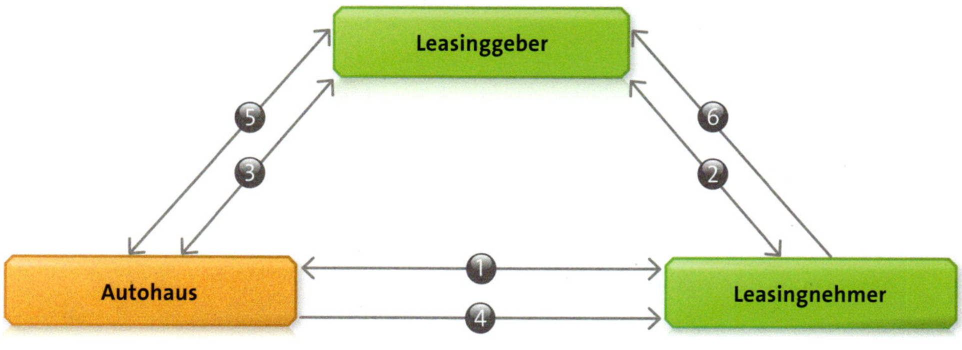

1. Der Kunde (Leasingnehmer) informiert sich im Autohaus. Entscheidet er sich für ein Leasingangebot, so erfolgt die Bestellung des Fahrzeuges über das Autohaus.
2. Nach Klärung aller Formalitäten wird zwischen dem Leasinggeber und dem Leasingnehmer ein Leasingvertrag abgeschlossen.
3. Der Leasinggeber tritt in die Fahrzeugbestellung ein und kauft das vom Leasingnehmer bestellte Fahrzeug (Kaufvertrag zwischen dem Autohaus und dem Leasinggeber).

④ Das Autohaus liefert das Fahrzeug an den Leasingnehmer aus.
Wichtig: Das Fahrzeug bleibt Eigentum des Leasinggebers.
⑤ Das Autohaus stellt dem Leasinggeber eine Rechnung, die dieser bezahlt.
⑥ Der Leasingnehmer zahlt die monatlichen Leasingraten direkt an den Leasinggeber.

Hinweis zu Garantie- und Gewährleistungsansprüchen:
In der Regel tritt der Leasinggeber seine Garantie- und Gewährleistungsansprüche aus dem Kaufvertrag während der Laufzeit des Leasingvertrages an den Leasingnehmer ab. Entstehen beim Leasingnehmer Garantie- oder Gewährleistungsansprüche, so kann er diese gegenüber dem Autohaus bzw. dem Hersteller geltend machen. Nach Ablauf des Leasingvertrages erfolgt eine Rückübertragung der Garantie- und Gewährleistungsansprüche an den Leasinggeber.

Nach Ablauf des Leasingvertrages bestehen je nach der Art des Leasingvertrages verschiedene Möglichkeiten, den Kunden weiter an das Autohaus zu binden. So kann unter Umständen
- der Leasingvertag angepasst und verlängert,
- eine Anschlussfinanzierung vereinbart,
- das Fahrzeug gekauft oder zurückgegeben oder
- ein neues Fahrzeug geleast, finanziert oder bar gekauft werden.

2.2 Formen des Leasings

Wurden in Deutschland Leasinggesellschaften sowie Unternehmen, die ihre Anlagegüter leasten, in der Anfangszeit eher kritisch beäugt, da diese Unternehmen als finanzschwach und infolgedessen nicht solvent galten, so änderte sich dies nach den Leasing-Erlassen des Finanzministeriums in den Jahren 1971 und 1975, in denen die Regeln für die Bilanzierung und die Fragen der steuerlichen Zurechnung der Leasingobjekte geregelt wurden:
- Mobilien-Leasing-Erlass von 1971
- Teilamortisations-Erlass von 1975

Nach diesen Steuererlassen können zwei grundsätzliche Formen unterschieden werden:
- Vollamortisationsvertrag
- Teilamortisationsvertrag

Merkmale des Vollamortisationsvertrags
- Die Anschaffungskosten des Leasingobjektes werden während der Vertragslaufzeit vollständig über die Leasingraten und eine eventuelle Sonderzahlung abgegolten.
- Die unkündbare Leasingdauer (Vertragslaufzeit) beträgt zwischen 40 % und 90 % der betriebsgewöhnlichen Nutzungsdauer (AfA-Zeit).
- Am Ende der unkündbaren Leasingdauer hat der Leasingnehmer eine Kauf- oder Verlängerungsoption.
- Der Kaufpreis des Leasingobjektes am Ende der Leasingdauer darf nicht geringer sein als der linear abgeschriebene und somit der amtlichen Abschreibungstabelle entsprechende Restbuchwert oder der niedrigere gemeine Wert (Marktwert) zum Zeitpunkt der Veräußerung.

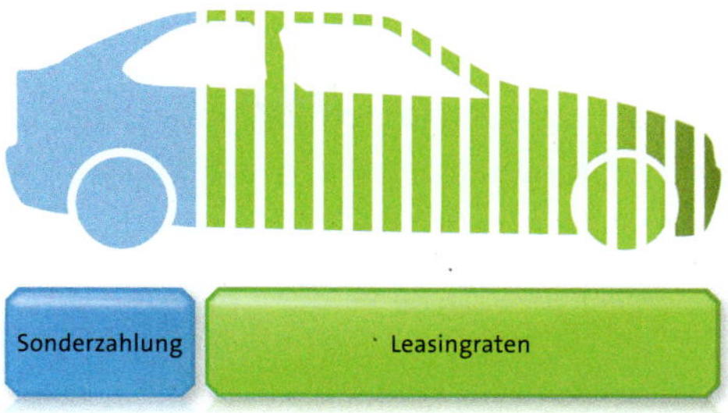

Im Einzelnen unterscheidet man im Rahmen der Vollamortisation die folgenden Vertragsarten:

- **Vollamortisationsvertrag mit Kaufoption**
  Der Kunde (Leasingnehmer) hat nach Ablauf der Grundmietzeit die Möglichkeit, das Fahrzeug zum Restbuchwert oder dem geringeren gemeinen Wert (Zeitwert) zu kaufen. Während der Kunde somit ein Wahlrecht hat (Fahrzeug kaufen bzw. es zurückgeben), muss der Leasinggeber (Bank) auf Verlangen des Kunden das Fahrzeug an ihn verkaufen.
- **Vollamortisationsvertrag mit Mietverlängerungsoption**
  Hier hat der Kunde (Leasingnehmer) nach Ablauf der Grundmietzeit die Möglichkeit, den Leasingvertrag zu verlängern. Dabei muss sich die neue Leasingrate am Restbuchwert und an der voraussichtlich verbleibenden Nutzungsdauer orientieren.
- **Vollamortisationsvertrag ohne Option**
  Nach Ablauf der Grundmietzeit gibt der Kunde sein Fahrzeug zurück und hat keinen Einfluss mehr auf die weitere Verwendung desselben.

Vertragstyp	Zurechnungskriterien	Zurechnung LG	Zurechnung LN
mit Kaufoption	• Grundmietzeit liegt zwischen 40 % und 90 % der AfA-Zeit • Kaufpreis beträgt mindestens den Restbuchwert oder den niedrigeren gemeinen Wert	x	
	• Grundmietzeit liegt unter 40 % oder über 90 % der AfA-Zeit		x
	• Kaufpreis beträgt weniger als der Restbuchwert oder der niedrigere gemeine Wert		x
mit Mietverlängerungsoption	• Grundmietzeit liegt zwischen 40 % und 90 % der AfA-Zeit • Anschlussmiete deckt mindestens den Wertverzehr des Leasingobjektes auf der Grundlage der linearen Abschreibung oder des niedrigeren gemeinen Wertes	x	
	• Grundmietzeit liegt unter 40 % oder über 90 % der AfA-Zeit		x
	• Anschlussmiete deckt nicht den Wertverzehr des Leasingobjektes auf der Grundlage der linearen Abschreibung oder des niedrigeren gemeinen Wertes		x
ohne Option	• Grundmietzeit liegt zwischen 40 % und 90 % der AfA-Zeit	x	
	• Grundmietzeit liegt unter 40 % oder über 90 % der AfA-Zeit		x

LG = Leasinggeber

LN = Leasingnehmer

Zurechnung LG heißt, dass das Leasingobjekt beim LG bilanziert werden muss.

Merkmale des Teilamortisationsvertrags

- Der Teilamortisationsvertrag ist dadurch gekennzeichnet, dass die Zahlungen des Leasingnehmers während der Grundmietzeit die Investitionen des Leasinggebers nicht voll decken. Es verbleibt ein Restwert, der durch die anschließende Verwertung ausgeglichen werden muss.
- Der Leasingnehmer tilgt über die Leasingraten die Investitionskosten in Höhe der Differenz zwischen Anschaffungs- und Herstellungskosten und dem kalkulatorischen Restwert.
- Die unkündbare Leasingdauer (Vertragslaufzeit) beträgt zwischen 40 % und 90 % der betriebsgewöhnlichen Nutzungsdauer (AfA-Zeit).
- Bei einem Teilamortisationsvertrag wird die vollständige Amortisation erst durch die Ausübung des Andienungsrechts des Leasinggebers gegenüber dem Leasingnehmer durch eine entsprechende Verlängerung oder durch Verkauf des Leasingobjektes durch den Leasinggeber an einen Dritten erreicht.

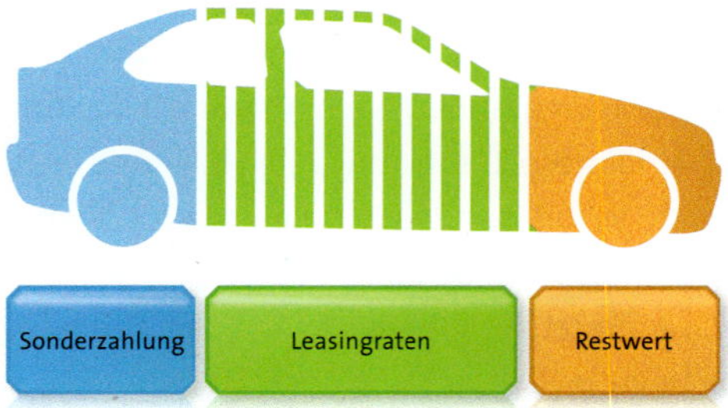

Im Einzelnen unterscheidet man im Rahmen der Teilamortisation die folgenden Vertragsarten:

- **Leasingvertrag mit Andienungsrecht des Leasinggebers**
  Der Leasinggeber behält es sich bei dieser Option vor, den Leasingnehmer zu verpflichten, das Leasingobjekt zum kalkulierten Restwert zu kaufen. Der Leasingnehmer muss bei Andienung kaufen, hat aber kein eigenes Erwerbsrecht.
- **Vertrag mit Mehr- oder Mindererlösbeteiligung**
  Nach Ablauf der Grundmietzeit wird das Leasingobjekt vom Leasinggeber veräußert. Ein Mindererlös aus der Differenz zwischen den Gesamtkosten des Leasinggebers einerseits und den Leasingraten sowie dem Verkaufserlös andererseits hat der Leasingnehmer auszugleichen. Übersteigt der Verkauf diese Gesamtkosten, so erhält der Leasingnehmer 75 % dieses Erlöses, der Leasinggeber 25 %.
- **Kündbarer Vertrag mit Abschlusszahlungen**
  Der Leasingnehmer kann den Vertrag frühestens nach Ablauf einer Grundmietzeit, die 40 % der betriebsgewöhnlichen Nutzungsdauer beträgt, und unter Einhaltung einer sechsmonatigen Kündigungsfrist kündigen. Allerdings wird damit eine Abschlusszahlung in Höhe der durch die Raten nicht abgedeckten Gesamtkosten des Leasinggebers fällig.

Vertragstyp	Zurechnungskriterien	Zurechnung LG	Zurechnung LN
mit Andienungsrecht des Leasinggebers	• Grundmietzeit liegt zwischen 40 % und 90 % der AfA-Zeit	x	
	• Grundmietzeit liegt unter 40 % oder über 90 % der AfA-Zeit		x
mit Mehr- oder Mindererlösbeteiligung	• Die Mehrerlösbeteiligung des LN beträgt maximal 75 %	x	
	• Die Mehrerlösbeteiligung des LN beträgt mehr als 75 %		x
kündbarer Vertrag mit Abschlusszahlung	• Kündigungsrecht nach Ablauf von 40 % der AfA-Zeit	x	
	• Kündigungsrecht vor Ablauf von 40 % der AfA-Zeit		x

Die Zurechnung des Leasingguts zum Leasinggeber ist zwingende Voraussetzung dafür, dass die Leasingrate vom Leasingnehmer als Betriebsausgabe geltend gemacht werden kann. Man spricht dann vom erlasskonformen Leasing.

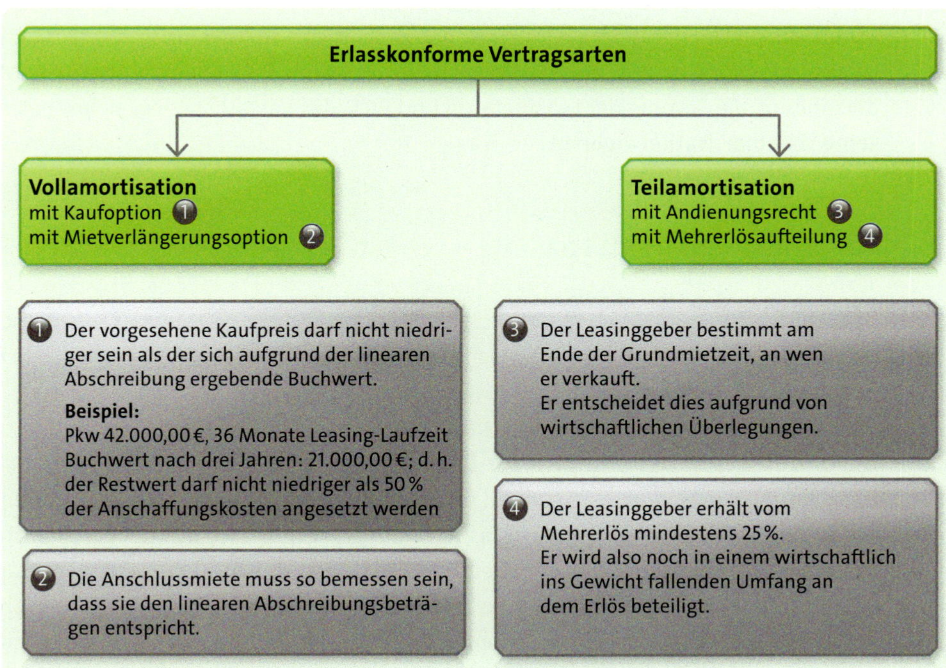

Grundsätzlich ist ein erlasskonformer Leasingvertrag während der vereinbarten Leasingzeit nicht durch eine ordentliche Kündigung auflösbar. Jedoch kann jeder Vertragspartner den Leasingvertrag aus wichtigem Grunde im Wege einer außerordentlichen Kündigung auflösen.

So kann der Leasinggeber dann den Vertrag kündigen, wenn der Leasingnehmer mit zwei Leasingraten in Verzug ist. Darüber hinaus ist eine Kündigung durch den Leasinggeber auch dann möglich, wenn der Leasingnehmer bei Vertragsabschluss falsche Angaben gemacht hat oder Tatsachen verschwiegen hat, die es dem Leasinggeber unmöglich machen, den Leasingvertrag fortzusetzen.

Stirbt der Leasingnehmer, so können die Erben den Vertrag unter Einhaltung einer Frist ebenfalls kündigen. Bei einem Totalschaden oder Diebstahl des Fahrzeuges können beide Vertragspartner den Vertag zum Ende des Monats kündigen.

Exkurs: Kündbarer Leasingvertrag
Auch hier ist vorgeschrieben, dass der Leasingvertrag mindestens 40 % der betriebsgewöhnlichen Nutzungsdauer betragen muss, also frühestens nach 29 Monaten gekündigt werden kann.

Der Leasingnehmer kann den Vertrag unter Einhaltung einer vereinbarten Frist kündigen. Der Leasinggeber ist in diesem Fall verpflichtet, das Fahrzeug zu verkaufen und 90 % des Veräußerungserlöses bei der Schlussabrechnung mit dem Kunden zu berücksichtigen. Im Gegenzug verpflichtet sich der Leasingnehmer, eine Abschlusszahlung zu leisten, wenn die zu Beginn geleistete Mietsonderzahlung, die Summe der Leasingraten und 90 % des Verkaufspreises beim Leasinggeber keine Vollamortisation ergeben.

2.3 Vertragsarten beim Leasing

Grundsätzlich werden beim Leasing von Kraftfahrzeugen zwei Vertragsarten unterschieden. Das Leasing mit Kilometerabrechnung (Kilometerleasing) und das Leasing mit Fahrzeugabrechnung (Restwertleasing).

2.3.1 Besonderheiten beim Kilometer-Leasing

Der Kilometervertrag ist eine speziell für den Abschluss von Pkw-Leasingverträgen entwickelte Vertragsform. Die Höhe der Leasingzahlungen ergibt sich aus der vereinbarten Kilometerlaufleistung, der Vertragslaufzeit und des erwarteten Marktwerts am Vertragsende. Der Leasingnehmer leistet nur für die vereinbarte Nutzung des Pkw die Leasingzahlungen und gibt das Fahrzeug zum vorgesehenen Vertragsende zurück. Das Investitionsrisiko trägt der Leasinggeber; es erfolgt somit keine vollständige Amortisation der Investition.

> ***BEISPIEL** Autoland Murschall GmbH*
>
> *Ein Kunde der Autoland Murschall GmbH hat sich entschlossen, einen STARCAR COMFORT zu leasen. Es wird eine Laufzeit von 36 Monaten und eine Laufleistung von 45 000 Kilometern vereinbart.*

Zum Zeitpunkt der Fahrzeugrückgabe müssen der Zustand und die Kilometerlaufleistung den vertraglichen Vereinbarungen entsprechen:

- Mehrkilometer müssen durch den Leasingnehmer ausgeglichen werden, Minderkilometer werden durch den Leasinggeber erstattet (wobei es üblicherweise eine Toleranz von 2500 km gibt).
- Bei allen Leasing-Verträgen, die den Regeln der steuerlichen Leasing-Erlasse entsprechen, ist der Leasinggeber wirtschaftlicher Eigentümer.
- Bei den Leasing-Verträgen, die den Regeln der steuerlichen Leasing-Erlasse nicht entsprechen, ist der Leasingnehmer wirtschaftlicher Eigentümer.

> ***BEISPIEL***
>
> *Bei einem Teilamortisationsvertrag wird mit dem Leasingnehmer der Verkauf des Objektes zum Restwert vereinbart, obwohl der Marktwert deutlich höher ist.*
> ***Steuerliche Bewertung:*** *Der Leasinggeber handelt hier nicht wie der wirtschaftliche Eigentümer, der den Verkauf an den „Höchstbietenden" vornehmen würde. Somit ist der Leasingnehmer als wirtschaftlicher Eigentümer anzusehen, der damit das geleaste Gut auch bilanzieren müsste.*

2.3.2 Besonderheiten beim Restwertleasing

Leasingvertrag mit offenem Restwert

Bei dieser auch als Open-end-Leasing bezeichneten Vertragsgestaltung rechnet der Leasinggeber am Ende der Vertragslaufzeit mit dem Kunden ab. Der kalkulierte Restwert wird dem tatsächlichen Restwert gegenübergestellt. Ist das Fahrzeug mehr wert, als im Voraus angenommen, bekommt der Kunde 75 % des Mehrerlöses. Ist das nicht der Fall, so muss er nachzahlen. Da sich ein recht genau zu ermittelnder Gebrauchtwagenpreis bildet, muss der Leasinggeber nicht mit der Abrechnung warten, bis das Fahrzeug veräußert ist. Es genügt und ist anerkannt, wenn der Abrechnung ein Gutachten eines unabhängigen Sachverständigen zugrunde gelegt wird.

Leasingvertrag mit fixem Restwert

Bei dieser Vertragsform erfolgt keine Gebrauchtwagenabrechnung. Der Kunde hat dabei weder die Chance, am Mehrerlös teilzuhaben, noch hat er das Risiko, nachzahlen zu müssen. Bei diesem Leasingvertrag wird zwar auch ein Restwert festgelegt, doch entscheidend ist die veranschlagte Gesamtfahrleistung des Kunden. Fährt der Leasingnehmer während der Vertragslaufzeit mehr, muss er nachzahlen, fährt er weniger, bekommt er bei manchen Leasinggesellschaften Geld zurück. Der Kunde gibt das Fahrzeug am Ende der Laufzeit in jedem Fall zurück, ohne dass ein Gutachten erstellt wird. Chance und Risiko der Gebrauchtwagenverwertung liegen beim Leasinggeber.

<table>
<tr><th colspan="2">Vertragsarten beim Kraftfahrzeugleasing</th></tr>
<tr><th>Leasing mit Kilometerabrechnung</th><th>Leasing mit Fahrzeugabrechnung (Restwertleasing)</th></tr>
<tr><td>Merkmale:
• Laufzeit zwischen einem und 54 Monaten
• LN zahlt ausschließlich die Nutzung
• LN trägt kein Vermarktungsrisiko
• Restwertrisiko liegt beim LG
• Keine Gebrauchtwagenabrechnung (= Leasing mit fixem Restwert = Closed-End-leasing)

Abrechnung am Ende der Laufzeit:
• Schäden, die über den vertragsgemäßen Gebrauch nach Alter und Fahrleistung hinausgehen
• Mehrkilometer über der Freigrenze von 2 500 km mit i. d. R. 0,03 % des Fahrzeugwertes
• Minderkilometer unter der Freigrenze von 2 500 km mit i. d. R. 0,02 % des Fahrzeugwertes

Fazit:
In der Praxis die vorherrschende Vertragsart, da Kostentransparenz, Kostensicherheit, Flexibilität und unproblematischer Umstieg auf neues Fahrzeug gegeben ist.</td><td>Merkmale:
• Laufzeit zwischen 40 % und 90 % der betriebsgewöhnlichen Nutzungsdauer (die zurzeit für Pkw sechs Jahre beträgt; d. h. die Laufzeit muss zwischen 29 und 63 Monaten betragen)
• Restwert am Ende der Laufzeit wird kalkuliert und ist fester Vertragsbestandteil
• LN trägt volles Vermarktungsrisiko
• tatsächlicher Fahrzeugwert muss am Ende der Grundmietzeit ermittelt werden (Open-End-Leasing)

Abrechnung am Ende der Laufzeit:
• Mindererlös aus Differenz zwischen kalkuliertem Restwert und tatsächlichem Verkaufserlös (Wert kann auch durch Gutachter festgelegt werden); trägt zu 100 % der LN (= Schlusszahlung)
• Mehrerlös aus der Abrechnung erhält zu 75 % der LN und zu 25 % der LG</td></tr>
</table>

Unabhängig von der gewählten Vertragsart können im Leasingvertrag auch weitere Leistungen des Leasinggebers enthalten sein. Hierzu zählen z. B.:

- Tankkarten-Management
- Wartungskosten
- Reparaturkosten
- Ersatzwagen
- Reifenersatz

Liegen diese Leistungen vor, so spricht man von einem Full-Service-Leasing. Diese und eventuell noch weitere Leistungen und Kosten werden dann auch in der Leasingrate berücksichtigt.

***BEISPIEL** Kosten, die Bestandteil des Leasingvertrags und somit der Leasingrate sein können*

- *Zulassungs- und Abmeldegebühren*
- *Kfz-Steuer*
- *Haftpflichtversicherung*
- *Kaskoversicherung*
- *Insassenunfallversicherung*
- *Gebühr für HU*
- *Gebühr ARD ZDF Deutschlandradio Beitragsservice (früher: GEZ-Gebühr)*

2.4 Geschäfts- und Privatleasing

2.4.1 Geschäftsleasing

Der Eigentümer des Fahrzeuges ist beim Leasing immer der Leasinggeber. Dieser Aspekt ist besonders wichtig, da das Fahrzeug dadurch nur beim Leasinggeber in der Bilanz ausgewiesen wird. Der Leasingnehmer kann hingegen die Leasingraten als Betriebsausgabe steuermindernd in seiner Steuererklärung ansetzen. Diese Raten können aber nur dann als Betriebsausgabe vom Finanzamt berücksichtigt werden, wenn dem Leasinggeber das wirtschaftliche Eigentum am Leasingobjekt (z. B. einem Neuwagen) zugestanden wird. Hierzu muss der Leasingvertrag folgenden Kriterien des Finanzamtes genügen:

- Die Laufzeit des Leasingvertrages (Grundmietzeit) muss zwischen 40 % und 90 % der betriebsgewöhnlichen Nutzungsdauer des Fahrzeuges liegen. Die Nutzungsdauer ergibt sich aus den AfA-Tabellen und liegt zurzeit für einen Pkw bei sechs Jahren. Daraus ergibt sich eine Grundmietzeit von mindestens 29 und höchstens 63 Monaten.
- Es muss eine Unkündbarkeit des Vertrages während der Grundmietzeit vorliegen.
- Der Leasinggeber muss das Fahrzeug aus einem Finanzierungsinteresse und nicht aus einem Absatzinteresse heraus finanzieren. Diese Form des Leasings wird als **Financial Leasing** bezeichnet.

Erfüllt der Leasingvertrag all diese Kriterien, so liegt ein erlasskonformes Leasing vor. Das Unternehmen (der Leasingnehmer) kann in diesem Fall die Leasingraten als Betriebsausgabe steuermindernd in der Steuererklärung ansetzen.

Vorteile des Geschäfts-Leasings:

- Bankkreditlinie wird nicht beansprucht.
- Eigenkapital bleibt für nicht kreditwürdige Vorhaben erhalten.
- Leasingobjekt taucht in der Bilanz nicht auf (bilanzneutral).
- Goldene Finanzierungsregel wird beachtet: Nutzungsdauer = Finanzierungsdauer.
- Nur die Nutzung, nicht der Substanzwert wird bezahlt.
- Leasing ist kostengünstiger als eine Bankfinanzierung, sofern Eigenkapital mit hoher Rendite angelegt werden kann.
- Das Autohaus erzielt im gewerblichen Bereich durchschnittlich höhere Bruttoerträge.
- Anschlussaufträge erfolgen eher und für das Autohaus meist problemloser, da der GW-Preis bereits feststeht.

Nachteile des Geschäfts-Leasings:

- Bei Vollamortisationsverträgen um den Restbuchwert teurer, da der Leasingnehmer bei Ausübung seiner Kaufoption mindestens den Restbuchwert bezahlen muss; das Leasingobjekt (Neuwagen) muss sich aber bei diesen Verträgen bereits während der abgelaufenen Vertragszeit voll amortisiert haben.
- Bei Teilamortisationsverträgen mit offenem Restwert um die Mehrerlösbeteiligung des Leasinggebers teurer.
- Im Einzelfall ist es wesentlich teurer als eine Bankfinanzierung.
- Leasingkonditionen sind weniger transparent als eine Bankfinanzierung.
- Es sind unerwartete Nachzahlungen möglich.

- Verfügbarkeit über das Leasingobjekt ist eingeschränkt.
- Es entsteht ein höherer Verwaltungsaufwand für das Autohaus.

2.4.2 Privatleasing

Das Privatleasing muss nicht den strengen Kriterien des erlasskonformen Leasings entsprechen und wird häufig von den Herstellern bzw. Autohäusern als Null-Leasing angeboten. Hierbei fallen für den Kunden weder Zinsen noch sonstige Kosten an. Die Mietsonderzahlung, die Summe der Raten sowie der kalkulierte Restwert ergeben den Neupreis des Fahrzeuges. Hersteller und Händler teilen sich bei diesem Modell die Zins- und Verwaltungskosten. Da das Autohaus in einem gewissen Rahmen beeinflussen kann, wie viel es zuschießen muss, gilt die folgende Überlegung: Die Mietsonderzahlung muss möglichst hoch, die Laufzeit möglichst kurz und der Restwert möglich gering sein. Auf diese Weise wird erreicht, dass der Leasinggeber sein Geld relativ schnell zurückerhält, sodass nur geringe Zinskosten anfallen und das Autohaus weniger zuzahlen muss. Ein sehr niedriger Restwert kommt auch dem Kunden zugute, wenn er das Auto am Ende der Laufzeit übernehmen will. In der Regel übersteigt dann nämlich der Marktwert den kalkulierten Restwert beträchtlich, sodass der Kunde aus dieser Differenz die nächste Mietsonderzahlung für einen neuen Leasingvertrag leisten kann.

2.5 Kalkulation der Leasingrate

Die Kalkulation von Leasingraten ist grundsätzlich Sache des Leasinggebers. Da dieser in der Regel als Großabnehmer auftritt, gewährt ihm das Autohaus häufig einen Rabatt, der sich in der Größenordnung von rund 15 % bewegt. Die meisten Automobilhersteller und -importeure arbeiten mit einer Bank aus derselben Organisation zusammen, wie z. B. VW mit der VW Bank oder Lexus mit Lexus Financial Services. Diesen Banken vermittelt der jeweilige Kfz-Händler ihre Leasinginteressenten. Da den meisten Autohäusern üblicherweise die Leasingratentabellen der Bank vorliegen, können sie ihren Kunden ohne Umwege ein Leasingangebot unterbreiten. Die Bank hat grundsätzlich die Möglichkeit, dieses Angebot zu korrigieren oder abzulehnen, was in der Praxis aber recht selten passiert.

Durch die Leasingrate muss der Leasinggeber seine Kosten wieder einspielen: die (anteiligen) Objektkosten, die Kreditnebenkosten, die von ihm aufzuwendenden Fremdkapitalzinsen, die durch den Kauf des Leasingobjektes erhöhte Gewerbeertragsteuer und eine Eigenkapitalrendite.

Heute werden alle Leasingangebote mit entsprechender Software ermittelt. Dennoch ist es hilfreich, wenn man das Prinzip der Berechnung der Leasingraten „per Hand" verstanden hat, um den Kunden auch eventuelle Fragen zu den Daten des Leasingangebotes zu beantworten bzw. weitere Erläuterungen zu geben.

BEISPIEL *Autoland Murschall GmbH*

Ein Kunde der Autoland Murschall GmbH hat sich zum Kauf des Modells STARCAR ESTATE entschlossen. Als werksseitige Sonderausstattung hätte er gerne eine Klimaautomatik und ein Navigationsgerät. Die jährliche Fahrleistung soll 20 000 km betragen und der Vertrag 36 Monate laufen. Daraus ergeben sich folgende Daten:

	Fahrzeugpreis netto	*33.000,00 €*
+	*Klimaautomatik*	*1.000,00 €*
+	*Navigationsgerät*	*2.000,00 €*
=	Neupreis	36.000,00, €
–	*Rabatt*	*1.000,00 €*
=	*Netto-Neupreis*	*35.000,00 €*
+	*19 % USt*	*6.650,00 €*
=	*Bruttopreis*	*41.650,00 €*

Vom Auslieferungspreis wird die Mietsonderzahlung ohne Umsatzsteuer abgezogen. Sie kann in Form einer Inzahlungnahme eines Gebrauchtwagens oder in bar erfolgen. In unserem Beispiel beträgt sie 8.000,00 €. Daraus ergibt sich folgender Preis als Mietberechnungsgrundlage:

	Netto-Neupreis	*35.000,00 €*
–	*Mietsonderzahlung*	*8.000,00 €*
=	Mietberechnungsgrundlage	27.000,00 €

Mithilfe der Leasing-Faktoren-Tabelle kann nun die monatliche Leasingrate berechnet werden:

	Laufzeit in Monaten				
	24	30	36	42	48
km pro Jahr	**Restwerte in %**				
15 000	54	51	50	46	43
20 000	52	48	47	43	40
25 000	50	46	44	40	36
30 000	48	43	41	37	33
35 000	46	41	38	34	29
40 000	44	38	35	31	26
45 000	41	35	32	28	22
	Faktoren für Anschaffungskosten in %				
	5,12	4,21	3,59	3,16	2,83
	Faktoren für Gebrauchtwagenwert in %				
	3,94	3,09	2,52	2,11	1,81

Berechnung der Neuwagenrate:
Mietberechnungsgrundlage · Faktor Anschaffungskosten = Neuwagenrate
27.000,00 € · 3,59 % = 969,30 €

Berechnung der Abzugsrate:
Neupreis · Restwert in Prozent = Restwert
36.000,00 € · 47 % = 16.920,00 €

Restwert · Faktor Gebrauchtwagenwert = Abzugsrate
16.920,00 € · 2,52 % = 426,38 €

Berechnung der Leasingrate (netto):
Neuwagenrate – Abzugsrate = Leasingrate
969,30 € – 426,38 € = 542,92 €

Leasingrate + 19 % USt = Leasingrate brutto
542,92 € + 103,15 € = 646,07 €

Der Kunde müsste für das von ihm gewünschte Fahrzeug eine Leasingrate in Höhe von 646,07 € monatlich bezahlen.

2.6 Leasingbuchung

Die Buchung des Neuwagen-Leasings kann von Hersteller zu Hersteller unterschiedlich geregelt sein, je nachdem wie der Verkauf des Neuwagens an die Leasinggesellschaft abgewickelt wird. Exemplarisch nun folgendes Beispiel, wie es unter anderem bei der Volkswagen AG gehandhabt wird.

***BEISPIEL** Autoland Murschall GmbH*

Ein Kunde der Autoland Murschall GmbH entschließt sich zum Leasing eines Neuwagens über die Leasinggesellschaft des Herstellers. Der Neuwagen hat das Autohaus im Einkauf 35.700,00 € brutto gekostet.

Buchung des NW-Verkaufs an die Leasinggesellschaft:

Soll	€	an	Haben	€
1402 Forderungen Leasinggesellschaft	35.700,00	an	1776 Umsatzsteuer 19 %	5.700,00
		an	8000 Erlöse Pkw neu	30.000,00

Buchung der NW-Entnahme:

Soll	€	an	Haben	€
7000 VAK Pkw neu	30.000,00	an	3000 WE Pkw neu	30.000,00

Das Autohaus hat für die Überführung netto 300,00 € und die Zulassung netto 60,00 € zu zahlen. Es übergibt das zugelassene Fahrzeug an den Kunden und berechnet ihm für die Überführung 350,00 € und die Zulassung 80,00 € (jeweils netto).

Buchung der Banküberweisung von Überführungs- und Zulassungskosten:

Soll	€	an	Haben	€
3030 WE Pkw Überführung	300,00	an	1201 Sparkasse KölnBonn	417,00
3200 WE Pkw Zulassungspauschale	60,00			
1576 Vorsteuer 19 %	57,00*			

** Für die Zulassung als staatliche Gebühr fällt keine Umsatzsteuer an, also wird auch dafür von der Autoland Murschall GmbH keine Umsatzsteuer berechnet.*

Buchung der Weiterberechnung von Überführungs- und Zulassungskosten an den Kunden:

Soll	€	an	Haben	€
1400 Forderung a.L.L.	500,30	an	8030 Erlöse Pkw Überführung	350,00
		an	8200 Erlöse Pkw Zulassungspauschale	80,00
		an	1776 Umsatzsteuer 19 %	70,30*

** Entsprechend wird hier bei der Zulassung nur der „Mehrwert" besteuert, also nur die 20,00 €, die die Autoland Murschall GmbH für die Zulassung zusätzlich in Rechnung stellt.*

Buchung der Verrechnung von Überführungs- und Zulassungskosten:

Soll	€	an	Haben	€
7030 VAK Pkw Überführung	300,00	an	3030 WE Pkw Überführung	300,00

Soll	€	an	Haben	€
7200 VAK Pkw Zulassungspauschale	60,00	an	3200 WE Pkw Zulassungspauschale	60,00

Der Kunde leistet eine Mietsonderzahlung in Höhe von 7.000,00 € einschließlich Umsatzsteuer. Das Autohaus kassiert diese Sonderzahlung im Namen und auf Rechnung der Leasinggesellschaft per Banküberweisung.

Buchung der Mietsonderzahlung:

Soll	€	an	Haben	€
1201 Sparkasse KölnBonn	7.000,00	an	1402 Forderungen Leasinggesellschaft	7.000,00

Zum Abschluss des Geschäftes stellt das Autohaus der Leasinggesellschaft die folgende Rechnung aus und erhält den Betrag auf ihrem Konto gutgeschrieben.

	Rechnung an die Leasinggesellschaft in €	
	Verkaufspreis Neuwagen	*35.700,00*
+	*Provision*	*3.500,00*
+	*Umsatzsteuer*	*665,00*
–	*Sonderzahlung*	*7.000,00*
=	***Rechnungsbetrag***	***32.865,00***

Buchung der Banküberweisung durch die Leasinggesellschaft:

Soll	€	an	Haben	€
1201 Sparkasse KölnBonn	32.865,00	an	8800 Erlöse Provision	3.500,00
		an	1776 Umsatzsteuer 19 %	665,00
		an	1402 Forderungen Leasinggesellschaft	28.700,00

3 Betriebsspezifische Leistungen anbieten

LS 91

***SITUATION** Autoland Murschall GmbH*

David Rose begegnet auf einem Klassentreffen seinem ehemaligen Klassenlehrer Herrn Orzol und erzählt ihm, dass er gegenwärtig eine Ausbildung zum Automobilkaufmann bei der Autoland Murschall GmbH absolviert. Herr Orzol hört David interessiert zu und freut sich, dass David ganz offensichtlich einen Ausbildungsberuf gewählt hat, der seine Wünsche und Erwartungen erfüllt.

David gibt Herrn Orzol einen kleinen Einblick in seine tägliche Arbeit und die Tätigkeitsfelder, die seine Ausbildung umfassen. Als David anfängt, über betriebsspezifische Leistungen zu sprechen, spitzt Herr Orzol die Ohren und sagt zum ihm: „Ich überlege gegenwärtig auch, mir ein neues Auto zu kaufen. Ob es ein Gebrauchter oder ein Neuwagen wird, weiß ich noch nicht. Aber auf die Garantiemöglichkeiten sollte man wohl einen ganz genauen Blick werfen." Daraufhin erwidert David: „Ja, das stimmt absolut. Der Unterschied zwischen einer Neuwagen- und Gebrauchtwagengarantie ist bedeutend. Aber auch die Garantieleistungen der einzelnen Hersteller sind sehr verschieden. Wenn Sie Interesse haben, dann kommen Sie doch in der nächsten Woche einfach mal vorbei. Ich berate Sie gern. Hier ist meine Karte."

Neben dem Verkauf und der Reparatur von Autos kann ein Autohaus diverse weitere Dienstleistungen anbieten, die die Mobilität des Kunden erhalten bzw. mit der Mobilität des Kunden im Zusammenhag stehen. Diese betriebsspezifischen Leistungen stellen eine weitere Chance dar, Erträge für das Autohaus zu erwirtschaften. Überblicksartig wurden diese betriebsspezifischen Leistungen bereits in den vorherigen Lernfeldern vorgestellt. Nun werden sie noch einmal im Detail dargestellt und um die Aspekte „Mietwagengeschäft" und „Mobilitätsangebote der Zukunft" erweitert.

3.1 Erwerbbare Garantieleistungen: Gebrauchtwagengarantie

Neuwagengarantie
☞ LF 6, Kap. 9.4.2

Auch beim Gebrauchtwagengeschäft besteht für den Automobilhändler die gesetzliche Gewährleistungspflicht. Diese kann aber für gebrauchte Autos per AGB auf ein Jahr verkürzt werden. Ein **Ausschluss der Sachmängelhaftung** beim sogenannten Verbrauchsgüterkauf ist **nicht zulässig**. Entsprechende Klauseln im Vertrag eines Gebrauchtwagenhändlers, wie z. B. „Gekauft wie gesehen" oder „Fahrzeug wird unter Ausschluss der Gewährleistung/Sachmängelhaftung verkauft", haben daher keine Wirk-

samkeit. Der Verkäufer haftet hierbei für alle Mängel, die der Wagen zum Übergabezeitpunkt hat – für mindestens ein Jahr. Nachbesserungsarbeiten im Rahmen der Sachmängelhaftung sind für den Käufer kostenlos. Die Beweislastumkehr gilt wie beim Neuwagengeschäft für sechs Monate.

Möchte sich ein Gebrauchtwagenkunde über die Sachmängelhaftung hinaus absichern, so kann er in der Regel auf erwerbbare Garantien zurückgreifen, die durch den Automobilhandel angeboten werden. Diese Garantien decken die Reparaturkosten von Mängeln ab, die während der Garantielaufzeit auftreten, also auch nach der Zeit der Beweislastumkehr. Für diese Garantien zahlt der Kunde bei Garantieabschluss ein Entgelt und erhält im Reparaturfall die Erstattung der Lohn- und Materialkosten – evtl. unter Einbehalt einer Selbstbeteiligung. Gebrauchtwagengarantien gibt es in verschiedenen Varianten. Sie können z. B. anhand der Kriterien „Alter" und „Garantiegeber" unterschieden werden:

a) Alter des Gebrauchtwagens

- **Neuwagenanschlussgarantie**
  Eine Gebrauchtwagengarantie wird als Neuwagenanschlussgarantie bezeichnet, wenn innerhalb einer bestimmten Zeit nach der Erstzulassung (häufig bis kurz vor Ablauf der Herstellergarantie und innerhalb einer festgelegten Kilometerbegrenzung) eine Garantieverlängerung abgeschlossen wird. Die Neuwagenanschlussgarantie kann häufig auch mit einem „Frühbucherrabatt" bereits beim Kauf des Neuwagens abgeschlossen werden. Ihr Umfang entspricht den Leistungen der Herstellergarantie, d. h. volle Kostenübernahme bei Reparaturleistungen ohne Selbstbeteiligung. Die Laufzeiten der von den Herstellern angebotenen Neuwagenanschlussgarantien variieren stark.

Aktuelle Beispiele für Herstellergarantien finden Sie auf den Webseiten der Hersteller, z. B.: www.audi.de www.bmw.de

- **Gebrauchtwagengarantie**
  Für Fahrzeuge ab einem festgelegten Alter oder bei Erreichen einer herstellerbestimmten Kilometergrenze kann eine Gebrauchtwagengarantie abgeschlossen werden. Der Umfang der Garantieleistung ist eingeschränkt, man spricht in diesem Zusammenhang von einer „wertmäßigen Kostenerstattung". Das heißt, die Lohnkosten einer Reparatur werden weiterhin zu 100 % bezahlt, die Materialkosten werden in Abhängigkeit der gelaufenen Kilometerleistung nur anteilig vom Garantiegeber übernommen. Auch kann es sein, dass die Garantie nur vorab bestimmte Bauteile umfasst.

Die Gebrauchtwagengarantien der Hersteller laufen unter verschiedenen Namen. Hier eine kleine Auswahl:

Marke	Name der Gebrauchtwagengarantie
Audi	Audi Gebrauchtwagen: plus
BMW	Euro-Plus-Garantie
Lexus	LexusSelect
Opel	Opel-Anschlussgarantie
VW	PerfectCar

b) Gebrauchtwagen-Garantiegeber

Auch wenn der Herstellername in der Gebrauchtwagen-Garantiebezeichnung auftaucht, so ist in der Regel nicht der Hersteller der Garantiegeber, sondern meist eine Versicherung, wie z. B. bei VW die Volkswagenversicherungsdienst GmbH oder bei Lexus auch der Autohändler selbst. Für die Kostenübernahme spielt es allerdings keine Rolle, wer der Garantiegeber ist.

Die Frage nach dem Garantiegeber wird erst relevant, wenn geklärt werden muss, ob eine in den Garantiebedingungen vorgeschriebene Werkstattbindung an Vertragswerkstätten des Herstellers zulässig ist.

> *Allgemein gilt: Nur wenn der Garantiegeber ein schutzbedürftiges Interesse hat, die Kunden an eine bestimmte Werkstatt zu binden, ist eine entsprechende Klausel nach deutscher Rechtsprechung zulässig.*

- **Gebrauchtwagen-Garantiegeber ist eine Versicherung**
  Wird die Garantie von einer Versicherung gegeben, so ist ihr das schutzbedürftige Interesse abzusprechen, Garantienehmer an bestimmte Werkstätten zu binden. Die Versicherung als Gebrauchtwagen-Garantiegeber darf dem Kunden also nicht vorschreiben, die anfallenden Inspektionen und Wartungsarbeiten in einer herstellergebundenen Vertragswerkstatt durchzuführen. Wie bei der Neuwagengarantie, so kann der Kunde für die anfallenden Inspektionen an seinem Gebrauchtwagen die Werkstatt frei wählen. Allerdings gilt auch hier, dass die Reparaturvorgaben des Herstellers von der gewählten Werkstatt beachtet werden.
- **Gebrauchtwagen-Garantiegeber ist der Automobilhändler**
  Anders ist die Sachlage, wenn der Automobilhändler als Garantiegeber auftritt, so wie es z. B. bei Lexus der Fall ist. Hier ist der Lexushändler der offizielle Gebrauchtwagengarantiegeber. Die Rechtsprechung gesteht dem Händler ein schutzbedürftiges Interesse bezüglich der Kundenbindung an seine Werkstatt zu. Eine vorgeschriebene Werkstattbindung für Inspektionen und Wartungsarbeiten in den Garantiebedingungen ist somit zulässig, sofern der Garantienehmer in Fällen der Unzumutbarkeit eine andere Werkstatt aufsuchen darf.

> ***BEISPIEL** Wahl einer anderen Werkstatt bei Unzumutbarkeit*
>
> *Der Garantienehmer ist umgezogen und wohnt mittlerweile in Hamburg. Die alte Werkstatt befindet sich hingegen in München.*

3.2 Mobilitätsgarantie

Die Mobilitätsgarantie ist ein sehr effektives Instrument der Kundenbindung. Der Hersteller darf hier die Inanspruchnahme der Leistungen von den regelmäßigen Inspektionen und Wartungsarbeiten in einer Vertragswerkstatt abhängig machen.

Eine Mobilitätsgarantie ist für den Kunden quasi ein „Rundum-Sorglos-Paket" im Falle einer Panne. Hat der Kunde eine Panne, so kann er auf verschiedene, herstellerabhängige und kostenlose Leistungen zurückgreifen, die wie folgt aussehen können:

Ort der Panne	Mögliche Leistungen einer Mobilitätsgarantie
Am Wohnort	Soforthilfe vor Ort, Abschleppen, Ersatzwagen, Hilfe bei Unfällen
+ 50 km	Soforthilfe vor Ort, Abschleppen, Ersatzwagen, Hilfe bei Unfällen, Hotelunterkunft, Weiterreise, Erstattung zusätzlicher Auslagen, Abholung des reparierten Fahrzeuges
Auslandsreisen	Soforthilfe vor Ort, Abschleppen, Ersatzwagen, Hilfe bei Unfällen, Hotelunterkunft, Weiterreise, Erstattung zusätzlicher Auslagen, Abholung des reparierten Fahrzeuges, Ersatzfahrer, Fahrzeugrückführung

Anspruch auf eine Mobilitätsgarantie hat meist jeder Neuwagenkunde. Diese ist in der Regel zeitlich oder im Hinblick auf die Laufleistung begrenzt. Hält sich der Kunde aber an die vom Hersteller empfohlenen Wartungsintervalle und lässt er die Inspektionen in einer Vertragswerkstatt durchführen, dann hat der Kunde auch weiterhin Anspruch auf die Mobilitätsgarantie des Herstellers.

Jeder Automobilverkäufer sollte auf die Mobilitätsgarantie – insbesondere bei der Fahrzeugübergabe – noch einmal speziell hinweisen und sie mit dem Neuwagenkäufer intensiv besprechen, denn sie ist ein gutes Verkaufsargument, damit der Neuwagenkunde die anstehenden Inspektionen auch in der Werkstatt des Autohauses durchführen lässt. Die Mobilitätsgarantien umfassen – je nach Hersteller – unterschiedliche Leistungen und haben verschiedene Namen.

Marke	Name der Mobilitätsgarantie
Ford	FordAssistance
Mazda	Mazda Europe Service
Mercedes-Benz	Mobilo
Mini	Mini Mobile Care
Mitsubishi	MAP-Service
Renault	Renault Assistance
VW	Longlife-Mobilitätsgarantie

i *Die kostenlose Mobilitätsgarantie der Hersteller ist eine echte Alternative zu den kostenpflichtigen Schutzbriefen der Versicherer oder Autoclubs. Auch auf diesen Aspekt sollte der Verkäufer aufmerksam machen, da der Kunde im Fall einer Panne Geld sparen kann.*

3.3 Wartungs- und Inspektionspaket

Das Angebot eines Wartungs- und Inspektionspaketes ist ebenfalls eine Möglichkeit, Kunden an die Werkstatt des Autohauses zu binden. Hierbei wird vertraglich ein Sonderpreis für eine bestimmte Anzahl von Wartungen und Inspektionen vereinbart, sodass der Kunde einen „Mengenrabatt" bekommt. Der Paketpreis umfasst meist die Lohnkosten, die der Kunde im Voraus zahlt. Lässt der Kunde dann die fällige Inspektion durchführen, so zahlt er nur noch die Materialkosten und gegebenenfalls die Lohnkosten für die Zusatzarbeiten.

Ergänzende Serviceleistungen ☞ LF 5, Kap. 4.2

Die Vorteile für das Autohaus liegen auf der Hand: Der Kunde wird nach Abschluss des Wartungs- und Inspektionspaketes auf jeden Fall die nächsten, bereits bezahlten Arbeiten in der Werkstatt durchführen lassen. Zusätzlich erhält das Autohaus eine Vorauszahlung auf Leistungen, die erst später erbracht werden. Dieses Geld steht dem Autohaus zinslos zur Verfügung.

3.4 Versicherungen rund um das Auto

Wer Autos verkauft, der sollte sich überlegen, ob er nicht auch die passenden Fahrzeugversicherungen anbietet. „Rundum-Sorglos-Pakete" liegen im Trend und werden als Serviceangebot verstanden. Der Kunde spart viel Zeit, wenn er sich im Autohaus informieren und gegebenenfalls die Versicherungen vor Ort abschließen kann. Neben der Kundenbindung bringt das Versicherungsgeschäft für das Autohaus auch noch einen weiteren positiven Effekt mit sich: attraktive Zusatzerträge durch die Provisionen der Versicherer.

3.4.1 Voraussetzungen für die Vermittlung von Versicherungen

Plant ein Autohaus, Versicherungen anzubieten, so sind bestimmte Voraussetzungen zu berücksichtigen, da es sich bei der Vermittlung von Versicherungen um ein erlaubnis- und registrierungspflichtiges Gewerbe handelt.

Bei einem Autohaus, das autospezifische Versicherungen vermitteln will, kommen Erleichterungen im Erlaubnisverfahren zum Tragen, da das Vermitteln von Versicherungen als Ergänzung zu der Haupttätigkeit angesehen wird. Damit gilt das Autohaus als „**produktakzessorischer Versicherungsvermittler**".

Produktakzessorische Versicherungsvermittler müssen lediglich folgende Bedingungen erfüllen, um die Erlaubnis für die Versicherungsvermittlung zu erhalten:

- Besitz einer Berufshaftpflichtversicherung
- Nachweis, dass die Tätigkeit als Vermittler unmittelbar im Auftrag eines/mehrerer Versicherungsvermittler/Versicherungsunternehmen, die Inhaber einer Erlaubnis sind, erfolgt
- Zuverlässigkeit, geordnete Vermögensverhältnisse und angemessene Qualifikation

Sind diese Bedingungen erfüllt, wird das Autohaus als produktakzessorischer Vermittler von der IHK in das bundesweite Register der Versicherungsvermittler eingetragen und erhält eine Registriernummer.

Nachfolgend werden einige autospezifische Versicherungen kurz dargestellt:

- Kfz-Haftpflichtversicherung
- Kfz-Teilkaskoversicherung
- Kfz-Vollkaskoversicherung
- Insassenunfallversicherung
- Verkehrsrechtsschutzversicherung
- Autoschutzbrief
- Leasingratenversicherung
- GAP-Versicherung bei Leasingverträgen

3.4.2 Die klassischen Kfz-Versicherungen: Kfz-Haftpflicht-, Kfz-Teil- und Kfz-Vollkaskoversicherung

Kfz-Versicherung	Versicherungsleistung	Pflichtversicherung
Kfz-Haftpflicht-versicherung	Abdeckung aller Schadensersatzansprüche, die einem Dritten durch den Betrieb eines Kraftfahrzeuges im Straßenverkehr entstehen: • Personenschäden (Heilungskosten bei Personenschäden/Renten bei Invalidität) • Sachschäden (Reparaturen an anderen Fahrzeugen/Objekten, wie z. B. Leitplanken) • Vermögensschäden • immaterielle Schäden, wie z. B. Schmerzensgeld • Personenschäden aller Insassen, außer des Fahrers Im Rahmen der Deckungssumme ist die Versicherung gegenüber dem Geschädigten zur Leistung verpflichtet. Der Versicherer kann sich auch nicht bei grober Fahrlässigkeit von seiner Leistungspflicht befreien. Bei Vorsatz ist der Versicherer allerdings leistungsfrei.	• Jeder Kfz-Halter ist gesetzlich verpflichtet, für seinen Pkw eine Haftpflichtversicherung abzuschließen. Bei verschuldeten Unfällen können dann Verkehrsopfer finanziell entschädigt werden, selbst wenn der Verursacher praktisch mittellos ist. Es soll zudem verhindert werden, dass der Schadenersatzpflichtige an den Rand seiner finanziellen Möglichkeiten getrieben wird, da sich Unfallschäden mit Personenschaden kaum aus eigener Tasche bezahlen lassen. Wer ohne Kfz-Haftpflichtversicherung ein Auto fährt, macht sich strafbar. • gesetzliche Deckungssumme: – für Personenschäden 7,5 Mio. € – für Sachschäden 1 Mio. € • von den Versicherungen werden i. d. R. folgende Versicherungssummen angeboten: – gesetzliche Deckungssumme – 50 Mio. € – 100 Mio. € • Für Schäden, die über der Versicherungssumme liegen, haftet der Fahrer persönlich. • Die amtliche Kfz-Anmeldung erfolgt nur bei Vorlage der eVB-Nummer (elektronische Versicherungs-Bestätigungsnummer), die jeder Versicherte bei Abschluss der Kfz-Haftpflicht vom Versicherer erhält.
Kfz-Teilkasko-versicherung	Abdeckung aller Schäden am eigenen Fahrzeug, die durch folgende Ereignisse entstehen: • Brand, Explosion • direkte Einwirkung durch Sturm, Hagel, Blitzeinschlag, Überschwemmung • Wildschäden (Haarwild bzw. erweiterte Einschlüsse je Vertrag) • Verlust des Pkws durch Diebstahl oder Raub	• gesetzlich nicht vorgeschrieben

	• Bruchschäden der Verglasung • Kurzschluss-Schäden der Verkabelung Die genannten Leistungen werden jedoch schon von vielen Versicherern erweitert. Die Kosten der Teilkaskoversicherung können durch eine Selbstbeteiligung gesenkt werden, z. B. in Höhe von 150,00 €.	
Kfz-Vollkaskoversicherung	Abdeckung der folgenden Schäden: • alle Leistungen einer Teilkaskoversicherung • Schäden durch mut- bzw. böswillige Beschädigungen des Fahrzeuges (Vandalismus) • Schäden durch selbstverschuldete Unfälle • Schäden bei Unfällen, in denen der Unfallverursacher nicht zu ermitteln ist Die Kosten der Vollkaskoversicherung können wie bei der Teilkaskoversicherung durch eine Selbstbeteiligung gesenkt werden.	• gesetzlich nicht vorgeschrieben • bei Leasingverträgen i. d. R. vertraglich vorgeschrieben

Tarifmerkmale von Kfz-Haftpflicht-, Kfz-Teil- und Kfz-Vollkaskoversicherung

Die Berechnung der Versicherungsprämie für die Kfz-Haftpflicht, Kfz-Teil- und Kfz-Vollkaskoversicherung erfolgt u. a. anhand verschiedener Faktoren, die sich in subjektive (persönlich beeinflussbare) und objektive (fahrzeug- und standortbezogene) Tarifmerkmale unterteilen lassen.

Subjektive und objektive Tarifmerkmale	
Subjektive Tarifmerkmale	• Treue zur Versicherung • Deckungsumfang • Selbstbeteiligung bei Teil- und Vollkaskoversicherung • Mitglied bestimmter Tarifgruppen (z. B. Beschäftigte des öffentlichen Dienstes, Landwirte, Selbstständige) • Beruf • jährliche Fahrleistung • Fahrerkreis • Familienstand • Haus-/Wohnungseigentum, Garage • Schadenfreiheitsklasse • Regionalklasse
Objektive Tarifmerkmale	• Hersteller • Typ • Erstzulassung • Fahrzeugaufbauten • Verwendungszweck • Motorleistung • Hubraum • Anzahl der Plätze • Gesamtmasse

Die objektiven Merkmale können meist eindeutig aus der Zulassungsbescheinigung (Teil 1) entnommen werden.

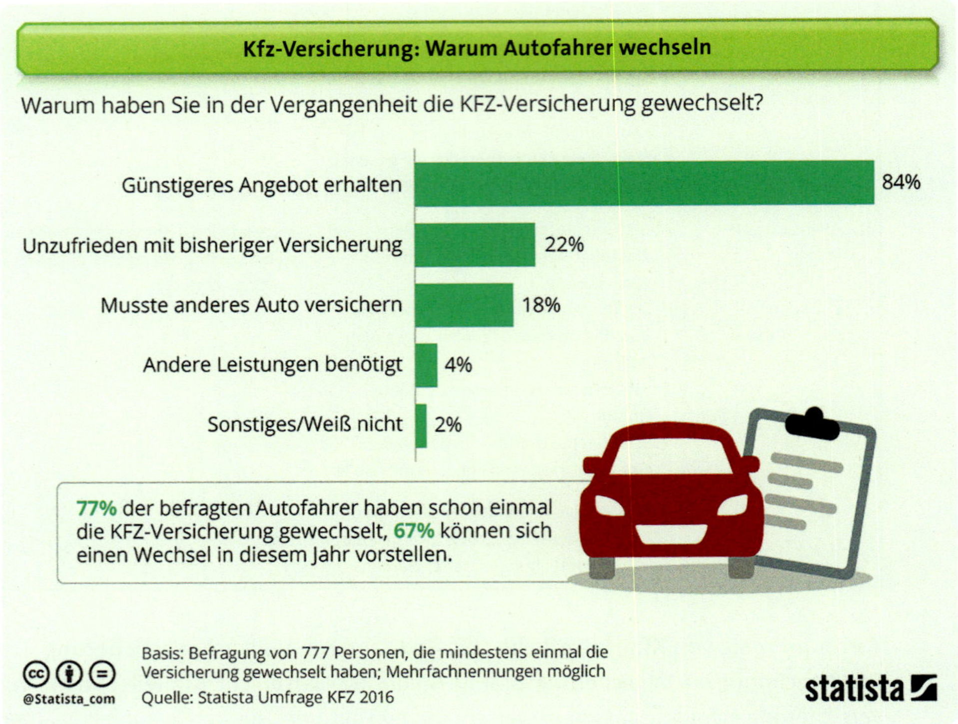

Die entscheidenden Tarifmerkmale für die Berechnung der Versicherungsprämie sind die **Typklassen**, **Schadenfreiheitsklassen** und **Regionalklassen**. Die drei Tarifmerkmale werden im Folgenden noch einmal näher erläutert.

Schadenfreiheitsklasse

Je länger ein Versicherungsnehmer unfallfrei fährt bzw. einen Unfall nicht über die Versicherung abrechnet, umso höher ist seine SF-Klasse und desto günstiger fällt die zu zahlende Versicherungsprämie aus. Die Fahrer, die über mehrere Jahre hinweg schadenfrei bleiben, werden also mit einer günstigeren Versicherungseinstufung belohnt. Bei der erstmaligen Versicherung eines Fahrzeuges wird man in der Haftpflicht normalerweise in die SF 1/2 eingestuft (Beitragssatz = 140 %), nach 22 schadenfreien Jahren kann man seine Prämie auf 30 % (bezogen auf die SF 1 = 100 %) verringert haben. Jedes Mal, wenn ein Versicherungsnehmer einen selbst verschuldeten Unfall meldet, wird er aus seiner SF-Klasse um bis zu 13 Schadenfreiheitsklassen zurückgestuft.

> ***BEISPIEL***
>
> *Ein Versicherungsnehmer verursacht einen schweren Unfall. Seine Versicherung stuft ihn daraufhin von SF 24 (30 %) nach SF 11 (45 %) zurück.*

Besonders teuer wird eine Rückstufung in den ersten Jahren. Erfolgt beispielsweise im zweiten Jahr eine Einstufung in die SF 1 und kommt es dann zu einem selbst verschuldeten Unfall, würde eine Rückstufung in die Schadenklasse S erfolgen (155 %), bei zwei Unfällen in dem Jahr sogar in die Schadenklasse M (245 %).

Familien können die hohe Einstufung eines Zweit- und/oder Drittwagens vermeiden, wenn das zweite oder dritte Fahrzeug auf den Versicherungsnehmer des ersten Fahrzeugs zugelassen wird. In diesem Fall erfolgt die Einstufung mindestens in die SF 2 statt SF 1/2. Auch ist es möglich, die Versicherungsverträge von Angehörigen zu übernehmen; allerdings kann man nur so hoch eingestuft werden, wie man es aufgrund seines Alters auch selbst hätte „erfahren" können.

BEISPIEL

Möchte eine 24-jährige Enkelin die Versicherung ihres Großvaters übernehmen, der die SF 25 hat, wird sie in die SF 6 eingestuft, da sie erst sechs schadenfreie Jahre hätte erreichen können.

Die Schadenfreiheitsklassen sind bei jeder Autoversicherung identisch. Einen Unterschied gibt es allerdings bei den sogenannten „Prozenten". Wie viel Prozent Beitrag welcher Schadenfreiheitsklasse entspricht, legt die jeweilige Kfz-Versicherung fest. Die folgende Übersicht zeigt die Schadenfreiheitsklassen und das Spektrum der Prozentzuordnungen bei verschiedenen Versicherungen auf.

SF-Klasse	Haftpflicht in %
SF 30	25–30
SF 29	25–30
SF 28	25–30
SF 27	25–30
SF 26	25–30
SF 25	25–30
SF 24	25–32
SF 23	25–32
SF 22	25–35
SF 21	25–35
SF 20	25–35
SF 19	29–35
SF 18	29–36
SF 17	30–36
SF 16	35–37
SF 15	35–40
SF 14	35–40
SF 13	35–40
SF 12	40

SF-Klasse	Haftpflicht in %
SF 11	40–45
SF 10	40–45
SF 9	45–46
SF 8	45–50
SF 7	50–52
SF 6	54–55
SF 5	55–61
SF 4	60–66
SF 3	70–75
SF 2	83–85
SF 1	100
SF 1/2	100–140
S	150–175
0	200–260
M	240–280

Die aktuelle Regionalstatistik unter: www.dieversicherer.de/versicherer/entdecken/regionalklassenabfrage

GDV
Gesamtverband der deutschen Versicherungswirtschaft

Regionalklasse

Mit der Einteilung in Regionalklassen trägt die Versicherung der Tatsache Rechnung, dass die Unfallhäufigkeit und -schwere in verschiedenen Regionen unterschiedlich ausgeprägt sein kann. So sind etwa Wildunfälle, Schäden durch Hagel und Sturm, aber auch die Häufigkeit von Diebstählen regional sehr unterschiedlich. Die Regionalklasse einer Region wird darüber hinaus auch vom Fahrverhalten der Autofahrer, von der Zahl der zugelassenen Fahrzeuge und von den örtlichen Straßenverhältnissen beeinflusst. Für die Haftpflicht gibt es zwölf, die Teilkasko 16 und die Vollkasko neun Klassen. Die Regionalstatistik wird einmal im Jahr vom ***GDV*** herausgegeben. Sie ist für die Versicherungsunternehmen unverbindlich. Häufig ist es so, dass die Regionalklasse einer bestimmten Stadt höher – und damit die Versicherungsprämie teurer – ist, als in dem an die Stadt angrenzenden Landkreis.

Typklasse

Jedes Fahrzeugmodell wird aufgrund seines Schadenverlaufs in der Vergangenheit durch einen Treuhänder einer Typklasse zugeteilt. Diese Einteilung ist für alle Versicherungsgesellschaften bindend. Fahrzeuge, die häufig in Unfälle verwickelt sind, oder Fahrzeuge, bei denen eine Reparatur sehr kostenintensiv ist oder die an anderen Fahrzeugen große Schäden verursachen, werden in einer hohen Typklasse eingestuft. So erklärt sich, dass neuwertige Kleinwagen meist eine niedrige Typklasse haben, ältere Fahrzeuge, die wegen der günstigen Gebrauchtwagenpreise gerade von Fahranfängern häufig gefahren werden, oder schwere SUV eine hohe. Die Skala reicht in der Haftpflicht von 10 bis 25, in der Teilkasko von 10 bis 33 und in der Vollkasko von 10 bis 34.

3.4.3 Weitere Versicherungen rund um das Auto

Neben den drei klassischen Kfz-Versicherungen (Kfz-Haftpflicht, Kfz-Teil- und Vollkasko) kann der Besitzer eines Autos auch noch weitere zusätzliche Versicherungen abschließen. Inwiefern diese erforderlich sind, sollte von Fall zu Fall entschieden werden.

Kfz-Versicherung	Versicherungsleistung	Pflichtversicherung?
Insassenunfallversicherung	Sie versichert die Fahrzeuginsassen gegen Unfälle – unabhängig von der Schuldfrage – und zahlt bei Tod, Invalidität sowie ggf. auch Krankenhaustagegeld. Allerdings sind bei einem unverschuldeten Unfall alle Insassen – einschließlich des Fahrers – über die gegnerische Haftpflicht bereits versichert; bei einem selbst verschuldeten Unfall alle Beifahrer durch die Haftpflichtversicherung des Fahrers. Lediglich der Fahrer ist nicht durch seine eigene Kraftfahrzeughaftpflichtversicherung abgesichert. In dem Fall würde nur eine private Unfallversicherung oder eben die Insassenunfallversicherung eintreten.	nein

Kfz-Versicherung	Versicherungsleistung	Pflichtversicherung?
Verkehrsrechtsschutzversicherung	Sie dient der Durchsetzung von Schadenersatz- und Schmerzensgeldforderungen nach einem Verkehrsunfall, der Verteidigung in Bußgeld- und Strafverfahren aufgrund von Verletzungen der Verkehrsvorschriften sowie dem Vertrags- und Sachenrecht rund um das Auto (z. B. bei Gewährleistungsansprüchen oder Unstimmigkeiten bei der Rückgabe von Leasingfahrzeugen).	nein
Autoschutzbrief	Über einen Autoschutzbrief ist die Pannen- und Unfallhilfe am Schadensort, das Bergen bzw. Abschleppen des Fahrzeuges nach einer Panne oder einem Unfall, die Weiter- oder Rückfahrt, die Übernachtung bzw. ein Ersatzwagen nach Fahrzeugausfall oder Diebstahl, der Ersatzteilversand, der Fahrzeugrücktransport sowie der Krankenrücktransport abgedeckt.	nein

3.4.4 Leasingratenversicherung

Die Leasingratenversicherung ist im Prinzip eine Form der Restschuldversicherung, die speziell auf das Leasing von Fahrzeugen zugeschnitten ist. Sie sichert die Zahlung der Leasingraten bei einer Arbeitsunfähigkeit, die durch Erkrankung, Unfall oder Tod entstanden ist. Je nach Versicherungsvertrag kann auch die unerwartete Insolvenz bei Selbstständigen mit abgesichert sein und gegebenenfalls die unverschuldete Arbeitslosigkeit. Hier variieren die Versicherungsbedingungen je nach Versicherer.

Restschuldversicherung ☞ S. 252

3.4.5 GAP-Versicherung

Die GAP-Versicherung hat ihren Namen aus dem Englischen: „gap" bedeutet so viel wie „Lücke". Im Bereich der Kfz-Versicherungen steht die englische Abkürzung für „Guaranteed Asset Protection", was sich mit „Garantierter Anlageschutz" übersetzen lässt und einer Restwertversicherung entspricht. Diese Restwertversicherung wird u. a. dann notwendig, wenn ein relativ neues Leasingfahrzeug bei einem selbst verschuldeten Unfall einen Totalschaden erleidet. In diesem Fall zahlt die Vollkaskoversicherung den aktuellen Wiederbeschaffungswert des Fahrzeuges, der aber geringer ist als die restliche Zahlung, die der Leasingnehmer an die Leasinggesellschaft zahlen muss. Ursächlich hierfür ist das Wesen des Leasingvertrages:

> *Der Leasingvertrag umfasst eine unkündbare Grundmietzeit. Dadurch sind Leasinggeber und Leasingnehmer grundsätzlich an die vereinbarte Laufzeit gebunden. Der Leasingvertrag kann nur außerordentlich fristlos gekündigt werden bei besonders schwerwiegenden Vertragsstörungen, z. B. der Leasingnehmer zahlt zweimal nacheinander die fälligen Raten nicht, das Fahrzeug wird gestohlen oder verunfallt mit Totalschaden. Die Amortisation des Gewinns und der gesamten Kosten, die der Leasinggesellschaft durch die Anschaffung des Fahrzeuges, durch die Finanzierung und Verwaltung entstanden sind, muss während der gesamten Laufzeit des Leasingvertrages durch das Gesamtleasingentgelt erfolgen.*

Leasing ☞ S. 262

Durch einen Unfall mit Totalschaden kommt es zu einer vorzeitigen Beendigung des Leasingvertrages, und der Leasingnehmer muss das **ursprünglich vereinbarte Gesamtleasingentgelt an den Leasinggeber bezahlen,** da dieser das Fahrzeug für den Leasingnehmer erworben und es ihm zur Nutzung zur Verfügung gestellt hat.

Bei einer Kaskoversicherung wird im Schadenfall nach dem Wiederbeschaffungswert abgerechnet. Bei Leasingfahrzeugen ist das allerdings problematisch, da zum Zeitpunkt des Leasings der Wiederbeschaffungswert des Fahrzeuges meist geringer ist als der Ablösewert, den der Leasingnehmer an die Leasinggesellschaft zahlen muss, damit diese das vorab berechnete Gesamtleasingentgelt verwirklichen kann.

Neuwagen unterliegen in den ersten Monaten einem höheren Wertverlust als in späteren Monaten. Bei einem Leasingvertrag wird der Wertverlust jedoch kontinuierlich auf die Laufzeit verteilt. Damit liegen erst zum Leasingende der Wiederbeschaffungs- und Ablösewert auf einer Höhe. Bei einem Totalschaden oder Diebstahl muss der Leasingnehmer gegenüber dem Leasinggeber den Ablösewert (restliches Gesamtleasingentgelt) ersetzen. Die Differenz zwischen Wiederbeschaffungs- und Ablösewert bezeichnet genau die Lücke, die die GAP-Deckung ausgleicht.

Die GAP-Versicherung für Leasingfahrzeuge schließt also praktisch die Finanzierungslücke, die entsteht, wenn ein Fahrzeug privat oder geschäftlich geleast wurde und bei einem Unfall einen Totalschaden erlitten hat oder beschädigt wurde. Dabei erstreckt sich die Versicherungsleistung auf die Begleichung der Differenz zwischen dem Betrag, welchen die Vollkaskoversicherung zahlt, und dem tatsächlich noch offenen Ablösewert. Insofern versteht sich eine GAP-Versicherung als zusätzliches Angebot zur Vollkaskoversicherung, die jedoch auch separat abgeschlossen werden kann.

3.5 Das Mietwagengeschäft

Das Mietwagengeschäft kann, wenn es professionell betrieben wird, einen wichtigen Beitrag zur Rentabilität des Autohauses leisten. Zum einen kann durch das Mietwagengeschäft selbst ein positiver Deckungsbeitrag erwirtschaftet werden, wie z. B. durch die Vermietung der Fahrzeuge im Rahmen des Unfallgeschäftes, der Mobilitätsgarantie oder des normalen Reparaturgeschäftes. Darüber hinaus kann das Mietwagengeschäft aber auch positive Impulse für das Neu- und Gebrauchtwagengeschäft bewirken. In Abhängigkeit der Haltedauer der Mietwagen lässt sich der Neuwagenabsatz deutlich erhöhen (lt. Studie des Instituts für Automobilwirtschaft (IFA) um 7%). Durch die Vermarktung der Mietwagenflotte kann wiederum der GW-Bereich positiv beeinflusst werden, da bei der Zusammenstellung der Mietwagenflotte bereits die Nachfragewünsche kommender GW-Käufer berücksichtigt werden können.

Die Haltedauer der Mietwagenflotte wird individuell vom Autohaus festgelegt. Viele Autohäuser halten die Mietwagen ca. 180 Tage und max. bis 6000 km, da ansonsten der Gebrauchtwagenwert des Mietautos zu stark sinkt.

3.6 Mobilitätsangebote der Zukunft

Das Autohaus der Gegenwart verkauft Autos und Dienstleistungen, die in einem engen Verhältnis zueinander stehen. Wie aber sieht die Zukunft des Autos und damit auch die des Automobilhandels aus? Angesichts der Endlichkeit der fossilen Brennstoffe und der steigenden Klimaerwärmung muss sich auch das Autohaus zukünftig neu orientieren, indem es nicht mehr ausschließlich Autos, sondern Mobilität verkauft.

Die folgenden Aspekte können als Ansatzpunkte dienen, damit die Autohäuser von heute auch morgen noch den Marktanforderungen entsprechen können:

- Die meisten großen Hersteller bieten heute bereits Elektroautos an. Mit Tesla ist ein Hersteller auf dem Markt, der nur Elektroautos produziert und seine Modellpalette ständig erweitert. Ein Problem ist bis heute aber immer noch die Speicherung von Elektrizität. Die heutigen Batterien für Elektromotoren weisen eine Speicherkapazität auf, die für den Stadtverkehr ausreichend ist, für weitere Strecken reicht die gespeicherte Energie aber meist nicht aus. Ein Geschäftsmodell, das eine Lösung für das Problem der begrenzten Reichweite verspricht und im Ausland bereits erprobt wird, ist folgendes: Der Fahrer eines Elektroautos fährt an einer Batterie-Tankstelle vor und lässt sich den leeren Akku vollautomatisch gegen ein geladenes Exemplar tauschen. Dieser Vorgang soll weniger als eine Minute in Anspruch nehmen, während das Laden an der Steckdose bei heute gängigen Akkus rund acht Stunden dauert, wenn keine Schnellladeeinrichtungen vorhanden sind.
- Schon heute haben viele Hersteller und Händler ihr Angebot um Fahrräder und E-Bikes erweitert. Es ist auch zukünftig damit zu rechnen, dass dieser Bereich weiter ausgebaut wird.
- Die Entwicklung und das Angebot von Car-Sharing-Konzepten hat in den letzten Jahren stark zugenommen. Car-Sharing ist die organisierte und gemeinschaftliche Nutzung von Kraftfahrzeugen. Kunden schließen einen Rahmenvertrag mit dem Car-Sharing-Anbieter oder werden Mitglied in einem Car-Sharing-Verein. Danach erhalten die Kunden ein Zugangsmedium für alle Fahrzeuge und können nach vorheriger Buchung jederzeit ein freies Fahrzeug eigenständig nutzen. Die Fahrzeuge stehen auf reservierten Parkplätzen oder in einem deklarierten Stadtbereich zur Verfügung. Im Unterschied zum Mietwagengeschäft ist das Car-Sharing dezentral organisiert, d. h. die Fahrzeuge sind im Stadtgebiet verteilt. Die Anbieter bemühen sich, ihren Kunden den Zugang zu den Fahrzeugen so leicht wie möglich zu gestalten. Die jeweilige Nutzung eines Autos erfolgt ohne große Formalitäten und eine Kurzzeitnutzung ist möglich. Die Zahlung erfolgt jeweils nur für die erfolgte Nutzung, der Kraftstoff ist meist im Preis inbegriffen.

Anhang

Formulare

Audi Garantie/Neuwagengarantie der AUDI AG

1. Audi gewährt bei Kauf eines Neufahrzeugs zwei Jahre Garantie. Audi garantiert, dass dieses Fahrzeug frei von Mängeln in Werkstoff und Werkarbeit ist. Maßstab dafür ist der in der Automobilindustrie übliche Stand der Technik vergleichbarer Fahrzeugtypen bei Übergabe bzw. Erstzulassung.

2. Die zweijährige Laufzeit der Garantie beginnt ab Übergabe des Fahrzeugs durch die AUDI AG bzw. durch einen von der AUDI AG autorisierten Partner an den Erstkäufer bzw. ab dem Datum der Erstzulassung, je nachdem, welches Ereignis zuerst eintritt. Unabhängig davon beginnt die Laufzeit, wenn das Fahrzeug durch einen autorisierten Audi Partner in dem Gebiet des EWR (die Länder der Europäischen Union, Norwegen, Island und Liechtenstein) und der Schweiz ausgeliefert, genutzt oder zugelassen wird. Der Beginn der Laufzeit wird durch die AUDI AG oder durch den von der AUDI AG autorisierten Partner im Serviceplan dokumentiert.

3. Voraussetzung für eine Leistung aus dieser Garantie ist, dass alle Serviceintervalle nach den Vorgaben der AUDI AG durchgeführt werden.

4. Bei Vorliegen eines Mangels, der unter diese Garantie fällt, kann Audi nach eigener Wahl den Mangel durch einen autorisierten Partner beseitigen lassen (Nachbesserung) oder ein neues Fahrzeug liefern. Im Fall der Nachbesserung kann Audi nach eigenem Ermessen das mangelhafte Teil entweder instand setzen oder austauschen.

5. Für die Abwicklung der unter Ziffer 4 genannten Rechte gilt Folgendes:
   a) Ansprüche aus der Garantie können ausschließlich bei autorisierten Audi Service Partnern in den EWR sowie in der Schweiz geltend gemacht werden. Wird das Fahrzeug in einem anderen Gebiet als dem Gebiet des EWR und der Schweiz ausgeliefert oder zugelassen, kann die Garantie nicht in Anspruch genommen werden.
   b) Der vollständig ausgefüllte Serviceplan ist vorzulegen.
   c) Ersetzte Teile werden Eigentum der AUDI AG.
   d) Für die im Rahmen der Nachbesserung eingebauten, lackierten oder reparierten Teile wird bis zum Ablauf der Garantiefrist des Fahrzeugs entsprechend Garantie geleistet. Das gilt auch für das Fahrzeug, welches nachgeliefert wurde.
   e) Wird das Fahrzeug wegen eines Mangels, der unter die Garantie fällt, betriebsunfähig, ist der Garantienehmer verpflichtet, mit dem nächstgelegenen, von Audi autorisierten, dienstbereiten Betrieb Kontakt aufzunehmen. Dieser Betrieb entscheidet, ob die erforderlichen Arbeiten an Ort und Stelle oder in seiner Werkstatt durchgeführt werden. Mögliche Ansprüche des Garantienehmers aus der Mobilitätsgarantie bleiben hiervon unberührt.
   f) Liefert die AUDI AG aufgrund eines Garantieanspruches ein neues Fahrzeug, so kann die AUDI AG vom Garantienehmer Rückgabe des mangelhaften Fahrzeugs und Zahlung einer angemessenen Entschädigung für die Nutzung des zurückgegebenen Fahrzeugs

nach Maßgabe der Vorschriften des Bürgerlichen Gesetzbuches über den Rücktritt gemäß §§ 346-348 BGB verlangen.
Die Rücknahme des mangelhaften Fahrzeugs sowie die Lieferung eines neuen Fahrzeugs erfolgen ausschließlich in dem Händlerbetrieb desjenigen autorisierten Audi Partners, der das zurückgegebene Neufahrzeug verkauft bzw. erstmalig zugelassen hat.

6. Schlägt die – unter Beachtung vorstehender Ziffer 4 geltend gemachte – Nachbesserung fehl, insbesondere wenn der Fehler nicht beseitigt werden kann oder für den Garantienehmer weitere Nachbesserungsversuche unzumutbar sind, kann der Garantienehmer von Audi ausschließlich Lieferung eines mangelfreien Fahrzeugs verlangen. Ziffer 5 f gilt entsprechend.

7. Garantieverpflichtungen bestehen nicht, wenn der Mangel dadurch entstanden ist, dass:
   - das Fahrzeug unsachgemäß behandelt oder überbeansprucht worden ist, z. B. bei motorsportlichen Wettbewerben oder
   - das Fahrzeug zuvor durch den Garantienehmer selbst oder einen Dritten, der kein Audi Servicepartner ist, unsachgemäß instand gesetzt, unsachgemäß gewartet oder unsachgemäß gepflegt worden ist oder
   - in das Fahrzeug Teile eingebaut worden sind, deren Verwendung der Hersteller nicht genehmigt hat oder das Fahrzeug in einer von Audi nicht genehmigten Weise verändert worden ist oder
   - der Garantienehmer die Vorschriften über den Betrieb, die Behandlung und Pflege des Fahrzeugs (z. B. Betriebsanleitung) nicht befolgt hat.

8. Natürlicher Verschleiß ist von der Garantie ausgeschlossen.

9. Weitergehende Ansprüche bestehen aus dieser Garantie nicht. Insbesondere sind von der Garantie weder Ersatzansprüche, wie zum Beispiel die Stellung eines Ersatzwagens für die Dauer der Nachbesserung, noch Schadensersatzansprüche erfasst.

10. Durch die vorliegende Garantie werden die gesetzlichen Rechte, insbesondere Gewährleistungsansprüche gegenüber dem Verkäufer des Fahrzeugs und mögliche Ansprüche aus dem Produkthaftungsgesetz gegen die AUDI AG als Hersteller nicht beschränkt.

Audi Lack- und Karosseriegarantie
Lack- und Karosseriegarantie der AUDI AG

Ergänzend zur Audi Neuwagengarantie übernimmt die AUDI AG für Neufahrzeuge hinsichtlich der Karosserie

- eine 3-jährige Garantie gegen Lackmängel sowie
- eine 12-jährige Garantie gegen Karosserieperforationen durch Korrosion.

Stand: 2017

Quelle: nach Audi AG

Deutsches Kraftfahrzeuggewerbe
Zentralverband

ZDK-Formular: Vereinbarung über eine Probefahrt

Hinweise für den Verwender der Formulare:

Das vorliegende Formular umfasst ausschließlich den Fall einer Probefahrt eines Kaufinteressenten und nicht den Fall einer Probefahrt des Käufers mit dem von ihm bestellten Neufahrzeug, um die vertragsgemäße und fehlerfreie Beschaffenheit des Fahrzeugs zu überprüfen.

Stellen Sie sicher, dass der Kunde voll geschäftsfähig, d.h. **18 Jahre** alt ist und prüfen Sie den Führerschein des Kunden. Tragen Sie die erforderlichen Daten des Kunden, wie z.B. vollständige Anschrift und Namen, in das Formular ein und prüfen Sie die Übereinstimmung der Daten mit den Eintragungen im Personalausweis oder Pass des Kunden.

Es wird ferner empfohlen, **klare Absprachen** über Dauer, Fahrtstrecke und ggf. Kosten der Probefahrt zu treffen.

Sofern das Fahrzeug mit einem roten Kennzeichen ausgestattet ist, wird empfohlen, den Kunden darauf hinzuweisen, dass das rote Kennzeichen nicht missbräuchlich verwendet wird. Erkundigt sich der Kunde danach, ob Vollkaskoversicherungsschutz besteht, muss ihn der Händler, wenn er ein Fahrzeug mit rotem Kennzeichen übergibt, darüber belehren, dass der Versicherungsschutz nicht für andere als in § 16 FZV (Probefahrten; siehe Verwendungszweck) geregelte Fahrten besteht.

Bei der Vereinbarung einer Probefahrt mit einem Kraftfahrzeug wird regelmäßig ein jedenfalls stillschweigender Haftungsausschluss des Inhalts anzunehmen sein, dass der Fahrer für **Beschädigungen des Fahrzeugs** nur bei Vorsatz und grober Fahrlässigkeit aufzukommen hat, wenn die Schäden mit den einer Probefahrt eigentümlichen Gefahren zusammenhängen. Grund dafür ist, dass der Händler das Risiko kennt und sich durch den Abschluss einer Vollkaskoversicherung absichern kann. Der Fahrer haftet daher grundsätzlich nicht für **leicht fahrlässig** verursachte Schäden. Dieser von der Rechtsprechung entwickelte Haftungsausschluss greift (möglicherweise) dann nicht ein, wenn der Händler den Kunden vor Fahrtantritt auf das volle Haftungsrisiko ausdrücklich, insbesondere auch mündlich (vgl. Formular, Abschnitt Versicherung), hingewiesen hat. Eine entsprechende Regelung in den Allgemeinen Geschäftsbedingungen reicht für diesen ausdrücklichen Hinweis allerdings nicht aus. Bitte beachten Sie, dass hierzu noch keine höchstrichterliche Rechtsprechung vorliegt. Es wird daher eine entsprechende **Absicherung durch eine Vollkaskoversicherung** empfohlen.

Stand: 01/2017

Vereinbarung über eine Probefahrt

(Unverbindliche Empfehlung des Zentralverband Deutsches Kraftfahrzeuggewerbe e. V. (ZDK))

Zwischen der Firma (**als Verleiher**)

und Herrn/Frau/Firma (**als Benutzer**)

Name, Vorname

Strasse, Hausnummer

PLZ, Ort

Geburtsdatum

Telefon e-mail

☐ Personalausweis
☐ Reisepass

Ausstellungsbehörde: ....

Ausstellungsdatum: .... Nr.: ....

Führerscheindaten

☐ Kopie

☐ Daten:

Fahrerlaubnisklasse: .... Erteilungsdatum: ....

Führerscheinnummer: ....

Ausstellungsdatum: .... Ablaufdatum: ....

Ausstellungsbehörde: ....

wird unter den nachfolgenden und umseitigen Geschäftsbedingungen folgende Probefahrt-Vereinbarung geschlossen:

Fahrzeug

Dem Benutzer wird folgendes Fahrzeug überlassen:

Fabrikat: .... Fahrzeugart: ....

Typ: ....

Fahrzeug-Ident-Nr./
Fahrgestell-Nr: ....

Amtliches Kennzeichen: .... km-Stand: ....

Verwendungszweck

Die Probefahrt soll dem Kaufinteressenten die Möglichkeit geben, das Fahrzeug im Hinblick auf Funktion, Fahreigenschaften, Bedienungskomfort, Verwendungsmöglichkeiten etc. – d.h. Gebrauchsfähigkeit – kennen zu lernen und sich damit über den Kauf dieses oder eines anderen Wagens schlüssig zu werden.

Das Fahrzeug darf nur vom Benutzer persönlich im Rahmen der vereinbarten Probefahrt gefahren werden, soweit nicht nachfolgend eine abweichende Regelung getroffen wird.

....

....

....

Der Benutzer darf das Fahrzeug nur zu dem obigen Verwendungszweck gebrauchen, insbesondere ist ihm untersagt, das Fahrzeug zu verwenden:

- zur Teilnahme an motorsportlichen Veranstaltungen und Fahrzeugtests,
- zur Beförderung von leicht entzündlichen, giftigen oder sonst gefährlichen Stoffen,
- zum Transport von Gütern,
- zur Weitervermietung,

Die Benutzung des Fahrzeugs ist grundsätzlich nur im Inland gestattet.

Nutzungsdauer & Kosten der Probefahrt

Dem Benutzer wird das Fahrzeug

☐ vom .... (Datum, Uhrzeit)

bis .... (Datum, Uhrzeit)
überlassen.

☐ Die Probefahrt ist bis zu einer km-Leistung von .... unentgeltlich.
Mehrkilometer werden mit 0,30 Euro pro gefahrenen Kilometer berechnet.

☐ Der Benutzer trägt eine Kostenbeteiligung in Höhe von € ....

☐ Die Kosten für Mehrkilometer bzw. die Kostenbeteiligung werden bei Kauf eines Fahrzeugs auf den Kaufpreis angerechnet.

☐ Der Benutzer leistet eine Kaution in Höhe von € .... , die bei Rückgabe des Fahrzeugs erstattet wird, soweit der Verleiher keine Ansprüche gegen den Benutzer hat.

(Zutreffendes bitte ankreuzen)

Versicherung

Wird das Fahrzeug mit rotem Kennzeichen übergeben, wird ausdrücklich darauf hingewiesen, dass der Versicherungsschutz nur für Fahrten zur Feststellung und zum Nachweis der Gebrauchsfähigkeit des Fahrzeugs gilt!

Für das Fahrzeug besteht eine Haftpflichtversicherung mit einer Deckungssumme von ....

☐ Das Fahrzeug hat Vollkaskoversicherungsschutz

☐ mit .... € Selbstbeteiligung.

☐ Der Kunde trägt das volle Haftungsrisiko für Beschädigungen am Fahrzeug, d.h. er haftet insbesondere auch für leicht fahrlässig verursachte Schäden.

Der Benutzer hat die umseitigen Geschäftsbedingungen zur Kenntnis genommen und erkennt diese als verbindlich für die Probefahrtvereinbarung an.

....

Ort, Datum | Unterschrift des Benutzers | Unterschrift des Verleihers

Übernahme des Fahrzeugs

An den Benutzer wurden übergeben:
☐ Fahrzeugschlüssel ☐ Kraftfahrzeugpapiere

Der Kilometerstand bei Übernahme des Fahrzeugs beträgt: .... km

Mängel am Fahrzeug bei Übernahme:

....

....

....

Der Benutzer bestätigt, dass er das Fahrzeug

am ...., um .... Uhr in einem
verkehrssicheren, fahrbereiten und sauberen Zustand übernommen hat.

....

Ort, Datum Unterschrift des Benutzers Unterschrift des Verleihers

Rückgabe des Fahrzeugs

Datum, Uhrzeit: .... km-Stand: ....

Festgestellte Mängel: ....

....

Ort, Datum Unterschrift des Benutzers Unterschrift des Verleihers

Allgemeine Geschäftsbedingungen für eine Probefahrt

I. Nutzung des Fahrzeugs

1. Der Benutzer verpflichtet sich, dass Fahrzeug pfleglich und sachgemäß zu behandeln, die straßenverkehrsrechtlichen Bestimmungen zu beachten und den Wagen gegen Diebstahl zu sichern.
2. Im Falle eines Schadenseintritts oder eines Unfalls, an dem das dem Benutzer zur Verfügung gestellte Fahrzeug beteiligt ist, verpflichtet sich der Benutzer, den Verleiher unverzüglich, soweit möglich auch noch unmittelbar von der Unfallstelle, zu informieren und falls möglich, eine polizeiliche Unfallaufnahme herbeizuführen. Ist eine polizeiliche Unfallaufnahme nicht möglich, hat der Benutzer am Unfallort einen detaillierten Unfallbericht zu erstellen. Die unverzügliche Informationsverpflichtung gilt auch bei einer Entwendung, bei sonstigem Untergang (z.B. Beschlagnahme) sowie bei einem technischen oder sonstigen Defekt (z.B. Panne) des Fahrzeugs. Reparaturen darf der Benutzer nur nach ausdrücklicher Zustimmung des Verleihers in einer Fremdwerkstatt durchführen lassen.

II. Rückgabe des Fahrzeugs

Das Fahrzeug ist vom Benutzer am Ende der vereinbarten Nutzungszeit am Ort der Übergabe in sauberem Zustand zurückzugeben. Wird die vereinbarte Rückgabezeit überschritten, haftet der Kunde für sämtliche Schäden, die dem Verleiher aus der Vorenthaltung des Besitzes entstehen. Darüber hinaus ist der Verleiher berechtigt, für den Zeitraum der Vorenthaltung des Fahrzeugs über den Rückgabezeitpunkt hinaus eine angemessene Nutzungsentschädigung vom Kunden zu fordern. Weitergehende Schadensersatzansprüche bleiben unberührt.

III. Haftung des Benutzers

1. Der Benutzer haftet vorbehaltlich Ziffer 2 gegenüber dem Verleiher für sämtliche schuldhaft verursachten Schäden (einschließlich Untergang, Abhandenkommen und Beschlagnahme), die vom Zeitpunkt der Übernahme bis zur Rückgabe entstehen.
2. Abweichend von Ziffer 1 haftet der Benutzer für leicht fahrlässig verursachte Schäden nur sofern dies vereinbart ist.
3. Keine Haftung besteht für Schäden aufgrund normaler Abnutzung. Im Übrigen beschränkt sich die Haftung auf die Schäden, die nicht durch eine vereinbarte Fahrzeugversicherung abgedeckt sind.
4. Der Benutzer stellt den Verleiher von sämtlichen Ansprüchen aus der Verletzung von Gesetzen, Verordnungen oder sonstigen Vorschriften im Zusammenhang mit dem Gebrauch des Fahrzeugs frei. Gleiches gilt für Ansprüche Dritter aufgrund von Unfällen, soweit und solange nicht die Haftpflichtversicherung des Verleihers für den Schaden eintritt.

IV. Haftung des Verleihers

1. Jegliche Haftung des Verleihers wegen der Verletzung seiner vertraglich geregelten Pflichten ist auf Vorsatz und grobe Fahrlässigkeit beschränkt. Hat der Verleiher aufgrund von gesetzlichen Bestimmungen für einen Schaden aufzukommen, der leicht fahrlässig verursacht wurde, so haftet der Verleiher beschränkt: Die Haftung besteht nur bei Verletzung vertragswesentlicher Pflichten, etwa solcher, die die Probefahrtvereinbarung dem Verleiher nach seinem Inhalt und Zweck gerade auferlegen will oder deren Erfüllung die ordnungsgemäße Durchführung der Probefahrtvereinbarung überhaupt erst ermöglicht und auf deren Einhaltung der Benutzer regelmäßig vertraut und vertrauen darf. Diese Haftung ist auf den bei Vertragsabschluss vorhersehbaren typischen Schaden begrenzt.
2. Soweit die Haftung des Verleihers ausgeschlossen oder beschränkt ist, gilt dies auch für die persönliche Haftung der gesetzlichen Vertreter, Erfüllungsgehilfen und Betriebsangehörigen des Verleihers.
3. Die Haftungsbeschränkungen und –ausschlüsse in den Ziffern 1 und 2 gelten nicht für Ansprüche, die wegen arglistigen Verhaltens des Verleihers entstanden sind, sowie bei einer Haftung für garan-

tierte Beschaffenheitsmerkmale, für Ansprüche nach dem Produkthaftungsgesetz sowie für Schäden aus der Verletzung des Lebens, des Körpers oder der Gesundheit.

V. Sonstiges

1. Änderungen und Ergänzungen dieses Vertrages bedürfen zu ihrer Wirksamkeit der Schriftform.
2. Sollten sich einzelne Bestimmungen dieses Vertrages als ungültig erweisen, so berührt dies die Gültigkeit der übrigen Bestimmungen nicht. Die Vertragsparteien werden die ungültigen Bestimmungen durch solche ersetzen, die dem verfolgten Zweck in rechtlich zulässiger Weise so nah wie möglich kommen.
3. Diese Vereinbarung unterliegt ausschließlich dem Recht der Bundesrepublik Deutschland.
4. Für sämtliche gegenwärtigen und zukünftigen Ansprüche aus dieser Vereinbarung mit Kaufleuten ist ausschließlicher Gerichtsstand der Sitz des Verleihers. Der gleiche Gerichtsstand gilt, wenn der Kunde keinen allgemeinen Gerichtsstand im Inland hat, nach Vertragsschluss seinen Wohnsitz oder gewöhnlichen Aufenthaltsort aus dem Inland verlegt oder sein Wohnsitz oder gewöhnlicher Aufenthaltsort zum Zeitpunkt der Klageerhebung nicht bekannt ist.
5. **Hinweis gemäß § 36 Verbraucherstreitbeilegungsgesetz (VSBG):** Der Verleiher wird nicht an einem Streitbeilegungsverfahren vor einer Verbraucherschlichtungsstelle im Sinne des VSBG teilnehmen und ist hierzu auch nicht verpflichtet.

Quelle: ZDK

Muster 2:

Datenschutzrechtliche Einwilligungserklärung des Kunden
Nutzung für eigene Zwecke und Übermittlung an Hersteller/Importeur/Bank

- Unverbindliche Empfehlung des Zentralverband Deutsches Kraftfahrzeuggewerbe e.V. (ZDK) -

Unser Unternehmen nimmt den Schutz der Kundendaten ernst und möchte, dass sich jeder Kunde beim Besuch unserer Geschäftsräume wohl fühlt. Der Schutz der individuellen Privatsphäre bei der Speicherung und Verarbeitung persönlicher Daten ist für uns ein wichtiges Anliegen, das wir bei unseren Geschäftsprozessen mit hoher Aufmerksamkeit berücksichtigen. [1]

A. Datenerhebung und Datenverwendung zur Vertragsabwicklung [2]

Wir verarbeiten und nutzen die von Ihnen schriftlich angegebenen personenbezogenen Daten, insbesondere zu Name, Anschrift, Telefon, Fax, Mail oder Handy in Verbindung mit den technischen Daten Ihres Fahrzeugs zur ordnungsgemäßen Abwicklung des zugrunde liegenden Vertragsverhältnisses (Übermittlung an Hersteller/Importeur zur Inanspruchnahme von Garantieleistungen und Rückrufaktionen, ggf. sonstige Garantiegeber, Leasinggeber und Finanzierungsinstitute, Mietwagenfirmen) und soweit dies gesetzlich notwendig ist, z.B. zur Einhaltung von Vorhaltefristen gegenüber dem Finanzamt.

Eine darüber hinausgehende, unter Abschnitt B und C beschriebene Nutzung Ihrer personenbezogenen Daten erfolgt nur mit Ihrer Einwilligung (**freiwillig**).

B. Einwilligung in die Datenverwendung zu weiteren Zwecken

(Optionaler Platz für eine allgemeine Botschaft des Autohauses zum Zweck der nachfolgend beschriebenen Datennutzung)

1. [3] Ich bin damit einverstanden, dass das Autohaus, ggf. auch unter Einschaltung eines beauftragten Dienstleisters (Name, Anschrift [4]), meine von mir im Rahmen des zugrunde liegenden Vertragsverhältnisses schriftlich [5] angegebenen Daten in Verbindung mit den technischen Daten meines Fahrzeugs zum Zwecke der **Werbung** [6] (z.B. schriftliche Kundeninformation und -betreuung, Einladungen zu Produktvorstellungen, Mitteilung über technische Neuerungen zu meinem Fahrzeug, Reifenwechsel, HU/AU Fälligkeit, Serviceinformationen und Serviceaktionen, Anschlussangebote bei Auslauf des Leasing-/Finanzierungsvertrages, Neukaufoption für mein aktuelles Fahrzeug, Versendung von Kundenmagazinen, Befragung meiner Zufriedenheit mit den Leistungen des Autohauses), bis auf Widerruf [7] verwendet.
Hierzu kann ich auf dem **Postwege** kontaktiert werden.

Sind Sie nicht einverstanden, streichen Sie diese Klausel ganz oder teilweise.

2. [8] Zu dem unter Ziffer B1. genannten Zweck der Werbung bin ich einverstanden, (auch) per

- ☐ E-Mail
- ☐ Telefon
- ☐ Fax
- ☐ SMS

(Zutreffendes – soweit gewünscht – bitte ankreuzen)

kontaktiert zu werden.

______________ (Ort, Datum)

________________________ (Unterschrift des Kunden) [9]

C. Einwilligung in die Übermittlung Ihrer Daten an den Hersteller/Importeur und die anschließende Verwendung für Werbezwecke und Kundenzufriedenheitsbefragungen [10]

1.
Ich bin damit einverstanden, dass das Autohaus die unter B. genannten Daten für Zwecke der **postalischen**

- **Werbung und**
- **Kundenzufriedenheitsbefragungen**

an den Hersteller/Importeur, Anschrift, übermittelt. Hierfür kann der Hersteller/Importeur ggf. auch Agenturen oder Meinungsforschungsinstitute (*möglichst namentlich angeben*) [11] beauftragen.

Sind Sie nicht einverstanden, streichen Sie diese Klausel ganz oder teilweise.

2. [12] Zu den unter Ziffer C1. genannten Zwecken bin ich einverstanden, (auch) per

☐ E-Mail
☐ Telefon
☐ Fax
☐ SMS

(Zutreffendes – soweit gewünscht — bitte ankreuzen)

kontaktiert zu werden.

(Ort, Datum) (Unterschrift des Kunden) [13]

D. Auskunft, Berichtigung, Löschung oder Sperrung Ihrer personenbezogenen Daten / Widerspruchsrecht [14]

Sie können von dem Autohaus Max Mustermann GmbH, Musterstraße 33, 53129 Bonn, E-Mail: autohaus@musteradresse.de oder dem *Hersteller/Importeur GmbH, Anschrift, E-Mail* jederzeit Auskunft über Ihre gespeicherten personenbezogenen Daten erhalten und jederzeit deren Berichtigung, Löschung oder Sperrung verlangen. Ebenfalls können Sie Ihre Einwilligungserklärung jederzeit ohne Angabe von Gründen mit Wirkung für die Zukunft ändern oder widerrufen. Hierfür entstehen Ihnen keine anderen als die Portokosten bzw. Übermittlungskosten nach den Basistarifen.

Das Original dieser Erklärung verbleibt beim Kfz-Betrieb. Der Kunde erhält eine Kopie.

Anmerkungen zum Muster 2:

[1] Die Einleitung kann individuell formuliert werden.

[2] In Abschnitt A ist dem Kunden die Verwendung seiner Daten zur Abwicklung des zugrunde liegenden Vertrages so transparent und ausführlich wie möglich zu beschreiben.

[3] Diese Klausel beschreibt die Nutzung und ggf. Übermittlung der Kundendaten durch den Markenbetrieb zum Zwecke der Werbung per Post.

[4] Sofern externe Dienstleister vom Markenbetrieb eingeschaltet werden, sind diese zu benennen.

[5] Für den Kunden muss ersichtlich sein, welche Daten konkret für die Werbung genutzt werden. Um etwaige Irritationen zu vermeiden, wird daher ausschließlich auf die vom Kunden schriftlich mitgeteilten Daten, z.B. auf dem Kaufvertrag etc., abgestellt. Nur diese dürfen für Werbezwecke genutzt werden. Alternativ können auch Datenfelder aufgelistet werden, die der Kunde ausfüllen kann. Eine Werbung erfolgt dann nur auf der Grundlage der vom Kunden in diesen Feldern angegeben Daten.

[6] Die Zweckbestimmung der Nutzung der Kundendaten ist zu benennen und möglichst umfassend zu beschreiben. Die Auflistung bzw. Definition der Werbung innerhalb des Klammerzusatzes ist **auf den konkreten Einzelfall anzupassen**.

[7] Die Einwilligung des Kunden gilt grundsätzlich bis auf Widerruf und muss **nicht** bei jedem Folgekontakt neu eingeholt werden.

[8] Streicht der Kunde die Klausel B1, ist dies dahingehend zu verstehen, dass der Kunde keinerlei Werbung wünscht. Die Klausel B2 ist in diesem Fall hinfällig. Wünscht der Kunde z.B. Werbung ausschließlich per E-Mail, ist in B1 lediglich der Satz „Hierzu kann ich auf dem **Postwege** kontaktiert werden" zu streichen und unter B2 ein entsprechendes Häkchen bei E-Mail zu setzen.

[9] Die Unterschrift des Kunden legitimiert die Werbung in Form der in Abschnitt B beschriebenen und ausgewählten Kontaktarten. Erfolgt **keine Unterschrift**, ist eine Kontaktaufnahme des Kunden zu Zwecken der **Werbung unzulässig**.

[10] Die Trennung zwischen der Nutzung der Kundendaten durch den Markenbetrieb und dem Hersteller/Importeur dient der besseren Übersichtlichkeit und dem besseren Verständnis für den Kunden. Wir halten es grundsätzlich für möglich, die Abschnitte B und C auch zusammen zu fassen, wenngleich der Düsseldorfer Kreis über diese Möglichkeit nicht befinden musste und daher keine entsprechende Empfehlung ausgesprochen werden kann.

Werden die Daten zusätzlich an Dritte, wie z.B. **Banken und Leasinggesellschaften** übermittelt, so ist für diese Übermittlung ein zusätzlicher Abschnitt einzufügen, der dem Aufbau des Abschnitt C entspricht und inhaltlich an die entsprechenden Datenempfänger und deren Nutzung der Daten angepasst wird.

In jedem Fall ist zu prüfen, ob zwischen dem Markenbetrieb und dem Hersteller/Importeur oder sonstigen Dritten ggf. ein Auftragsdatenverarbeitungsverhältnis (siehe Abschnitt I des Leitfadens) besteht. Sofern ein solches Verhältnis besteht und der Hersteller/Importeur oder sonstige Dritte die Daten ausschließlich für den Markenbetrieb nutzt, ist Abschnitt C überflüssig.

[11] siehe Fußnote 4

[12] siehe Fußnote 8

[13] siehe Fußnote 9

[14] Der Kunde ist bereits bei der Datenerhebung auf sein Widerspruchsrecht unter Angabe der hierfür erforderlichen Kontaktadresse(n) hinzuweisen. Ferner sollte vom Kfz-Betrieb im Falle eines Auskunfts-/Berichtigungs-/Sperrungs- oder Löschungsverlangens des Kunden sichergestellt werden, dass es sich auch wirklich um den betreffenden Kunden handelt. Das Innenministerium Baden-Württemberg vertritt hierzu die Auffassung, dass der Hinweis auf den Auskunftsanspruch gemäß § 34 BDSG dergestalt abgefasst sein sollte, dass sie nur handschriftlich unterschriebene Auskunftsanträge des Kunden vorsähen und diese auch schriftlich zu beantworten seien. Nur so sei sichergestellt, dass personenbezogene Daten nicht unbefugten Dritten mitgeteilt würden.

In Baden Württemberg ist daher folgende Formulierung zu empfehlen:

„Sie können von dem Autohaus Max Mustermann GmbH, Musterstrasse 33, 53129 Bonn oder dem Hersteller/Importeur GmbH, Anschrift, jederzeit schriftlich Auskunft über Ihre gespeicherten personenbezogenen Daten erhalten und jederzeit deren Berichtigung, Löschung oder Sperrung verlangen. Um etwaige Missbrauchsfälle zu vermeiden, ist das Auskunftsverlangen mit einer handschriftlichen Unterschrift zu versehen. Unter Einhaltung der vorgenannten Voraussetzungen können Sie Ihre Einwilligungserklärung auch jederzeit ohne Angabe von Gründen mit Wirkung für die Zukunft ändern oder widerrufen. Hierfür entstehen Ihnen keine anderen als die Portokosten.“

Quelle: nach Muster-Einwilligungserklärungen des ZDK

Springer Automotive Media · Ihr Spezialist für Kfz-Formulare
Service-Nr. 089/20 30 43-1900

SELBSTDURCHSCHREIBEND
Blatt 1: Kunde; Blatt 2: Werkstatt; Blatt 3: Verkäufer/Ablage

Firma

Gebrauchtwagen-Bewertung Pkw

Kunde

Fahrzeug-eigentümer		Telefon	
Straße	(PLZ) Wohnort		
Inzahlungnahme ☐	Gw auf Gw ☐	Agentur ☐	Zukauf ☐
Preisvorstellung des Kunden	Verkaufs-berater	Bewertungs-datum	

Fahrzeugdaten

Fabrikat	Modell/Typ	Türen	amtl. Kennzeichen	
Benzin/Diesel	kW/PS	Erstzul.	Fahrzeugident.-Nr.	
Typschlüsselnr.	Hubraum (ccm)	HU/AU	unfallfrei ja/nein	unfallfrei Vorbesitzer ja/nein
km Tacho	km gesamt	Halterzahl	Farbe	Miet-/Taxi-/Fahrschulw. ☐

Mehrausstattung

ABS ☐ AHK ☐ Airbag ☐ ASR ☐ Auß. Spiegel el. ☐ Automatic ☐ Colorglas ☐ Dachträger ☐ Diebst.Warnanlage ☐ ESP ☐ Fensterheb. el. vo./hi. ☐

Fernentriegel. ☐ __-Gang-Getriebe ☐ Glasdach ☐ Hardtop ☐ Katalysator/Umrüstung ☐ KD-Scheckheft lückenlos ☐ Klima-Anl./-Autom. ☐ LM-Felgen ☐

Metallic ☐ Navigation ☐ Radio-CR + CD-Wechsler ☐ Servolenk. ☐ Sitzheizung ☐ Sperrdiff. ☐ SSD ☐ Telematic-Syst. ☐ Wegfahrsperre ☐ ZV ☐

Sonstiges/Sondermodell

Vereinbarung

Bei Abweichung des Fahrzeugzustandes von diesem Prüfbericht wird eine Nachkalkulation erforderlich.
Die Richtigkeit obiger Angaben wird hiermit bestätigt.

Das Angebot ist bis zum __________ mit max. __________ km Laufleistung gültig.

Unterschrift d. Kunden: Preisangebot: Verkaufsberater:

Technische/Optische Instandsetzungen

Wertungsschlüssel: 1 = sehr gut; 2 = normal; 3 = instand setzen	1	2	3	Kosten o. MwSt.
Motorraum/Kühlsystem				
Motor/-dichtungen				
Inspektion fällig ☐ Ölwechsel fällig ☐				
Anlasser/Lichtmaschine				
Elektr. Anlage/Batterie (Typ)				
Beleuchtung/Verglasung				
Lenkung/Kupplung				
Getriebe/Schaltung				
Innenraum Heizung/Gebläse				
Brems-anlage				
Brems-werte: VL VR HL HR Fest-stellbr.				
Kofferraum/Laderaum				
Reserve-rad mm/% Wagen-heber ☐ Werk-zeug ☐ Verb.-kasten ☐ Warn-dreieck ☐				
Reifenprofil in mm/% VL VR HL HR Rund-erneuert ☐				
Reifenmarke/-größe Sommer-reifen ☐ Winter-reifen ☐				
Auspuffanlage/Unterbodensch./Hohlraumvers.				
Antriebswellen/Hinterachse				
Stoßdämpfer/Federn/Radlager				
Instandsetzung durch den Kunden (Wertungsschlüssel 1)		Gutschrift		
Zwischensumme				

Karosserie-/Lack-Instandsetzungen

Lack- und Karosserieinstands.	
Unfallart/Wertminderung	
Optische Aufbereitung	
Summe geschätzter Instandsetzungskosten EUR	

Karosserie-/Lackzustand

X = Lackschaden; ◯ = Karosserieschaden
⊗ = Unfallschaden

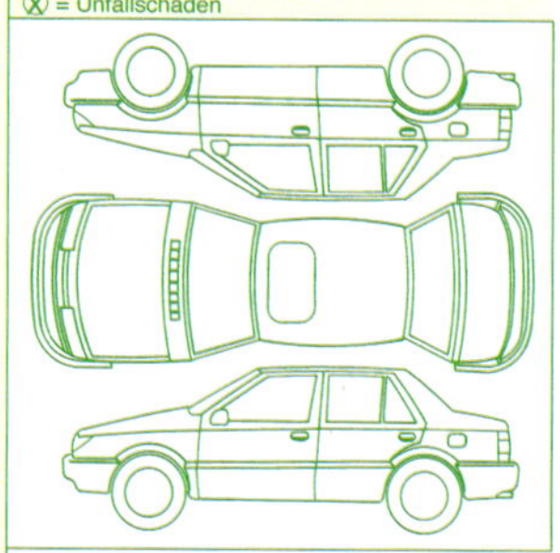

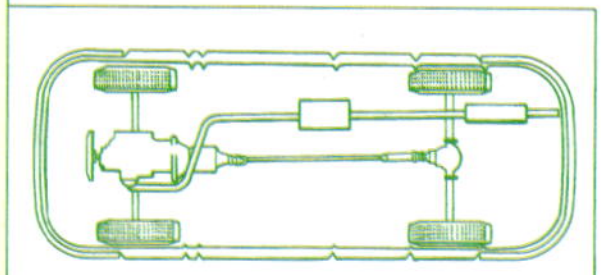

Nachbewertung

Veränderungen

Auf-/Abschläge

Bestell-Nr. 6031 · Springer Automotive Media · Aschauer Str. 30 · 81549 München · Telefon 089/20 30 43-1900 · www.springer-automotive-shop.de · Nachdruck verboten · Urheberrechtlich geschützt · 11/14

Quelle: Springer Fachmedien München GmbH, Autohaus Buch & Formular, Aschauerstr. 30, 81549 München

Kontenplan der Autoland Murschall GmbH

Kontenklasse 0	Kontenklasse 1	Kontenklasse 2	Kontenklasse 3	Kontenklasse 4
Anlage- und Kapitalkonten	Finanz- und Privatkonten	Abgrenzungskonten	Wareneinkaufskonten (WE), Vorräte	Betriebliche Aufwendungen
00 Grundstücke **01 Grundstücke und Bauten** **02 Technische Anlagen und Maschinen** **03 Andere Anlagen, Betriebs- und Geschäftsausstattung** 0300 Betriebs- und Geschäftsausstattung **04 Fuhrpark, GWG** 0400 Fuhrpark 0410 Vorführfahrzeuge 0420 Büroeinrichtung 0480 GWG **05 Finanzanlagen** **06 Verbindlichkeiten gegenüber Kreditinstituten** 0630 Verbindlichkeiten gegenüber Kreditinstituten (Darlehen) **07 Verbindlichkeiten an verbundene Unternehmen, Gesellschafter** **08 Eigenkapital** **09 Rückstellungen, aktive und passive RAP** 0980 Aktive RAP 0950 Pensionsrückstellung 0955 Steuerrückstellungen 0970 Sonstige Rückstellungen 0990 Passive RAP	**10 Kassenbestand** 1000 Kasse **12 Bank** 1200 Bank 1201 Sparkasse KölnBonn 1202 Postbank **13 Besitzwechsel, Schecks** 1360 Geldtransit **14 Forderungen aus Lieferung und Leistung** 1400 Forderungen a.L.L. 1401 Forderungen Maurer 1402 Forderungen Leasinggesellschaft 1407 Forderungen Gewährleistung **15 Sonstige Vermögensgegenstände** 1576 Vorsteuer 19 % **16 Verbindlichkeiten** 1600 Verbindlichkeiten a.L.L. **17 Sonstige Verbindlichkeiten und Darlehen** 1776 Umsatzsteuer 19 % **18 Privatkonto Vollhafter** **19 Privatkonto Teilhafter**	**21 Zinsen und ähnliche Aufwendungen** 2100 Zinsen und ähnliche Aufwendungen 2180 Kundenskonti 2190 Lieferantenskonti **22 Steueraufwendungen** **23 Sonstige abzugrenzende Aufwendungen** 2307 Sonstige Aufwendungen betriebsfremd und regelmäßig **24 Forderungsverluste** **25 Außerordentliche, betriebs- und periodenfremde Erträge** **26 Zinserträge** 2600 Zinserträge und ähnliche Erträge 2690 Lieferantenskonti **27 Sonstige abzugrenzende Erträge** 2700 Mieterträge **28 Gewinn- und Verlustvortrag, verrechnete kalkulatorische Kosten** 2893 Verrechnete kalkulatorische Abschreibungen	**30 WE Bestand Pkw** 3000 WE Pkw neu 3030 WE Pkw Überführung 3040 WE Pkw gebraucht 3050 WE Pkw gebraucht differenzbesteuert **32 WE Pkw Zulassungspauschale** 3200 WE Pkw Zulassungspauschale **33 WE Teile, Zubehör – Pkw** 3300 WE Pkw Teile und Zubehör 3307 WE Pkw Teile und Zubehör Gewährleistung 3309 WE Pkw Teile und Zubehör intern 3310 WE Pkw Tauschteile 3320 WE Pkw andere Teile 3330 WE Pkw Reifen 3340 WE Pkw Schmierstoffe **34 WE Fremdleistungen Pkw** 3420 WE Fremdleistungen Pkw	**41 Lohn** **42 Gehalt, Lohnfortzahlung, VWL** **43 Soziale Aufwendungen** **44 Miete, Pacht, Leasing** **45 Fahrzeugkosten, Kosten der Warenabgabe** 4520 Kosten Fuhrpark 4501 Kfz-Steuern 4502 Kfz-Versicherungen **46 Abschreibungen** 4675 Abschreibungen auf Sachanlagen **47 Kosten des Geschäftsbetriebes** 4700 Büromaterial 4705 Zeitschriften, Bücher 4710 Kommunikation, Portokosten **48 Verschiedene Kosten** 4800 Verschiedene Kosten 4893 Kalkulatorische Abschreibungen **49 Verkaufsabhängige Kosten** 4900 Sonderverkaufskosten 4921 Verkäuferprovision 4940 Ablieferungsdurchsicht 4963 Garantie, Kulanz, Kundendienst

Kontenklasse 5	Kontenklasse 6	Kontenklasse 7	Kontenklasse 8	Kontenklasse 9
Interner Aufwand	Frei	Verrechnete Anschaffungskosten (VAK)	Erlöskonten	Sonderkonten
5002 Zugaben 5003 Eigene Kulanz 5004 Übergabedurchsicht/Fertigmachen 5005 Interner Aufwand Werkstattleistungen/Instandsetzungsarbeiten 5006 Nacharbeiten 5999 Internes Verrechnungskonto		**70 VAK Pkw** 7000 VAK Pkw neu 7020 VAK Pkw Vorführwagen 7030 VAK Pkw Überführung 7040 VAK Pkw gebraucht regelbesteuert 7047 VAK Pkw gebraucht steuerfrei 7050 VAK Pkw gebraucht differenzbesteuert **72 VAK Pkw Zulassungspauschale** 7200 VAK Pkw Zulassungspauschale **73 VAK Teile Zubehör – Pkw** 7300 VAK Pkw Teile und Zubehör 7305 VAK Pkw Teile und Zubehör Garantie 7307 VAK Pkw Teile und Zubehör Gewährleistung 7309 VAK Pkw Teile und Zubehör intern 7330 VAK Pkw Reifen 7340 VAK Pkw Schmierstoffe **74 VAK Fremdleistungen Pkw** 7420 VAK Fremdleistungen Pkw **77 Boni und Verkaufshilfen**	**80 Erlöse Pkw** 8000 Erlöse Pkw neu 8020 Erlöse Pkw Vorführwagen 8030 Erlöse Pkw Überführung 8040 Erlöse Pkw gebraucht 8047 Erlöse Pkw gebraucht umsatzsteuerfrei 8050 Erlöse Pkw gebraucht differenzbesteuert **82 Erlöse Pkw Zulassungspauschale** 8200 Erlöse Pkw Zulassungspauschale **83 Erlöse Teile, Zubehör – Pkw** 8300 Erlöse Pkw Teile und Zubehör 8305 Erlöse Pkw Teile und Zubehör Garantie 8307 Erlöse Pkw Teile und Zubehör Gewährleistung 8309 Erlöse Pkw Teile und Zubehör intern 8330 Erlöse Pkw Reifen 8340 Erlöse Pkw Schmierstoffe **84 Erlöse Fremdleistungen Pkw** 8420 Erlöse Fremdleistungen Pkw **86 Lohnerlöse** 8600 Lohnerlöse Instandsetzung 8609 Lohnerlöse Instandsetzung intern 8620 Lohnerlöse Garantie 8622 Lohnerlöse Gewährleistung **88 Erlöse Provision** 8800 Erlöse Provision	**90 Vortragskonten** 9000 Saldenvorträge 9008 Saldenvorträge Debitoren 9009 Sladenvorträge Kreditoren 9090 Summenvortragskonten

Quelle: nach ZDK

Stichwortverzeichnis

Bildquellenverzeichnis

Titelfoto: Shutterstock / ifong; **S. 15:** TÜV Rheinland Kraftfahrt GmbH, Köln; **S. 16:** Fotolia / fotohansel; **S. 17:** Picture Alliance / Globus / dpa / TÜV; **S. 19:** TÜV Rheinland Kraftfahrt GmbH, Köln; **S. 21:** Volkswagen AG, Wolfsburg; **S. 22.1:** dpa / Picture Alliance / Wissen Media Verlag; **S. 22.2:** Shutterstock / Ensuper; **S. 24.1:** Fotolia / loraks; **S. 24.2:** Shutterstock / BigTunaOnline; **S. 26.2:** Fotolia / nopparat; **S. 27:** Shutterstock / loraks; S. 28.2: Touring Club Schweiz (TCS), Vernier; **S. 29:** Bridgestone EU, Bad Homburg / Bridgestone / NV / SA; **S. 30:** Picture Alliance / dpa / Bildarchiv; **S. 31:** Shutterstock / u3d; **S. 33:** Dr. Ing. h.c. F. Porsche AG, Stuttgart; **S. 35:** Shutterstock / Eimantas Buzas; **S. 36:** Shutterstock / Sashkin; **S. 38.1:** Shutterstock / Rawpixel.com; **S. 38.2:** ADAC e. V., München / ADAC-Grafik; **S. 42:** Fotolia / Kzenon; **S. 45:** Fotolia / Wellnhofer Designs; **S. 46:** Zentralverband Deutsches Kraftfahrzeuggewerbe e. V. (ZDK), Bonn; **S. 54:** Fotolia / industrieblick; **S. 55.1:** Fotolia / bernardbodo; **S. 55.2:** Zentralverband Deutsches Kraftfahrzeuggewerbe e. V. (ZDK), Bonn; **S. 56:** Bundesministerium für Verkehr und digitale Infrastruktur (BMVI), Berlin; **S. 57:** Zentralverband Deutsches Kraftfahrzeuggewerbe e. V. (ZDK), Bonn; **S. 73:** Fotolia / sutichak; **S. 75:** Fotolia / Gina Sanders; **S. 78:** Fotolia / benjaminnolte; **S. 83:** Fotolia / YakobchukOlena; **S. 85:** Fotolia / rogerphoto; **S. 87:** Zentralverband Deutsches Kraftfahrzeuggewerbe e. V. (ZDK), Bonn; **S. 88:** Fotolia / industrieblick; **S. 91:** Bergmoser + Höller Verlag AG / Zahlenbild 715582; **S. 97.2:** Fotolia / georgerudy; **S. 98:** Fotolia / eyetronic; **S. 99:** Fotolia / fototheobald; **S. 107:** Fotolia / Klaus Eppele; **S. 108:** Fotolia / disq; **S. 110.1:** Dr. Ing. h. c. F. Porsche AG, Stuttgart; **S. 110.2:** Volkswagen AG, Wolfsburg; **S. 113.1–4:** Volkswagen AG, Wolfsburg; **S. 115:** laif / Hollandse Hoogte / Wijnbergh; **S. 116:** Shutterstock / Nestor Rizhniak; **S. 117:** Fotolia / autofocus67; **S. 123.1:** Picture Alliance / Globus Grafik; **S. 123.2:** Fotolia / stockWERK; **S. 129.1+2:** Daimler AG, Stuttgart; **S. 130:** Fotolia / Kzenon; **S. 133:** Shutterstock / lumen-digital; **S. 140:** Fotolia / greentellect; **S. 142:** Fotolia / pikselstock; **S. 145:** Fotolia / industrieblick; **S. 147:** Fotolia / industrieblick; **S. 148:** Fotolia / WavebreakMediaMicro; **S. 152:** Shutterstock / michaeljung; **S. 153:** Fotolia / Kzenon; **S. 161:** Fotolia / chombosan; **S. 163.1:** mauritius images / augenblick; **S. 163.2:** Renault Deutschland AG, Brühl; **S. 164:** Fotolia / Dimitrius; **S. 165.1:** Shutterstock / mastersky; **S. 165.2:** Fotolia / Artur Shevel; **S. 167:** Shutterstock / olegbush; **S. 170:** Continental AG, Frankfurt / M.; **S. 172:** Toyota Deutschland GmbH, Köln; **S. 176:** Fotolia / contrastwerkstatt; **S. 177:** Fotolia / Wellnhofer Designs; **S. 185:** Fotolia / industrieblick; **S. 187:** Fotolia / mhp; **S. 197:** Fotolia / cirquedesprit; **S. 198:** Fotolia / kebox; **S. 200:** Fotolia / rcfotostock; **S. 201:** Fotolia / corepics; **S. 204:** Kia Motors Deutschland GmbH, Frankfurt / M.; **S. 209:** Fotolia / Andreas Haertle; **S. 218:** TrustedCars GmbH, Frankfurt / M.; **S. 219.1:** Fotolia / stocksolutions; **S. 219.2:** Rohr GmbH, Renchen Ulm; **S. 221:** Fotolia / DWP; **S. 223.1:** imago stock&people / Metodi Popow; **S. 223.2:** imago stock&people / Schöning; **S. 223.3:** Fotolia / yanlev; **S. 235:** Fotolia / Wellnhofer Designs; **S. 247.1:** Fotolia / THesIMPLIFY; **S. 247.2:** Fotolia / Rawpixel.com; **S. 248:** Fotolia / psdesign; **S. 252:** Fotolia / Karin & Uwe Annas; **S. 256:** SCHUFA Holding AG, Wiesbaden; **S. 257:** Bergmoser+Höller Verlag AG / Zahlenbild 128040; **S. 268:** Fotolia / tech_studio; **S. 272:** Fotolia / stadtratte; **S. 277:** Fotolia / wsf-f; **S. 284:** statista Umfrage 2016; **S. 286:** Fotolia / stockpics; **S. 289:** Fotolia / Michael Flippo; **S. 291:** Fotolia / adempercem; **S. 292–298:** Zentralverband Deutsches Kraftfahrzeuggewerbe e. V. (ZDK), Bonn; **S. 299 / 300:** Zentralverband Deutsches Kraftfahrzeuggewerbe e. V. (ZDK), Bonn; **S. 301–304:** Zentralverband Deutsches Kraftfahrzeuggewerbe e. V. (ZDK), Bonn; **S. 305:** Springer Fachmedien München GmbH

Nach Daten und mit freundlicher Genehmigung des Kraftfahrt-Bundesamtes (KBA), Flensburg: **S. 13, 14, 63, 65, 66, 103, 111, 112, 113, 114, 146, 183**

Nach Daten und mit freundlicher Genehmigung der Deutschen Automobil Treuhand GmbH (DAT), Ostfildern: **S. 58, 66, 97, 134, 135, 144, 146, 183, 210, 211, 212, 213, 214, 215, 225**